第十一版

工作中的沟通艺术

Strategies for Success
in Business and Professions

Ronald Adler
Jeanne Marquardt Elmhorst
Kristen Lucas

COMMUNICATING AT WORK

没有任何人是不能沟通的

[美] 罗纳德·B.阿德勒 [美] 扬尼　马奎尔特·埃尔姆斯特 [美] 克里斯坦·卢卡斯　著

蒋媛 译

九州出版社
JIUZHOUPRESS

前　言

《工作中的沟通艺术》(*Communicating at Work*)一书在过去 30 年里始终保持市场领先地位,第十一版进一步完善了战略方法、实践案例等内容,并增强了易读性。在书中,学生可以学到关于提升职业成功可能性并增强组织高效运作的各种沟通技巧与方法。

此版本将继续保留那些广受师生好评的特色:强调道德伦理沟通,重视文化多样性,讨论持续变化的沟通技术与自我评估工具以帮助用户分析沟通优势与不足,以及涉及面对面和媒介背景中的沟通等内容。

- **新增面试素材附录**　新增有关面试素材(附录Ⅰ)版块,为学生分享积极面试经验的相关策略案例、提问及应答技巧,帮助其积极应对信息性

职场文化 ◀ ∙∙∙∙∙∙∙∙∙∙∙∙∙∙∙∙∙∙∙∙∙∙∙∙∙∙∙∙

网络空间的合作:地理差异

当来自全国和全世界的会员在网络空间中交谈时,沟通将会变得有多重要?为了回答这一问题,企业巨头威瑞森(Verizon)和微软(Microsoft)委托开展研究,以确定各行业和不同国家间虚拟团队的合作机理。

研究显示,在不同行业(例如医疗保健、政府、金融服务、制造业等)和全世界范围内,合作对绩效的重要意义具有一致趋同性。威瑞森/微软的一位研究员这样评论:"全球企业合作越顺畅,绩效表现越优秀。那些合作较少的企业,绩效表现通常也都不理想。道理就是这么简单。"

研究人员已发现,员工沟通偏好中存在着文化差异。例如,美国人可能更享受独自工作。他们倾向于使用电子邮件而非电话。与世界其他地区的员工相比,他们对使用音频、视频和网络会议技术感到更加舒适,而且他们倾向于在电话会议中进行多任务处理。

欧洲人则倾向于与同事进行实时沟通交流。他们感到自身更有责任去接电话,他们希望别人回电话而仅仅留下一条语音信息。亚太地区的专业人士比其他任何地方的人都更希望在整个工作日与工作伙伴保持联系。结果,他们发现手机成为一种不可或缺且优越于电子邮件的即时通信工具。上述描述的差异也论证了"当团队成员计划沟通时,认真看待文化差异将有利于提高团队合作效率"。

新增"职场文化"专栏

在整本书中,这些线框突出显示了文化适用于商务和专业沟通各个方面的具体方式。涵盖的主题包括劣质翻译的风险、中西方谈判风格的不同、个人主义文化与集体主义文化中团队合作的区别,以及如何让演讲能适合于不同文化背景的听众。

案例研究 ◄ ┄┄┄┄┄┄┄┄┄

无设备会议

毫无疑问，在加利福尼亚硅谷等高科技环境中办公的会议人士通常会携带和使用数字通信设备——笔记本电脑、智能手机、平板电脑和许多其他小配件，使得与会者在开会的同时也保持与外界的联系。

多任务设备用户往往会遭受所谓的"持续性部分关注"之苦。一位业内人士详细描述了这一问题："当我在谷歌担任工程师时，最令我沮丧的事情就是被召集参加主管会议，最后却发现四分之三的高管一直埋头忙于自己的事情。为了准备项目阶段性总结汇报、新兴战略领域简报或审查员工任务完成情况，我通常要花费数小时准备。没有沟通就是一种不尊重汇报的表现，如同人们对周围事物视而不见那样。"

为了解决这一问题，越来越多的信息技术企业和其他公司正式宣布会议期间禁止使用移动设备。例如，旧金山网页体验设计公司 Adaptive Path 鼓励员工在出席会议时远离笔记本电脑和其他设备。旧金山 Dogster.com 共同创始人约翰·瓦尔斯（John Vars）解释了他们公司无设备会议这一政策的逻辑："即使人们只是在做笔记，他们也会给演讲人发出一种未在认真倾听的信号。而这会引起不满，并可能成为高效团队的绊脚石。"

这些无设备会议的效果令人鼓舞。Dogster 公司的瓦尔斯说道，"会议进展得更快，大家也在一起分享经验，人们沟通更加顺畅且高效。"

最新"案例研究"专栏
来自大公司、小企业、商界及各行各业的最新案例为本书所述原则如何运用于日常生活中提供了强有力的论证。

面试和就业面试。

- **沟通技术的最新进展**　本书正文和技术小贴士专栏都向学生展示了如何利用最新的沟通技术提升职业成功率。对于其他进展，您可以在麦格劳-希尔创新（McGraw-Hill Create）版块中了解商务环境中如何使用计算机媒体交际（网络沟通）等更多内容，详情请登录：www.mcgrawhillcreate.com。

- **为改善教学的最新章节设计**　通过细致周到的编辑和对章节结构的重新调整，第十一版旨在通过更少的章节呈现最合适的素材。

- **增加重要热点问题的讨论**　综览本版本，我们会发现引用新的研究论证那些"原则"和"策略"并不仅仅基于"常识"。该版本所讨论的范围已扩张至各个重要主题，包括职场尊严、失礼和职场暴力、有效会议管理、倾听类型等。

标记功能

- **实用性的工作指导**　通过实用的、真实工作案例，《工作中的沟通艺术》易于理解、言简意赅的写作风格与特色，能够切实帮助学生将所学概念

就业指导

"职场小贴士"环节为如何在工作相关环境中取得成功提出了切实可行的建议。主题包括获得上司认可、隔间礼仪、优势差异及电话日志的运用。

与技能运用于实践，因而广受读者喜爱。

- **招聘会前**　问问自己到底具备哪方面优势，可以让自己在一天数百人的招聘会中脱颖而出，吸引面试官的注意。

  通过事先了解您所感兴趣的雇主以获得竞争优势。详细了解公司正在招聘的职位及具体应聘资格。如有可能，请了解公司是在招聘会上进行现场面试还是后期通知面试。您可能会从就业招聘会中发现这类信息。主动联系公司，您或许能够发现站在桌旁的人是否负责招聘工作，或人力资源代表正在筛选合格候选人推荐给公司。

  反复练习您的"电梯演讲"，使自己可以清晰专业地进行自我介绍（请参阅第一章内容）。带上您的通用简历和针对中意职位的定制版求职信。请注意穿着应正式且职业。

  携带公文包（配有肩带可以让您自由握手与记笔记）和专业的文件夹，让您可以轻松找到简历和推荐信。请携带纸巾并保持口气清新。

- **招聘会中**　提前到达。花几分钟时间了解下招聘会的整体氛围：是正式的还是非正式的？

  切忌询问雇主公司的业务内容，在见面前请先自行了解。

  有效管理自己的时间：首先与中意的次优公司见面，作为"热身准备"，这样您与最为青睐的公司见面时就会更加自信。一些雇主会在指定闭馆前一小时左右就结束招聘，所以请不要等到最后一刻再去。

  如果您必须排队等候，请利用这段时间与其他应聘者交谈：尽量掌握他们对雇主和职位已有的信息。

  自信地与公司代表交谈："您好！我叫雅亚·格里尔（Janya Greer）。

我是一名新闻与英语专业的学生。我对贵公司文案撰写一职很有兴趣。"请记住，从您开始沟通那刻起，招聘者就已开始评估您了。

时刻要思考自己的职业目标与资质如何与雇主需求相匹配。你需要有具体的问题，以表明自己已做好功课。

请索要所有与您交谈的人的名片。

- **招聘会后**　对可能与自己职业诉求相匹配的雇主，请事后跟进一个电话或一封邮件，表达感激并明确自己的兴趣意向。

  提醒招聘者你们面谈的地点、内容和您的技能资质，并补充您在招聘会现场忽略掉的任何信息。明确表达您有兴趣了解自己与该公司是否匹配的更多信息。

- **商务汇报和商务写作附录**　演讲样本附录（附录Ⅱ）涵盖了带有示范性提纲、图表、有用注释的信息型演讲和劝服型演讲内容。商务写作附录（附录Ⅲ）则包括商务环境中的优秀写作要点提示和如何选择简历与工作申请的最佳模板等信息。

技术小贴士 ◀

在汇报中避免电脑灾难

　　当您使用计算机作为汇报的辅助工具时，您应当设想到该设备迟早可能会出现故障。以下提示有助于最大可能降低破坏您汇报的硬件或软件故障率。

　　提前设置。在计划开始汇报前，请给予自己充足时间以设置和检测设备。您最不希望观众看到的就是自己疯狂地重启电脑，反复更换电缆并尝试对软件进行故障排除。

　　任何物品请预留备份。提前设想您的设备在未来某个时间必定会失灵，因此请带上备用笔记本电脑、显示面板或投影机、调制解调器和任何其他您打算使用的硬件。

　　备份您所有的方案。将您的工作保存在 CD、闪存或其他一些可以挽救灾难的存储介质。您可能也想通过电子邮件将文件副本发送给自己以作为另一种备份方式。

　　确保能获得备份技术支持。事先确定一位电脑技术专家，以备万一可以联系。

　　注意网络。互联网的实时使用有时会带来灾难，比如网速可能很慢、网页可能一不小心就掉线。只要有可能，最好在硬盘驱动器和／或备份介质（CD、DVD 或闪存驱动器）存储您要用的网址图片。

　　制定一套应急方案。为设备失灵的可能性做好准备。对关键汇报内容请以讲义的形式进行备份。当然，它们也许不像高科技显示屏那样"时尚迷人"，但远比一无所有好得多。

技术演进

"技术小贴士"专栏向读者介绍了如何借助多种沟通工具实现自我目标。主题包括如领英（LinkedIn）等专业化社交网络服务，在离线状态下使用能反复排练的智能手机和有价值的沟通软件，掌握虚拟团队中的工作秘诀以达到沟通的最佳状态。

自我测评

劝说策略

请运用以下三大标准回答下列问题进行自我评估：3 表示"能够出色地完成"；2 表示"能够正常完成"；1 表示"有待改进"。

1. 我通过（ ）方式，最大化演说内容的可信度。
　　（1）通过对主题的了解以及相关证书展示能力。　　　　　　1　2　3
　　（2）通过诚实和公正获得观众的信任。　　　　　　　　　　1　2　3
2. 我通过（ ）方式，有条理地构建我的论据。
　　（1）为达成目标和说服观众使用最有效的组织计划（问题　　1　2　3
　　解决方案、标准满意度、比较优势和动机排序）。
　　（2）避免使用逻辑谬误（人身攻击、因果颠倒等）。　　　　1　2　3
3. 我使用例如（ ）合适的心理策略。
　　（1）吸引观众需求。　　　　　　　　　　　　　　　　　　1　2　3
　　（2）构建一个切合实际的目标。　　　　　　　　　　　　　1　2　3
　　（3）将自我呼吁聚焦在关键性观众群体上。　　　　　　　　1　2　3
　　（4）尽量避免自己论点与观众意见相左。　　　　　　　　　1　2　3
　　（5）提供足够证据以支持自己的主张。　　　　　　　　　　1　2　3
　　（6）恰当时引用反对意见。　　　　　　　　　　　　　　　1　2　3
　　（7）适应观众的文化风格。　　　　　　　　　　　　　　　1　2　3

自我测评

自我测评功能可以帮助学生了解自我应用概念的娴熟度并明晰自己的沟通优势与不足。

伦理道德的考虑

本书的"道德挑战"专栏要求学生思考如何将"伦理道德考量"纳入日常工作环境中。

道德挑战

提问关于道德行为的苛刻问题

在其核心价值观中，电子产品制造商得州仪器（Texas Instruments, TI）包括了尊重个体、承诺长期关系、关注环境和承担业务所在社区的应有责任。无论何时，当员工不清楚业务行为是否符合公司价值观时，TI 鼓励员工使用以下准则。该信息通过名片大小的小手册让 TI 员工得以方便随身携带。当您面对自己的道德挑战时，也可以使用同样准则。

- 该行为是否合法？
- 它符合我们的价值观吗？
- 如果这样做，您会感到内心不安吗？
- 这件事如果被公开会如何？
- 如果您明知它不对，请不要做！
- 如果您也不清楚，那就请教他人。
- 一直请教，直到您得到答案为止。

多样性

与文化背景各不相同的人一起工作比以往任何时候都更为重要与普遍。《**工作中的沟通艺术**》全书通过探索关于多样性的各种问题以鼓励文化理解与包容。

致　谢

我们非常感谢以下同事的宝贵建议，他们为这一新版本提供了诸多真知灼见：

艾伦·R. 比恩（Allen R. Bean）　东南社区学院

格雷汉姆·D. 博迪（Graham D. Bodie）　路易斯安那州立大学

卡罗尔·布伦南（Carol Brennan）　南平原得州大学

罗伯特·N. 伯恩斯（Robert N. Burns）　犹他州盐湖城社区学院

凯瑟琳·M. 卡斯尔（Katherine M. Castle）　内布拉斯加大学林肯分校

卡洛琳·克拉克（Carolyn Clark）　犹他州盐湖城社区学院

康定斯·N. 迪亚兹（Kandice N. Diaz）　得州厄尔巴索社区学院

辛迪·邓恩（Cyndi Dunn）　塞拉社区学院

理查德·I. 法尔沃（Richard I. Falvo）　得州厄尔巴索社区学院

史黛西·格雷塞尔（Stacy Gresell）　孤星学院塞菲尔校区

达莉亚·S. 海涅曼（Daria S. Heinemann）　杰克逊维尔佛罗里达州立学院

帕梅拉·霍普金（Pamela Hopkins）　东卡罗来纳州立大学

玛丽·S. 林奇（Mary S. Lynch）　威斯康星州沃基肖县技术学院

戈登·麦克莱恩（Gordon McLean）　杰克逊维尔佛罗里达州立学院

豪尔赫·D. 莫塔（Jorge D. Mota）　圣哈辛托学院中央校区

安吉拉·尼德玛雅（Angela Niedermyer）　奥斯汀社区学院

贾恩·波彭哥（Jan Poppenga）　东南社区学院

克里斯蒂娜·罗丝（Christina Ross）　塔兰特县西北大学

迈克尔·J. 斯克里文斯（Michael J. Scrivens）　指湖社区学院

凯瑟琳·泰勒（Katherine Taylor）　路易斯维尔大学

布莱尔·汤普森（Blair Thompson）　西肯塔基州大学

苏珊·托马索维克（Susan Tomasovic）　乔治梅森大学

J. D. 华莱士（J. D. Wallace）　阿比林基督教大学

罗伯特·泽托查（Robert Zetocha）　东南社区学院

我们由衷地感谢惠顿学院埃姆·格里芬（Em Griffin）先生针对本书所提关于将沟通理论与实践技能、策略相结合的建议，他的建议有利弥补了库尔特·莱温（kurt Lewin）认为本书缺少一项切实可行的理论这一缺陷。我们还要感谢卡罗琳·克拉克（Carolyn Clark）在更新讲师资料、尾章内容及提出很多其他富有见地的建议等方面发挥的持续性重要作用。

我们也感谢麦格劳—希尔公司（McGraw-Hill）的下列工作人员，他们努力促成《工作中的沟通艺术》一书面市：苏珊·戈因斯杜克（Susan Gouijnstook）、布里安娜·波尔科（Briana Porco）、克莱尔·卡什恩（Clare Cashen）、苏西·弗洛里斯（Suzie Flores）、罗娜·罗宾（Rhona Robbin）、凯里·艾斯纳（Carey Eisner）、杰米·达伦（Jamie Daron）、嘉琳·莫里森（Karyn Morrison）和马修·鲍尔温（Matthew Baldwin）。伴随着这一版本的出版，我们的资深营销经理莱斯利·奥伯胡贝尔（Leslie Oberhuber）不幸离世，我们将会永远怀念她的才华和亲和力。

一个勤奋与熟练的自由职业团队也为这一版本做出了宝贵贡献。黛博拉·科普卡（Deborah Kopka）的认真审稿让不太完美的手稿蜕变成您现在的手中书。凯伊·迈克尔（Kay Mikel）逐字逐句的校对使得本书几无错误。一如既往地，谢里·阿德勒（Sherri Adler）对照片的精挑细选也让该版的设计更加生动。

目录

1

第四部分　高效演讲　309

1

商务与专业沟通的基本原理

日落烘焙店（Sundown Bakery）案例

当卡罗尔·泰因舍克（Carol Teinchek）和布鲁斯·马歇尔（Bruce Marshall）经营的日落烘焙店刚刚开业时，其业务还相当简单。卡罗尔负责前台门店运营，布鲁斯负责烘焙食品和订购所需物品。当业务规模逐渐扩张时，卡罗尔雇用了两名兼职营业员在店中帮忙。马里纳两年前从萨尔瓦多搬到这里，金是一位刚大学毕业的韩国人。布鲁斯雇用了一位法裔加拿大人——莫里斯（Maurice）担任助理。

很快，烤箱一天24小时都在运行，由现在担任烘培师的莫里斯及两名助手三班倒负责监控。由于卡罗尔经常忙于销售事务而在客户身上花费太多时间，马里纳和金负责管理商店。布鲁斯无论是否会离开办公室，每天仍在烘培房花费三四个小时。但是，他将其中大部分时间用于和莫里斯协调生产与处理问题。

第二年，日落烘培店增设门店。除了原先店面，又新增了两家店面并在本地商场中新设了两家售货档口。卡罗尔和布鲁斯因此新雇用了一位运营经理——汉斯·米克尔松（Hans Mikelson），他原先担任一家全国咖啡连锁店的区域经理。汉斯对于如何经营连锁型业务拥有很多新想法。他建立了一个网站，将种类繁多的饮料与餐食添加到菜单中，并且制定了两套着装规则——一套适用于所有柜台员工，另一套适用于厨房雇员。针对新员工，他还制定了一本员工手册以节省培训时间。汉斯通过备忘录形式宣布了所有变化，商店经理则将其分发给了全体员工。

日落烘焙店日趋扩大的规模导致了公司内部变化。当其还是个小门店时所具有的强烈家庭式氛围现在已日趋淡化。新员工几乎无人认识布鲁斯和卡罗尔，结果导致业主和员工之间的意见交换与沟通也越发减少。

汉斯有关着装规则和员工手册的备忘录规定造成了这一危机。老员工对于服从"官僚主义者"（the bureaucrats）的命令感到气愤，而管理者已被扣上这一称呼。布鲁斯和卡罗尔意识到了这一问题，并希望保持沟通渠道通畅，但他们不清楚应当如何做。"我只是一名面包师，"布鲁斯恼怒地承认，"我不知道如何经营一家大公司。"

另一个挑战源于员工千变万化的特性。仅在原始门店中，日落烘焙店现在已雇用了来自7个国家的员工。何塞出生在巴西，他向布鲁斯承认卡罗尔的管理让他感到很不舒服。"这不是个人因素，"他说道，"只是在我们国家，男人不会接受女人的命令。"日落烘焙店员工的个人情况在其他方面亦有所不同。两名助理面包师是已出柜的同性恋，一名销售员则靠轮椅助力工作。

卡罗尔、布鲁斯和汉斯明白，仅有好产品对于保证日落烘焙店的持续性成功是不够的。他们需要提高负责生产与销售产品、日益成长的团队成员的沟通质量。

当您阅读本单元章节时，请思考以下问题：

第一章

1. 运用沟通模型（见图 1-1）分析汉斯与员工关于员工手册和着装规定的沟通。思考发送者、信息、解码、反馈、语境及可能噪声源的影响。什么因素最有可能造成互相理解的明显缺失？

2. 识别伴随着日落烘焙店不断发展壮大，其员工与管理层之间沟通渠道的变化。提出可能减少员工不满的替代性沟通策略的建议。解释为什么这些方式有助于提高管理层对工作场所变化的沟通应变能力。组织文化如何影响沟通渠道的选择？

3. 辨别伴随着日落烘焙店业务扩展，员工可能从管理层收到的工具性、关系性和身份性信息。您关注到下行沟通具有哪些功能？在日落烘焙店的案例中您能否找到上行沟通和横向沟通的例子？日落烘焙店如何改善其上行沟通的流程？

4. 伴随着公司的扩张，日落烘焙店的正式与非正式沟通网络如何变化？正式与非正式网络又是以何种方式造成日落烘焙店不断增加之伤痛的？这些网络以何种方式可用于改善管理层与员工之间的关系？

第二章

1. 正如本章"多元社会中的沟通"所述，日落烘焙店的人口统计构成变化如何反映更大规模劳动力的变革？

2. 思考"风俗习惯与行为准则"板块中的六大部分。引用一个具体案例或预测其中三种习俗规范与行为方式在工作场所中的影响。

3. 当您在描述文化对公司内部沟通的影响时，请思考以下暗含的文化维度：高/低语境类型、个人主义/集体主义、权力距离、不确定性规避、男性气质/女性气质、长期取向/短期取向。

4. 运用"跨多样性沟通"中的指导方针，针对公司发展过程中如何实现最有效的沟通，您将会给日落烘焙店的管理团队提哪些具体建议？

第一章

工作中的沟通

章节概览

本章目标

阅读完本章后您应该能够：

1. 解释沟通在职业成功中的角色，并运用案例支撑您的论点。

2. 将沟通的核心原则、沟通模型的基本要素知识，以及有效的沟通渠道使用注意事项运用于特定场景，以展示各个要素之间如何影响交互作用的效果。

3. 阐述正式沟通网络与非正式沟通网络如何在您职业领域的特定场景运作，创作一个个人网络的战略性规划以实现您在组织中的目标。

4. 将此处讨论的道德沟道概念运用到一个或者更多的道德具有挑战性的场景中。

◎ 沟通与职业成功

下一次当您在网上寻找工作岗位、阅读报纸的就业帮助板块，或者在学校就业服务处查看实习机会时，请注意看仔细些。无论您在寻找何种类型的职位，从普通入门级工作到高端技术型的专业岗位，无一不将"优秀的沟通能力"列为基本要求。

不考虑职业性质，人们在工作中往往花费掉大量的时间用于沟通。工程师将他们大部分的职业生活都用于说和听，其中大部分是在一对一或者小组环境中。会计师也许精于计算，但他们也需要有效的沟通以服务客户。这是为何注册会计师和雇用他们的公司一贯将有效的沟通列为职业成功的基本要素。一项基于《财富》美国 1000 强（*Fortune* 1000）公司中千名以上职员的反馈研究发现，职员通过手机、邮件、传真、短信、博客、即时通讯，以及面对面的沟通等方式收发信息数平均达到 178 条 / 天。一些专家已做出估算，一桩商业项目平

职场小贴士

职业中的沟通

沟通在任何职业中都扮演着重要角色，在很多职业中沟通已成为焦点。尽管对于下文探讨工作类型中的沟通能力并无强制性学术要求，但对此领域进行学术研究却不无裨益。

- **广告 / 营销：**广告或者营销专家、文案人员、客户经理、销售主管、媒体策划员、媒体购买者、创意总监、媒体销售代表、销售和市场经理及媒体经理。
- **电媒 / 电台 / 广播：**项目总监、社区关系总监、电影编辑、新闻总监、记者、销售助理 / 经理、网页设计师、听众 / 市场研究员、媒体购买者、播音员 / 新闻主播、公共关系经理、喜剧作家、选角主管、制片人、业务经理、舞台总监及脱口秀主持人。
- **健康传播：**健康教育家、校医务管理员、医疗拨款申请撰写人、诊所公共关系总监、健康传播分析师、医疗培训主管、联邦卫生机构交际经理、医疗中心出版编辑、临终护理经理、卫生保健咨询师及卫生设施资金募集人。
- **新闻（印刷或电子）：**记者、编辑、新闻播音员、广告文案撰写人、编剧、出版商、新闻服务研究员、技术作家、策划编辑及媒体采访人。
- **新媒体和技术：**互动平面设计师、网络出版商、电子杂志作家和编辑、游戏设计师、应用程序开发员、社交媒体营销专家、网站设计师和管理员，以及新媒体研究员。
- **组织沟通：**人力资源 / 培训 / 内部交流专家、会议经理、劳工谈判代表、猎头、产业媒体制片人 / 导演、技术作家、社区 / 政府事务协调员、研究 / 知识经理。
- **政治沟通：**公关经理、新闻代言人、政府说客、公共事务专家、发展官员、资金募集人、会员招聘员、销售经理、媒体分析员、媒体策划员、创意总监、观众分析师、社区关系专家、内部沟通总监、公共舆论研究员。
- **风险和危机沟通：**公关人员、公司发言人、企业培训师、沟通顾问、政府部门发言人。

均将消耗 75% 至 80% 的时间（即 1 小时中超过 45 分钟）用于沟通。

当谈及沟通时，质量在几乎每项职业中的重要性不言而喻。工作中的沟通能力甚至可以起到生死攸关的作用。洛杉矶警察局在其警员错误枪杀路人最普遍的原因中引用了"沟通不良"。沟通技巧对于医生、护士和其他医疗专家也是必不可少的。研究者发现，50% 以上被报道的医疗错误都根源于"沟通失策"，这包括死亡、严重的物理损伤和心理创伤。一家大型医院的评审小组的研究发现，沟通很不幸地成为医疗失误的主要原因之一，而医疗失误每年造成的死亡人数高达 9.8 万。一篇发表在《美国医学杂志》的研究文章揭示了没有医疗事故索赔记录的医生与有过往索赔记录的医生在沟通能力上的显著区别。

沟通能力对于个人职业成功同样是必要的。拥有良好沟通能力的技术人员可以赚更多，欠缺沟通能力的人则遭受由此带来的种种麻烦。一项来自企业招聘人员的研究显示，良好的沟通能力，和与他人合作的能力是职业成功的主要因素。拥有 MBA 学位的人指出他们认为最有价值的能力包括：与他人合作的能力、倾听能力、影响他人的能力，以及灵活交际的沟通能力。计算机巨头 Sun 微系统公司国际业务拓展经理威廉·谢弗（William Schaffer）强调指出："如果有一项技能是此行业成功的必备要素，一定非沟通能力莫属。"高管培训师和制药公司招聘员吉姆·里奇曼（Jim Richman）也表达了同样的看法："如果让我给任何建议，那就是围绕你的整体沟通能力，再多的培训都不足为奇。"

表 1-1 总结了一项由雇主罗列心中完美雇员需具备的能力与品质的年度调查的结果，发现沟通能力几乎总是排列在清单首位。

很多人并不重视沟通在职业成功中起到的关键作用。一项调查显示，只有一半的学生像雇主一样意识到，沟通能力在成为一名高效专业人士过程中所扮演的重要角色。令人感到不安的是，调查发现学生比雇主对自身的沟通能力更

表 1-1　雇主看重的优秀品质和技能

团队协作能力
口头沟通能力
决策与问题解决能力
收集与处理信息能力
规划、组织与合理安排工作能力

为自信。换句话说，很多学生低估了良好沟通的重要性而夸大了自我能力，而这并非成功的秘诀。

因为沟通能力是专业人士和组织成就不可或缺的要素，因此本书致力于帮助磨炼您在这一重要领域的天赋与才华。

◎ 沟通的本质

沟通看上去简单且几乎毫不费力，特别当其进展顺利时。但是每项交际性交流实则都会受到不太明显的原则影响。更好地理解这一过程有助于您做出战略性选择，以更好实现个人和组织目标。

沟通原则

为了更加成熟地理解沟通如何运作，我们首先从一些基本原则入手。

沟通具有不可避免性 沟通的一个基本公理是"没有任何人是不能沟通的"。正如在本书第四章您将学到，面部表情、姿势、手势、衣着及许多其他行为都提供了关于我们态度的线索。沟通无时无刻不在，即使我们不在现场，我们也在传递着信息，无法出席某次活动或者离开房间都在向其他人传达着某种含义。沟通不可避免，所以考虑你所发送的无意识信息是很有必要的。

沟通具有战略性 几乎所有沟通的目的都在于达成目标。在工作中，最明显的目标涉及的沟通类型即学者所称的"工具性沟通"（instrumental communication）——旨在完成手头工作任务的信息。当您的经理说"中午之前我需要这份报告"，实际上她正在进行工具性沟通。当您问"它需要多长时间"，您也在追求工具性目标。人们不总是会直接陈述他们的工具性目标。当人们说"哇！看看时间"，实则暗示着"我想要结束本次会议"。同时在谈判中，您的"最终报价"实际上可能是讨价还价策略。

第二组目标涉及关系性沟通（relational communication）——旨在塑造和反映人们互相对待的方式的信息。建立积极的关系不仅仅是善于交际，积极的沟通氛围有助于实现工具性目标。相反，消极的关系可以使得上述目标很难甚至不可能实现。

事实上，所有的信息都包含工具性和关系性两种维度。当客服代表问"有什么能为您效劳的吗"，这一问题的工具性本质是显而易见的。但是提问方式塑造了客服代表与客户关系间的话语基调——匆忙的或谨慎的、真诚的或虚假的、友好的或敌意的。

第三组不太明显的目标是我们沟通时还涉及身份管理（identity management），即一种通过塑造优先形象与鲜明个性特质以展示自我的实践。要理解这一概念，请您花点时间列出 10 个单词或短语用以描述您希望他人在工作中看待您的方式。您的列表中也许包含了"有能力""可信赖"和"高效"等词语（确保在阅读前您的列表已完成）。列表汇总的属性（和许多其他属性）构成了您想要塑造的职业身份 / 认同。接下来，思考下您让别人接受您身份的口头和非口头沟通方式。如果具有抗压能力是您的一项优势，您会如何说或者做以展现这一品质？如果您希望他人认为您知识渊博，您将会如何通过沟通以给他人留下这种印象？

正如上述思考所呈现的，沟通往往具有战略性；我们通过精巧地组织信息以实现工具性、关系性和身份性目标。有时我们的策略拟定是在潜意识中进行的。当遇见一位新人时，您可能不会想："必须看上去自信且友好！握手要有力！眼神交流要直接！"可是在其他时候，制定一个有助于实现目标的周到策略可以增加您未来成功的概率。

本书的一个主要关注点在于推荐可供您使用的沟通策略，以帮助您实现自身目标及所参与的组织目标。其中很多策略都将侧重于具体与工作有关的环境，例如面试、会议和汇报。此外，在几乎每项职业中，当您想要提升自我专业形象、管理人际关系、最有效完成手头工作时，本书的其他内容也会对您有所帮助。

乍一看，战略性沟通的概念似乎是不道德的。但是，有意识沟通并不必然是不诚实的。本书之后的指导方针表明，在尊重他人权利和需要的同时，战略性沟通是可能的。

沟通具有不可逆性　每个人都曾希望自己能够收回已经说出的后悔话。很不幸，这是不可能的。我们的言行一旦在他人的记忆中被记录下来，我们就已无法抹去它们。正如古谚所云："人们也许会选择原谅，但他们已无法忘记。"事实上，通常当您刻意试图抹去某一言行时，效果反而是欲盖弥彰。

沟通具有过程性　当我们谈论一项沟通行为（an "act" of communication）时，仿佛发送或接收信息是孤立的事件，这其实是不准确的。

案例研究

贬损性电子邮件导致被解雇

　　艾奥瓦州民权委员会（Iowa Civil Rights Commission）的三名雇员得到了一个痛苦的教训：电子八卦代价昂贵。他们在主管发现其使用州电子邮件系统对同事进行诽谤和嘲笑后被解雇。违例雇员通过取冒犯性的绰号来谈论周围同事，例如"怪物"（Monster）、"神经病"（Psycho）、"吸毒助理"（Stoned Intern）、"类固醇癫狂症"（Roid Rage）、"极端整容"（Extreme Makeover）、"我的车在哪里"（Where's My Car）① 和 "白化病人"（Albino）。其中一封具有代表性的邮件写道，"'我的车在哪里'和'神经病'正在讨论食物——真是毒品/肥胖中天造地设的绝配！"

　　被指控的三名雇员辩称他们的电邮谈话只是办公室里无害的闲聊。"这只是聊天，泼冷水的闲谈。"其中一人辩解说。行政法法官对此则不赞同，其将三人的信息定性为"不端行为"（misconduct），因而取消了他们领取失业保险福利的资格。

———————————

① 将他人日常话语，例如"我的车在哪里"用怪异腔调或者夸张语气进行模仿，实质上是一种不尊重他人、意图嘲笑或讽刺他人的言行。——译者注

　　相反，所有的沟通事件都要被放置到它们的沟通语境中去考虑。例如，假设您的上司对您的加薪请求这样回复："我正想要求你减薪！"您将会做何反应？答案可能取决于以下几个因素：您上司是个爱开玩笑的人还是严肃的人？他的话是否符合过去你们之间的关系——您上司过去的言论属于批评型还是鼓励型？这条信息是否和他人给你的回复一致？您今天的心情如何？所有这些问题表明，信息的含义部分取决于其产生之前所发生的内容。每条信息都是整个过程的一部分：它不会单独发生。

　　沟通不是万金油　尽管沟通有助于消除困难，使通往成功之路更平坦，但它不会总是提供您想要的。有时即使人们谨慎沟通，误解和负面情绪仍会发生，而当人们沟通不畅时，情况往往会急剧恶化。这就解释了为什么有些问题讨论时间越长，情况反而越糟糕。即使是有效的沟通也无法解决所有问题。在某些情形中，双方完全明白对方所说之意，但仍然针锋相对。所以，当您开始学习工作中

的沟通时，明白这些限制是很重要的。提升您的沟通技能确实有助于提升效率，但它并非包治百病的灵丹妙药。

沟通模型的基本原理

无论周围环境或者参与人数有何异同，所有沟通都由相同的元素构成。掌握它们有助于理解当一个人试图向他人表达某一观点时，实际到底发生了什么。这也可以为分析有些尝试获得成功但有些尝试却遭受失败的原因提供一些思路。

沟通的过程开始于信息发送者（sender），即发送出信息（message）的那个人。其中一些信息是有意的，其他信息（例如叹息或者打哈欠）则是无意的。发送者必须选择特定的文字或利用非言语方式发送一条有意的信息，这个活动过程被称为"编码"（encoding）。渠道（channel，有时被称为"媒介"）则是指用以传送信息的方式。在下一部分，您将会阅读到更多有关渠道的内容。

即使一条信息完好地抵达预期接收者（receiver），也无法保证其会按照发送者的原意被理解。

接收者一定仍会对接收到的言行附加含义。接收者不仅仅像被动海绵那样吸收信息，相反，他们会积极地解释和回应信息。接收者对信息主动附加含义的过程被称为"解码"（decoding）。

由于信息可以多种方式解码，因此误解经常出现。思考一种情形。当客户对一次疏忽／差错回复道"不要担心它"，也许准确的文字表述会是："绝对没有必要担心。"或者客户可能的意思是，"虽然它不完美，但我可以容忍错误"；或者客户可能会因此恼火但却不愿直言"我真的不高兴"。在接下来的章节中，您将会学到各种有助于在上述情形中达成共识的策略。

接收者对发送者信息做出的可辨别的回应被称为"反馈"（feedback）。一些反馈是非言语性的，比如微笑、叹息等；一些反馈是言语性的，比如您对同事的观点通过提问或评论方式做出回应。反馈也可以是书面性的，比如您给同事写邮件进行回复。在很多情况中，无信息也可以成为一种反馈类型，比如没有回复信件或电话能够折射出接收者不愿意与发送者沟通的想法或态度。

尽管我们将发送者和接收者描述为分离的角色，但实际上沟通是一个双向过程。特别当沟通即时发生时——在面对面场景、电话会议和在线通话中——人们同时是发送者和接收者。当您正向您的经理提出一个想法时（发送信息），她正在接收信息。但与此同时，她也在向您发出言语或非言语的反馈进行解释。当她对您的部分想法表示质疑而您做出防御性回应时，你们同时在进行收发信息。因为发送和接收同时发生、相互联系，这两个角色被合并放在"沟通者"（communicator）位置，即图 1-1 模型的两边。

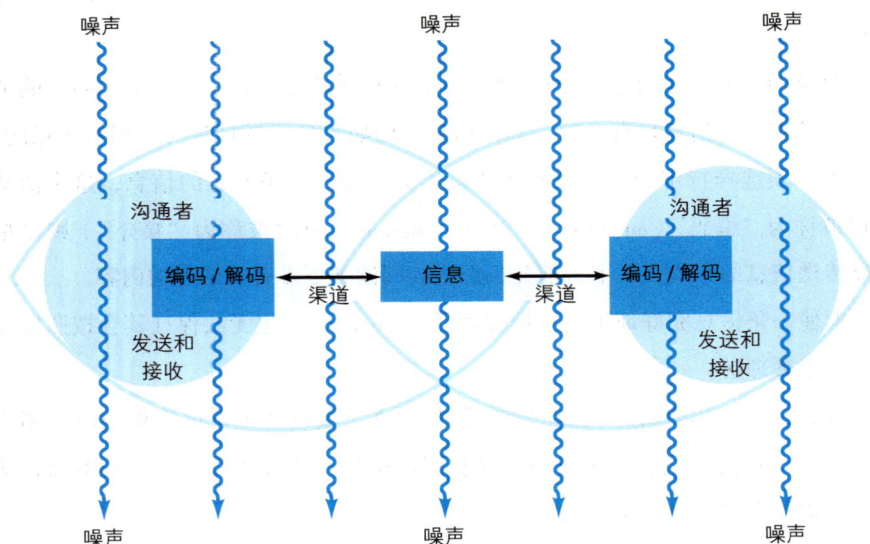

图 1-1　沟通模型

一旦您理解了接收和发送是同时发生且相互联系的，您已开始认识到成功的沟通并不仅是积极的发送者对被动的接收者单向所做的行为。与此相反，它是参与者通过交换信息达到互相理解的协作过程。换句话说，沟通不是我们对他人做某件事，而是我们和他人共同做的一个过程。建立共享含义（shared meaning）的有效方法之一是以他人为导向（other-orientation）——尝试去理解他人的观点，无论我们是否同意它。反馈帮助我们在这个过程中构建共享含义。

有效沟通的最大障碍之一是干扰信息交换的噪声因素。第一种噪声类型是环境噪声，这是最明显的类型。例如隔壁房间的喋喋不休、会议中某人手机烦人的铃声，或者难闻的雪茄烟。第二种噪声类型是生理噪声，例如听觉障碍、疾病、残疾和其他所有造成收发信息困难的因素。为了更好地理解生理噪声的影响，您只要回想一下当您在熬夜学习中挣扎或者遭受头痛折磨时，处理信息变得多么困难即可。第三种噪声类型是心理噪声，即沟通者干扰正常理解的内在力量，例如自我中心、防御心理、傲慢自大、刻板、偏见、歧视、敌意、成见和恐惧。假如您正在策略性地思考如何在工作中与他人沟通，那么发送信息前，您会采取哪些措施以减少所处环境的噪声？

沟通渠道

在商务沟通中，您选择发送信息的渠道将对效果产生巨大影响。您是应该打电话表达想法还是编辑短信或者发邮件？是通过传真还是纸质拷贝来发送？或是您亲自表达想法？决定使用哪种沟通渠道绝非小事，沟通研究者已对有利于良好沟通的渠道选择的因素进行了广泛研究。如果您想选择最优渠道，那您应当思考以下几个因素：

思考渠道特性　新技术为商务人士提供了比以往更加广泛的沟通选择。不久以前，可选范围仅限于面对面、电话或备忘录，但是如今，还包括电子邮件、语音邮件、传真、即时通信、视频会议、网络会议、脸书、推特、移动电话、寻呼机、发短信等。评估这些选择的路径之一是思考每种渠道的不同特质，以及这些特质如何与您的沟通目标相匹配。

丰富度　丰富度（r.chness）是指在给定渠道中可获得的信息量，包括面部表情、语音声调、眼神示意和身体姿势。例如在面对面场景和较小范围内视频通话这类丰富的沟通渠道中，一系列广泛的非言语线索将会帮助您更好地了解他人。您的客户赶时间吗？您的上司生气了吗？同事在开玩笑还是认真的？观察和聆听有助于您回答上述这些问题。相比之下，贫乏的沟通渠道能获得的信息大大减少。因此，尽管电子邮件渠道有助于高效交换信息，但是当诸如音调和情绪因素很重要时，它就不再那么有效了。甚至电子邮件中的笑脸表情符号也无法避免造成误解。

速度　渠道速度（speed）是指信息交换的迅速程度。高速或瞬时沟通渠道被称为"同步沟通"（synchronous communication），主要包括面对面谈话、视频聊天和电话沟通。同步沟通的一个主要优势在于信息发送和接收之间没有时间滞差，因此其允许即时反馈。一旦问题产生您可立即回应，如有必要，亦可即时做出重述或详细说明。如果您现在需要一个报价或需要讨论一个很详细的复杂想法，那么高速沟通渠道可能是最佳选择。但是，高速的同步沟通并非总是可取的。另一种选择是异步沟通（asynchronous communication），其包括电子邮件、局域网备忘录和语音邮件。在这些"低速"渠道中信息发送与接收间存在时间滞差。这些渠道对较不紧急的请求有效。此外，如果您想要避免不假思索的本能反应，加强自我周全思考，选择异步途径传递信息是明智的。

控制度　控制度（control）是指您可以管理沟通过程的程度。当然，因为沟通是一个双向过程，您永远也无法完全控制。然而，不同渠道提供不同的控制类型。在书面渠道中（如撰写电子邮件），您对如何编写信息有更多控制权，因为在完全满意前您可根据需要无数次地书写、校对和编辑。如果您有一些高度敏感的话，这或许是个不错选择。但是此种渠道亦有不便之处。尽管您可能花费了数小时撰写备忘录、信件或报告，但接收者可能只会粗浅地浏览或者根本不会读它。相比之下，在面对面渠道中，您可以更好地掌控接收者的注意力。您可以减少噪声、分析领会到的非言语信号，甚至可以明确要求接收者更加注意您的信息。

思考措辞的理想型语调　一般来说，口头沟通对那些要求个人维度的信息传播是最好的选择。某公司每年为员工通勤花费超过 400 万美元，该公司经理就面对面交流谈到："任何东西都无法取代握手、一起吃饭或者看着他们的眼睛。"口头渠道对强烈需要视觉支持（例如演示、照片或幻灯片等）的想法是最优选择。口头交流对需要做出即时反馈的情形（例如问答会或就您想法的快速回复）也特别有用。

当您想要营造一种相对正式的语调氛围时，书面沟通会起到很好的效果。当您必须字字斟酌时，文字几乎总是最佳方案。同时，当您想传递复杂的想法、可能需要接收者花费精力研究与思考时，文字比说话更好。当您想结束反馈和讨论、就某一问题下定论时，将其形成文字才是明智之举。最后，如果您想要对任何信息进行备份保存，文字也是首要选择。在商业和专业领域，发送确认函、电子邮件和保存会议记录是一种惯例。这些步骤确保所说能被记录在案，将来一旦产生误解或者争端将派上用场，同时假如任何人想要审查某一问题的来龙去脉，也都有据可查。手写的感谢或慰问信表达了一种体贴周到的考虑和电子信息所缺失的个人感情色彩。

思考组织文化　除了与信息相关的考虑外，您所工作的组织的文化可能本身偏爱某些沟通渠道。例如，微软公司在日常运作中对电子邮件的使用需求特别大，以至于公司一些语音邮件问候也包含了以下提示："如果您来自微软，请尝试发送电子邮件。"在其他组织中，语音邮件是首选渠道：硅谷图形公司（Silicon Graphics）副总裁柯克·弗洛加特（Kirk Froggatt）提供了一种解释："语音邮件有一些基础的、更加个性化的元素。你可以了解他人的语音语调和激情。人们因此喜欢它。"最近一项研究甚至表明，遵守公司电子邮件和即时通讯规范的员工在绩效评估中得分更高。除了组织对某些渠道的整体偏好，认真考虑组织各部门甚至个人偏好也很重要。例如，一些组织中的计算机支持工作人员喜好使用电子邮件回复，而在其他公司打电话给服务台才是获得快速回应的最佳方式。同时，如果您知道其他同事或者您的上司仅在面对面提醒时回应，那么您最好的选择就是使用这种方法。

技术小贴士

离线的优点

当今一系列的通信技术使得与他人在几乎任何时候取得联系都成为可能。这种互相连接的状态导致电子工作和远程办公迅猛增长，即员工不必拘泥于办公场所办公的一种灵活的工作安排。伴随着上述益处，将员工互相联系的科技同时需要折中考虑。当您的上司、同事和客户能够随时联系您时，也就意味着您将过度分心以至于无法处理部分必要的工作。

沟通研究者发现，远程工作人员发明了两种对策用于减少联系、提高效率。第一种对策即直接间歇性地断开联系，例如关闭计算机、转接来电至语音邮件，或简单地忽略收到的信息。研究者将第二种对策称为"装糊涂"，远程办公人员通过隐瞒活动踪迹以阻碍联系，例如，将其即时消息状态更改为"会议中"或在线上发布虚假的"不在办公室"信息。

需要注意的是，这些对策通常不是用于逃避工作，而是为了完成更多的工作。上述研究表明，联系过多与生活中的许多方面很相似。越多并不总是意味着越好。

思考运用多种渠道　在某些情况下，交叉运用多种渠道发送信息才是明智之举。例如，您可以：

- 发布与文稿演示类似的书面文字或概要提纲；
- 致电时附上一封信函、传真或电子邮件，或者先致电再书写发送；
- 先发一份报告或提案，然后与对方预约讨论时间。

这种信息冗余（redundancy）充分利用每种渠道的优势，有助于提高您所传递信息被他人更好理解的可能性。一项研究显示，面对面交流后随即附上一封包含补充性信息的电子邮件将比单种渠道路径更有说服力。此外，双重渠道路径也提升了发送者的公信力。

有时候，渠道选择需要折中权衡。比如，面对面沟通具有丰富性、快速性，也允许您对接收者的关注拥有足够多的控制力。同时，与其他沟通形式相比，它也具有营造人际关系的更大潜能。但是，人际交流很难事先规划安排，即使人们在同一屋檐下共事。为了一次只有半小时的会议而穿越整个城市，将可能消耗掉您上午或下午的大部分时间。

最终，问题不再是选择何种沟通渠道，而变成如何在恰当时机最优运用。掌握如何做出最优选择，会对您的职业生涯产生巨大影响。在一项调查中，被认定为具有"媒介敏感度"（media sensitive）的管理者，即那些能够将特定渠道与信息相匹配的人，与其他对媒介不太敏感的同行相比，前者在业绩评价中获得最高评级的可能性几乎是后者的两倍。表1–2介绍了若干指南，将会帮助您决定如何最有效地发送信息。

表 1–2　选择沟通渠道的注意事项

	丰富度	速度	信息控制度	注意力控制度	语调	细节级别
面对面	高度	同步	低度	高度	私人	中度
电话 / 电话会议 / 视频会议	中度	同步	低度	中度	私人	中度

（续表）

	丰富度	速度	信息控制度	注意力控制度	语调	细节级别
语音邮件	中度	异步	中度	低度	中度	低度
电子邮件	低度	异步	高度	低度	非私人中度	高度
即时通信	低度	异步但潜在迅速	中度	中度	中度	低度
短信	低度	异步但潜在迅速	高度	低度	非私人中度	低度
复印件（如手写或打印信息）	低度	异步	高度	低度	基于作者风格	高度

◎ 组织内外的沟通

对我们大多数人来说，工作需要协同完成。只有极少人单独完成制造、营销和销售产品或服务的全过程。无论与我们共同工作的人在隔壁办公室或远在地球另一端，我们都是沟通网络（communication networks）的一员。沟通网络是指通过时间和空间由沟通者之间的信息流创建的联系模式，其包含两种形式：正式和非正式。

正式沟通网络

正式沟通网络（formal communication networks）是由管理层设计的一套旨在指定具体接洽主体完成任务的系统。在小型组织内，沟通网络非常简单，以至于几乎察觉不到。而在相对大型的组织内，它们更加错综复杂。描述正式沟通网络最常见的方法是结合组织结构图（organizational charts）进行分析，如图1-2所示。组织结构图不仅是一种官僚玩具（a bureaucrat's toy），它们还为明确特定任务承担主体和负责他人绩效的员工提供清晰指导。同时，它们也描述了沟通的最佳流动机制，包括下行沟通、上行沟通和横向沟通。

组织结构图

克里斯
经理

珍
行政助理

贝莱
办公室经理

泰德
副经理

克莱尔
副经理

玛丽亚
副经理

泰德 副经理	克莱尔 副经理	玛丽亚 副经理
塔拉 客服代表	**道恩** 客服代表	**约瑟** 客服代表
鲍勃 客服代表	**菲尔** 客服代表	**史蒂夫** 客服代表
马利克 客服代表	**苏** 客服代表	**帕姆** 客服代表
托德 客服代表	**南希** 客服代表	**凯特** 客服代表

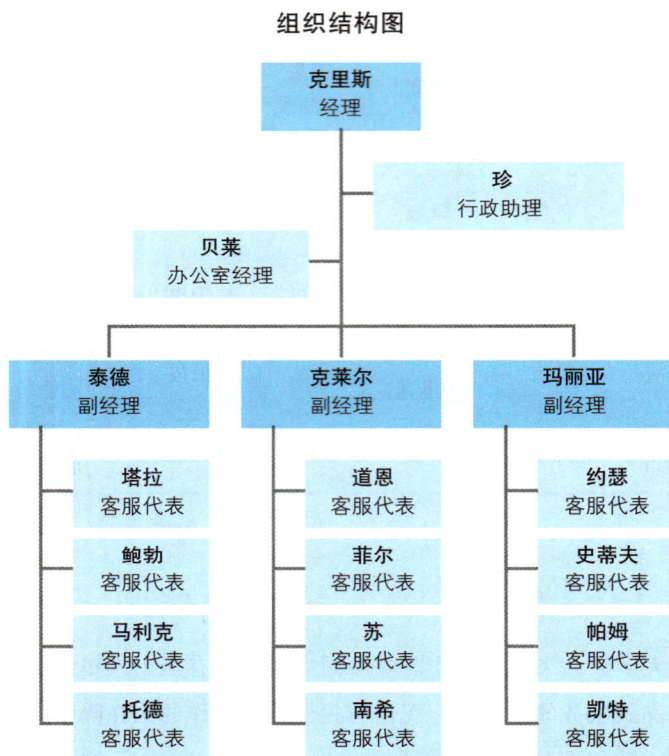

图 1-2　正式沟通网络

下行沟通　每当组织内上级向下级发送信息时，即已发生了**下行沟通**（downward communication）。下行沟通有以下几种类型：

- 工作说明书（job instructions）："20 美元以下以现金支付的物品，请索要收据；20 美元以上的物品，请使用公司信用卡签账。"

- 工作基本原理（job rationale）："我们会按时更新库存，如此客户便不会得到过时的产品。"

- 反馈（feedback）："在您闪存驱动器中备份文件是个很好的主意，当您的手提电脑丢失时，这可以避免很多不幸与麻烦。"

- 教化灌输（indoctrination）："人们可以在其他地方购买我们销售的产品，但是我们能够通过快速、愉快地给予他们所需而将其吸引到这里。如果照此执行，我们将会领先一步。"

　　大多数管理者至少在原则上会赞同下行沟通很重要。上级的下达指令、描述程序、解释理由等需求无可争辩。和其上司一样，员工也认识到了下行沟通的重要性。通用电气（General Electric, GE）的一项研究表明，"老板和职工之间的清晰沟通"是绝大多数人对工作满意度的最重要考量因素。通用电气对这项研究成果印象非常深刻，以至于它随后启动了一项旨在鼓励管理者更频繁、直接地与职工进行交流的项目，例如举行非正式会议以相互鼓励。

　　大多数员工也许非常期待能够得到反馈，因为管理者很少能提供足够多的反馈。正如两位主要研究人员所说："员工频繁的抱怨在于，他也不清楚与上司

职场小贴士

如何获得您上司的认可

　　据穆里尔·所罗门（Muriel Solomon）介绍，"获得认可的最大秘诀是凸显您的创造性思维"。她与其他职业顾问建议您可以通过以下几种方式展示您在工作中的才华、兴趣和潜能：

- **向您的上司提出建议。** 主动了解公司面临的挑战，制订一项能够展示您创造力并对公司需求正确理解的详细计划。不要被动地等待别人去认识您或者选派您负责一项重要任务。
- **自愿主动参与委员会，例如担任委员会主席，或者去赞助一场研讨会、听证会、体育赛事。** 创造机会去不断拓宽与您组织内不同级别人员的工作关系。准备简要的总结，并向上司提交报告。
- **将您的想法转化为文稿。** 向公司出版物、部门通讯、协会或专业期刊投递高质量文章。将副本分发给您的经理，并张贴在布告栏和公司博客上。
- **善用体贴关切的细小举动架构人际关系桥梁。** 每天花 5 分钟去做些贴心的小事，从而提高您的知名度。例如，对曾经在您项目中工作的人亲自表示感谢，给那些帮助过您的主管或导师打电话或寄发感谢信（给您接受其帮助的人密送邮件），并向那些为您提供小道消息的人表示感激。
- **准备好分享一个有关您成就的故事。** 不要夸夸其谈，将您的成就编织成一个有趣的故事（确保近期案例包含其中），每当机会出现时您就可以说，"类似那样的情况我们上周就经历过"。

共事时应坚持怎样的立场。"很多公司对反馈采取一种更加开明的办法。舆论认为，联合航空公司（United Airlines）前总裁埃德·卡尔森（Ed Carlson）在其任期内带领公司实现扭亏为盈。他的成功秘诀一部分在于，他让公司全体员工真正了解公司的实际运营。"没有什么能比公司层级阻碍信息向下传达导致员工士气低下更糟糕的了，"他说道，"我将其称为'没有人告诉我任何事情'（Nobody Ever Tells Me Anything, NETMA），我竭尽可能消除这一问题。"正如其言，卡尔森甚至将公司运营情况传递给外勤工作人员，而此类信息在以前则因为过于重要而被禁止传播。

上行沟通　信息从组织内下属流向上级的过程被称为"上行沟通"。几乎所有组织都声称在寻求上行沟通，但是很多组织并非如其所言愿意对员工意见保持开放。在一些组织内，质疑上司可能是一种职业道路上的自寻死路。"华丽的辞藻与现实脱节是《呆伯特》（*Dilbert*）连环画的创造者斯科特·亚当斯（Scott Adams）成为百万富翁的原因。"管理专家沃伦·本尼斯（Warren Bennis）说道。

真正执行上行沟通的企业能受益于员工观点和建议。美国最大零售商沃尔玛（Walmart）创始人山姆·沃尔顿（Sam Walton）声称："我们最好的想法来自我们的收银员和货品管理员。"行业观察者把美泰公司（Mattel Corporation）戏剧性起死回生的商业奇迹归功于其首席执行官（CEO）约翰·阿伯曼（John Aberman）对员工建议的开放。上行沟通可以传达四种信息类型：

- 下属正在做什么："今天结束前我们将完成那份工作。"
- 未解决的工作问题："会计办公室的空调仍然有问题。"
- 改进建议："我认为我已经想到了一种兼顾员工所需假期安排和继续工作的办法。"正如此前"职场小贴士"所建议的那样，得到您上司的认可能够为您的职业提升铺平道路。
- 下属对彼此之间及工作的看法："我很难与路易（Louie）一起共事。他似乎认为我在生他气。"或者："我很沮丧，因为我已经在同一份岗位上工作一年多了，而我想要承担更多责任。"

这些信息对下属和上级而言都有益处，而且这也解释了为什么满意程度最高的员工总是能够向其上司畅所欲言、直言不讳。本尼斯强调了上行沟通在组织成功中的关键性作用：

> 我研究高效领导者的时间越长，就对被低估的高效下属的重要性越加深信不疑。何者铸就一名好的下属？唯一最重要的特征可能在于愿意说实话。在一个日益复杂的世界中，领导者越来越依赖他们下属获得重要信息，无论他们本人主观是否愿意。敢于谏言的下属和虚怀纳谏的领导者注定是一对无敌组合。

尽管上行沟通很重要，但它往往很不容易执行。与上司坦诚相处既重要又危险，尤其当消息并不如上司所愿。一位经理给出了如下示例：

> 在我第一份担任 CEO 的工作中，一位为我工作的年轻女子有一天走过来对我说："您知道办公室里现在流传着女人想要获得成功就要穿春季褶边连衣裙的八卦吗？"听完我只是看着她反问道："这是从哪里流传出来的？"她说："嗯，因为您曾经对四位类似穿着的女人都给予了'漂亮的连衣裙'的评价。所以现在它已被看作一种政策。"

一些组织已经导入了旨在加强上行沟通以更好应对潜在的挑战的系统。皮尔斯伯公司（Pillsbury Corporation）员工就可以在匿名语音邮件系统上发表评论和观点。第三方独立公司将所有语音留言转换成文字，再将其上报给皮尔斯伯公司 CEO。

改善上行沟通的主要责任在于管理者。最近一项研究表明：当员工信任主管，并且组织中有领导者解决问题的先例，此时员工报告坏消息的可能性最高。他们可以通过宣布愿意听从下属意见来开始这一进程。很多方法都有助于促成上行沟通，在此仅举几例：开放政策、申诉程序、定期访谈、小组会议和建议箱等。当然，正式渠道并非完善上行沟通的唯一路径。非正式沟通往往是最有效的。例如，休息、电梯中的闲聊或者社交聚会期间的聊天，效果有时要好于事先安排的会议。但是，除非经理是真诚有兴趣倾听下属意见并真正重视他们的想法，否则任何方法都无法奏效。单单靠说远远不够。员工必须能看到在他们即将真正开始之前，上司具有倾听上行信息的主观意愿，不论信息本身的好坏。

横向沟通　第三种组织交互形式是**横向沟通**（horizontal communication），有时也被称为"**平行沟通**"（lateral communication），它包含了具有同等权力的组织成员间的信息。横向沟通最显著的类型发生在某一组织同一部门内的成员之间：相同部门的办公室工作人员、某一建设项目的同事等。在其他情况下，横向沟通发生在不同领域的工作人员之间：会计部门致电维修部门修理机器、医院登记处呼叫重症监护处预留床位等。横向沟通致力于实现五大目标：

- 任务协调："我们今天下午碰个头，制订一个生产计划表。"
- 问题解决："我们部门需要花费三天的时间才能从你们部门获得报告。我们还如何能提高速度？"
- 信息共享："我刚发现下周市中心将举行一场大型会议，我们应当为大量的商机做好准备。"
- 冲突解决："我听说你在老板面前抱怨我的工作。如果你不开心，我希望你可以先告诉我。"
- 关系建立："我很欣赏您及时处理紧急事项的方式。我想要邀请您共进午餐以表谢意。"

研究表明，人们在大多数组织中进行横向沟通，但与低效率团队相比，高效率团队这样做的原因却截然不同。低效率团队可能把手伸向组织的不同部门，以获取关于如何遵循现行程序的信息。例如，工程师可能会联系采购部门以检查设备订单的状态。相比之下，高效率组织中的横向沟通则被用于获得为解决复杂和困难工作问题的所需信息。例如，在开始新产品的设计工作之前，上述工程师可能会联系销售经理以了解客户最需要的性能。顶尖的组织鼓励不同领域的人聚在一起并分享想法。惠普全球人事经理芭芭拉·沃夫（Barbara Waugh）和她的同事们花了五年时间用于改善公司的横向沟通。"我的角色就是通过咖啡聊天和小型会议，或者建立网络，或者将具有相似或互补想法的人聚集在一起，以向所有人展现公司各部门如何运作。"

尽管良好的横向沟通重要性不言而喻，但仍有几股力量阻碍同事之间的沟通，竞争就是其中之一。感到彼此威胁的人是不可能合作的。威胁可以来自因升迁、加薪或者其他稀缺资源而产生的竞争。有时候竞争以一种非正式的角色出现。例如，两位身处同一办公室的喜剧演员每当对方获得笑声时就可能感受到威胁，而这会阻碍他们的合作。另一项挑战是专业化，它使得具有不同技术专长的人们难以理解彼此。信息超负荷会阻碍不同领域的员工相互接触，单纯缺乏动力也是另一个问题。最后，物理障碍会干扰横向联系，例如办公室分散在不同办公楼里。

非正式沟通网络

到目前为止，我们已经讨论了由管理层创建的组织内部沟通网络。除了正式网络，每个组织还有**非正式沟通网络**，即基于友谊、共享个人或职业兴趣和近距离而形成的交互模式。一位商业作家这样阐述非正式网络的价值：

> 一家公司的组织结构图将会告诉您它的权力架构。但它并不总是会向您展示事情完成或者发生的过程。您知道规则，但您并不清晰线索。为此，您需要一张了解网络的地图，相应的非正式结构通常是看不见的。

组织内非正式关系的运行与组织结构图中所陈列的正式关系关联不大。图1-3 展示了一个企业的实际信息流是如何与其正式结构完全不同的。同时，超越任何种类的组织性连接，人们事实上通过非正式人际网络——和朋友、邻居、家庭成员及各种其他关系——而互相连接。

首先，一些非正式网络产生于个人兴趣。同事之间如果同为狂热的篮球迷或同样迷恋珍版书籍，则与没有此种纽带的同事相比更有可能互相交换工作信息。其次，个人友谊也会创造联系以增进沟通。最后，物理邻近提高了人们相互联系的概率。共用办公空间或围在复印机旁频繁的谈话可能会使人们交换信息。正如公共关系专员詹姆斯·E.卢卡谢夫斯基（James E. Lukaszewski）在描述一项有利于男性的解剖学差异时所观察到的那样，即便共用卫生间也可以形成网络。

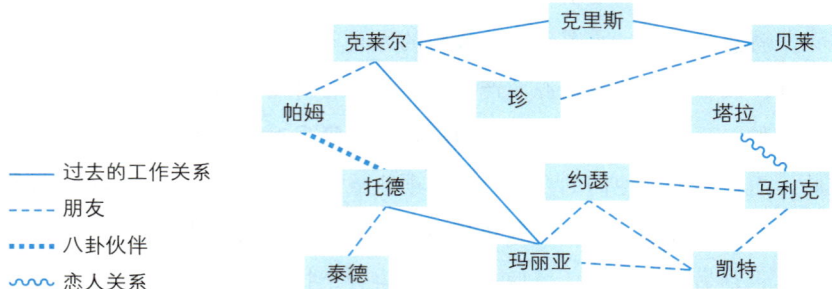

图 1-3　非正式沟通网络

这可能听起来很滑稽甚至愚蠢，但是当这些会议中断时，女人在哪里？而男人又在哪里？男人们将去门上印有男人（MEN）标记的那个小房间的白瓷小便池方便……他们站在那里，面对着墙，讨论和决定事情。在决策时期这是进行重要口头沟通的一个关键机会。

正如援引所暗示的，非正式沟通网络通常是与工作相关的重要信息、组织性资源、职业建议和社交联系的来源之一，它帮助员工成功定位职业生涯。当有人被排除在该网络之外，即便是无意之举，他已被置于不利地位。例如，研究已表明，女性通常无法知晓非正式沟通网络，而这对她们最终职业成功与否造成了实实在在的影响。这种差异对于少数族裔女性来说更加明显，她们面临着将其与上司和同辈之间非正式关系隔绝开来的"隔离墙"。明确您组织中的非正式沟通网络并尽可能多地参与其中至关重要，尤其当您是一位女性或者少数族裔。

组织内非正式沟通网络的功能　并非所有的非正式信息都是无所事事的传言。非正式沟通具有以下功能：

- 确认正式信息："这次老板对于减少过夜旅行是真正严肃认真的。当我走过他办公室时，我听到他在叫喊发脾气。"

- 扩展正式信息："虽然办公室派对邀请函上写着'便装'，但不要太过于随意。"
- 预先获取官方信息："您可能通过您网络中的熟人在某组织空缺职位正式发布前已知晓该信息。"
- 否认官方信息："您可能通过您从事会计的朋友了解到，基于本年度财务预算的采购截止日期并不像审计员近期备忘录中描述的那样坚定。"
- 规避正式渠道："您的网球对手善于击打重复落点，且他可能偷偷给您一次偶尔措手不及的回击，而非将球轻松地发至线尾。"

　　许多公司通过鼓励各部门人员进行开放与非结构化的交流，将非正式沟通提升为官方政策。例如，惠普解决问题的方法已经被定义为"漫游管理法"（Management By Wandering Around, MBWA）。

　　一些观察家认为非正式联系是组织内部的主要沟通手段。在一项调查中，57% 的受访者表示，在其组织内小道消息是"发现事实真相的唯一路径"。一项长达十年的研究表明，与求助于如数据库或文件这样的非人性化来源相比，工程师和科学家倾向于求助于人获得信息的意向高达 5 倍。两位著名的分析师公然断言，高达 90% 的公司内部日常运作事项与正式活动无关。大卫·克拉克哈特（David Krackhardt）和杰弗里·汉森（Jeffrey Hanson）发表在《哈佛商业评论》的文章对正式沟通网络和非正式沟通网络的差异做出了区分："如果正式组织联系是一个公司的骨架，那么非正式组织联系则是中枢神经系统。"

　　如同人类的神经系统一样，非正式沟通网络相较于正式渠道更加快捷，并且通常更可靠。它们还为更慢、更烦琐的正式渠道提供了一条捷径（有时是一种解决问题的方式），即使得创新更加简易。这一事实有助于解释为何组织决策者更倾向于依赖其信任同事的言语信息。聪明的沟通者不仅限于依赖与同伴的非正式联系以获取信息，他们充分利用整个组织来源。一项研究显示，总经理们在非直接下属、上司或同事身上花费了大量时间，而根据官方行政管理系统，他们本无必要如此处理。尽管其中许多人，如行政助理、低级别下属和小主管，似乎对外人而言相对不太重要，但成功管理者似乎无一例外都注重培养此种联系。

职场小贴士

您的电梯演讲

　　展示自己和想法的机会通常持续不到一分钟。例如，您在聚会时遇到一位潜在客户，您在街上偶遇您老板，或者您在走廊里被引荐给了一位潜在雇主。诸如此类的这些社交机会能否见效取决于您的高瞻远瞩和事先准备。

　　当机会出现时，您可以通过发表所谓的"电梯演讲"以给人留下好印象。（这种沟通形式因其须在乘坐电梯的时间里足够简明地完成而得名。）电梯演讲有助于实现多种目标。除了用于自我介绍外，它也是一种寻求帮助、建立关系、获取知名度、营销自己或组织、获得反馈、扩展人脉及排除拖后腿成员的有力工具。

　　通过向您的同学设计和发表一场电梯演讲，以锻炼您简要高效的自我介绍能力。您的演讲应当包含四个部分，并且在一分钟内完成。

- 陈述您的姓名和您现在的职位。
  "嗨，我是克莱尔·约德（Claire Yoder）。我是个大四学生，今年 12 月即将毕业。"
- 描述一些个人优势特长或与众不同的信息。
  "这个学期我以平均学分绩点 3.8 的成绩完成会计专业的学习。同时，通过参与 Tax-Help USA 的志愿者工作，我不断提升自己税务筹划方面的技能。"
- 基于您的陈述对象，阐述您能够为他人提供的服务或者寻求他们的帮助。
  "如果您或者您认识的人需要税务筹划方面的帮助，我很乐意效劳。"或者"如果您知道有关会计的任何开放工作机会，我很荣幸能倾听您的意见。"
- 向对方出示您的联系方式或表明主动联系对方的意向。
  "这是我的名片，上面有我的邮箱地址，期待收到您的回信。"

　　虽然谦虚是种美德，但在自我介绍中请不要羞于将自己定义为一个有趣和称职的人。无论您是否愿意，您的确是在向他人展示自己。简短和真诚是电梯演讲的关键。不要向对方传递过多信息，传递的信息量能确保您在对方心中建立一个积极的印象即可。当然，理想情形是对方对您很有兴趣，主动想要了解更多信息。

　　开明的组织会竭尽可能鼓励建设性的、非正式的内部互动。西门子（Siemens）在其工厂餐厅放置了投影仪和空纸垫以便于非正式会议的召开。康宁玻璃公司（Corning Glass）有意在其新工程馆中安装了自动扶梯，与电梯相比，前者有助于提高面对面沟通的可能性。3M 公司赞助所有员工团体的俱乐部，要求他们认识到此种员工互动类型有可能激发对公司有利的新想法。还有些公司将不同部门员工混合在同一间办公室里，他们相信员工之间的接触将有助于交换想法，而这些员工也将自己视为公司整体团队的一部分。

非正式沟通网络不仅在组织内部运行。朋友、邻居和社区成员也可以通过共享信息来提高效率。在一些城市，商会通过举办一些社交活动以鼓励社区企

技术小贴士

您的领英专业档案

社交网站领英（LinkedIn:http://www.linkedin.com）被称为"专业人士的脸书"。全世界超过 1.2 亿的会员使用此项服务以推进其职业生涯。合理适当地使用领英，有助于您管理职业形象、扩展人脉网络、提升职业机会。以下指导准则可以帮助您高效使用领英。

管理您的职业形象

- 调整设置以显示您的最佳信息量。例如，如果您处于失业状态，您可能想呈现您所做的所有努力，这样未来雇主会欣赏您的主动性。如果您是在谨慎地寻找另一份工作，您大概不希望自己的经理和同事看到您忽然增加的大量公司检索和推荐请求。
- 仅将领英用于职业信息。如果您使用脸书或者推特分享非专业信息，请不要将领英页面与其链接。
- 使用领英多媒体功能来展示您的工作（和您自己）。
- 请求您的教授、同事、主管和客户给予您 360 度的全方面反馈，他们可以就您的工作、态度、技能、成就、专业和诚信给予评价。
- 创建个性化和醒目的标题与简介。避免将简历直接复制、粘贴到您的简介中。
- 仔细校对您发布的所有内容。一个微小错误就会有损您的可信度。

向他人学习

- 加入、贡献和利用群组。首先在您的职业领域搜索对应群组。关注趋势、搜集建议、汇总与您专业领域相关的新闻和提示。与本地、国内和国际团体取得联系，以在线和面对面地探索就业、培训和人际网络机会。当您理解不同群体的文化特征时，可以通过发表相关文章、近期活动或者书评来贡献您的知识和联系。
- 利用论坛问答发现他人所提的问题类型并从答案中不断学习。通过主题和副主题（例如简历写作、初创型企业和小型企业、非营利性组织、工作生活平衡、辅导制、财务）或通过语种进行浏览。

业间彼此加强联系。即使没有这些有组织的联系，大多数人也会惊奇地发现：原来他们认识的很多人都可以为其提供有用信息。

个人网络

虽然我们所有人都有个人联系，但"网络"（networking）这一经常被使用的术语，却具有超越社交性的战略维度。这是一个主动会见他人、保持联系以获取职业信息和建议，同时亦有助于他人的过程。一些专业人士使用如脸书等社交网络进行商业联系，其他专业人员则在领英等网站上互相联系，这些网站专门用于商业目的。当您在检索和扩展网络人脉时，请牢记以下提示。

具有高度发达个人网络的员工在职业生涯中更加成功。在其一生中，他们获得更多的加薪、更频繁的晋升，并且通常对他们的工作也更满意。然而，这并不奇怪。拥有更好的网络，人们可以获得更多的职业赞助、资源和信息。但是，任何一个网络的成员资格可能无法实现这些目标，关键是要与各种各样的人有一个广泛和多样化的网络。您可以按照以下提示创建个人网络并从中受益。

将每个人都看作您的网络候选人（a networking prospect） 思考您已属于的所有网络：家庭成员、朋友、邻居、社交熟人、同事、专业人士（医生、牙医、会计师、律师等）和学校联系（学院、同学、辅导员等）。除了您已知道的人，几乎每位您遇见的人都可能成为有用信息的来源。飞机上或火车上坐在您旁边的乘客可能就熟悉对您有帮助的人；与您在街区派对上聊天的邻居可能具有帮助您解决问题的知识或技能；在一个组织内部，最好的消息提供者通常是您可能会忽略的人；行政助理掌握着上报经理的大部分信息，通常他们作为守门人，决定着他人能否见到经理；保安员和维修员在来回穿梭于办公楼时，通常会看到和听到很多有趣的事情。

对个人和文化因素要保持敏感 尽管每位您遇到的人都可以是您未来社交网络的候选人，但是将每个人设为独立个体至关重要。有些人欢迎共享信息，而有些人可能反对频繁联系。正确认识文化在社交实践中扮演的角色也很重要。

对您的联系报以感激与尊重 将人际网络等同于欺骗或功利性剥削，这样的错误不要犯。只要您坦率地表达对信息的真诚渴望，就无须羞愧。此外，搜寻信息并不意味着您必须因为社会因素而终止享受与他人交往的权利。当别人确实为您提供信息时，请务必表达您的感激。至少要说声"谢谢"。更好的是，让您的网络联系人清晰地了解他们给您的信息对您产生多大的帮助。

帮助他人　不要仅做一名信息寻求者。任何时候只要有可能，努力让受益于联系的人们相互联系："您在寻找一个新的会计吗？我知道一个可能适合您的人。"除了做正确的事情，帮助他人也会为您赢得一个乐于助人的好名声，而您又会从中获益。

获得二级来源的推荐　个人网络的益处并不止于您所熟知的个人。您知道的每个人都有他自己的联系人，其中一些可能对您会有用。研究人员已经论证了"小世界"现象（"small world" phenomenon）：一项涉及 4.5 万多条信息和 150 多个国家的"六度分隔"（six degrees of separation）假设的研究表明，将世界上任何两个人区分开来的连接平均数竟然是 6。仅通过将您个人网络中移除一度联系的人搜寻出来，您即可将此原理运用于自己的信息联系中：如果您向 10 位联系人寻求推荐，而这 10 位都认识其他 10 位可能对您有帮助的人，那您潜在即有 100 位信息提供者提供帮助。

二级来源很有价值，以至于存在一些在线社交网站专门帮助用户搜寻其所需联系人。在当今的劳动市场上，人们在一份工作中通常只停留 1 年或 2 年，因此拥有一个可以为自己做推荐的人际网络尤其有用。

寻找导师　导师是一位担任向导员、训练员、教练员和辅导员，负责告诉您特定组织或领域内的非正式规则，并将亲身经验、智慧传授给您的人。很多组织都有将新员工与老员工相匹配的正规项目。其他师徒关系有正式和非正式之分。无论您通过何种方式找到一位，导师的价值极其珍贵。这对女性、少数族裔和试图打入那些难以渗透的"老人圈"（good old boy）网络的非传统领域的人来说尤其如此。

成功的师徒指导关系并不仅仅是一次性的，相反，它需要经历几个阶段。在初始阶段中，双方开始了解彼此并基于互相承诺而逐渐信任对方。在初始阶段后，培养期即开始。在其中，导师通过一系列的交谈和任务完成以引导他的徒弟建构知识、树立自信并培养技能。到达关系的第三阶段时，徒弟可以主要依靠自己独立工作，仅需导师偶尔的指导即可。最后，第四阶段涉及独立分离或将师徒关系重新定义为同伴关系。并不是所有的指导关系都包含这些或持续

职场文化

关系：中国式的人际网络

　　所有精明的中国商人都知道"关系"这一社交网络的价值，它通过给予特殊人情照顾而让人得到一份工作。"关系"可以帮助我们得到好工作，找到好公寓，克服官僚障碍且有效整合供应商和分销商。换句话说，几乎所有交易的完成都离不开它。正如一位观察家所说："在西方，人际关系产生于交易；在中国，交易产生于人际关系。"

　　人们可能很容易把中国的关系等同于西方的人际网络，但是这一概念却有着更多的文化和实践意义。"关系"这一不成文的规范根植于中国的民族性格，反映了儒家文化对忠诚、责任、秩序和社会和谐的强调。

　　"关系"运行于三个层面。最强的纽带是与直系亲属的关系。在血缘和婚姻连接的关系中，较高地位的家庭成员有责任对较低地位的亲属给予帮助。作为回报，较低地位的家庭成员必须表现出强烈的忠诚。在较小程度上，"关系"还将大家庭成员、朋友、邻居、同学和其他具有强烈共性的人连接起来。与最亲密的"关系"不同，责任在这些关系中通常是互惠的；接受帮助的同时也形成了回报他人的义务。最弱层次的关系是那些彼此认识但没有深厚关系史的人之间的关系。在这个层面上，"关系"类似于西方的人际网络联系。这些关系缺乏历史、信任和更强烈的凝聚力。

　　发展"关系"对那些想在中国做生意的外国人来说可能是个挑战，但这并非不可能。一种策略是依靠中间人形成初步联系。这种做法在本土中国人中也很普遍，所以外国人使用它并不显得突兀。一旦通过介绍，就要准备好开始社交。甚至于重要的业务往往在工作场所之外展开。当您在社交时，注意要寻找机会去强调共性，比如商业经验、教育和共同认识的熟人等。在建立足够的信任后，开始间接寻求"人情帮助"。正如您在本书第二章即将看到的，亚洲文化将倾斜性的"高语境"沟通看作敏感和技能的标志。最后，请记住关系也是互惠的，接受他人的帮助也要求您在未来帮助他们。

很久；但无论它们是相对简短还是长期持续，这种关系能为导师和徒弟提供巨大的价值感与满意度。

　　无论是何种关系，指导关系遵循以下规则：寻找某一领域担任特定职位的您所感兴趣的人；不要羞于自己的宏大目标——您可能会惊讶于成功人士对通过帮助有抱负的行业新人而获得回报的意愿；严肃专业地接近您的导师，表明您认真地对待自己的职业生涯成长。有关如何处理这一过程，本书第六章"职业研究面试"部分将提供若干指导意见。

　　一旦您找到一位导师，请尽可能按照事先计划的时间定期联系他，以显示您对其时间的尊重。请务必及时跟进导师对阅读、检查网站和参加活动的建议。

您需要意识到：师徒指导关系主要应当是专业性的。如果您有严重的个人问题，请咨询相应顾问。导师或许能够帮您解决某些个人问题，因为他们对您的工作生活产生了影响，但是，导师绝不应该成为您的情感拐杖。请记住，对师徒分享的任何个人见解都应当保密。最后，不要指望导师会给您特殊照顾，站在您的立场与老板争执，或提升您的晋升机会。导师的建议已是对您最大的奖励。

贯穿职业生涯的人际网络　人际网络不仅仅为求职者所需，一旦您开始攀登职业阶梯，它同样重要。在这个变换工作甚至变换职业都很普遍的时代，扩大您的选择面总是明智之举。

◎ 道德伦理维度的沟通

一些愤世嫉俗者注意到，"商业道德"的问题在于其本身就是一个矛盾体。尽管有些人持这种态度，越来越多的人认识到，行为符合伦理是员工给人留下好印象、有机会被提拔的重要因素。商业丑闻导致了安然（Enron）、世通（WorldCom）等大公司的垮台，并造成数百万美元的损失。由于这些违背职业道德的行为，人们对原则性沟通的敏感度不断增加。同时，现在上百家公司和组织在其组织结构图中纳入了直接向董事长汇报的职业道德官。员工们也对职业伦理方面开始关注。一项对近期 800 名 MBA 毕业生的调查显示，几乎所有人都愿意放弃一些收入，而选择在"企业社会责任"（corporate social responsibility）和商业道德方面有更好声誉的组织中工作。

做符合伦理道德的事情并不总是那么容易。个人层面上，您可能会面临着一些观念想法和实践做法间的冲突。例如，您可能不得不直面某位客户或同事的不当言行，其业务或允诺是您所需要的，但他们行为不检——也许发表过性别歧视或种族主义的评论；一场旅行后，同事虚报费用并期待您也这样做；您的团队正面临完成某个项目的压力，此时您意识到潜在安全问题是条捷径。除了个人挑战，您可能迟早都会遇到类似这样的情况：您组织中的其他人行为有违道德。当某位同事向客户做出公司不能履行的承诺时，您会站出来揭露事实

道德挑战

道德沟通选择

有关这七大评判道德沟通指导原则的阐述详见正文：

- 实用主义方法；
- 权利方法；
- 公平或正义方法；
- 共同利益方法；
- 德行方法；
- 职业道德；
- 公共传播考验。

概述您处理以下每种情形采取的方式的范围。使用两种或以上的道德准则以比较不同的行动方针，然后选择一种您认为既符合原则性又兼顾现实性的行动方针，最后论证您的决定。

- 一位同事告诉您他将要买一辆昂贵的汽车，而这会给他预算带来最大程度的压力。而您最近了解到他会在月底被解雇，但同时您被告知必须严守秘密。此时，您会怎么做？
- 您的朋友正在申请工作且希望您能够做推荐人。雇主向您发出的调查问卷中询问是否存在任何导致您不推荐申请人的理由。您知道您的朋友此刻正在挣扎于酗酒问题，而这也是他被上一家公司解雇的原因。此时，您会在推荐表中提到这个问题吗？如果提，如何提？
- 您的经理打电话叫您到他办公室，对您出色完成一个近期项目大加赞赏。他暗示您的业绩表现水平可能会让您有晋升和加薪的机会。但事实上，另一位同事对该项目做出的贡献远大于您。此时，您会如何回应您经理的赞美？
- 作为您工作的一部分，您了解到一些损坏设备可以通过花费 1.5 万美元进行修理。而您的主管告诉您，申请索赔益处远大于前者，因为保险公司为此将支付近 10 万美元的保费。此时，您会如何抉择？
- 当您在招待客户时，他公然地开了个冒犯性的玩笑。您将如何回应？

吗？当您的上司不公平或违法对待其他员工时，您敢于挑战上司吗？

有人认为伦理道德以对他人的责任感为核心。道德沟通的宽泛性义务太过模糊，以至于无法对特定情形产生帮助。以下五项哲学准则提供了若干标准，有助于您决定如何原则行事。不存在一种单一、"正确"的道德行事的方法。这些相互矛盾的伦理观点通常会导致冲突性实践。例如，某群体认为"有道德"（virtuous）可能无法实现效益最大化，或者一个群体认为道德的东西在另一个群体看来是不道德的。

当在决定如何进行道德性沟通时，请在开展前从以下视角思考具体情形，这对您将会有所帮助。

实用主义方法（utilitarian approach），由杰里米·边沁（Jeremy Bentham）和约翰·斯图尔特·穆勒（John Stuart Mill）提出：这一行动是否为最大多数群体提供最大可能的益处？

权利方法（rights approach），由伊曼努尔·康德（Immanuel Kant）提出：这一行动是否尊重每个个体的道德权利（真相、隐私、不受伤害和承诺）？

公平或正义方法（fairness or justice approach），由亚里士多德（Aristotle）和约翰·罗尔斯（John Rawls）提出：这一行动是否公平、没有歧视或偏见？

共同利益方法（common-good approach），由柏拉图（Plato）、亚里士多德、西塞罗（Cicero）和约翰·罗尔斯提出：这一行动是否促进了共同或社区利益？

德行方法（virtue approach）：这一行动是否促进了自我及所处社区中的善良美德品性的发展？

另外有两大指南可以帮助您评估行为是否符合道德规范：

职业道德（professional ethic）：由您的专业同行组成的公正陪审团将如何评判这一行动？

公共传播考验（publicity test）：您愿意让公众通过广播或印刷媒体了解您的行为吗？

掌握本章概要

要点回顾

- 沟通对于职业成功至关重要。
- 沟通具有不可避免性、战略性及不可逆转性。它是一个涉及工具性、关系性沟通和身份管理的过程。沟通不是解决所有问题的万能灵药。
- 沟通模型演示了信息发送者和接收者如何在形成共识的过程中进行信息

的编码和解码。为了改善沟通，请思考各种渠道特征、信息的理想语调、组织文化和多渠道的使用。

- 噪声会干扰信息的交换。它可以是环境的、生理的或心理的。它可以存在于发送者、接收者、信息或渠道中。优秀的沟通者会尽可能减少噪声。

- 正式沟通网络（组织结构图）呈现了管理层对组织关系的看法：上行沟通、下行沟通和横向 / 平行沟通。

- 基于地理邻近、共同兴趣或友谊而形成的非正式沟通网络，用于确认、扩展、加速、否认、规避正式沟通。

- 高效沟通者注重培养和充分利用个人关系网络以寻求职业成功。

- 职业成功需要理解和学会运用各种道德框架（实用主义、权利、公平 / 正义、共同利益、德行、职业道德、公共传播考验），以备面对道德挑战时做出一贯的原则性决定。

职业拓展

1. 有用的洞察

对为期三天与您工作相关（或学校相关）的沟通进行记录。包括与您沟通的人员（上司、下属、同事、外部人员）和您对沟通的满意程度。根据您的发现，分析以下内容：

（1）您花费多少时间用于沟通；

（2）您都和谁沟通（将每种情形用下行沟通流、上行沟通流或横向沟通流标记出来）；

（3）您有哪些使用最频繁的沟通渠道；

（4）您的满意程度；

（5）您期望提升沟通能力的具体领域。

2. 有用的洞察

设想您已经历过的一种沟通出错情形。通过查找沟通进程中导致故障的对应环节以做出有效诊断。对您鉴别出的每个问题提出相应补救措施：

（1）发送者：发送信息的主体是否不对？

（2）编码：发送者是否使用了混乱、不恰当、不相关的词语或非言语提示？

（3）信息：信息是否太短或太长？信息内容是否过多？信息发送时机不对？

（4）渠道：是否选择了最合适的渠道？

（5）接收者：是否根本不存在接收者？针对特定主体发送的信息是否定义不清、表达混乱？是否被错误的人接收？

（6）解码：接收者是否对含义产生了误读？

（7）反馈：反馈对发送者有何影响？反馈是有助于还是妨碍了共同理解？

（8）噪声：环境噪声、生理噪声或心理噪声以哪些方式扭曲了信息？请举例说明。

3. 有用的洞察

通过询问若干员工与其主管分享信息的类型，了解工作中的上行沟通。在与主管沟通时他们需要避免哪些类型的信息？组织机构如何鼓励或阻碍准确的上行沟通？

4. 能力建构

按照以下指示培养您的非正式沟通网络以提升技能：

（1）从下述信息目标中选择一项，或确定一项与学校相关或与工作相关的个人目标。

① 在您机构的学术部门中，决定哪些教师和／或课程值得挑选出来，哪些则是您可能想避免的；

② 明确有助于您获得理想工作的素质；

③ 查找一个您能够以志愿者或实习生身份获得工作经验的组织。

（2）明确可以帮助您获取所需信息的人。寻求组织内担任不同职位的人的帮助，以便您能获得完整的视角。根据每个人的具体情况，决定您将使用的沟通渠道以开始建构您的人际网络。

5. 能力建构

与您的团队成员一起，为下文每条信息设计假设性的环境。然后使用本书提到的信息，决定每条信息的最优沟通渠道。运用表 1-2 中的标准解释您的选择：

（1）向您的主管报告与一位同事相处困难；

（2）向公司申请几天休假以参加特别聚会；

（3）培训一名新员工操作复杂的计算机程序；

（4）通知一家地方商家经理，您仍未收到已承诺的退款；

（5）提醒忙碌的上司一项长期未兑现的现金支付报销项目；

（6）由于您公司的错误而向客户道歉；

（7）获得上司对您想要承担更多责任这一想法的回应。

6. 有用的洞察

请您认识的熟人描述下他们在工作中或个人生活中所遇到过的道德困境。他们是如何处理这种情况的？哪些因素会影响他们？

当您的信息提供者决定采取行动时，请与其他同学一起论证确定，他们应该基于哪些道德观点。将各种道德观点运用到相同的情况中，您会采取与信息提供者同样的行动步骤吗？理由是什么？

第二章

沟通、文化和工作

章节概览

本章目标

阅读完本章您应该能够：

1. 定义"文化"和"亚文化"。

2. 界定种族或民族、阶层、代际、地区和残疾影响商务沟通的方式。

3. 描述在礼节、社会习俗、着装、时间点及对冲突的宽容和性别角色中两个关键的跨文化差异。

4. 解释文化的隐藏维度（语境、个人主义或集体主义、权力距离、不确定性规避、阳性气质或阴性气质、长期和短期导向）如何影响多元文化工作场所中的沟通。

5. 描述伦理沟通的其他因素。

6. 将跨多样性沟通指南运用于本书中，以描述您和他人在工作中更有效沟通的六种具体方式。

7. 阐述特定组织或职业所面临的文化挑战，并界定在这种文化中实现最有效沟通的具体路径。

　　"多样性"在当今工作世界中是一种无法改变的事实。迈阿密人口中 2/3 是拉美裔；华盛顿特区一半以上的居民都是黑人；旧金山人口中 1/3 都是亚裔。如图 2-1 所示，在可预见的未来，多样性趋势仍将继续。根据美国人口普查局（U.S. Census Bureau）的数据分析，该国拉美裔和亚裔人口在未来半个世纪将增加两倍。到 2050 年，非拉美裔白人将仅为总人口的一半。

　　随着国际贸易和移民的增加，与来自世界不同地区的人员合作的可能性比以往任何时候都大。超过 1 万家外国公司及其子公司在美国运营。仅在密歇根就有约 300 家日本公司。德国、英国和荷兰公司也在美国设有分部。在 21 世纪初，移民占到美国劳动力增长的一半以上。2010 年，将近 2500 万工人（占美国劳动力总数 15%）并非出生在美国。

　　鉴于上述数据，跨文化工作能力已被看作 2020 年劳动力市场的最高技能之一就不足为奇了。同时，超过 80% 的受访人力资源高管表示，招纳国际型人才是当今公司的首要任务。对于那些能够充分利用日益增长的文化多样性趋势的公司和个人，机会是空前巨大的。杜邦公司（DuPont）有项政策是雇用各年龄段和文化背景的男性和女性，因为"经验和视角的多元化可以提升杜邦的竞争优势"。宝洁公司生产制造业副总裁斯托纳·费奇（Stona Fitch）说："多样性有利于营造一种更加丰富多彩的工作环境，激发不同观点碰撞出火花，更好地提升劳动生产

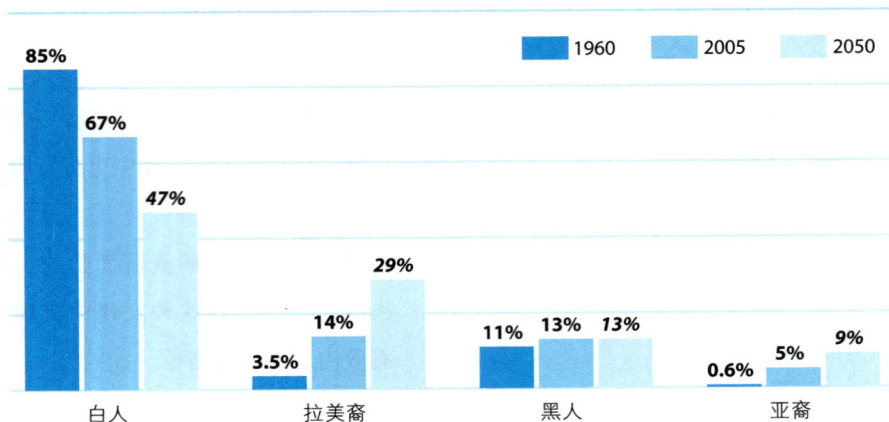

图 2-1　美国各种族和民族的人口比例

注：美国印第安人和阿拉斯加原住民暂无显示

率。并且很重要的是，它让工作更加快乐和有趣。"美国土木工程师学会的发言人指出："如果拒绝接受多样性，工程技术专业将无法在全球市场中高效竞争。"无论您是否在国外工作，还是在自己国家与／为外国侨民工作，或与不同背景的本地人工作，理解文化差异是成为一名高效沟通者的重要组成部分。

◎ 文化的本质

当大多数人使月"文化"一词时，他们会联想到来自不同国家背景的人。国家文化确实存在，且它们在塑造国民沟通方式方面发挥着重要作用。此外，例如种族／民族、社会经济阶层、性别和年龄等差异也扮演着各自的角色。考虑到上述所有因素，我们可以将"文化"（culture）定义为：对相对较大群体的人的行为有影响的信仰、价值观和规范等形成共同解释的一种学习所得的集合。

明白文化需要后天习得而非先天拥有这点很重要。一位在韩国出生不久即由外国父母领养并在美国长大的孩子，他的思考和行为方式会与在首尔长大的表兄弟完全不同。非洲裔美国人可能会因为她的成长地而形成截然不同的世界观，或者更明显地说，如果她发现自己是在像法国或扎伊尔这样有非洲传统的、与美国截然不同的国家工作，那她看待世界的视角会更加不同。文化对沟通广泛而深远的影响造就了著名人类学家爱德华·霍尔（Edward Hall）的那句名言："文化即沟通，沟通即文化。"

文化对那些习以为常、身处其中的人们的影响是无形的。但对于来自不同背景的人来说，主导规范的力量则显而易见。某公司培训课程的一条记录对这点有生动阐述：

> 当与由白人男子、妇女和少数族裔组成的公司听众交谈时，培训师顺便开展了一项小实验。她要求听众完成一个简单的任务："请罗列，"她要求，"在白人男性主导的社会中取得成功的必备规则。"话音刚落，女性和少数族裔立即开始写下所有他们为"适应"环境而不得不做的事情。与此同时，白人男子仅是坐在那里，无动于衷，四处张望着这些女性和少数族裔的奋笔疾书。

通过上述实验作者揭示了一项重要真理：

> 文化范式对人的影响就如同水对鱼的影响。在很多情形下文化不可触摸，因为这"仅是我们的行为方式而已"。它们通常在潜意识层面运行。然而，文化在很大程度上决定了我们的行为方式。作为一名白人男性，我不能写下所有这些规则。但是，我的妻子可以，我的少数族裔朋友也可以。

◎ 多元社会中的沟通

当您想到不同文化时，你可能会设想人们生活在远方，甚至异国他乡。但您不必亲自去国外寻找文化差异，美国社会是一个多元文化、不同种族相互交融的展示舞台。一般而言，社会由各种"亚文化"（co-culture）——在主流文化中具有明显特性的群体组成。种族、民族、社会阶层、性别、代际和区域性联盟是带有亚文化标记的几个例子，这些可以使我们有区别地看待自己和周围同事。

了解文化如何塑造沟通有助于避免您对某条信息的真实含义得出错误性结论。它也可能帮助您了解更多有关如何沟通的知识。

种族和民族

描述单个拉美裔、亚裔、白人、黑人的沟通类型未免太过简单，就同声称所有年轻人、妇女或纽约人都相同一样危险。每个人的沟通风格是个体性格和文化特质的结合。请记住过度泛化的风险，研究人员已发现沟通存在一些适用于不同种族和民族成员的共通模式。

交谈和沉默的适合度在不同的亚文化中有所区分。例如，大部分美洲原住民和许多亚裔美国人的文化中对沉默的重视程度超过美国主流文化。相比之下，非裔美国人和欧美文化则非常重视口语交际能力，因而其成员也更倾向于交谈。很容易想象，比如一位日裔美国人或美国原住民员工的沉默程度很可能被非裔美国人或欧美同事认为是不喜欢的迹象。

对待冲突的态度也因民族亚文化的不同而有所差异。因为亚洲文化里非常重视"面子"，一些亚裔美国人会通过表达自己的偏好以避免明确的反对意见。

美国原住民可能更愿意通过沉默而非直接对抗的方式来处理冲突。与此相反，许多（当然并非全部）带有希腊、以色列、意大利、法国或南美背景的人可能更喜欢直接开放的冲突形式。

即使来自不同背景的沟通者说话的数量大致相同，但他们披露的个人信息程度却可以有天壤之别。例如，欧美人相较于非裔美国人或波多黎各人披露的

职场文化

组织亦是文化

每个组织都有自己的经营之道。任何曾在多个餐馆或零售店工作、上过多个学院或大学、参加过多个团队，或志愿服务过多个有价值事业的人都知道，即使是执行同样一份工作，完成方式也可以全然不同。理论家使用"组织文化"（organizational culture）一词来阐述这些特质。组织文化具有相对稳定性，共享行事规范集合与关于什么是重要的价值观集合。在日常交际语言中，文化是局内人对"周遭事物存在方式"的看法。

组织文化在可大可小的诸多方面会对您产生影响。除此之外，您组织的文化还决定了您的工作地点及工作长度。它可以塑造一种包括合作／竞争度、合适观念与适当乐趣方式的情感环境。文化肯定会影响您和他人的着装风格及您所工作的物理环境。组织文化将决定您与同事和上层管理者在工作上及工作外的互动数量和类型。

您与组织文化的匹配度直接决定着这份工作的好坏。研究表明，当员工与上级主管和组织的价值观相符时，他们对工作的满意度及投入工作的热情都会更高，而且他们也会更成功。哈佛商学院教授约翰·科特（John Kotter）和詹姆斯·赫斯克特（James Heskett）坦言，遵守组织文化规范的员工将被嘉奖，那些不遵守的人则面临惩罚。

您可以通过与其内部员工交谈了解一家公司的文化。除了在正式的工作面试中询问一些有关文化的问题之外，与潜在同事的非正式闲聊有利于掌握一些有价值的关于公司经营方式的看法和见解。例如，您可以询问员工如何度过一天。令人惊讶的是，他们大部分时间可能耗费在处理与工作无关的活动、完成文书工作、卷入办公室政治、挣扎于低效设备，或参加一个接一个无价值的会议上。如此，即使您不能全面了解该公司，但您对将来可能共事的人已有了清晰的认识。

您还可以通过观察组织的运作方式以获得该组织文化的相关线索。沟通实践是开始的好地方。例如，在您访问公司或与其他员工沟通过程中，您被如何对待？回复的电子邮件和其他书信方式是否暗含着一种开放友好的文化？组织的实体展示多少也在宣扬着它的文化。员工工作区属于个性化还是标准化？工作场所干净还是脏乱？组织运营看上去是干劲十足、欣欣向荣还是小本经营、缺乏长远规划？

您可能会花费很多的时间在工作上，所以请仔细思考您工作的组织"性格"（personality），这与选择您居住地的文化或选择人生伴侣类型同样重要。

信息量更大，但后者反过来披露的信息量要超过墨西哥裔美国人。（当然，不同社会和文化语境形成各不相同的披露模式。）

非言语标准也因亚文化而异。大多数沟通者不自觉地认为他们的行为处事规则，如眼神接触，是普遍通用的。尽管如此，研究人员发现眼球行为也可能千差万别。一项研究发现，睁大的双眼在美国主流文化中通常被解释为感到吃惊或惊讶的标志；在拉美裔文化中则被认为是一种寻求帮助的请求，它意味着"我不明白"。对一些非裔美国人来说，相同类型的凝视通常被认为是一种表达无辜的方式。本书第四章将对非言语行为中的文化差异做进一步阐述。

欧美人通常将眼神接触与诚实、尊重联系起来，因此很容易对将长久眼神接触视为不尊重标志的人产生误解。在很多情形中，波多黎各人和美国原住民尝试通过不看权威人士以表达尊重，而这种眼神接触的回避却被那些习惯更多眼神接触的人认为是不诚实或不尊重的表现。传统上，霍皮族（Hopi）和纳瓦霍人（Navajo）通常避免长久的眼神接触，因为这被看作一种冒犯、不尊重和粗鲁。黑人倾向于在说话时有更多的眼神沟通，但对倾听对象却不会给予如此之久的凝视；白人则倾向于在倾听他人时给予更持续性的眼神接触。

社会阶层

即使在像美国和加拿大这样平等的社会中，社会阶层也会对人们在工作中的沟通方式产生重大影响。研究表明，父母倾向于用自己工作的社会阶层价值观来培养孩子。例如，工人阶级家庭中培养出的孩子具有学会服从、遵守规则和听从权威的特征。相比之下，中产阶级和上层阶级家庭中孩子从小就被教导如何提出令人信服的论点、批判性思考和创造性解决问题。

这些培养在他们未来生活中会产生不同结果。大学教授经常发现，在服从权威的教育中成长起来的工人阶级和第一代大学生，很难进行自我表达、批判性思考和有说服力的辩论。社会阶层的影响也蔓延到了商业和职业生涯中，其中自信和说服力是职业上升的有力助推器。来自工人阶级家庭并获得中等/高等职业的人们面临着特殊挑战。通常，新颖的演讲技能和言语表达、着装和非言语模式对于获得认可必不可少。其中的很多个体还必须学会处理与职业成功相关的情绪性矛盾。

代际差异

人们的成长时代也在塑造着他们的沟通方式。随着时间的推移，人们不仅在慢慢变老，所处的历史时期也会对其价值观、期望值，以及由此形成的沟通方式产生影响。如今，大部分劳动力由这三代人构成："婴儿潮一代"（Baby Boomers）、"X世代"（Generation Xers）和"千禧一代"（Millennials）。

"婴儿潮一代"（1946—1964年） "婴儿潮一代"是当今组织中典型的资历最老的一代人。他们出生于二战以后，在要求独立的培养环境中长大，且相信有能力推动有意义的社会变革。他们目睹并参与了社会改革和动荡的时代，包括民权运动和越南战争。这引导很多"婴儿潮一代"的人敢于开始质疑权威人士的观点——讽刺的是，现在他们自己成了权威者。在工作中，"婴儿潮一代"喜欢从胜利和成就中获得满足。他们喜爱挑战，并享受工作过程中的压力。

"X世代"（1965—1980年） "X世代"在当今组织中多担任中层职位，工作内容包括中层管理和经验丰富的技术工作。在工作中，"X世代"技术娴熟，敢于怀疑挑战权威，具有独立人格，同时强烈注重工作与生活的平衡。他们也非常重视工作中的乐趣、不拘礼节和创造性。他们尊重任期内的绩效表现，忠于人而非组织。皮尤研究中心（Pew Research Center）发现，"X世代"相信他们的技术运用、职业伦理、保守/传统的价值观、才智和尊重将他们与其他世代区别开来。

"千禧一代"（1980—2000年） "千禧一代"也被称为"Y世代"（Generation Y）、"网络一代"（Net Generation）和"数字原生代"（Digitial Natives）。他们在当今组织中占据着绝大多数的初级职位，并开始逐渐担任领导角色。作为一个群体，"千禧一代"技术娴熟、雄心勃勃、充满自信和朝气、有决心和创业精神。在美国，"千禧一代"是历史上种族最多元化的一代。他们拥有国际化的世界观，一半以上拥有护照，四分之一希望在国外工作。

当不同世代的成员一起工作时可能会出现问题。例如，"千禧一代"倾向于比以前几代更需要确定性的反馈。由于对成就的强烈渴望，他们想要获得关于如何正确完成工作的清晰指导，但在具体执行时又希望不受制于微观管理。任务完成后，他们有同样强烈想要获得赞美的欲望。对于"婴儿潮一代"的老板而言，上述指导和反馈形式可能会被认为是一种讨厌的累赘。在老板的经验中，

"没有消息就是好消息"，"没有批评你搞砸已算是足够的赞美"。当然，这两种看待问题的视角都不对。但是，当这些亚文化存在不同期望时，错误沟通与误解可能会发生。

区域差异

即使在一个流动性很高的时代，沟通风格中的区域差异仍然存在。例如，您的说话方式可以强烈影响他人对您的认知。标准口音的演讲人相较于非标准演讲人，在很多方面都获得更高评价：他们被认为更具有竞争力和自信，且他们传达的内容被认为更加亲切友好。在一项实验中，研究人员要求人力资源专业人员在听完一个 45 秒的求职者录音后，对其智力、主动性和个性方面进行评分。例如，具有可辨别的地区口音（例如南方或新泽西口音）的求职者会被推荐做较低层级的工作，具有较不明显发音风格的求职者则被派到涉及更多公关

技术小贴士

沟通技术中的代际偏好

年龄通常对选择最佳技术用于工作信息交换至关重要。沟通者的渠道偏好通常与他们年龄所处的时代特征相对应。

当"婴儿潮一代"进入劳动力市场时，打字机和电话成为最主要的沟通技术。现在大约有 3/4 的人以某种方式使用互联网，而大多数人都已接受了电子邮件。但是，"婴儿潮一代"不太可能像年轻一代那样去使用或者欣赏电子商务和社交网络的价值。甚至"X 世代"和他们的"千禧一代"同辈间也存在差异。例如，"千禧一代"更加关注他们的科技小工具。手机不仅限于打电话，他们用来发送电子邮件、收发短信、玩游戏、听音乐及录制视频等。

除了技术，在沟通风格方面代际差异也显现出来。"千禧一代"的工人习惯于发短信和即时通信的快速与简洁，因此，他们通常不太在意拼写和语法方面的细节。与之相反，"婴儿潮一代"和"X 世代"在细节决定成败这样的环境中长大，因而，他们会把粗心写作视为一种无能的标志。

牢记这些差异有助于您选择正确的沟通渠道和风格，以最大程度适合您想要接触的主体对象。当然，一直以来概括性的结论并不适合于每个人。"婴儿潮一代"的一些人是所有新科技的狂热用户，而"千禧一代"的一些人在使用数字媒体时与其祖父辈相似。尽管上述规则存在例外，但在战略性沟通时仍需注意代际差异。

联系、更高层级的岗位上工作。对可识别口音的青睐是美国公司的很多呼叫中心都位于中西部各州的一个主要原因。国家电话研究机构盖洛普（Gallup）在内布拉斯加州设立呼叫中心，即因为许多当地居民都带有中性口音。

非本地口音对我们生活影响可能更大。在一项研究中，美国陪审员发现当证人说话时带有德语、西班牙语或中东口音，证据的可信度相对较低。这并不奇怪，其他研究也表明，发言人如带有非本地口音，很容易会感受到他人因偏见而生成的鄙视，这会降低他们的归属感并增加沟通困难。

除了口音之外，沟通中的区域差异也很明显。例如，在美国，每个地方对于"微笑"都有各不相同的不成文规定。一位沟通研究人员发现，来自俄亥俄州、印第安纳州和伊利诺伊州等中西部地区的人比来自马萨诸塞州、新罕布什尔州和缅因州的新英格兰人微笑频率更高。然而，这些人都不如来自南部及边界州如佐治亚州、肯塔基州和田纳西州的人微笑多。考虑到这些差异，很容易去设想一位来自孟菲斯市（田纳西州城市）的制造商如何认为来自波士顿（马萨诸塞州首府）的银行家不友好，以及新英格兰人可能把南部人的微笑解读为过度示好。

残疾

融入基于种族或国籍的亚文化需要多年的沉浸。相比之下，"残疾是任何人随时都可能会加入的一个俱乐部。很容易忽然中风瘫痪了……或者经历一场车祸后再也无法行走"。

《1990 年美国残疾人法案》（The Americans with Disabilities Act of 1990, ADA）保障残疾人拥有获得合理住房及对就业、建筑、交通和服务享有平等机会的权利。这些法律保障很重要，但它们仍然无法改变"很多时候残疾人会被区别对待"这一事实。虽然针对如何与残疾人沟通还没有明确易懂的规则，但以下准则基本可以适用所有情形：

- 请保持发自内心的真诚。当初识一位残疾人时，请主动握手。手部有残疾或戴假肢的人通常仍可以握手。（用左手与他人握手以示尊重与问候。）

- 请给予对待他人的同等尊重。例如，直接与残疾人交谈，而不是关注他的同伴、与其交流。只有当你们关系达到和他人类似的熟悉程度时，才能直呼其名。要认识到倚靠或挂在他人的轮椅上其实类似于倚靠或挂在使用轮椅的人身上。

- 不要出风头。如果您想要提供帮助，请等到邀请被接受后再做。然后根据对方要求进行帮助或友好地询问下："我该如何帮助您？"

- 适应残疾。例如，当遇见一位视力受损的人时，请明确介绍您自己和周围其他人。当与使用轮椅或拐杖的人交谈时，请保持与其视线平齐。

- 请保持耐心。当和交谈有困难的人聊天时，请耐心等他说完而非急于纠正。如有必要，请尽量简化问答，例如回答只需点头或摇头即可。如果您没听懂，千万不要假装明白，相反，重复您所理解的内容并认真听取他人的回复，因为这会提示引导您更好地理解。

- 请保持放松。当您刚好无心使用了如"待会见""您听到我刚说的吗"

案例研究

一个价值 4800 万美元的误解

　　因一位记者误解了自己带口音的英语，赛马骑师约瑟·桑托斯（Jose Santos）对《迈阿密先驱报》（Miami Herald，以下简称《先驱报》）提起诽谤诉讼，并要求赔偿损失 4800 万美元。《先驱报》发表了一张照片，上面显示在 2003 年肯塔基州赛马会上，当桑托斯骑着纯种马方宁·塞德（Funny Cide）穿过终点线时，手中明显拿着一个物体。在随后的故事中，记者弗兰克·卡尔森（Frank Carlson）误称骑师携带了一枚违法"提示环"（cue ring）。但其最终被证明是一种 Q-Ray 品牌的负离子手环，用以治疗骑师的关节炎。故事结尾，肯塔基州赛马协会对该报所声称的"非常可疑"行为启动了调查。

　　报纸随后出示了一份更正，但是桑托斯认为这一事件给他造成了情感创伤和精神压力。马主也是这场诉讼的共同原告，其声称文章无端指控他们运用卑劣比赛战术这一行为影响到了其未来业务发展。

　　桑托斯的律师说，如果《先驱报》选择一名讲西班牙语的记者进行采访，这种误会就不会发生。与此类似，迈阿密另外一家报刊《新时代》（New Times）的编辑评论说："所以请恕我直言：在迈阿密这个美国最西班牙化的城市里，一家报纸的信誉扫地仅是因为有人误解了西班牙式英语？"

等此类常见表达但对残疾人可能比较敏感的话语时，请不要感到尴尬。
当您不确定如何做时，请勇敢提问。

◎ 国际商务中的文化差异

在逛书店或图书馆中的旅游商务区域时，您可能会找到很多详述世界各地文化和商业实践的书籍。在风俗习惯和行为准则中的一些文化差异非常明显。例如，一旦您明白"准时"虽然在非洲大部分地区不太重要但在瑞士和德国极为重要时，您的工作生活将会更加简单。下文我们将首先介绍风俗习惯和行为准则中最明显的文化差异。接着，继续探索"多样性"的其他基本维度，虽然这不太明显但也同样重要。当然，下文分类列表虽然未尽述各国差异，但却表明了知悉不同文化中学习性规则的重要性。

风俗习惯与行为准则

在编写世界各地的沟通差异目录前，您首先要明白：来自不同背景的人也有很多相似之处。例如，来自新加坡、利马、特拉维夫和温哥华的计算机工程师，由于相似的职业和社会经济背景，他们会拥有很多共同利益和观点。

即使我们承认文化差异，事实仍然是文化中的每个人表现并不一致。图 2-2 呈现了沟通实践中存在的重叠及每种沟通实践的行为范围。此外，每种文化的成员都展示了各不相同的沟通风格。忽略跨文化的相似性和文化内部的变异会给不同背景的人贴上标签。

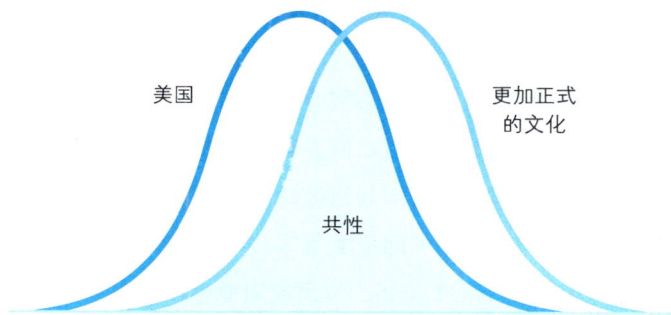

图 2-2　同一文化内与不同文化间的异同

礼节　美国人喜欢不拘礼节并能较快与他人打成一片。除了仅有的几个国家，包括泰国和澳大利亚，与外国人进行商务沟通往往要正式很多，尤其是在刚认识时。在美国和加拿大，直呼其名被认为是友好与表达喜爱的方式。在很多其他国家，例如墨西哥、德国和埃及，运用称谓、头衔是表达对他人尊重的重要方式。您最好一直使用它们，直到您被邀请直呼其名时。

名字和头衔并不是表达礼节程度的唯一方式。在与陌生人交谈时的举止方式也因文化而各不相同。在北美，与陌生人打交道很常见，但是这种习俗也并不绝对普遍。美国零售巨头沃尔玛做出了一项战略决定，即在其德国分店中招聘接待员，理由正如德国公共关系专家所说："作为一名德国人，在商店门口被问候让我感觉浑身不自在。因为如果一个我不认识的人忽然和我说话，我会有点被吓到。"

社会习俗　一旦沟通者彼此相遇，文化差异就会立即体现。例如，从日本的鞠躬弯腰（越低表示越尊重）到泰国的拜（泰语中称为 wai，低头并双手合十），再到欧洲和南美洲的握手。

在很多国家中，互换名片是很重要的一种仪式。特别是在日本，接收他人名片或出示自己的名片都要特别注意：接收者应当双手去接，并认真阅读名片，给予名片类同于其主人的同等尊重。一位美国商人在日本错失了一次交易机会，因其对日本商人名片的疏忽大意而被认为对其业务不关心。

在很多文化中，馈赠礼物是商务礼节中的一部分，因此了解特定文化的细节很重要。例如，在印度，牛被看作神圣的，因此皮革类的礼物需要避讳。在中国，避免白花（这与死亡相连）或礼物的件数是四，因为这一数字的发音和"死"的发音相同。奢华礼物可能会置主人于尴尬境地，所以请学习文化细节并谨慎选择。

另一个变量是开展业务与社交之间的重叠程度。在所有文化中，虽然招待宴请实际已成为业务开展的一部分，但在世界很多地方，下班后的社交才是构建工作关系的核心部分。在东亚的大部分地区，喝酒被认为是一种可以延续到工作关系中的相互连接方式。一位顾问提醒游客在中国、日本和该地区其他国家时，要做好在卡拉 OK 酒吧唱歌的准备，以适应当地这种习俗。

着装风格　旅行和交流使得世界的地理距离在缩短，着装的区域差异也变得不那么明显。对男性来说，标准西装在许多城市地区很常见。对于国外的男女来说，保守的服饰会让人与最新的潮流或时尚越来越远。在伊斯兰国家，妇女穿着端庄服饰以示尊重，包括更长的衣袖和更低的裙摆（这在其他国家可能也被看作一种时尚）。同时，这些国家中的经商女性也要考虑遮盖头发，即使面纱并非她们个人宗教信仰的一部分。

即使在国际商务时代，地方差异依旧存在。例如，当联合包裹服务（United Parcel Service, UPS）进入德国市场时，因为没有及时发现公司制服带有棕色标识，而引起了民众有关纳粹突击队棕色衬衫的不愉快回忆。同样，在印度尼西亚，公司不得不更改其一贯的西服着装规定，允许高管在十分炎热和潮湿的环境下更多穿着便装。

时间 在国际商务中，对美国旅客造成的首要冲击可能是其他文化中的成员对时间的理解和使用方式。北美洲人像大多数北欧人一样，有着人类学家所定义的单一时间观，他们几乎将其看作一种有形物。当美国人在谈论节约时间、创造时间、拥有时间、浪费时间、利用时间和花费时间时，他们的言语就体现了这种态度。在美国文化中，时间就是金钱，所以它需要仔细分配。人们安排会议并严格遵守。任务按照计划的顺序，一个接一个有序完成。

这种单一时间取向并非放之四海而皆准。具有多元（polychronic）时间取向的文化则认为时间更加动态。只要他们想，会议可以一直进行，他们并不会因为"时间到了"而突然结束。如同南欧和中东文化，大部分拉丁美洲文化都持多元时间取向。例如在墨西哥，"你先交朋友，再做生意"，加州墨西哥城贸易办公室主管 R. C. 施立德尔（R. C. Schrader）这样说道。

秉持多元时间取向的成员比那些坚持单一时间标准的人较少关注准时性。这并不是因为准时不重要，而只是其他关系性因素可能会被优先考虑。这一事实有助于解释"准时"这一概念为何会有不同。极端单一时间文化会将极小的延迟都视为冒犯。而在多元时间文化中，不同程度的延迟都可以接受，从南欧的大约 15 分钟到中东、非洲的半天，有时甚至是整整一天。

对冲突的容忍度 在某些文化中，每个人都有责任帮助维持一个团体和社会的和谐。这种对和谐的维系和追求在日语"和"（wa）字中得到了很好诠释，汉语中类似的词语是"中和"。在其他地方，例如中东和南欧，和谐的重要性次于情绪表达。图 2-3 阐述了情绪表达规则是如何在全世界各有不同的。

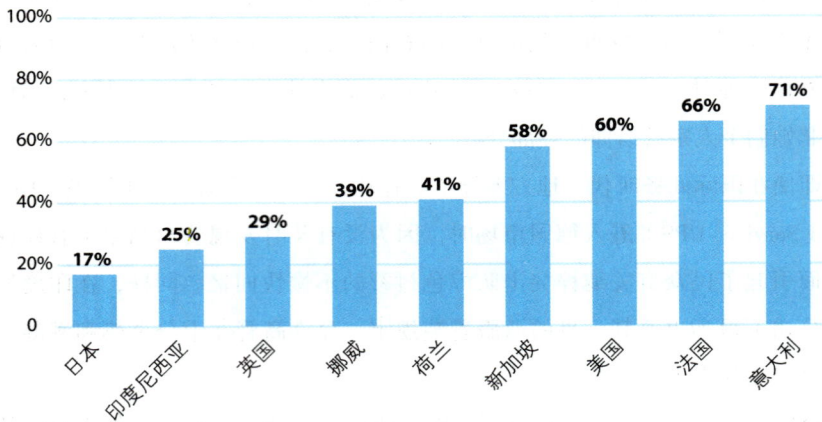

图 2-3　公开表达工作焦虑的员工百分比

　　避免文化冲突意味着大多数亚洲商人可能不会直接对您说"不"，因为担心您会失去面子或感到尴尬。为了帮助您维系和谐和保留面子，他们可能会对您的不幸消息或信息表示同情。这样的拒绝很委婉，所以您不会感到遭受耻辱或羞愧，特别是在众人面前。您可能会被告知他们会再考虑下这件事，或者事情真的太难。墨西哥商业文化也重视和谐与化解冲突。当这种态度与美国商人在商业交易中采取的较为激进的标准相冲突时，麻烦就会产生。百得公司（Black & Decker）拉丁美洲区总裁何塞·玛利亚·冈萨雷斯（José Maria Gonzales）习惯于与来自边境北部的同事和供应商合作。尽管如此，他也承认应对美国和墨西哥冲突解决方法的差异并非易事：

　　　　开会时美国人可以随意争论，摔桌子，然后转身就走，当作什么都没有发生；但是墨西哥人可能会因为这事三个月不理你。因此，有时对于一些事情我必须确保避免随性而为。

　　这种通融调解方式对双方都起作用。注重和谐文化的人们可以学会适应和接受冲突；来自像美国这种更加激进社会中的沟通者在跨文化沟通时也能够学会珍视和谐的重要性。一旦沟通者学会欣赏关于如何表达和处理分歧的不同规则时，业务开展将会变得容易很多。

性别角色 来自北美、西欧、澳大利亚和新西兰的女性，在去一些海外不同文化的国家跨国旅行时，可能对她们被对待的方式感到吃惊和气愤，因为这些地方对女性如何举止得当看法各不相同。在某些国家，即使女性的级别地位高于男性，主人在交谈中仍然倾向于与男性交谈或谈判，因为潜意识里已认定男性是女性的上司。在一些亚洲国家和伊斯兰国家，女性可能会发现，由于两性特定化的角色定位，她们常常被排除在实质性谈话之外或在谈判中被忽略。有时，女性可以在实际拜访前通过书面形式阐明自己的头衔、角色和责任，以建立更高可信度，但即使做了这一步骤仍旧无法保证预期效果。

当不同文化背景的员工在一起共事时，这里所说的差异就会引发挑战。表2-1通过对比中国人和西方人在双方关注点及沟通风格方面的差异，阐述了其中的一些挑战。

文化多样性的基本维度

到目前为止，我们已经讨论了文化之间明显性的差异。如同风俗习惯和规范一样重要，它们也只是文化冰山的一角。那些看上去可能只是个人行为的特质，背后体现的是一些基本价值观，它们塑造了特定文化成员的思维、感知和行动方式。在接下来的内容中，我们将会介绍其中一些基本的差异。一旦真正意识到它们，您就会明白来自不同背景的人如何以及为何这样做。同时，您对如何进行自我调适以提高与他人的沟通质量也会有新想法。

自我测试

文化智商（Cultural Quotient）诊断

这些陈述展示了文化智商，或简称为 CQ 的不同面。对于每一集合，将您的分数相加再除以 4 以得到平均值。我们与大量经理的合作表明，基于您职业发展的考虑，最有效的方法是将任意三个分数值与第四个进行对比。一般而言，平均值小于 3 分意味着您还有待改进，平均值在 4~5 分意味着您具有真正的 CQ 优势。

请您根据 5 个等级对下述句子给出评分：

1= 强烈反对；2= 反对；3= 中立；4= 赞同；5= 强烈赞同。

_____当与不同文化背景的人交谈前，我会自问此次谈话期待达成的目的。

_____在新的文化工作中如果遇到突发事件，我会利用此次经验来探索未来在接触其他文化时的新方法。

_____在与不同文化背景的人见面之前，我会事先了解如何与其相处。

+_____当进入一种新的文化环境中，我可以立即预感到事情进展得是否顺利。

总和_____ ÷ 4 = ☐ **认知型 CQ**

_____我可以轻松地调整自我肢体语言（例如眼神交流或姿势）以适应不同文化背景的人。

_____我可以调整自己的表达方式以适应一种新文化的需要。

_____我会调整自己的沟通风格（例如口音或音调）以适应不同文化背景的人。

+_____我可以轻松地改变自己的行为方式以适应一种跨文化的可能需求。

总和_____ ÷ 4 = ☐ **物理型 CQ**

_____我有信心可以很好地与不同文化背景的人和睦相处。

_____我相信自己可以与来自不同文化背景的人结为朋友。

_____我可以相对容易地适应不同文化的生活方式。

+_____我相信自己可以妥善处理不熟悉的文化情形。

总和_____ ÷ 4 = ☐ **情绪 / 动机型 CQ**

表 2-1　中西方关注点及沟通实践对比

	中国人	西方人
关注点	重面子	坦率、"诚实"
	尊重他人、有礼貌	自信果断
	妥协和解、弹性	自我肯定
	总体感觉、"精神"	特定术语
	社会地位	手头任务

（续表）

	中国人	西方人
	耐心	时间效率
沟通实践	保守型	外向型
	试探性	稳固性
	个人的	较少个人的
	无身体接触	可接受的拥抱、拍肩
	不用手指指人	习惯用食指指人

高语境与低语境　人类学家爱德华·霍尔界定了各种文化成员传递信息的两种不同方式。低语境文化（low-context culture）主要通过使用语言尽可能清晰、符合逻辑地表达思想、感觉和想法。对于低语境的沟通者，语句的意义即在于说话的内容。相比之下，高语境文化（high-context culture）在很大程度上依赖于一种微妙的、通常是非言语的线索来传达含义、保住面子并维持社会和谐。这些社会中的沟通者学会从传递信息的语境中探索语意：说话人的非言语行为、关系发展史和管理人们交互关系的一般社会规则。当传递艰难或尴尬信息时，高语境说话人通常通过语境而不是简单的话语传达语意，以避免扰乱听众。思考一下低语境西方人和高语境中国人在表达同一想法时存在的一些区别。

西方人	中国人
你明白了吗？	我说得清楚吗？
（责任在对方。）	（说话人承担解释清楚的责任。）
项目是否可以接受？	你对这个项目有什么看法？
（要求直接回答是或不是。）	（婉转地允许应答者自由回答。）
我们不能这样做。	这对我们来说可能有点困难。
（明确拒绝被认为是苛刻的。）	（语境清晰地表明答案是否定的。）

美国和加拿大主流文化滑向低语境的底端。本地居民普遍喜欢直截了当，对于拐弯抹角缺乏耐心。相比之下，大多数中东和亚洲文化更适应高语境模式。

例如，在许多亚洲社会中维护和谐非常重要，如果直接沟通可能会伤害他人尊严，沟通者会避免这种方式。一位美国项目经理阐述，由于她对高语境沟通不敏感，几乎使一个国际团队在开发日语版本的互联网搜索服务时脱轨。

> 作为一位美国项目经理，我希望的是，如果我提出了一些愚蠢方案，团队成员能够直接告诉我。但事实上，日本团队成员也明白我的计划有致命缺陷，但直接告诉我让我尴尬并不是他们的沟通方式。

甚至在一国内，亚文化间对于直接表达的价值也有不同理解。例如，波多黎各语言风格类似于高语境的日语或韩语，而不是低语境的英语。作为一个群体，波多黎各人重视社会和谐并极力避免冲突，这促成他们通过间接方式沟通以避免冒犯。对于墨西哥裔美国人来说，情况也是如此。正如沟通专家唐·洛克（Don Locke）所阐述：

> 虽然美国主导文化中的成员被教导要重视开放、坦诚和直接，传统的墨西哥裔美国人却要求与他人沟通使用大量的交际手段和技巧。关心与尊重他人感受要求设法保全他人尊严……表达方式可能是详尽和间接的，因为目的就是使得人际关系至少维持表面的和谐，以展示对他人的尊重。对于墨西哥裔美国人来说，直接辩论或矛盾代表了粗鲁与不尊重。

对高语境或低语境沟通的偏好并不是区分文化的唯一标准。一项针对 60 个国家 16 万员工开展的调查揭示了一国文化的世界观与另一国文化的世界观存在差异的其他几个方面。表 2-2 罗列了一些国家及地区最常见的维度和类型。我们现在来看下这些差异。

表 2-2　特定国家及地区的文化价值观

个人主义	集体主义
美国	危地马拉
澳大利亚	厄瓜多尔

（续表）

个人主义	集体主义
英国	巴拿马
加拿大	委内瑞拉
新西兰	巴基斯坦、印度尼西亚
高度权力距离	**低度权力距离**
马来西亚	奥地利
菲律宾	以色列
墨西哥	丹麦
阿拉伯世界 *	新西兰
中国	爱尔兰
避免不确定性	**容忍不确定性**
希腊	新加坡
葡萄牙	牙买加
乌拉圭	丹麦
危地马拉	瑞典
比利时、萨尔瓦多	中国
男性主义	**女性主义**
日本	瑞典
匈牙利	挪威
奥地利	荷兰
意大利	丹麦
瑞士	哥斯达黎加
长期导向	**短期导向**
中国	巴基斯坦、菲律宾
日本	挪威、加拿大
韩国	东非 **

* 埃及、伊拉克、科威特、黎巴嫩、利比亚、沙特阿拉伯、阿联酋。
** 埃塞俄比亚、肯尼亚、坦桑尼亚、赞比亚。

个人主义　个人主义文化（individualistic culture）中的成员倾向于把自身及其直系亲属的利益凌驾于社会公共利益之上。个人主义文化为其成员提供足够多自由，并相信正是此种自由才使个人有取得成功的可能。集体主义文化（collectivist culture）则具有严格的社会框架，其群体成员（如某一组织）要对彼此及其所属群体有高度忠诚感。如同大多数东亚文化那样，中国拥有高度的集体主义倾向。

集体主义社会的成员相信组织利益与自身利益一样重要甚至更加重要。员工不太追求成为组织"明星"，因为这一举动会让团队其他成员感到丢脸。"你很少会看到一名日本高管凌驾于其他员工之上说话，除非他已是公司的元老级人物。"某跨国公司猎头理查德·M.费里（Richard M. Ferry）说道。当百事可乐（Pepsi）奖励一位中国区高管以相当数量现金红利时，其将钱均匀地分配给了下属，这充分体现了集体主义信念的力量。

权力距离　"权力距离"（power distance）一词是指对待权力差异的态度。具有高度权力距离文化的国家，如墨西哥和菲律宾，接受权力分配不平等这一事实，即一些成员比其他成员拥有更多资源和影响力。在这些国家中，组织内身份和等级的差异是可预期、常规与明确的，员工尊重那些职位较高的成员。而其他国家，例如美国，则尽量淡化这种权力差异。员工更加适应去接近甚至挑战他们的上司，并希望能够获得更大权力。

对权力距离概念的理解不同会造成同事很难一起工作。例如设想一下，一位来自美国公司的年轻商学院毕业生被派到瓜达拉哈拉的分公司后，可能会感到很困惑，因为在学校一向被看作不留情面提问的自由思考者，在这里却会被扣上过于咄咄逼人的麻烦制造者这一帽子。

不确定性规避　世界是不确定的。国际政治、经济趋势和自然力量使得人们无法精确预测未来。不确定性规避是一种衡量为何接受一种文化即意味着缺少可预见性的工具。一些文化（例如新加坡）接受这一事实。他们对不确定性的接受允许他们去冒险，并且他们相对能够包容异于规范的行为。其他文化（例如日本、希腊和葡萄牙）则相对无法适应这种变化。他们重视传统和正式规则，并对异议不太能容忍。

男性气质　在跨文化研究的语境下，男性气质并不是指生物特质。相反，它是指通过借助定型化性别角色来表达某种文化价值观。性别角色存在高度差异的文化被称为"男性主义"（masculine），而那些性别角色更加相似的文化则被称为"女性主义"（feminine）。

男性主义更强的文化（例如日本、奥地利和瑞士）倾向于专注完成工作。相比之下，女性主义更强的文化（例如斯堪的纳维亚国家、葡萄牙、泰国和大多数拉美国家）则更倾向于关注成员的感觉及团队的顺利运作。与其他国家相比，美国稍微倾向于男性主义的末端，加拿大注重任务和社会关注间的平衡，几乎刚好位于中间。

男性主义社会注重通过培训和使用最新的方法来提升团队能力，并高度关注个人成功：更大职责的工作岗位晋升和更好的培训机会等。相比之下，女性主义社会中的群体更看重集体性关切：合作解决问题、维持友好氛围及拥有良好的工作环境。

未来取向　长期取向（long-term orientation）文化会为了追求长远目标而推迟享乐，短期取向（short-term orientation）文化则注重寻求快速回报。在东亚文化中，今天努力工作才能获得美好未来的意愿尤为常见，而西方工业化文化则更注重短期结果。

只要员工与雇主对回报拥有同样的取向，两者和谐共处即有可能。然而，当一些人要求快速解决而其他人却督促要有耐心时，可能会出现冲突。

我们很容易看到社会任务、社会取向及对不确定性、个人主义、权力距离、短期或长期结果的态度是如何对职场演变产生巨大影响的。文化价值决定了人们的沟通内容及互动方式。当然，文化差异并不能解释工作活动的方方面面，但它们确实提供了一套假设，而这对所有人的职场沟通产生了微妙和强有力的影响。

◎ 多样性和伦理问题

一些文化差异可能会挑战你的常态观念或对恰当行为的理解，而非引发道德伦理疑问。例如，你可能会重新调整自己的敏感度或商务会议的合适服装以避免任何道德困境。但在其他情况下，在不熟悉的文化中做生意可能会挑战你对事物对错的基本认知与看法。你可能会被不同含义的性别平等所触怒。你可能会惊讶地发现，贿赂或分赃被认为是做生意过程中的正常部分。你可能会遇到偏袒朋友或家人的情形，这与你的公平竞争观念背道而驰。您可能注意到了对环境的一种极大漠视。

越来越多的人认识到，在全球经济范围内运营的企业需要一套通用的商业道德准则。为此，日本、美国和欧洲国家的商业领袖基于东亚和西方理念合作制定了一套道德准则，被称为"考克斯圆桌商业原则"（caux round table principles for business）。这一准则包括很多与沟通有关的原则，例如诚实对待且尊重所有员工、听取员工建议、避免歧视性做法、公平对待所有客户、避免商业间谍和其他不诚实获取商业信息的方式。

尽管下了大功夫，您仍可能会遭遇到文化差异引起的伦理挑战。在这种情况下，您可以通过各种方式来应对：

- 避免：您可以拒绝与自己道德准则不同的人有业务往来。
- 适应：您可以接受不同的道德体系，并遵守与您完全不同的商业实践。
- 强迫：您可以坚持以自己认为道德恰当的方式做生意。
- 教育-说服：您可以尝试说服中意的经商对象，为何自己的这套道德准则更加合适。
- 谈判-妥协：您和对方可以彼此做出适当让步以协商和解。
- 协作-问题解决：您可以与对方直面冲突，并制定出一项令双方满意的互惠方案。

所有这些方法都有明显的缺点。很容易去设想这样一种情形，即您可能要在"妥协自己的原则以满足老板和客户"和"坚持自我但事业遭受风险"中二选一。

面对无法预料的伦理困境尤为困难。您可以提早准备让自己了解相应的道德准则并学习新文化中的伦理实践。当您确实遇到新情况时，通过自问下列问题可以帮助您做出最佳决策：

道德挑战

提出关于道德行为的苛刻问题

电子产品制造商得州仪器（Texas Instruments, TI）的核心价值观包括了尊重个体、承诺长期关系、关注环境和承担业务所在社区的应有责任。无论何时当员工不清楚业务行为是否符合公司价值观时，TI 鼓励员工使用以下准则。该信息通过名片大小的小手册提供给 TI 员工以方便随身携带。当您面对自己的道德挑战时，也可以使用同样的准则。

- 该行为是否合法？
- 它符合我们的价值观吗？
- 如果这样做，您会感到内心不安吗？
- 这件事如果被公开会如何？
- 如果您明知它不对，请不要做！
- 如果您也不清楚，那就请教他人。
- 一直请教，直到您得到答案为止。

① 这种情况在道德上到底有多重要？不是所有伦理冲突都具有相同的道德意义。例如，虽然将合同派给朋友或家人可能会触犯公私分明的商业伦理，但这种做法不会像剥削童工或损害环境那样具有道德上的冒犯性。

② 关于这一问题是否存在家庭文化共识？如果你的家庭文化中没有关于道德原则的普遍共识，无疑你会有更多自主决定的空间。例如，美国公司有一系列关于支持员工家庭的政策，因此公司在东道国可能承担较轻的家庭福利义务。

◎ 跨多样性沟通

到现在为止我们应该清楚地认识到，与不同背景的人沟通并非易事。包括文化、种族和性别在内的事情可能使得他人经历与您截然不同。搭建这一桥梁的部分责任在于管理。越来越多的企业重视这项工作。然而，您并不需要参加企业培训计划才能受益于文化多样性。

提高跨文化交际能力的三种方法主要是增长知识、改善态度和改进行为。这些原则可以被归纳为以下五大类别。采取更具洞察力的态度有助于打开通往更有价值和成效的沟通之门。

具备文化素养

许多文化问题不是由恶意而是由缺乏知识造成的。文化敏感性的培训师举例说明了错误假设如何引发麻烦。在国际环境中缺乏知识最为明显。一位工程师分享了一则尴尬案例：

> 在与一些韩国客户会面时，我手里有只红色马克笔用来修改设计图……当我用红笔无意写出一位我遇到的韩国人名字时，整个房间忽然变得鸦雀无声，所有人都以错愕的神情看着我。
>
> 其中一位客户同情地对我低声说道："用红笔写活人的名字不是件好事。"显然，在韩国文化中，人们习惯用红色记录已故者的姓名。虽然我的客户仍健在，但这一行为表明我希望他死。

目光转向美国，缺乏文化常识也可能导致相似问题。在一家西海岸银行里，当菲律宾女员工不愿参与新的"友善出纳员"项目时，管理层感到很沮丧。显然，管理层没有意识到，在菲律宾文化中，公然示好的女性会被看作妓女。一位从总部被派到美国中西部办事处的中国行政人员被同行认为很冷漠和专制，后者不明白亚洲文化倡导的是一种疏远型管理风格。

当员工了解彼此文化背景时，类似的误解不太可能引发问题。正如南加州惠好公司苗圃中心（Weyerhaeuser's nurseries）前任高级经理博莱特·威廉姆斯（Paulette Williams）所说："如果你不设身处地考虑他人感受，那无意中就会伤害到他们。"

曾在香港中文大学任教一年的美国教授蒂莫西·威斯（Timothy Weiss）认为，一种开放探究的态度有助于沟通者更有效地处理不同文化碰撞。

> 为什么在一种分秒必争的文化中，会议和谈话却能持续到令美国人都

感到汗颜的长度？……这些令我极为痛苦的部门会议，我怀疑有其他事情正在发生，而像我这样的西方人迟早会探究明白这一点。我当然不会抛弃美国思维中对部门会议应当如何进行的理解，但是为了让自己对会议召开的其他方式也保持一种开放心态，我开始去了解一些有关如何解决部门问题和实现团队信息沟通的其他路径。

培养建设性态度

文化差异很容易被看作一种阻碍业务顺利进行的绊脚石。与观点或习惯不同的人交往需要耐心与时间，而它们正是忙碌工作日程中的稀缺品。但是，当抱有一种正确态度时，文化多样性可以将劣势转化为优势并成为一种机会。图2-4呈现了对文化差异持有不同观点的范围。这样就容易明白哪些心态有助于建立有效的人际网，而哪些只能起反作用。

职场小贴士

化差异为优势

一直以来，与众不同反而成为许多具有强烈事业心的人的一大劣势。因此，求职者常常试图淡化自己与他人的不同，例如海外出生背景、掌握多种语言或明显的非主流。但是，伴随着社会的日益多元与包容，加之世界贸易的不断扩大，多样性也成了求职的一项优势。下面几点建议能够帮助您在职业生涯中充分利用自己独特的背景。

- 如果您熟练掌握多种语言，请在您的简历中明确该条信息。精通两种或多种语言有助于增加您的竞争力和闪光点。如果您已就业，向您的上司展示自己的熟练程度能够对公司业务有所帮助。
- 如果英语不是您的母语，请至少确保您的读写能力和发音符合标准要求。大多数社区都会提供有利于提高上述技能的英语课堂、公共演讲和写作课程。
- 确认您的文化背景中哪些部分能够在营销、销售、客户支持、管理和其他领域帮助您形成优势，并确保您的上司了解这些优势。
- 不要过分夸大自己的独特身份及冒险成为一名"象征性的少数员工"。职业成功取决于包括您的个人背景在内的多种因素，但是绩效才是衡量您价值的最好标准。

否定阶段：缺乏差异认知	防御阶段：对不同文化带有敌意	最小化阶段：认为文化差异肤浅	接受阶段：开始重视和探索差异	适应阶段：心领神会、转换参照标准	融合阶段：确认并拥抱差异

以自我为中心 ◀◀◀◀   ▶▶▶ 以他人为中心

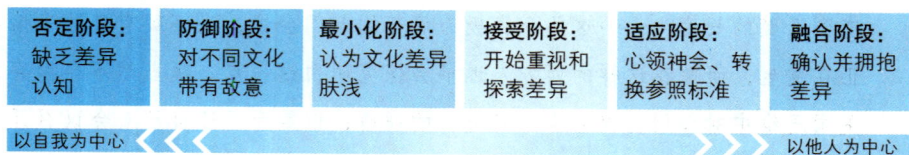

图 2-4　文化差异敏感度的不同阶段

将多样性看作一种机遇　背景不同的员工可以为业务带来新的优势。例如，一般来说，女性在解读非言语线索上比男性要更为娴熟。这使得她们能够成为谈判团队的理想型成员，她们可能尤其擅长准确理解他人感受。来自不同种族群体的员工可以提供新视角，以更好接近具有相似背景的客户或其他员工。例如，一位西班牙裔主管可能尤为擅长激励和培训其他西班牙裔员工，同时，拥有一位韩国团队成员有助于对其他韩国化管理的竞争对手如何运作给予新的理解。

避免种族中心主义　种族中心主义（ethnocentrism）是从自我文化的视角看待所有事件，且对自我文化充满优越感的一种倾向。当您认定某人不聪明或不重要仅因为他跟不上你们的国家队，或批评他人不精致高端仅因为他们的服饰不符合您的文化时尚观，或推定他人缺少商业敏锐度仅因为他们沟通方式不同的，种族中心主义即很明显。充分利用跨文化沟通培训和多元文化互动的机会，有助于减少你的种族中心主义倾向。

表 2-3　阻碍或推动跨文化关系发展的假设与实践

阻碍真正关系发展的假设

多数群体的假设	少数群体的假设
差异性不应影响绩效	多数群体中所有成员对少数群体持有同一态度
少数群体总是会主动融入多数群体的文化	多数群体中没有成员能够了解少数群体
公开承认差异可能会使少数群体感到尴尬	多数群体成员并非真想了解少数群体
少数群体正在借助现状利用多数群体	改变现状的唯一路径是对抗与武力
多数群体中的"自由"成员并无歧视态度	多数群体所有成员将会将你"踩在脚底"
少数群体过于敏感	

（续表）

阻碍真正关系发展的行为	
多数群体文化中的行为	**少数群体文化中行为**
随意打断	过早、过于粗暴的对抗
居高临下的行为	拒绝多数群体提供的帮助和友谊
太过轻易接受与友谊的表达	对多数群体投其所好，给他们想听的答案
喜好谈论少数群体，而非真王与在场的少数群体进行讨论	孤立主义
推动真正关系发展的假设与行为	
尊重他人的文化背景，也尊重他人的独立个性	学会应对与解决艰难的对峙
展示学习其他文化的兴趣	承认真诚的尝试（即使是笨拙的尝试）
认真聆听、不肆意打断他人	在交往中学会接受他们的真实，而非期待他们完美
承担风险（例如，主动正视存在的必要差异）	认识到多数和少数文化成员之间相互依存是必不可少的
直接、积极地表达关切	

调适行为方式

更好地了解文化差异、持有建设性的态度有助于您按照既定方式行事，以更好实现目标、促进良好的工作关系。

避免屈尊纡贵　我们很容易对不同人进行区分看待。您对身体有残疾的同事的第一反应可能就是感到同情或可惜。将英语作为第二语言的移民说英语时可能听起来不如"母语者"那般聪明。甚至那些看起来像"老人圈"俱乐部成员的大多数的白人男性也会不被人尊重，因为他们的成功似乎更多地归功于个人关系而非功绩。

即使过分努力地表现出平等态度也可能让你看起来如同屈尊一般。一位非洲裔美国女性罗列了白人女性如想尊重黑人女性并与之成为朋友，其永远不能说的三句话：①"我从来没注意到你居然是黑人。"②"你和大多数黑人不太一样。"③"我理解你作为一位黑人女性所经历的不易，因为我是（犹太人、意大

利人等)。"

创造对话 跨文化沟通专家指出，拥有跨文化交际能力的重要第一步即为进入对话。对话产生在人们承认彼此的共同人性并自发真实相处之时。对话需要一种互相尊重的态度，每个人都在认真聆听对方，没有预先计划的议程或一直以来的偏见和扭曲。

当不同背景的人不愿意积极地相互倾听和交谈时，误解可能会由此扎根。在对美国公司的一项研究中查尔斯·凯利（Charles Kelly）发现，黑人认为白人有所保留且雄心勃勃，具有天然优越感。而与此同时，白人认为黑人懒散悠闲、爱炫耀，感觉好像欠他们东西。如果没有真正理解到对方所忧，那么类似于上述的观点可能会一直持续。

并非谈论多样性的所有内容都具有建设性。人们谈论差异的方式能够决定关系是有所改善还是不断恶化。记者埃利斯·科塞（Ellis Cose）描述了两种无效的类型：

> 讨论往往是在两个层面之一进行——不是咆哮就是低语。咆哮者通常是因为痛苦或无知而被扭曲，需要听众及时调整他们。窃窃私语者则是因为太害怕真相刺痛他们以至根本不说什么。

专家们同意科塞的看法，认为忽略差异与过分强调同样危险。因此，真正的挑战在于公开地讨论不同，而不用第四章中所描述的各种煽动性语言。如果您抱着一种积极态度去接近他人，那积极结果的可能性同样会增加。

掌握本章概要

要点回顾

- 社会日益多样化，与不同文化背景的人进行沟通已成为一种商业需要。
- 亚文化是在主要文化中具有清晰特征的群体。例如种族和民族、社会阶层、代际差异、区域差异、残疾和性别。了解多种亚文化有助于提升工作场所的感知度并改进行为。

- 员工需要意识到在礼节、社会习俗、着装、时间、对冲突的容忍度、性别角色，以及一些"隐性"的文化维度如高/低语境、个人主义和集体主义、权力距离、不确定性规避、男性气质和女性气质，以及未来取向中重要的国际化差异。

- 企业的成功需要认真考虑多元文化伦理因素的复杂性。

- 精明的商业沟通者要努力提升文化素养、培养积极的建设性态度（例如将多样性看作机会、避免种族中心主义等）。同时，通过避免屈尊纡贵和创造对话，调整言行以适应多样化的工作环境。

职业拓展

1. 有用的洞察

通过个人访谈或研究，探索您本身文化与所感兴趣的另一种文化间存在的沟通实践差异。

如果正在与上述文化背景的人交往，您打算如何弥合分歧与不同？

2. 有用的洞察

从本书总结的文化价值中选择一组，明确哪些是您本身文化中所不具备的特征。例如，如果您已习惯于一种低语境文化，那可能会关注高语境沟通。当不熟悉的行事规范成为主导时，思考在这种环境中工作的优缺点。例如，如果大多数人都以高语境方式进行沟通，如何相互沟通才能更加高效与适宜？

3. 能力建构

选择一种残疾形式，与您同学合作扮演两个角色，演示与残疾人沟通的有效和无效方式。在全班同学面前进行表演。

4. 能力建构

提升您在组织文化中的高效辨别和沟通能力。选择您感兴趣的某一领域组织，或专注于您已经隶属的组织。

通过分析组织的办公环境和文化氛围、采访他人和自我判断，请谈谈您对组织文化中涉及本书所列维度的理解。根据您的调查结果，阐述下列领域中沟通的最佳方式：

（1）阐述新想法；

（2）与上司互动；

（3）应对冲突；

（4）管理时间；

（5）与同事交往；

（6）使用传递信息的首选方式（例如电话、电子邮件、面对面交流）。

5. 能力建构

从世界范围内选择可能在您职业生涯中会与之互动的三种文化。

为了发掘在您所选的三种文化中有助于实现跨文化高效沟通的钥匙，请从网上找出一些可靠来源。请描述上述三种文化的以下方面：

（1）文化概况；

（2）该文化的商务礼仪；

（3）一种或多种语言；

（4）其他您可获得的额外培训和 / 或邮件联系等来源。

6. 能力建构

来自日本、美国和欧洲国家的代表试图合作建立一套国际商业道德准则。上网搜索制定于 1994 年的 "考克斯圆桌商业原则" 的相关文章并阅读。文件链接如下：http://www.cauxroundtable.org。

然后：

（1）从文件中找出七大原则；

（2）阐述这七大原则如何与第一章的道德标准相关联；

（3）写一篇短文阐述您的个人道德感是如何与这七大原则一一对应的。

7. 有用的洞察

选择以下一项以更好理解组织文化的重要性。在每种情况中，使用本书中有关沟通最相关维度的描述来支撑您的分析和论证。

（1）采访熟悉某个组织或领域且您有兴趣去了解其文化的人。界定形成此种文化的沟通方式，并探究文化是如何塑造沟通在组织或某领域中的运作方式的。

（2）假设您所在学院或学校管理层要求您从本科生的角度，简要向新聘请的教职人员介绍学校的学术文化，并阐述学校的沟通实践如何塑造并反映其文化。此时，您可以通过举一个或多个简要案例论证文化的运作机理，从而使自己的言论更加清晰与生动有趣。

8. 有用的洞察

找一个关于介绍跨文化沟通的视频剪辑，与同学一起分析视频。清晰地界定阻碍或促进真正关系发展的假设与行为的案例。对于那些阻碍真正关系发展的行为，请为改进沟通提出建议。最后，与全班同学分享您的分析。

2

个人技能

策略案例

宏盟（Omnicom）营销 [1]

马克在营销公司宏盟集团的职业生涯有一个良好的开端。经过担任了一年的新人客户代表后，他被首次提升到管理岗位，负责监督一个代表团队。他的团队是最优秀的：他们努力工作、相处融洽且互相帮助。对于马克来说这尤其是个好消息，因为他的薪酬和在公司的发展前景都取决于团队为公司所能创造的价值。

然而，令马克唯一感到头疼的就是凯特。她被聘用在一个基础岗位，被寄予厚望。但是，在工作几个月后，凯特的工作表现出现大幅下滑。她不仅没有按时完成两项重要任务，并且一些客户代表也开始抱怨她的松弛懈怠。她经常上班迟到，且在工作期间打私人电话。昨天，马克看到她浏览了好几次脸书。马克知道他不能再继续无视这种情况，他必须面对凯特且提醒她改进自己的工作表现。幸运的是，凯特即将到来的绩效审查为这一问题讨论提供了绝佳机会。

凯特则对这一情况有完全不同看法。在抱有极大热情地投入新岗位后，她逐渐相信她的贡献没有任何价值。"我提出的建议无一不被否定。"她说道。她认为自己的能力远胜现在的工作需求。"我已准备大干一场，但他们只想让我做会议记录、准备咖啡和干干跑腿的活。"凯特在人际关系方面也很灰心沮丧。"我试图与团队其他成员接触，但他们全是男性，我就是感到不适应。事实上，他们关于女性的一些笑话让我感到很不舒服。如果我愿意，我甚至可以提出性骚扰投诉。"她刚打算就此放弃事情会好转的希望。"如果这就是他们想要的方式，那好！我会结束手头工作，结算工资，寻找下一份更好的工作。"

---

① 宏盟集团（Omnicom Group），作为美国一家全球广告、市场营销和企业传播公司，是现今全球最大的广告传播服务联合企业和四大代理公司之一。——译者注

当您阅读本单元章节时，请思考以下问题：

第三章

1. 第三章描述的哪些障碍可能会使马克和凯特在开会讨论时难以倾听彼此意见？

2. 思考第三章中所讨论的倾听风格。找出能够体现个人倾听风格的证据，然后描述这些是如何为凯特和马克创造不同的沟通效果的。

3. 阐述马克是如何使用第三章所说的准则更有效地处理他们之间的分歧的。

第四章

1. 指出马克和凯特可以使用的从高度模糊到高度具体的一系列信息，以表达彼此的关注。其中，哪些方法的成功率可能最高？

2. 如果凯特和马克想要通过使用积极的语言及最优水平的强大语言能力来提升他们的专业身份，您会给他们什么具体建议？

3. 请举例说明马克和凯特是如何采取本章所述的各种激动性语言类型进行相互对抗的。对于每种煽动性语言，请同时提供一种非激动性的替代方案。

4. 凯特和她的同事发送了怎样有问题的非言语信息造成了上述困境？请给出其他替代性的非言语信息方案以帮助他们提升沟通效率。

第五章

1. 有尊严地被对待这一需求是如何影响凯特的看法与行为的？

2. 凯特如何使用本书所提供有关引发敏感问题的准则以表达她对马克的不满？

3. 马克有无恰当方法称赞凯特，以减少其对现状的不满并提高工作表现？

4. 当马克提出凯特工作积极性不足这一问题时，她是如何运用本书所说的技能来进行回应的？

5. 当马克和凯特使用以下方法之一处理冲突，即非输即赢（win-lose）、妥协（compromise）、双赢（win-win），请描述各种可能的情形。

6. 凯特可以如何处理她对男同事开玩笑所感到的不适应？而马克又可以如何回应？

第六章

1. 事后看来，为了了解真正的工作环境并在求职面试中清晰地阐述期望，凯特可能已经问过哪些问题？

2. 马克如何能够设计合适的开场白以保护凯特的自尊，同时能定下一种基调以帮助其获得所需的信息？

3. 如果凯特最后确实在寻找另一份工作，她可以如何使用第六章的信息以准备相关面试？

第三章

倾　听

本章目标

阅读完本章后您应该能够：

1. 阐述高效倾听如何有助于您的职业成功，以及倾听的一些错误假设如何阻碍您的职业生涯。

2. 列举阻碍有效倾听的三种形式，并概述克服每种障碍的应对策略。

3. 分析您的倾听风格，并解释您会如何运用这些知识以更好地了解他人。

4. 运用理解性倾听的六大准则，并能在特定情况下给予释义性的回应。当进行评估性倾听时，运用有关证据和申诉的准则。

5. 评估在特定情况下您可以使用的各种倾听方式，并阐述有助于实现目标和提升职场人脉的最好方法。

◎ 工作中的倾听

　　——我告诉她我们是这周二开会，不是下周二。现在我们不得不重新安排会议，而且我们可能都无法规定截止日期。

　　——他说他在听，但他总是很快就打断我说话。那也是我最后一次去尝试在工作中努力表现。

——某些事情完全脱离轨道。我警告那些人仔细观察温度，但他们没人听，现在一整批产品全部变质。到底要怎样他们才能明白？

令人不安的上述情形在商务实践中很普遍。它们说明倾听失败非常频繁且成本高昂。您可能无法迫使他人改善倾听，但您可以提升自己仔细倾听的能力，因为您每天可能会听到许多重要信息。

正如以下内容所述，有效倾听是一项艰苦的工作。它并非坐着被动地听他人说。它比说话、阅读或写作要频繁得多，而且同样要求严格与重要。

倾听的重要性

史蒂芬·柯维（Stephen Covey）在其最畅销的书中，将倾听——"在自我理解之前先理解他人信息"——界定为"高效人士的七种习惯"之一。克莱斯勒（Chrysler）前董事长李·艾柯卡（Lee Iacocca）也赞同这一理念：

> 如果想要激励为您工作的人，您必须学会倾听。这就是公司平庸或伟大的区别。对我来说，作为一名经理最得意的事情就是见证被称为中等或平庸的人受到赏识，他们的问题得到认真倾听并有效解决。

美国众议院前议长丹尼斯·哈斯特尔特（Dennis Hastert）在描述他如何花费掉大部分时间时，对专注力价值的观点进行了回应："他们称我为议长（演讲者），其实他们应当称我为倾听者。"

研究证实了这些说法。在许多研究中，倾听被证明是整个职业生涯包括工作、事业成功、生产力、职业晋升和组织效率等最重要的沟通技能。

在您的职业生涯开始之前，倾听很有价值。求职者通过倾听在求职面试中做出最好的回应。一旦您找到了新的工作，倾听可以帮助您快速进入工作状态。职业顾问安德里亚·萨克利夫（Andrea Sutcliffe）这样说："如果你在工作的第一年里必须选择掌握一门人际交往技能，请选择倾听。这将是你能够与他人良好相处并获得成功最重要的不二之选。"

倾听在您的整个职业生涯中都至关重要。当 1000 名高管被要求列出理想经理的技能时，倾听排名第一。另一项研究在询问企业高管何种技能在工作中最为重要时，倾听被提到的次数高于其他技能或天赋，包括技术能力、计算机知识、管理才能和创造力。

除了有利于促进个人成功外，高效倾听对组织至关重要。它有助于改进质量、提高生产力并节约成本。低效倾听则会造成相反的不利后果。正如一位顾问所说：

在这个国家有超过 1 亿的工人，每个人由于不善倾听造成 10 美元的损失，那加总起来成本将高达 10 亿美元。而大部分人每周都会犯各种各样有关倾听的错误。

由于倾听错误，信件必须重写，约会要重新安排，运输要重新布线，最终生产力受到影响，利润遭受损失。

倾听的若干假设

当谈及沟通时，大多数人更加关注发送信息而非接收信息。这种不平衡主要来自以下几种错误的假设。

错误假设 1：有效沟通是发送者的责任　管理大师彼得·德鲁克（Peter Drucker）认为，沟通取决于接收者与发送者，他写道："事实上是接收者在沟通。而所谓的沟通者，即发送信息的人，实际却不沟通，他只是在一味地说。除非有人真的在听……否则只是噪声而已。"

正如德鲁克所言，如果预期接收者无法真正倾听，就算是考虑最周到、表述完美的想法也属对牛弹琴。演讲者和倾听者都有责任去达成一种共识性的理解。

错误假设 2：倾听是一种被动的行为　一些沟通者错误地认为倾听基本是种被动行为，接收者就像个海绵，只能静静地吸收说话人的想法。事实上，良好的倾听是门辛苦活儿。有时候您在倾听时必须说，通过提问或复述他人观点以确保准确无误的理解。

即使保持沉默，聪慧的听众也并非处于被动地位。著名律师路易斯·尼泽尔（Louis Nizer）描述过他如何在出庭的大部分时间倾听但仍然汗流不止。史派里公司（Sperry Corporation）CEO 戴尔·肯尼迪对公司著名的倾听训练计划这样评论："大多数人都不知道真正的倾听非常耗费精力。"优秀的听众才是一名真正的积极沟通者。

错误假设 3：说话能够掌握更多优势 乍看起来，说方似乎掌控了谈话的主导权而听方只能被动跟随。那些说话的人通常希望获得所有人关注，所以很容易理解为何说话会被看作通向成功的路径。

说话而不是倾听可能导致专业人士错失重要信息。一项针对医生-患者的访谈分析表明，医生说得越多就越偏离轨道，且无法真正解决患者所关心的问题。

尽管说话的价值不容忽视，聪明的商人却明白倾听同样重要。让我们参考下沟通顾问比尔·艾奇逊（Bill Acheson）的建议："销售人员每花 1 分钟用于倾听，那他在说服反对意见上可以节省 4 分钟。"

沟通专家苏珊·彼得森（Susan Peterson）进一步强调高级倾听技能的价值：

> 有太多次，无论是通过电子邮件、语言邮件还是互联网，我们都集中注意说话的艺术，而非倾听。然而，在我看来，拥有优秀倾听能力的人 80% 到 90% 都可以成为优秀的经理和高效领导者……倾听是在您组织中保持良好人际关系的最佳方法之一。在与客户或员工的日常会议中，如果您能够真正倾听并保持完全的眼神交流和全心关注，那您已握有打开沟通王国的钥匙。

错误假设 4：倾听是一种天生的能力 倾听可能就像呼吸那样，是一种天生自带的能力。"毕竟，自从我是个小孩起，我就一直在听。"您可能会说。对于说话，我们也可能持有同样的观点。但是即使几乎所有人都会说话，也并不意味着大多数人能够做得很好。

粗心倾听遭遇嘲笑

在社会研究课的第一天，约克大学学生萨拉·格伦菲尔德（Sarah Grunfeld）当听到卡梅伦·约翰斯顿（Cameron Johnston）教授说"所有犹太人都应该绝育"时，她感到非常愤慨。格伦菲尔德立刻将课堂内教授的言论向学校宣传部门进行报告，指责约翰斯顿是极端分子，并要求学校解雇他。几小时内，消息迅速扩散，约翰斯顿很快被控制并被要求接受监视审查。

学校调查发现，格伦菲尔德没有把握约翰斯顿言论中很重要的一点，而这一点课堂内其他数百名学生都清楚知道。约翰斯顿解释，"所有犹太人都应该绝育"是被当作"一种不可接受与危险的观点"来举例的。所以，当约翰斯顿教授（本身就是犹太人）被宣布其课堂演讲不属于反犹太主义言论时，格伦菲尔德开始受到攻击。一些博客和主流媒体开始公开嘲笑她的低级倾听能力、火暴脾气和不愿对误解哪怕承担部分责任的态度。

◎ 有效倾听的障碍

尽管理解他人很重要，研究表明误解却司空见惯而非例外。谈话中倾听者能够准确理解说话者语意的概率通常不超过 25% 到 50%。研究表明，10 分钟演讲后，普通听众立即能够记住的信息只有 50%。48 小时后，普通听众能够记住的内容降低到 25%。正如第一章所述，三种"噪音"会妨碍信息接收，它们分别是环境、生理和心理。

环境障碍

制作现场的喧闹或拥挤房间内会谈的嗡嗡声会造成信息无法听清与处理困难。并不是所有的环境障碍都与声音有关。过分闷热的办公室或不舒服的椅子也会造成倾听不顺。讽刺的是，一些环境干扰来自我们习以为常的沟通工具。来电铃声、短信提醒和电子邮件都会分散我们倾听谈话伙伴的注意力。

虽然您不能消除所有环境障碍，但却可以时常管理它们。您可以将谈话转移到更加安静的地方；消除分心与干扰（桌旁的香水味我有些不适应，我们可否换个地方）；选择更可靠的沟通渠道（让我在座机旁回您电话）。

黄金法则与白金法则

"黄金法则"告诉我们你希望别人怎样对待自己，你就应该怎样对待别人。"白金法则"则是你以他人所希望的方式来对待他们。贯彻"白金法则"的最佳方式就是倾听，发现他人的需要。不过，现实主义者承认，不可能对每条信息都给予同等关注，仍然能够完成每个工作日的大量任务。

作为一名工作繁忙的员工，您如何对不必要信息做出恰当回应，且不会对发送者造成被疏离的感觉？

证据表明，大多数人都高估了他们的倾听能力。在一项研究中，一组经理对他们的倾听能力进行自我打分。令人惊讶的是，他们中无一人认为自己不善倾听或倾听能力很差。相反，94% 的经理认为自己擅长倾听或非常擅长。有利的自我评价与下属们认为他们上司倾听能力很差的看法形成了鲜明对比。

大多数组织，包括像 3M 公司、AT&T 公司、通用电气和邓白氏公司（Dun and Bradstreet）等大型机构都注重投资提升员工倾听能力。施乐公司（Xerox Corporation）推行的旨在改进倾听的项目已被 7.1 万家公司的 150 多万名员工使用。史派里公司投资 400 多万美元来发广告："我们明白倾听至关重要。"此外，史派里还为 8.7 万名员工举办倾听研讨会，以使他们的广告宣传活动并非仅停留在空洞的口号上。

生理障碍

对于某些人而言，不善倾听是因为实际存在的听力缺陷。一旦被确诊，他们通常可接受治疗。其他听力问题，例如耳痛和头疼都具有暂时性。无论这些问题是短期还是永久性的，其造成的后果都让人不安。听力缺陷并非不善倾听的唯一生理障碍。 例如听觉辨别、排序或记忆这些处理困难都会营造一种当事人不在倾听或分心的表象。

另一个生理挑战来自普遍的相对较慢语速与大脑快速处理信息能力的差异。听众大约每分钟可以处理 500 字左右的信息量，而大多数说话者只能以每分钟 125 字的速度交谈。这种差异给我们留下了大量的精神空闲时间。虽然有可能我们会利用这段空隙揣摩演讲者的想法，但也很容易让人心不在焉。

心理障碍

阻碍有效倾听最普遍和令人生畏的障碍是心理上的。下面是干扰人们倾听意愿和有效倾听心理能力的若干因素：

走神 一些商务和私人顾虑可能会让您难以专注手头事务。即使您正在进行的会谈至关重要，其他未完成的业务也可能会转移您注意力：给不满意客户的回电、上司对您日常安排拖延的质询、与新供应商的联系接洽，以及您与保姆、汽车修理工需要解决的种种问题。图 3-1 阐述了出神会导致倾听者无法集中精力倾听的几种方式。

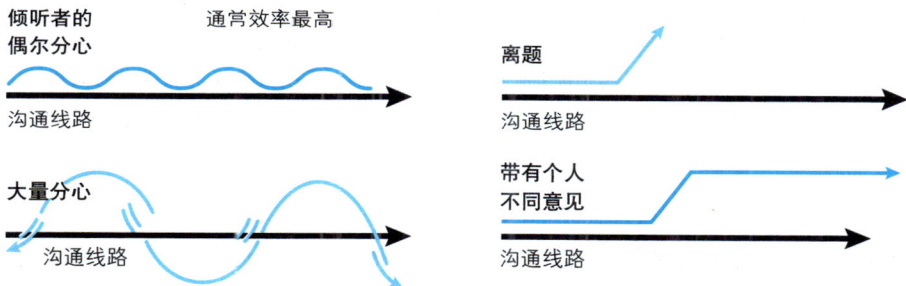

图 3-1 思维方式

超负荷信息量 在一个智能手机、笔记本电脑和现代设备很普遍的世界中，"多元沟通"是前几代人所未遇见的挑战。当人们不停地向您快速传递信息时，您很难仔细倾听。一位同事刚刚将一条新产品线的成本估算交给您，而您的智能手机就响个不停以提醒您有来电、邮件、短信及会议要处理。处理泛滥的信息就像在变戏法，每次您只能处理一部分事情。很多学生声称他们具备多任务处理能力，但是根据神经学的研究发现，人们根本不擅长同时进行多任务处理。人类大脑在每次切换时都会产生滞后的时间浪费，这就意味着每次仅完成一项任务、关注一条信息时，我们其实会更加高效。

自我中心主义 倾听效果不佳的一种常见原因是您认为自己的观点比他人的更加重要或有价值（通常是错误的）。除了阻止您学习有用的新信息，这种自我为中心的消极态度很有可能会让与您共事的人逐渐疏远你。自我为中心的听

职场文化

倾听中的两性差异

热销杂志喜欢问："男性或女性，谁更擅长倾听？"这个问题不如这样提问更有帮助："男性和女性的哪些倾听方式存在不同？"

首先，女性和男性往往在使用和解读"倾听噪声"——语气词如"嗯哼"和"嗯嗯"——存在不同。女性可能会使用它们来表示关注，男性则表示同意。因此，女性说"嗯哼"可能会意味着"我在听"，但听到这个的男性则会认为她同意。一旦沟通者意识到这些差异，他们就可以澄清含糊不清的声音线索含义："你似乎对我提的观点很有兴趣。那您是否同意我们应该开始？"

其他研究表明，男性和女性可能会侧重倾听信息的不同部分，因为他们有各自的倾听目的。研究认为女性更倾向于倾听演讲者言语背后的感受；而男性则倾向于倾听事实。例如，在委员会会议上，一位同事被要求重做一份报告。他说，"当然可以"。会议结束后，女同事会认为这位同事一定很沮丧并且充满不情愿。她"听到了"背后的感受。而男同事可能只会回应，"有什么问题吗？他说他会做的"。

众在社交吸引力中的评分低于那些开放接受他人观点的沟通者。正如古谚所说："没有人能在工作中真正认识自己。"

种族中心主义 文化无知或偏见可能会产生干扰理解他人的心理噪音。比如说口音，一些沟通者错误地认为说话带口音的人不太聪明且不太能够理解口语交流。更微妙的态度可以塑造人们对恰当与不恰当倾听方式的看法。例如，非裔美国人和欧美裔倾向于更重视说话与交谈，而非倾听与沉默。西方人经常对长时间的沉默感到不舒服，并希望用谈话来填充。相比之下，印第安人、日本人和其他亚洲人则认为沉默是沟通中的重要组成部分。很容易想象，与沉默的亚洲人相处不自在的西方人会努力填补对话间隙，而这对韩国人或纳瓦霍人来说则再正常不过了。同样，亚洲人如果想要与欧美人成功沟通，也需要花费更多时间来交谈。

害怕丢脸 一些商人认为请教是无知的表现。然而，他们不请教而是不懂装懂，这往往带来更糟糕的后果。事实上，真诚地请求澄清解释受益良多，正如管理大师汤姆·彼得斯（Tom Peters）所言：

我的第一位老板……是我所知最聪明的人之一。他非常聪明并且很喜欢问些很初级的问题（害人会说蠢）。我们其他人都被吓傻了。因为我们认为自己被高薪聘用，不应该问些愚蠢问题。但结果是，我们错失了采访中90%的战略性价值，仅是因为我们害怕展示自我无知。

大多数情况下，就是这些"愚蠢的"基本性问题及随后十几个更加基本性的问题成为真正成功的来源。

◎ 倾听类型

不是每个人都以同样方式倾听。研究表明，人类具有某种普遍性的倾听类型，或特定的倾听动机。您可以通过完成之后的自我评估确定自我偏好。每种类型都有各自优势，所以在确定完您的偏好类型后，请尝试开发些倾听类型中的新技能（并非与生俱来的技能）。高效倾听者同样也是灵活的倾听者。

关系性倾听

那些主要关注关系性倾听（relational listening）的人最关心与他人的情感联系。他们倾听是为了了解他人的感受、感知他们的情绪，并给予个体快速的反应。关系性倾听者通常不会强迫他人应该说什么。相比于评论他人，他们对理解和支持他人更感兴趣。

这种倾听类型的一个关键优势在于，"被倾听"的人对这种关系和生活会更满意。因此当一位关系性倾听者加入下属，甚至同行对话时，积极效果显而易见。研究还表明，倾听者同样从倾听中获益。当然这种类型也有缺点。很容易过度参与到他人情感中，甚至内化和采纳这些观点。初衷是为了展现意气相投并给予支持，最后关系性倾听者可能会丧失评估他人提供信息价值的能力。他们也可能被认为过度表达，甚至在演讲者看来有些过分侵入，因为对方并不想要建立私人层面的联系。

分析性倾听

对分析性倾听最感兴趣的人很关心做出判断前信息掌握的完整性。他们想要倾听细节并从各种角度分析问题。不仅仅满足于掌握复杂的信息，这些倾听者更倾向于进行系统性的思考。

当目标就是彻底评估观点的质量，以及当价值是从广泛的不同视角看待问题时，分析性倾听者会成为一大帮手。当手头问题非常复杂时，他们的价值尤其突出。然而他们这种彻底的方法也耗时费力。他们可能需要花费很长时间才能得出结论。因此，当截止期限临近时，他们可能不会如预期般尽快回应。

任务导向性倾听

偏好任务导向性倾听（task-oriented listening）的人全心关注于任务完成。效率是他们最关心的问题，他们期望演讲者快速阐述观点并直达主题。毫不奇怪，任务导向性倾听者通常缺乏耐心。

在一个快节奏的商业环境中，任务导向性倾听者可以有助于帮助任务高效运行。然而，他们缺乏耐心有时会破坏人际关系，因为任务导向性听众在回应时通常极少带有同情心，并具有语言攻击的倾向。此外，过分关注时间也不利于一些工作要求的仔细周到考虑。

批判性倾听

从事批判性倾听（critical listening）的人对分析信息具有强烈愿望。他们不一定会使用分析性倾听工具，但在任何情形下，他们不仅限于试图理解主题，还尝试评估其质量。毫不奇怪，批判性倾听者倾向于关注信息的准确性和一致性。

当目标是调查某一问题时，例如在警察询问或会计审计中，批判性倾听者尤为有用。然而，批判性倾听者也很容易挫伤他人积极性，因为他们被认为过于吹毛求疵。

◎ 更高效的倾听

社会学家已经界定了倾听的两个层面——心不在焉（mindless）和全神贯注（mindful）。我们机械习惯性地对他人信息不假思索地进行回应，即是一种分心型倾听（mindless listening）。心不在焉听起来有些负面，但有时这种低级处理形式也很有用，因为它可以让我们全神贯注于真正需要关注的内容。当然，这一挑战在于我们需要花费足够多精力用于区分哪些信息需要更多关注。相比之下，专注型倾听（mindful listening）要求对所接收信息给予细心周到的关注与反馈。

您可能会认为，专注型倾听的价值如此显而易见，几乎不须提及。但商务和专业沟通者意识到周到倾听其实并非易事，而需培养。正如通用磨坊（General Mills）包括 80 位副总裁和董事的所有员工在内，自愿报名参加为期半天至 7 周的专注力项目。

专注型倾听的一个重要步骤是在特定情况下清楚自己的目的。您是在感同身受地倾听，还是在批判性倾听评估他人信息？一旦您回答了这一根本性问题，以下提示有助于您做好工作。

理解性倾听

我们中大多数人总是声称我们想要了解他人在说什么，但是稍微反省一下，我们发现其实我们经常关注于其他任务：内心（或公然地）与演讲者争辩、做白日梦、思考其他任务等。遵循以下建议有助于提高您专注倾听信息的准确性。

保留评判 在对高效能人士的研究中，史蒂芬·柯维的总结最为精辟："我们要先理解他人，才能让他人理解自己。"在对他做出判断前，通常难以理解他人想法，特别是当您对待议事项有自己的强烈意见时。例如，您可能会希望客户对公司产品或服务进行反馈，然后花费精力来评判客户的回答而非尝试去理解。（"这家伙不会除了抱怨唠叨没其他事做了吧？""好吧当然！他希望我们日程安排更紧凑，但如果因为超时我们要求收费，他又会尖叫抱怨起来。"）或您可能发现自己在上司、同事或下属还没解释完前就已做出判断。（"哦呵，我希望不要在这件事上耗费一周的时间，仅是为了获得一些市场信息。""这些刚毕业的小屁孩进来就想立刻能接手。"）请先倾听，确保您正确理解，然后再做出评估判断。

少说、少打断 有时倾听最好的方法就是置身事外，鼓励对方说话。一位营销专家解释说，即使在销售中，沉默也比说话更有效：

自我测评

您的倾听类型

研究已表明，每个人都有默认的倾听风格。为了探清您的倾听偏好，请填写以下调查问卷。其中，1代表"强烈不赞同"，7表示"强烈赞同"。最赞同部分（5、6或7）表明了您典型的倾听风格。

关系性倾听

当倾听他人时，理解演讲者的情感很重要	1 2 3 4 5 6 7
当倾听他人时，我主要关心他人如何感受	1 2 3 4 5 6 7
我倾听就是为了理解演讲者的情绪和心情	1 2 3 4 5 6 7
我倾听主要是为了建立和维持与他人的良好关系	1 2 3 4 5 6 7
我喜欢倾听他人，因为这让我有机会与他人获得联系	1 2 3 4 5 6 7
在倾听他人时，我关注于理解话语背后的感受	1 2 3 4 5 6 7

分析性倾听

在发表意见和观点前，我会听完所有事实陈述	1 2 3 4 5 6 7
我倾向于保留对他人观点的评判，直到听完他需要陈述的所有内容	1 2 3 4 5 6 7
当倾听他人时，直到听完全部信息我才会发表观点	1 2 3 4 5 6 7
当倾听他人时，我会考虑问题的所有方面再做回应	1 2 3 4 5 6 7
形成观点前，我会全身心倾听他人所说内容	1 2 3 4 5 6 7
为了公平对待他人，做出评判前我会全身心倾听他人所说内容	1 2 3 4 5 6 7

任务导向性倾听

对于会议中絮絮叨叨的人我没有耐心	1 2 3 4 5 6 7
对于会议中人们偏离主题我很困惑	1 2 3 4 5 6 7
倾听他人时，当发现他们似乎在浪费时间，我会变得没耐心	1 2 3 4 5 6 7
我喜欢直奔主题的人	1 2 3 4 5 6 7
我很难倾听那些在阐述观点上耗时过长的人	1 2 3 4 5 6 7
当倾听他人时，我欣赏那些简明扼要的陈述	1 2 3 4 5 6 7

批判性倾听

当倾听他人时，我会关注演讲中的矛盾和／或错误之处	1 2 3 4 5 6 7
我通常能够捕捉到其他演讲者的逻辑错误	1 2 3 4 5 6 7
我很自然地就能够意识到他人说话内容的错误	1 2 3 4 5 6 7
我有天赋捕捉他人说话中的不连贯之处	1 2 3 4 5 6 7
当倾听他人时，我意识到他们话语中的矛盾之处	1 2 3 4 5 6 7
在他人说话内容中优秀的倾听者能够找到偏差	1 2 3 4 5 6 7

技术小贴士

倾听语音文件

听力问题不仅仅是具有身体障碍沟通者的问题。背景噪声通常会使人难以听清和理解信息，特别是大多数人打电话通过小扬声器沟通都存在回音问题。很多产品都克服了——为识别语音文件将致电者的口头语言转换成可在智能手机或电脑上显示成文字——这一过程中的局限。除了可以节省您重复播放语音文件花费的时间，这些服务还允许您在一个嘈杂的环境中低调地检查来电，并备份致电者所说的文字记录。

转录的应用程序当然并非万无一失。它们无法捕捉能够影响信息含义的语音质量，它们通常会错误转录一些特殊词汇。所以当有疑问时，请在做出结论前听一遍信息的语音文件版本，这才是明智之举。

您可以在喜爱的互联网搜索引擎中输入"将语音文件转换为文字"等关键字以更好阅读这些服务，很多公司都提供语音文字转换服务的免费试用。

80/20 规则是小企业准则中的标准之一，即 20% 的客户决定了您 80% 的业务。对于倾听同样如此……当首次与潜在客户会面时，请将 80% 的时间用于倾听，留下 20% 的时间用于交谈。您的工作就是仔细倾听，然后明确客户需求。在他们准备倾听您的阐述之前，他们想要告诉您他们的真正需要。

通常，如果您属于爱说话的类型，请在尝试倾听时合理配置您的评论。设想您仅有数量有限的词语可供使用，因此请在必要时再发言。之后您可能会惊讶地发现您的沟通质量和理解力大幅提升。

提问 真诚的提问（sincere quesiton）是对信息诚恳的请求。它们可以成为搜集事实和细节、澄清意义和鼓励沟通者阐述的绝好方法。肯塔基大学前篮球教练里克·皮蒂诺（Rich Pitino）在因仅注重宣传自己球队规划优势而忽略倾听客户的真正需求，最终错失掉一个关键球员后，也认识到提问的重要性。随后，当他签约另一位潜在篮球明星托尼·德尔克（Tony Delk）时，他采用了一种更为有效的方法：

　　这一次，他们不再大肆宣传肯塔基球队的优势，相反，他提出了以下问题：德尔克对教练有何要求？家人对他在大学中有何期望？在长达一个小时内，他仅是提问题然后点头认真倾听他们的回答……

　　最后，皮蒂诺成功签约了德尔克，四年后，德尔克帮助肯塔基大学蝉联第六届全国总冠军，这对教练皮蒂诺而言也是第一次。"这是我最喜爱的故事之一，"皮蒂诺说，"这也是我想要分享给其他商业团队的，因为它阐述了学会倾听他人的重要性。"

　　虽然真诚、有重点的提问能够成为沟通的有力工具，但伪造提问实际上是变相的建议或隐蔽的陷阱："你有没有考虑过重金聘用些经验丰富的人？"或者是"你为什么不告诉我这个呢"，像这样的伪造提问如同任何直接性攻击一样会破坏沟通氛围。

　　复述　复述（paraphrasing）即倾听者自己组织语言重新阐述演讲者的观点，以确保正确理解所听内容并能够正确陈述给他人。复述通常以这样的词语开头，"让我确保正确理解您所说的内容……"或者"换句话说，您所说的意思是……"当您在复述时，请切记不要像鹦鹉学舌那样逐字重复。真正的理解来自将交谈者的想法转换成自己的语言，然后将其复述给对方以确保准确性。复述之后，很重要的一点是邀请演讲者验证一遍您的复述，这样您知道自己是否准确理解所听内容或者通过复述来纠正自己的误解。

　　以下对话阐述了有效复述与无效复述的区别：

无效复述

打印主管：　我们现在工作用纸不足，这是我落后于进度的原因。

工厂经理：　我懂了，原来你是因为工作用纸不足而落后于进度。

打印主管：　是的，这就是我说的。

　　经过上述交流，工厂经理依然不清楚为什么打印主管无法得到那份文件，或者说他没有明白打印主管所说的无法得到那份文件的真实含义。然而，有效复述却可以直达问题根源：

有效复述

打印主管： 我们现在工作用纸不足，这是我落后于进度的原因。

工厂经理： 换句话说，纸张供应商尚未提供工作所需的纸张。

打印主管： 不是，他们运送过来了，但纸张的类型都不对。

工厂经理： 所以整批货都不能用？

打印主管： 不是，大约 1/3 不能用。但是我必须换掉整批货，因为前后染料不匹配会导致纸张颜色不同。

工厂经理： 没问题，颜色允许有细微偏差。但是到周二我必须拿到至少一半的订单；其余的可以晚几周。你现在先在好纸上打印，等新纸到了后再完成剩余工作，可以吗？

打印主管： 当然可以。

乍一看，提问和复述可能看起来一样，但仔细观察我们会发现它们是两种截然不同的工具。提问总是在寻找新的额外信息（"我们落后了多久？""它是什么时候开始的？"），复述则是在澄清交谈者所说的内容。这是很重要的区别。

复述有三种形式，尽管它们都是阐述交谈者所说的内容，但各有侧重。

复述内容　上面的例子介绍了复述的最基本形式，即听者将自己理解所听内容重述给对方。我们很容易自认为完全正确理解他人但事后却发现自己实际存在误解。在最基本的层面上，复述是一种标明与澄清误解的安全检查。从事复述的人会惊讶地发现，演讲者对似乎已经完全明晰的信息内容会再次纠正或添加无数内容。

复述动机　除了帮助您理解他人所说的内容外，复述还有助于理解他人说此话的原因。设想一下，老板在职工大会中宣布，"下周开始，我们会利用该显示屏显示我们离开办公室时间和所去的地方"，很容易联想到设立该程序的两大完全不同的原因：①为了帮助客户和同事掌握每个人身处何处及他的回来时间；或②为了跟踪员工，因为老板怀疑某些人在工作时间很懈怠。复述动机可以帮助您了解他人的真正目的，我们可以对他人陈述进行多种方式的解读。

复述情感　通常，演讲者的情感是信息传达中最重要的部分。尽管这是事实，但大多数人并不表达，或者甚至完全没有意识到他们的情感。请列出下列对话中可能包含的情感：

　　——这是他第三次取消和我的会议了，他真以为他是谁？

　　——无论何时，当截止日期到来时，我得到的仅是借口而非工作结果，这种模式不可能持续太长时间。

　　——前一分钟她还在说我们必须用钱来赚钱，下一分钟她就在谈论削减成本，我真无法明白她真正想要什么。

上述案例至少存在 2 ~ 3 种可能的情绪：

　　愤怒、伤害和自我怀疑；

　　愤怒、沮丧和担忧；

　　愤怒和困惑。

　　复述明显的情绪可以让演讲者有机会同意或者纠正您的解释："是的，我想它确实伤害了我的情感"，或者"与生气相比，我其实更加担心"。无论哪种情况，这种回应能够帮助对方去澄清他的真实情感并有效处理这些情绪。

　　关注非言语线索　关注演讲者的非言语线索可能会向您透露远超言语表达的内容。留意这些"冰山一角"会让您知晓演讲者是否想说更多，特别是当其受到鼓励多说时。第四章详细介绍了大量可供您使用的非言语线索：手势、姿态、音调、面部表情等。

　　当我们想弄清楚他人的情感或态度时，非言语线索尤为重要。您可以设想下所有不同信息通过以下陈述方式传达，以更好理解情绪如何通过非言语形式进行互动。您能想到多少种不同的表达方式？每种非言语线索都传达了什么不同的含义？

　　——不用，没事了。

　　——这些天我们应该碰一次头。

　　——我想在我的办公室和你谈谈。

——以前从未有人有此想法。

除了关注他人的非言语线索，关注自己的非言语线索同样重要。为了更好了解原因，设想下取决于您沟通表现的交谈伙伴的反应。如果您背靠在椅子上、对着房间左顾右盼或者呵欠连天，您可能是在传递何种信号？相比之下，如果您认真端坐、保持眼神接触，偶尔点头或发出"嗯嗯"表示赞同，您又可能在发送何种信号？您可能会说我一直在听，但您的非言语行为已给他人留下了更深刻的印象。

记笔记 当谈话涉及细节或想法时，您需要记住：笔记必不可少。记笔记也能够告诉演讲者您足够重视他们所说内容，这可能会让演讲者在交谈时更为谨慎。甚至于在对交谈细节产生疑问时，您也可以自信地说："让我查看下我的笔记……"

评估性倾听

一旦您确定已正确理解信息，那就可以开始评估信息质量。大部分评估都基于两个层面的分析：证据和情感。

分析演讲者的证据 作为一名至关重要的评论性听众，针对演讲者为支持其陈述而列举的证据，您需要自问以下几个问题。订单执行经理有何证据表明当前计算机系统正在制造问题或新系统会更好？销售代表是否支持"产品不到一年内就能收回成本"这样的声明？

一旦您找到了证据，就需要鉴别真伪。纽约办事处设立灵活时间计划的成功推行并不意味着同样的计划在西弗吉尼亚州的工厂将起作用，因为那里一定数量的工人在任何时间内都要操作机器。两三名对新办公家具不满的员工可能仅是例外，而不代表大多数人。然而您所知的一两位满意的客户可能是仅有的幸运客户。

详细研究的统计数据表明，与零星的随机案例相比，数量不少的孤立案例具有更强大的论证力。

以下问题可以帮助您检测论证材料的整体有效性：

职场小贴士

使用电话日志

　　电子邮件实际上会自动保存您的通信信息，但电话沟通是转瞬即逝的。拥有一个简单的书面记录有助于您备份记录、避免虚假声明并重建联系人。例如，日志可以提醒与您沟通的代理人姓名、交谈日期及约定的碰头时间，或一款您正在搜寻的产品型号。几周后，电话日志可以帮助您向客户、同事或主管证明您为取得联系所做的全部尝试（成功和失败）。

　　您也可以依靠笔记来提醒他人一些信息及他们所做的承诺，例如预约、承诺的交货日期或报价："这项工作直到 11 月 15 日才能完成？但是上周五你办公室的罗斯承诺我 11月 1 号就可以完成。"日志甚至可以提醒人们他们没说或没做的事情。例如，当客户抱怨您没有及时通知其时，您可以这样回应："实际上，我已经致电过您三次，它们分别是在 4 月 4 号、11 号和 18 号。每次您的语音邮件都有保存我告诉您工作已经完成的信息。"大多数场合下，电话日志不一定要面面俱到，但它通常必须包含下列内容：

- 通话的日期和具体时间；
- 通话的主题；
- 对方的电话号码；
- 该次通话是否是系列通话中的一部分（例如对于早期通话的一个后期跟进或回应）；
- 不成功的致电尝试（占线、无人应答、语音信箱故障）；
- 消息留在语音邮件中或转发至他人；
- 沟通对方的姓名；
- 您与对方阐述的关键点。

　　证据是否真实？

　　有足够的案例支撑吗？

　　所引用的案例是否能被认为具有普适性？

　　演讲者陈述的观点是否有任何例外？

　　这些例外是否有无必要考虑？

　　检查情感诉求　有时情绪反应是行动的有效依据。我们对贫困儿童的同情是我们为其福利进行捐款的绝好理由，希望减少自己的疲劳可能是聘请助理的好理由。

然而在某些情况下，情绪诉求可能会掩盖重要的逻辑考量，而这可能会妨碍您接受提议。我们可以通过思考为贫困儿童寻求善款的筹款者来分析这一点。您的同情可能无法论证筹款者在公司周围徘徊、向员工征求捐款这一行为的正当性：您的员工可能会憎恨这种仅因为您而非他们自己的原因而被要求捐款的行为，尤其是当他们刚刚已经因为另一个原因被要求捐款过。要求您捐款的特定机构可能不是帮助贫困儿童的最佳手段，它可能因为开销过高导致您的大部分捐款永远都无法惠及儿童，或其他组织可能会服务于更贫穷的人。

掌握本章概要

要点回顾

- 倾听是日常工作中最为频繁的沟通活动。有效倾听可以帮助组织和个人实现目标。
- 关于倾听的一系列错误假设会阻碍有效的理解。
- 环境障碍、生理障碍和心理障碍（走神、超负荷信息量、自我中心主义、种族中心主义和害怕丢脸）会干扰人们的有效倾听。
- 了解和掌握您的倾听类型偏好（关系性、分析性、任务导向性、批判性）及他人的倾听风格，有助于您尽早适应所有特定情形。
- 理解性倾听要求保留评判、少说与少打断、真诚的提问以寻求反馈、复述、关注非言语线索及记笔记。
- 评估性倾听涉及对演讲者的证据与情感诉求进行分析。

职业拓展

1. 有用的洞察

回想三桩您在工作中遭遇的无法有效倾听的案例事件。对每桩事件，请描述以下哪些因素干扰您的有效倾听：

（1）环境障碍；

（2）生理障碍；

（3）心理障碍。

制定一套有助于克服阻止您有效倾听最大障碍的方案。

2. 有用的洞察

阅读有关多任务处理的文章。例如，您可能会想参考以下建议：

（1）"已知的有关学生多任务高效处理神话"：http://www.westernherald. com/ news/campus/myths-about-effective-student-multitasking-exposed/?utm_ source5rss&utm_ medium5rss&utm_campaign5myths-about- effective-student- multitasking-exposed。

（2）"多任务是否更高效？转换思维耗费时间，尤其当转向不太熟悉的任务时"：http://www.apa.org/news/press/releases/2001/08/ multitasking.aspx。

（3）"自认为你属于多任务处理型？再仔细想想"：http://www.npr.org/ templates/story/story. php?storyId595256794。

请写一份您对多任务理解的简短总结。接下来，明确在学习期间您想要尝试参加的所有任务。为下周制定一份实际可行的时间表，并留出足够的时间用于学习。在学习期间，请为您想尝试的代表性的其他活动留出单独时间。坚持根据下周的时间表执行，然后与同学分享您的结果。您对多任务有何了解？它是如何影响您的学习、您的关系、您的其他任务的？您对主次排序有何了解？如何将您所学的多任务和主次排序运用于工作环境中？

3. 有用的洞察

请采访几位不同背景的职业者以汇总他们的观点。请他们回答以下问题，并提供论证案例。

（1）对于演讲者和倾听者，您认为谁对高效沟通承担更大责任？

（2）您认为倾听与演说相比更简单还是更难？

（3）演说或倾听，您认为哪个更有优势？

（4）您认为倾听是一种与生俱来的能力，或者参加倾听的课程是个好主意？

请在小组中将受访者的答案与其他同学的结果进行比较。正如您的总结所述，请与小组成员共同制定一种合理解释，以说服那些相信错误倾听假设的人。

4. 有用的洞察

对于本书所罗列的每种倾听类型，请分别描述某一倾听类型有效运作的工作情形及无效运作的工作情形，并论证您的答案。

5. 能力建构

通过回答以下问题，探究真诚性提问与伪造性提问之间的区别：

（1）您是如何区分真诚性提问与伪造性提问的？

（2）伪造性提问对信息接收者会有何影响？对沟通互动又会有何影响？

（3）请写出三个伪造性提问的案例，并结合语境解释为何提问被认为是伪造性的？

（4）将伪造性提问转换为真诚性提问。

6. 能力建构

在四人小组中锻炼您的提问和复述能力。每组成员应当分别承担以下一种角色：演讲者、1号倾听者、2号倾听者和观察者。

（1）演讲者将讨论他最近遇到的问题。如果您不能想到问题，也可以就以下主题之一展开讨论：如何执行您所熟悉的任务？如何提升您获得一份期待工作的概率？或者如何礼貌地与同事就一项问题性行为进行沟通？

（2）倾听者应该通过发声、真诚性提问和复述来理解演讲者的内容、动机和情感。

（3）谈话结束后，演讲者将描述他们的满意度，即倾听者复述其内容的准确性。这是沟通互动成功的重要衡量标准。

（4）观察者应指出倾听者有效使用工具与无效使用工具的具体例子。

（5）倾听者应当回答以下问题：

① 复述的过程难吗？感到棘手吗？为什么？

② 与您典型的回应方式相比，这种倾听类型您感觉如何？

③ 沟通过程中您获得了哪些类型的有用信息？您愿意以一种更平常的方式回应以获得同质量的信息吗？

④ 您是如何使用复述和真诚性提问来帮助日常工作的？

7. 能力建构

按照以下步骤锻炼自己的评估性倾听能力：

（1）请倾听一段简短有说服力的陈述，并确定演讲者想要倾听者相信或做的内容。

（2）请通过回答以下问题来评估演讲者的证据。

① 演讲者是否有证据支持其主张？

② 演讲者是否引用文献以支持证据？

③ 证据的准确性有多大？请论证。

④ 演讲者是否公正地提供了相反证据？

（3）请明确演讲者使用的至少两种情感诉求。

① 是否所有的情感诉求都掩盖了重要的逻辑考虑？

② 情感诉求是否言过其实？为什么是或不是？

③ 基于此分析，你认为演讲者的论据值得相信吗？

第四章

言语信息与非言语信息

章节概览

言语信息

　　清晰简明与模棱两可

　　煽动性语言

　　语言与身份管理

　　使用女性主义语言与男性主义语言

非言语信息

　　非言语沟通的特征

　　非言语沟通的类型

　　提升非言语沟通效率

本章目标

阅读完本章后您应该能够：

1. 明晰不同商务类型中模糊性语言或具体语言的选择侧重，并能对每种类型给出示例。

2. 对本章描述的每种煽动性语言案例进行定义、识别和纠正。

3. 将有力积极的语言概念应用于您职业领域中的具体情形。

4. 比较和对比使用女性语言和男性语言的特征，并描述因差异产生的潜在利弊。

5. 描述您如何将本章中非言语行为信息应用于自己的职业生涯。

6. 定义并举例七类非言语行为，总结每一行为在特定组织或职业领域的重要性。

　　虽然他们是邻居并且几乎每天都会相见，但鲍勃和卡罗琳很少说话。自从他们的合作伙伴关系破裂以来，这种糟糕的感觉让随意交谈都变得十分痛苦。

　　"我们彼此本应该考虑得更长远些，"鲍勃哀叹道，"这其实仅是一个简单的误会。最初，我们抱着一种'平等的伙伴关系'达成合伙，但现在我终于明白，我们彼此对'平等'的含义拥有不同看法。在我看来，我们在各自擅长的专业领域各司其职：我擅长市场营销和销售，卡罗琳擅长产品设计和生产上下游供应链关系。所以我认为，虽然我们对业务承担同等责任并分享同等利润，但在各自擅长领域我们仍需要自己做出最终决定。"

"这并不是我所理解的'平等伙伴'内涵，"卡罗琳直截了当地说，"鲍勃不愿意承担生产这一环节的艰苦工作。他一直在说，'那个领域你是专家'，但他一点也不相信我对销售和市场营销的看法。他只是想自己做出那些决策，无视我的意见。对我而言，平等意味着在业务的所有环节你和他人都有同样的话语权。"

事后看来，鲍勃和卡罗琳都意识到，在他们合作之初矛盾争论即已出现。"甚至在我们开始营业之前，我就已经感觉到卡罗琳不开心，"鲍勃叹了口气，"我通常将冒险看作一种成功的机遇。但是，无论何时，当我兴致勃勃地和她谈论我们未来巨大的赚钱商机时，她只会沉默不语、表情严肃。"

卡罗琳同样记得起初即已存在的问题迹象。"我一直都想经营一份让我孩子引以为豪的事业，"她说道，"但是当我谈论这件事情时，鲍勃并不会对此说太多。尽管他从来没有这样说过，但有时我感觉他在嘲笑我的崇高理想。"

这则故事说明了高度关注言语信息和非言语信息的重要性。如果鲍勃和卡罗琳早先更多关注这种不言而喻、威力强大的非言语线索的潜在危害性，他们之间不幸的合伙关系本可以避免。其实，更加仔细地思考平等的伙伴关系的内涵也会有助于他们避免导致其关系破裂的这一冲突。

本章将向您介绍沟通的两大渠道：您的言语行为和非言语行为。当完成本章阅读后您就会认识到：即使最简单的陈述中也可能潜伏着重大问题，同时，您将会掌握避免或克服这类问题的若干方法。对我们每个人不断收发的非言语信息，您也会更加小心谨慎。

◎ 言语信息

误会是生活不可避免的一种事实：第一章所阐述的编码和解码过程本质上是不完美的。如表4-1所示，听众可以完美理解每个单词的确切含义，但仍然会进行与本意截然不同的解读。事实上，大多数人都极大地高估了自圆其说和理解他人的能力。

表 4-1　即使简单信息也可能被误解

经理所说的内容	经理想表达的含义	下属所理解的内容
一旦我完成预算审查，就会考虑为你们部门再雇用一名员工	我们将在三周内为这一职位开始面试	我现在有更重要的事情要忙，让我们在未来一段时间里都忘掉这一招聘事宜吧
上季度你的表现低于均值。我真的对你期待很高	你必须更加努力工作，我知道你可以做到这一点	如果你再搞砸一次，那只能请你出局
请得到那份报告后立刻向我汇报	先赶快完成需要处理的那份急活，并在今天完成这份报告	我大约下周内需要这份报告
我和老板已谈过，但目前由于预算问题，我们无法完全满足你提出有竞争力的薪水待遇要求	我们可以实现你 95% 的待遇要求	如果我是你，我会接受这一有竞争力的报价。对于具有类似于和您一样资质的人，我们当然不会支付如此高薪
在洛杉矶有个空缺职位，我们认为它可能很适合你。我们希望你可以去那边看一下	如果你想要这份工作，这就属于你。当然，如果不想要，你仍然可以留在丹佛。你可以自己决定	如果不愿意，你并非一定要去洛杉矶。但是，这同时也意味着，你的职业前途在这家公司就到此为止了
你的手下似乎无法准时完成任务，我希望你注意到这一情形并处理好它	我不管你如何调教手下，只要完成任务就行。我现在手头的麻烦事情已经够多，不想你再给我添乱	和你的手下好好讨论，并找出问题所在，然后和他们一起共同解决

清晰简明与模棱两可

因为最基础的语言问题也会涉及误解问题，所以我们通过检测如何避免此类错误沟通来开始本章语言研究。我们也会关注模棱两可更加可取的个别情况。

请使用明确术语避免误解　模棱两可条款（equivocal terms）是指那些具有两种不同但同样可被接受或具有常见含义的条款。包括以下例子：

技术小贴士

在线翻译服务

在全球业务时代，您迟早需要与语言不通的人进行沟通。如果在互联网搜索引擎中输入"在线翻译"，您会发现存在各种服务可以帮助您弥合语言鸿沟。一个很好且免费的选择是谷歌翻译（http://www.translate.google.com）。

测试计算机翻译的一个很好尝试是：将一条信息从一种语言翻译成另一种语言，然后再译回原始语言。因为一些成语、习语不依赖于个别单词的含义，因此准确翻译它们成为一项特别艰巨的挑战。谷歌翻译在这这项任务中表现非常出色。当例如"交叉手指祈祷好运"（cross your fingers）、"白手起家"（start from scratch）、"因祸得福"（blessing in disguise）这些短语从英语翻译成阿拉伯语并被再次翻译回英语时，它们完整地保留了原意。

尽管如此，谷歌翻译有时候也会出错：它将"由贫转富"（from rags to riches）翻译成"财富之旗"（of the flags of wealth），并错误地将习语"全力以赴"（go for broke）翻译成"折断之腿"（broken leg）。

虽然计算机化服务无法与一位技术熟练的翻译人才相比，但计算机服务对于基本信息翻译营造了一个良好开端，并且在"地球村"时代成为有用工具。

在波特兰预订的商务会议机票和酒店入住仅适用于俄勒冈州而非缅因州。

客户要求承包商进行中期项目调整："你可以把那扇门从这里移到那里吗？"承包商回答说："没问题。"随后，客户惊讶地发现她已被要求支付调整费用。

您同意在家"晚餐时间"（dinner time）时致电一位客户，而在美国的某些地方 dinner 是午餐，supper 才是晚餐。当您下午六点致电时，客户就会责问你为何在承诺的时间失约。

大多数模棱两可的误解产生于随意交谈中，沟通陈述看上去畅通无阻，直到你发现他人对交谈内容解读完全不同。有时候，模糊不清问题还因为来自不同领域的沟通者对同一术语进行了各自行业的不同解读。好莱坞经纪人杰里·卡茨曼（Jerry Katzman）就阐述过类似情况。在与硅谷软件出版商的代表会晤过程中，他在完善拓展环节使用了一个短语，其表示某一项目正处于初步想法阶段。而与之相反，该代表习惯于用该短语来描述某一项目已有资助且正在建立。卡茨曼解释道："这就象日本人第一次来好莱坞，他们必须使用口译员，我们也正是这样做的。"

模棱两可有时也来自各不相同的文化价值观。与美国人相比，墨西哥人较少倾向于表达冲突，且对于时间管理更加多元与随意灵活。西班牙语中"ahorita"英文语意是指"现在"（right now）或"立即"（immediately）。尽管字典语意如此，但北美人却发现他们的墨西哥同行在实际使用中对该词语具有完全不同的理解：

> 那些复印件何时能够准备好？
>
> "Ahorita." 知晓复印机已有故障的秘书回答道。
>
> 什么时候交货？
>
> "Ahorita." 没有货车的推销员回复道。

案例研究

误解导致的航空灾难

航空史中最严重的事故发生于 1977 年 3 月 27 日，其很大程度上即是因为悲剧性的误解。今天我们需要从这场灾难中汲取的教训与 50 年前一样重要。

位于西班牙特内里费岛的机场被笼罩在一片烟雾中，由于两架巨型喷气式客机在各自单程跑道的末端缓慢前行。当其中一架飞机进入轨道位置时，第二架飞机刚好正对着它，但此时其被雾遮住了。第二架飞机副机师用无线电向指挥塔进行汇报："我们现在开始起飞。"而指挥塔指挥员回复："收到。"此时，机组人员认为他们已经准备好可以开始起飞，但指挥员却认为飞机仍在等待最终许可，他补充道："请准备好起飞，我会打电话告知你！"但是，另一端传播干扰阻止了这一信息关键部分的传送。

不知道跑道已被占用，飞行员开始走向了这一命中注定的灾难。当两架飞机可以互相看见时，为时已晚，撞击已不可避免。在随后的碰撞和火灾中，共有 583 人丧生。

由于这场灾难，航空当局开始要求统一使用标准短语以识别飞行操作。"起飞"这一短语仅当飞机实际离地起飞时才被使用。在所有其他情况下，指挥员和空勤人员都只能使用"出发"(departure) 一词。这一简单的调整有助于避免特内里费这种致命误解的类似情形再次发生。尽管如此，这一澄清对于近 600 名无辜的旅客来说却为时已晚。

一位美国财政官员不太好意思地承认，他最终禁止其墨西哥员工用 ahorita 作为"尽快"这一答案进行回复。

如果您仔细检查可能会有不同解释的术语，那至少可以避免一些一词多义问题。当您同意与某人在"星期三"(Wednesday) 见面时，请确保你们所理解的这一天是在同一周。当主管说你的想法是"好的"(OK)，请明确这是意味着"干得漂亮"而非仅是"还不错"。同时，请尽可能注意无处不在的 ASAP，这是 As Soon As Possible（尽可能快地）的缩写。因为，办公室员工们对"尽快"标准的理解总是不太一样。

当清晰度至关重要时，请使用低级别抽象定义　任何对象或想法都可以在不同层次上进行描述，其中有些很通用普遍，有些则很具体特定。低级别抽象（low-level abstractions）是指那些具体、明确的陈述，其直指可观察到的对象或事件。与之相反，高级别抽象（high-level abstractions）则涵盖了更为广泛的各种可能对象或事件，不须对其进行详细描述。高级别抽象可能会产生些问题，因为它们通常受限于各种各样的解释，例如以下示例：

表述	说明
这份工作会花更长的时间。	更长是指多少小时，多少天，多少周？
请整理下该地域。	这是指快速整理，还是仔细考究的清理工作？
我们需要一些市场调研。	仅是针对一些客户的简短问卷，还是很长的个人访谈与详细调查？
请告诉我你的真实想法。	是委婉间接还是直截了当？

由于抽象语言和具体语言都有各自优点，因此通常最好两者兼顾。实现用词最大限度明晰的方法之一即先用抽象语句解释您的提案、问题、请求或感激，然后再进入具体细节：

——我担心我们似乎在相对不重要的事项上花费了很多时间（抽象描述）。例如上次会议中，我们花了 20 分钟来安排公司野餐，最后仅有 15 分

职场文化

劣质翻译导致营销失误

当国际性公司不能够了解新型国际市场文化时，对产品名称逐字翻译千差万别，甚至可能有幽默与冒犯的天壤之别。以下是若干示例：

斯堪的纳维亚真空吸尘器制造商伊莱克斯在美国使用"没有比伊莱克斯更令人恶心的"（nothing sucks like an Electrolux，原意是"没有产品能像伊莱克斯的吸尘力如此之强"），显然不利于该市场销售。

伊卡璐（Clairol）将卷发棒"雾棒"（Mist Stick）引入德国，最后却发现在德语中"mist"是粪便的俚语。

当百事可乐将自动售货机漆成与死亡和哀悼有关的淡蓝色时，其因此在东南亚部分地区痛失市场份额。

当格柏公司在非洲农村使用与美国相同的婴儿食品包装（标签上有一个微笑的婴儿图片），销售量出现亏损。事后公司发现，在许多用户没有接受教育无法阅读的地区，标签图片即意味着盒内的包装产品。

高露洁（Colgate）在法国推出一款名为"Cue"的牙膏，而这恰好是某一臭名昭著的色情杂志名字。

福特（Ford）平托汽车（Pinto car）在巴西市场中的销售以失败告终，就是因为该名字在巴西是"男性小生殖器"的俚语。

钟讨论我们的招聘需求（具体描述）。

——我想要承担更多的责任（抽象描述）。直到现在，我所参与的唯一决定仅是一些小事（抽象描述），例如日程安排和客户退款（具体描述）。我想要有机会帮助决策，例如采购和广告宣传（具体要求）。

会产生麻烦的另一种模棱两可语言是使用关系相对词，例如"很快""经常""大"和"短"等这些仅当与其他［非特指］术语相关联时才有意义的术语。告诉主管您会"很快"完成备忘录或同意做一场"简短"的报告，都会引发问题。如果"很快"对您意味着"几周内"，但对老板却仅意味着"几天内"，那一场冲突正潜伏爆发。用数字取代相对词可以避免大多数这些问题。例如使用"两天内"而非"很快"，使用"两小段"而非"简短"。

请小心使用俚语　下班后使用较为随意的俚语交谈可能较好，但这会给老板、客户甚至同事留下坏印象。一些俚语对他人来说根本无法理解。例如，英国人用"目瞪口呆／大吃一惊"（gobsmacked）一词与英国以外的人进行交谈时，很可能让对方两眼发呆、一片空白（"当他们给我这项任务时，我真的大吃一惊"）。称赞某位同事演讲出色时，如使用"渴望"（sick）一词，则很有可能被认为是"深深的侮辱"。其他俚语亦有可能会使得您陷入一种不专业境况。例如，您可以称您的朋友为"伙计"（dude），但在专业工作环境中，使用更加专业的称呼才是明智之举。

请谨慎使用行话　每项职业都有自己特定的专业词汇，这被称为"行话"（jargon）。例如，在社交媒体工作的人可能会谈论"搜索引擎优化"（SEO）、"点击率"（clickthrough rates）、"众包"（crowdsourcing）和"企业 2.0"（enterprise 2.0）。在许多情况下，术语具有重要用途。首先，它有助于节省时间。对某一复杂想法使用短语替代冗长定义将更为快捷。例如，会计师使用"流动性"（liquidity）一词替代所谓的"资产可以被转换为现金的程度"。缩写词（acronyms）是另一种有助于节省时间的特殊术语。这些缩写为人们提供了一种速记方式以特指一些常见的事情。例如，CEO 是指某一组织的首席执行官。其次，术语可以用来考评人们对某一主题的特定专业知识。这解释了为何通常一些工作面试问题充满了各种行话，面试官在努力确定求职者是否知道业界行话。如果面试者可以"专业交谈"，通常他更可能拥有完成这项工作的技能。

　　一定数量的行话对行外人也具有价值。演讲者如能用行话给予专业点评，会让听众更确信。虽然有些难以理解的语言可能会让听众印象深刻，但这并不能真正帮助他们理解某一想法。因此，如果您的目标是解释自己（而不仅是树立自我形象），请完美地尽可能将清晰语言和一些专业术语结合使用。

当符合策略需求时，请使用模糊性语言　在像美国和加拿大这样的低语境文化国家，直截了当地沟通格外重要。"别拐弯抹角"是一个常见短语。模糊语言可以被认为是一种故意欺骗的标志。就像那个老笑话：一位记者警告州议员，"主席先生，选民对您今天的演讲非常困惑。""好！"参议员回答道，"为了达到这一效果我足足花了两天时间撰写。"

　　尽管声誉不佳，模糊性语言确实有其价值。高语境文化已将策略性模糊塑造成一种说话的艺术，寻找表达困难信息的婉转间接方式。一位美国作家阐述

道德挑战

策略性模糊表述

1. 制定策略性模糊方式以重新表述下列陈述：

   你这份工作完成得太敷衍塞责。
   我不明白这封信中你到底想表达什么。
   没有人喜欢你的想法。
   你能否快些说重点？

2. 根据您在此的回应，请明晰这些策略性模糊表述的真实度。如果它们不是完全的真实表达，它们能否被认为合乎道德？

当内行使用专业词汇而不向外行人员进行解释时，问题就会随之产生。根据一项调查发现，当计算机辅助行业涉及难董术语或行话时，其内部工作人员就是"罪魁祸首"。当经销商在客户购买电脑时满嘴都是"总线速度""板载电路""数据传输速率"，客户难免感到迷惑不解。但是，当同样的信息被解释成客户所能够理解的语言时，例如"数据传输速率"就是指下载文件所需的时间长短，成功销售率也更高。

某些话因为非常频繁被使用已成为一种陈词滥调。正如一位沟通专家所言，它们"简单又有趣、脱口而出，就可以让我们误以为自己知道在说什么"。如果您过度使用像"重点任务""范式转换""跳出固定思维"之类的流行词，那就在冒着自己表述不清且他人无法明晰接收的风险。

了间接表达的工作原理：

经理并未评判报告，反而询问更多信息……当他们说"我想思考一下再回应你的提议"，而当决议必须立刻做出时，其实这意味着"你已完全错误，最好尽快找到更好的想法。但是我不会直接告诉你，因为你本应该自己知道"。

在我看来，人际沟通这样间接婉转是一种美德；它同样高效且肯定比侮辱否定更为成熟和礼貌，"你完全错了"。我们不应该以孩童的方式彼此交谈（或像低俗小说中的人物那样），当然虽然孩童沟通需要清晰，但成人间交往却可以运用委婉和多重含义。

即使在像美国、加拿大、以色列和德国这样低语境文化的国家，间接表述在很多时候亦能帮助沟通者达成两大优点。第一，有利于促进和谐。一群员工从下年预算到办公室咖啡供应补贴等各种事务长期争论不休，此时至少他们可以就"减少浪费需求"这一抽象内容达成一致意见，这虽然仅是一小步，却是迈向更好合作的一个重要开端。

第二，有效减轻困难性信息所造成的负面影响。商务沟通者会面临发送困难性信息的频频挑战："这项工作还不够好。""我们不想和你们再做生意。"虽然类似表述也许是诚实的，但它们同样很残忍。模糊语言为传递困难性信息提供了一种有效路径，它有利于缓解信息的负面影响，并为与接收者接下来顺利开展工作提供可能。例如：

残忍性诚实	策略性模糊
这项工作不够好。	我想上司会希望我们再完善些数据，以更好论证这些预测。
我不想和你共事。	现在我没有发现任何即将到来的项目。

策略性模糊的最终作用是间接地阐述某种不宜公开表达的观点或看法。在当今诉讼多发的商业环境中，商务沟通者通常使用策略性模糊表述传达关键信息，从而避免陷于诉讼中。例如，您可以考虑以下这封风趣幽默的推荐信，以为某位已被解雇的雇员"背书"，其因为做事缓慢、行事懒散、无心工作、骄傲自负、资历不足最终导致公司亏损而被开除：

> 我很高兴地说约翰·多伊（John Doe）是我的前同事。约翰以入职时相同的方式离开了公司，满怀激情、我们深深感谢多年以来他对公司的付出。
>
> 约翰不会做任何有损你对他尊重的事情。他的工作几乎不需要他所不具备的任何技能。我真诚地认为他在我们公司已经竭尽全力。无论如何，我虽然不够资格，但仍满腔热情地推荐约翰·多伊。约翰花不了多久就能快速进入状态。当然，没有报酬对他来说是很不公平的。你很难找到很多像约翰这样的人。

当然，策略性模糊存在一个问题，即它很容易被误解。在医疗环境中，当医务人员试图以一种弱化影响的方式向患者告知坏消息时，这一问题尤为严重。例如：

外科医生在查看病人严重感染的脚后，意识到必须进行截肢。"我认为我们不能够依靠本地治疗解决你的问题。"他这样告诉病人。

当外科医生离开检查室时，那位女士转向身边的医生询问道："这是否意味着我必须去洛杉矶进行治疗？"

即使误解不是问题，但也只有发送者和接收者都愿意容忍这种有意为之的清晰不足时，策略性模糊才起作用。缺乏这层理解，结果会很混乱，并且经常

职场小贴士

策略性咒骂

咒骂具有多重沟通作用。它是一种表达情感、让他人知晓你强烈感受的方式。它可以是一个赞美（"这真是 #$&@ 太棒了！"）或极大的侮辱。咒骂有助于建立协作并成为一种亲密称呼，但它也会冒犯和疏远他人。

工作中的咒骂可能产生非常可怕的后果，其已被认定为雇员被裁的主要原因。某些类型的语言还可能导致对性骚扰的投诉，即使这并非针对某一特定员工。沟通研究者对工作环境中的咒骂效果进行了调查研究。不出意料，他们发现情形越正式，评价越负面。选择不同的咒骂词效果也各不相同。与其他相对较少激怒人的术语相比，"F 炸弹"被认为很不合适。最重要的也许是，当倾听者惊讶地发现演讲者在咒骂时，他们很可能认为这个人不合格并失职。

尽管这些发现，斯坦福大学教授罗伯特·萨顿（Robert Sutton）指出，选择不咒骂有时甚至会违反某些组织规范。而且，他认为咒骂在罕见的情况下能够达到有效的震惊效果。（萨顿有本名为《拒绝混蛋法则》的书表明他践行了自己所宣扬的观点。）

但萨顿也以谨慎的语气对咒骂给工作产生的影响进行了补充："如果你不确定，请不要这样做。"这一建议对于那些刚入职或职位还不稳定的员工来说尤为重要。沟通交际能力适用以下原则：分析和适应您的听众；关注言语或非言语反馈；当无法确定时，请慎之又慎。

有被背叛或操纵的感觉。

煽动性语言

语言具有调动激情的力量。它可以激发、启发和愉悦观众。但不幸的是，它也会产生负面情绪：敌意、防御和偏见。你可以通过遵循以下两大原则以避免这些消极后果。

避免歧视性语言　当说话人有意或无意使用歧视性语言（biased language），而这些术语看上去似乎客观公正但实际却带有情绪偏见，此时会造成情绪性问题。例如，请思考针对某位 25 岁与您意见相左的男性，您可以使用的词汇范围：男人（man）、家伙（fellow）、伙计（guy）、年轻人（young man）或小子（dude）。每个词汇都会在听者脑海中浮现不同的画面，它们都不是中性词。

当面对歧视性语言时，客观认识到说话人其实掺杂了个人主观评论才是明智之举。婉转地用一种不包含主观评论、使用中性词或量化术语的语言进行重述：

说话人歧视性语言	倾听者重述
这是一场赌博。	所以，你不认为该想法具有合理的风险？是这样吗？（复述）
他喋喋不休。	比尔已经说了半小时。（量化）
她太优柔寡断。	你认为苏珊不愿意做决定？（用非偏见语言改写）

谨慎使用触发词　有些词语带有强烈的情感联系，它们如同触发器，能让某些听众产生强烈的情绪反应。这些触发词（trigger words）可以指特定人（您的老板、主席）、团体或不同类别的人群（工会干事、人力资源部、客服投诉）、问题（平权运动、弹性工时），或者其他主题（进口、裁员）。

什么是处理触发词的最佳方式？首先是要意识到，像其他人一样，几乎可以肯定您有自己的触发词。因此，您应该首先认识它们，这样当其出现时，至少您会意识到自己的敏感度并避免过度反应。例如，如果您父母是农民，您对他人居高临下地谈论农民很敏感，当同事指称某人在"休闲星期五""着装像农民一样"时，您在自己反应过度前要意识到这点。这一评论很可能是无辜或不知情的。

　　其次，有时候对于一些自己认为无伤大雅，对他人来说却是触发词的词语，往往发现时已为时已晚。在他人表达自己强烈不满时，您可以谦虚承认其中的误解、道歉并选择一个更为适合的词语，以使讨论能够继续。

语言与身份管理

　　您交谈的方式形成了他人对您的看法。以下几种沟通习惯有助于您塑造自己的专业形象。

　　选择最适度的强大语言　某些语言类型会使得演讲者听上去不具有震撼力，某些语言类型则会营造一种力量感和自信感。

震撼力较弱的演说	**更具震撼力的演说**
反义疑问句："这份报告很好，不是吗？"	"这份报告很好。"
犹豫："我（呃……）认为我们应该（呃……）使用较新的格式。"	"我认为我们应该使用较新的格式。"
预置前提："我觉得你可能不赞同这一观点，但是我们可以招聘一位外部顾问。"	"我们可以招聘一位外部顾问。"
加强词："这是一份如此之好的工作！"	"这是一份好工作！"
提问句："你认为我们应该压缩报告吗？"	"我认为我们应该压缩报告。"

　　使用更具震撼力语言的演讲者与那些演讲乏力的演讲者相比，前者被认为更富有能力、活力与吸引力。一项研究表明，即使某人仅有一个造成演讲乏力的特殊习惯，也足以降低其演说的权威性。所以，当您的目标是营造某种权威和信念的印象时，最好使用更具震撼性的演讲。

　　另外，有时候具有影响力的个人也会有意使用震撼力较弱的语言以避免表态过于生硬。在某些情况下，震撼力较弱的演说形式甚至可以提高演讲者的演说效率。例如，上司也许会对她的助理说："你介意回家前将这些文件备份吗？"上司和助理都知道这是一项命令而非请求，但提问方式显得更为体贴周到，有助于提升助理对上司的好感。实现任务和关系性双重目标的重要性有助于解释为何强有力和谦逊有礼的交谈结合通常最为高效。

使用积极语言　提高专业身份的一大策略性方法即通过积极性语言。设想一下，上司下午 4:45 要求您尽快完成一份工作。您可以说："我今晚无法完成，最快明天才能完成。"或者您可以这样回答："我明早头件事情就是完成它。"很容易想象哪项反馈更为亲切。

无意识的负面用语习惯会潜移默化地破坏一个人的正面形象。当某人问："你好吗？"一个典型的回答是："还不错。"当有人问您："最近有什么新鲜事吗？"您或许很容易回答："不太多。"在其他简单的交流中，消极性往往是一种反应："你能处理这个吗？""没问题。""谢谢。""没什么大不了的。"为了避免使用负面语言，给出快速、积极的正面回应才更为明智。"我很好。""好的，我可以。""不客气。"

控制不流利　不流利（disfluencies）是指添加在陈述中不具有任何意义的表达形式。"呃呃""你知道""像"等词会使得某个好想法听起来缺少说服力。参议院候选人卡罗琳·肯尼迪（Caroline Kennedy）不流利的演说习惯可能是破坏其信誉的元凶之一。一位评论家在某次采访报道中使用了超过 200 个"你知道"。另一个通常被老一辈认为是消极负面的填充词是"像是"。事实上，个人品牌策略师瑟尔维亚·杰齐茨（Sylwia Dziedzic）将"像是"看作阻碍求职道路的顶级填充词之一。没有人会期望口语沟通完美无缺。事实上，过于完美的话语听起来会显造作且奇怪。但实践练习有助于将不流利的次数控制在合理范围之内。

使用女性主义语言与男性主义语言

第二章描述了文化如何影响沟通。一些社会学家已指出，男性与女性交谈是一种跨文化沟通，不同性别的成员并非使用不同"乡土方言"，而是"性别方言"（genderlects）。他们认为，这些不同方法以某种强大但通常不被注意到的方式影响男性和女性的相互作用。

在辨析男女演讲中的差异时，请明白以上描述并非适用于所有男性和女性。性别与语言之间的关系就像性别和身高之间的关系：男性通常高于女性，但某些女性会比某些男性高。事实上，最高男性和最低男性之间的差异要大于平均男性与平均女性之间的差异。因此，在描述语言差异上，实际上"男性主义的"（masculine）和"女性主义的"（feminine）是更为合适的形容词，因为这些词是指不同性别的性格特征而非仅是生物性别。此外，还需记住，性别并不是影响沟通风格的唯一因素。文化、地域和职业影响同样发挥作用。最后，请明白本节所阐述的差异仅反映过往的沟通模式。随着男性和女性在社会角色中的不断演变，与之相对应的语言风格也会随之改变。

使用女性主义语言　从童年开始，女性就开始学习使用一些学者称为"亲善式谈话"（rapport talk）的沟通方式：谈话旨在建立人际关系、营造善意氛围、表明支持态度，以及形成社区联系。

对于很多女性而言，建立亲善式关系的重要组成部分即是使用语言作为一种表达工具：表达情绪（"我很担心今天就要完成那些报告""我很高兴大家都有机会发言"）和澄清关系（"我们似乎无法一起很好地共事"）。

女性话语的特征通常并不仅限于表达情感；它也具有支持性。女性最有可能针对涉及他人情感的口头表达和不言而喻的谈话线索进行倾听与回应。一种描述工作困境的典型女性回应是，"我知道这是何种情况。去年在布斯托斯（Bustos）案中我也是被一位客户搞得焦头烂额……"这种回应会让沟通者知道她并不孤单，她被真正地理解。

女性对话风格的另一大特征是其具有试探性本质。这可以在提问形式（"我们现在可以走了吗？""你会为我写那篇文案吗？"）、模糊限制语和免责声明（"我不太清楚这些数字……""现在提这个可能时机不对，但是……"）和反意疑问句（"这份报告今天到期，不是吗？"）中体现出来。这些形式与本章前述相比，虽不具有如此强大的特征，但语言学家黛博拉·坦嫩（Deborah Tannen）更愿意将其描述为一种争取团结的态度而非软弱的标志。

很多女性经常被告知"不要道歉"，或者"你一直在道歉"。"道歉"是因为她们认为自己应当停止做某些事情，而这与放下自我身段的含义相同。但是对许多女性和相当部分的男性而言，说"我很抱歉"并不是字面意义的道歉，这其实是恢复平衡对话的礼节性方式。"我很抱歉"，按照此话口吻来看，如果它有任何字面含义，那也不等同于接受责备的"我为自己道歉"，而是"我为已发生的事情道歉"。

例如道歉之类的言语形式，特别是当女性使用时，能够营造一种较少权威性、相对亲切性或确定性、准确性、可信性的印象。然而，试探性演说不一定被看作软弱的象征。另一种解释是，其通过避免教条主义和主张平等来建立亲善关系。

启动并保持会话也是女性主义话语的特征。长期以来，女性一直被教导通过提问来开展对话，以寻找他人的兴趣点，借此表达对交谈伙伴的兴趣。因此，很多女性会通过提问来启动与保持对话："你听说过……？""你是将要……？""你知道那个……？"此外，女性使用"倾听噪声"（"呃呃""是啊""嗯"）以表达兴趣。如果女性要进行打断，其通常通过支持或肯定演讲者，而非挑战或威胁的方式。

使用男性主义语言　女性喜欢利用谈话来建立亲善式关系，男性则更习惯用语言学家称为"报告式谈话"（report talk）的方式，即较少侧重于感觉和关系，更多关注于信息、事实、知识及能力。男性更倾向于用语言来表达重视、主张立场、树立地位与展现独立。研究表明，男性需要与女性一样敏感，但他们可能会以不同方式来使用这种认知。在一项研究中，那些在情绪感知上把握更为准确的男性主管，当他们使用更具说服力的信息时，获得的满意度评级也更高。

男性话语的特征是工具性地（而非表达性）利用语言完成任务：报告信息、解决现存问题、实现、完成、获得、处理与实施。结果通常切实明确，回报亦清晰可见："将这些报告传真给会计""我会让萨拉预订座位""请星期一前完成这一提案"。男性通常使用语言来明确地位身份。

在处理私人问题时，一种典型的男性主义路径即为提供有助于解决方案的建议。表达同情和建立团结的此种感同身受似乎对许多男性并无帮助或难见效果。

典型的男性主义演说更为自信、确定、直接与权威。男性经常使用事实陈述而非主观意见："那项扣除额属于附表 C"而非"我想那是附表 C 的扣除额"。

陈述句和话语结尾降低的音调营造了一种肯定与权威感。男性更倾向于直截了当表达，给予清晰明确的命令或指示，而非以提问形式来表达要求。

典型的男性语言风格包括对话主导或控制的若干特征：冗长唠叨、话题控制与打断。大多数研究都支持这样一种说法：在男性与女性的公开对话中，男性的谈话时间更长。通常情况下，在回答女性提问时，男性会决定选择会谈主题，且在同一谈话中其演说时间要长于女性。针对开展的谁打断次数更多的研究结果虽不明确，但可以明确的是，男性的打断动机通常看来是获得对对话主题或者对话本身的控制。表 4-2 总结了女性主义和男性主义语言风格特征的研究成果。

表 4-2　女性主义与男性主义的演说风格特征

女性主义的演说特征	男性主义的演说特征
建立亲善式关系	陈述事实
表达性	工具性
提供支持	提供建议
听起来具有试探性	听起来具有确定性
启动和维持对话	控制对话

面对性别语言的挑战　带有成见的男性主义与女性主义语言风格在工作中相互冲突时会造成问题，而通常没有人知道其中确切原因。例如，当一位女士说"我在加西亚账户上遇到困难"时，其可能想要让他人理解其忧虑，并想知道他人也有过类似遭遇。她的目标可能是想获得支持、建立联系并寻找亲善式关系，也或许是她可能仅仅想要倾诉这一遭遇。而一位习惯于用语言解决问题的男士可能会给予以下建议："有一种方法你可以解决这一问题……"如果这位女士想要获得帮助与联系，给予建议可能会造成与她想建立联系这一初衷相反的效果：这位女士可能会觉得其男同事仅想要"占上风"（one-up），以一种上级领导的姿态出现。以这位男士的参考标准来看，他对他人具有帮助性：当某人需要帮助时他提供了有用信息。

当男性关注某条信息内容而女性关注于个别言辞的关系维度时，另一项类性别问题就会产生。如果男性主管说，"关于你的工作时间我不能做任何调整，老板说它们已被设置且无法变更"，此时女性也许会听到一种关系性信息，即"我不在乎"或"我不想被打扰"。习惯于从任务角度来处理沟通的这位男性并不是没有同情心，他只是惯常地去回应某项请求。

只要听众使用相同规则，男性主义和女性主义两种语言风格都能有效工作。当人们期望他人使用与其相同的风格时，失望与沮丧可能会产生。以下建议可以帮助沟通者理解和适应他人不同的语言运用。

- 注意不同语言风格。一旦您注意到男性和女性被教导使用不同语言，那么在遇到与自己语言风格不匹配的情形时，您感到沮丧的可能性就较低。有种文化比喻在此就很贴切：如果您在国外旅行，即使本地居民的风俗习惯与您的截然不同，您也不会感到生气与被冒犯。同理，接受性别差异有助于促成一种更为缓和平稳的关系，即使不同性别成员的行事风格与您完全不同。

- 恰当时转换语言风格。双语在多元文化世界里是一种明显优势。同样，使用一种对您而言不具典型性的沟通风格也很有帮助。如果您常规地关注他人言论内容，那么请更多关注他们言论背后隐藏的关系性信息。如果您通常侧重关注信息中未明说的那部分感受，那么请考虑更多关注任务导向。如果您的本能直觉是支持性的，请考虑提供建议的价值；如果建议是您的反射性回应方式，那么请思考给予支持和理解有时是否会更有用。

- 结合不同语言风格。有效沟通可能并不仅是选择某种语言风格的问题。在许多情况下，您可以通过结合典型的男性主义和女性主义沟通路径以获得最佳效果。研究证实了这一常识判断：一种平衡了任务导向性路径的传统男性主义与关系导向性路径的典型女性主义的"男女混合性策略"，在男性和女性受访者中获得最高评价。为沟通对方选择正确的路径，其达成的满意度将远超那些仅使用某种单一、循规蹈矩的语言风格路径。

◎ 非言语信息

言语并不是我们沟通的唯一方式。您也可以设想以下场景来体会这一事实：

- 领导告诉员工，他欢迎任何关于改进组织的建议。您对他的话信以为真，就预约了时间打算与其讨论一些您已有的想法。正当您开始简要概述改进方案时，他直勾勾盯着您，双臂交叉放置胸前，下颚肌肉收紧并开始皱眉。在您演讲结束时，他突然从椅子上一下子坐起来，以一种单调的声音说，"谢谢你的想法"，并与您生硬地握手。
- 尽管费用昂贵，您已决定聘用一位声望颇高的注册会计师来处理您的税务事宜。在等待会计师出现时，您浏览了其令人印象深刻的名校毕业和专业协会证书。随后会计师进来，伴随着对话的进行，他呵欠连天。

大多数人会发现这些情形奇怪异常并令人不安。此种反应与当事人的口头行为并无关联。在所有情况中，非言语行为传递了超越言语表达的另一层信息：上述领导似乎并非真想倾听您的建议，而您也在怀疑这位会计师是否真有能力并切实在意您的税收。

在以下内容中，我们将会研究非言语沟通在职场中的作用。出于本书探讨的目标考虑，非言语沟通（nonverbal communication）涉及言语所没有表达的信息。

非言语沟通的特征

现在我们已经定义了非言语沟通的含义并探讨了其重要性，因此，我们首先需要探究厘清其特征。非言语沟通虽然在某些方面类似于言语沟通，但两者在其他方面大不相同。

非言语行为始终具有沟通价值　您可能并不总是打算发送非言语信息，但是关于您的仪表、举止、表情、声音微妙差异的所有信息都在潜在地传达特定含义。您可以想象一下老板声称您工作不够努力，斥责您，而您怎么可能没有任何非言语信息的传达？严肃地点头是一种回应；脸红、避免或直接进行眼神接触、坚决或者消极地摇头等，也是一种回应。虽然您可以通过拒绝说话或写作以切断语言沟通渠道，但想要完全避免非言语行为却不太可能。

当某位作家为一部新电影向电影制作人山姆·戈德温（Sam Goldwyn）提建议时，他对这一事实有了真正了解。"戈德温先生，"作家恳求道，"我在向您陈述一个感人的故事。而我仅仅想要请求您给些意见，但您却睡着了。"戈德温回答道："睡着了难道不是一种意见吗？"

非言语沟通甚至在媒介沟通中也发挥作用。一些非言语元素非常显而易见：使用表情符号、大量的感叹号，以及短信中的大写字母表示咆哮的效果等都是明显例子。但是，没有回复电子邮件、即时通信或短信也暗示了某种羞辱。

非言语沟通力量强大 尽管民谚有云，"你无法从封面来评判一本书"，但大部分时候我们都通过观察他人体型外观和举止等非言语信息从而形成对他人的印象。一旦我们形成了这些印象，它们会影响我们随后一系列的印象与判断。加拿大沟通顾问李·麦考伊（Lee McCoy）给出如下示例：

> 如果我初次遇到苏珊（Susan）时认为她职业、有魅力且聪明，那么有可能我会认为她还有其他更多优点。我可能还会认为她有组织性、成功且充满热情。这并不意味着我会忽略掉她身上的缺点，但是如果我对她的初次印象良好，那意味着我可能要花费更长时间才能发现她的缺点。但是，如果苏珊让我觉得她衣衫不整、指甲不齐且缺乏眼神交流，那我可能开始会认为她拥有很多负面特征：靠不住、缺乏知识且为人冷漠。

即使第一印象已形成，非言语行为的影响仍然巨大。事实上，当非言语行为似乎与言语信息相互矛盾时，口头语言比非言语线索的可信度要低。

非言语行为具有模糊性 尽管非言语沟通可以营造深刻印象，但其传达的信息却具有模糊性。客户打呵欠是无聊或疲劳的象征？同事是在与您同声大笑还是在嘲笑您？老板皱眉是表示不赞同还是全神贯注？大部分非言语行为会有多种可能含义，然而，如果您认为在任何特定情况下自己都能正确理解其传达的含义，那这将会是个很严重的错误。

非言语沟通主要在于表达态度 虽然从他人举止推测出一般的兴趣、喜好、异议、娱乐等相对容易，但是一些涉及想法或概念的信息并不适用于非言语渠道。例如，您会如何用非言语形式表达以下信息？

　　　　销售额比去年上涨了 16%。

　　　　管理层决定取消销售会议。

　　　　我们下午 2 点开会，讨论明天会议的议程安排。

　　很明显，这类想法最好是通过言语与文字表达出来。然而，同样明显的是，非言语行为影射着演讲者对这些陈述的看法：演讲者是高兴销售额上涨还是担心上涨额仍未达到预期？员工对于会议取消是感到如释重负还是沮丧泄气？等等。

　　非言语沟通会影响职业成功　毫不奇怪，自我管理非言语行为的能力在成功交际中发挥着重要作用。例如，能够更好读懂潜在客户非言语提示的销售人员会比不太聪明的同行销售更多并能赚取更高的收入。同样地，成功企业家通常拥有很好的成功社交技能，其中就包括管理自己并能够读懂他人非言语行为的能力。擅长阅读与回应非言语提示的管理人员通常会获得上司及其下属更高的工作表现评价。

　　很多非言语行为具有文化局限　某些类型的非言语行为似乎放之四海而皆准。例如，大部分教育文化（literate culture）中的成员对代表开心、恐惧、惊喜、悲伤、愤怒、厌恶或蔑视的不同面部表情具有高度一致性。然而，很多非言语表达方式却因文化而异。同一文化或亚文化成员具有统一含义的行为可能被其他群体成员做出完全不同解读。（详见表 4-3 若干案例）

　　在当今国际商务沟通时代，了解"非言语行为的含义中存在文化差异"这一点尤为重要。考虑交谈者之间的沟通距离合适度的不同适用规则。一项研究发现，两位交谈者的适当距离也因文化不同而差异很大：对舒适的交谈距离要求，日本人是 40 英寸，美国人是 35 英寸，委内瑞拉人则是 32 英寸[①]。因此很容易看出，这一问题将如何给在海外经商的商务人士带来麻烦。

---

①　1 英寸 =2.54 厘米。

表 4-3　亚文化差异会导致误解

行为（在传统亚文化中）	群体内可能的解读	群体外可能的解读
避免直接眼神交流（拉丁裔 / 拉美裔）	用于表达关注或尊重	不专心的表现。更喜欢直接眼神交流
积极挑战自己不赞同的他人观点（非裔）	对话中可以接受的方式。不认为是出语伤人或暴力前兆	争论被认为是不恰当的，且暗示着潜在即将发生的暴力
使用手指动作来与他人打招呼（亚裔）	如是成年人向儿童使用，则为适宜；但如是成年人之间使用，则极为冒犯	对儿童与成年人使用都很适宜
沉默（美洲原住民）	一种尊重、周到和 / 或不确定 / 模糊的标志	被解读为无聊、不赞同或拒绝参与 / 做出回应
接触（拉丁裔 / 拉美裔）	人际交往中正常且恰当	仅认为在亲密关系或好友之间恰当，否则就是一种私人空间的侵犯
公开展示亲密关系（非裔）	将其作为一种情感表达方式而接受、重视。在大多场合都适合	违反了对公开行为自律的期待，在大多数公共场合都不适合
触摸或握住同性之手（亚裔）	暗示着柏拉图式关系中的亲密性，因此被认为可接受	被认为不适当，尤其在男性朋友间

非言语沟通的类型

上文我们已经提到非言语信息的若干类型。现在，我们将更为详细地对每种类型展开讨论。

声音　按您自己的经验就可以理解：声音的沟通方式与演讲者所说的内容毫无关联。例如，您可能还记得，在相邻的房间或者公寓里偷听隔壁房间两个人的争吵；即使您不能辨别他们说话的内容，但他们的情绪和正在争论的事实能很明显地就从他们的声音发音中辨别出来。同样，您可能偶尔听到过有人用自己听不懂的语言在交谈，然而交谈者的感受——兴奋、高兴、疲惫、无聊或者悲伤，都能从他们的声音中传递出来。

辅助语言（paralanguage）这一术语描述了形式各异的声音特质，有助于表达各自态度：音调（高—低）、共振（洪亮—微弱）、音域（发散—狭窄）、音速（快—慢）、发音清晰度（精准—不精准）、不流利（嗯、呃等）、节奏（平稳—急剧）、停顿（频率和音长）和音量（洪亮—轻柔）。

毫无疑问，声音对商务与专业沟通者的成败具有显著影响。例如，在医患关系中，相比于那些沟通风格更为友好的外科医生，当出现医疗差错时，病人更有可能会起诉那些交谈声音刻薄且语气不耐烦的医生。有种独特的声音特质是"升调话语"（uptalk），即在陈述句末尾用升调措辞，这种声音形式使得确信之事听上去更像疑问句。由于升调话语在女性沟通中更为普遍，很容易想象这种特质是如何造成女性优柔寡断的认知的。"如果女性总是听起来让人感觉像在要求批准或同意，她们会造成一种不自信的形象。"沟通顾问玛丽艾伦·德拉蒙德（Mary-Ellen Drummond）如是说。

外在形象　外在形象在决定沟通者的信息在商务沟通等领域中如何被接收起着非常重要的作用。一般而言，具有外在魅力之人被认为更有人缘与说服力，他们的职业发展通常也更为成功。例如，研究表明，在一项 5 分制的吸引力级别中，男性职工每增加 1 分，初始薪水会同步增加约 2000 美元。同时，更具吸引力的男性（而非更具吸引力的女性）的初始薪水要高于长相一般的同行。

若干因素有助于促成个人的外在魅力。例如，潜在雇主、客户和同事通常对那些身形苗条、健硕与健康的人印象深刻。实际上，一项研究表明，过胖之人在工作机会获取中遇到的困难更多。虽然身形外观的某些方面无法轻易改变，但是外在形象的一个重要方面——服饰——却是您可以自主掌握最多的部分。

个人着装风格会影响到他人如何回应。波音飞机 CEO 菲利普·康迪特（Philip Condit）就意识到这一事实。他发现当其正装出现时，讨论通常难以继续。因此，每当穿梭于生产车间与建造飞机的男女职工交谈时，康迪特便惯常性地便装出现。

对于着装恰当的观点也在不断变化。到 20 世纪 90 年代中期，连一贯保守的

IBM 都放弃了其几十年所坚持的政策：要求员工穿黑色商务西服，其甚至允许某些工作场合中男性职工不穿西装不系领带。IBM 的一位发言人解释说："你将试图在穿着风格上靠近客户。"但是，20 世纪 90 年代网络公司掀起的这股便装潮流似乎正在减弱。

正装还是便装取决于包括行业或工作领域的若干因素。加州的户外装备服装制造商巴塔哥尼亚（Patagonia）公司可能拥有最为自由的着装规范：公司规定甚至连鞋子都并非必需。相比之下，金融服务和公共行政业务中有着某些最为保守的着装标准，而高科技、公用事业和自然资源往往最为宽松。

地理环境也会影响到对恰当工作着装标准的抉择。在某项调查中，华盛顿特区被认为着装风格最为保守，纽约和费城紧随其后。而加州和新英格兰的许多高科技公司所在地，则拥有更为自由的着装标准。然而，仅认识到办公室的"商务休闲"着装标准还远远不够，因为"休闲"本身就是一个模糊术语。正如商务礼仪专家达娜·卡斯佩松（Dana Casperson）所说，商务休闲"在西海岸与东海岸完全是两回事，而且无人知道其中的区分界线"。企业组织文化也会影响公司的着装风格。同一领域的两家公司就可能会有相当不同的着装标准。

因此，在选择您的衣柜时，请考虑以下提示：

- 观察四周。选择合适衣柜的最佳指引其实就在您眼前。请观察您工作所在行业与公司中的关键人物。在一家自由宽松的初创企业中，当您穿着保守的黑色商务装上班，恰逢穿着牛仔裤来上班的其他员工，这种奇怪程度不亚于在华尔街证券经纪公司中穿着皱巴巴的李维斯牛仔裤。当然，您也可以咨询人力资源部有关公司着装的具体要求。

- 为中意职位搭配着装。如果您正在寻求职业提升，着装搭配请考虑以一种能够方便上司将您提拔到责任更大职位且无法忽略掉您的方式。

- 宁可失之于着装保守。着装标准总是不断变化的。例如，某项调查中只有少数受访者认为暴露内衣不合适。但是，您可以想象在大多数领域中，这种外在形象将会危及职业成功。如果您不确定某一特定场合的着装恰当要求，请穿着偏向保守。因为，与临时匆忙地穿高尔夫球衣相比，松开或者拿掉领带营造一种更为随意的装扮更简单。

- 不要过于暴露。在大学校园里或与朋友外出时的着装规范在工作场合中可能不被接受。如果您与老一辈人共事，或就职于某一特别保守的工作环境（例如银行或能源企业），那谨慎着装将对您职业成功起极为重要的作用。一些通用指南包括避免超低领口、短裙、露腹衬衫、露趾鞋子。

- 不要混淆"休闲"与"邋遢"。一件 T 恤、脏兮兮牛仔裤与紧身卡其裤和鲜亮的衬衫、毛衣相比，传递了完全不同的信号。便装得体至少与更为正式的形象同样具有挑战性（价值感）。切记勿要着装邋遢、脏乱或起皱。

尽管这可能有失公平，但女性相对于男性而言，穿着职业与保守更为重要，尤其当其拥有很高的职业抱负时。在诸多有关着装选择影响力的研究中，参与者对穿着职业或"性感"的女性胜任能力进行评估。当女性处于较低职位时（行政助理），着装选择对其胜任能力评估并无影响。但是，当女性处于高位时（管理者），其着装性感会被认为显著地能力不足。

面容与眼神　很明显，一个人的面容能够清晰地传达情绪：下属困惑的表情意味着需要进一步解释；客户的微笑与点头暗示着此次销售的成功；同事的皱眉表明您提出帮助的请求时机不对。如同其他非言语信号，面部表情也具有模糊性（同事的皱眉也可能是因为头痛，与您请求提出的时机并无关联）。然而，研究人员发现，面部表情能够被准确判断区分。

眼神本身就能传递很多信息。例如，熟练的非言语沟通者可以通过明晰何时与何处寻找预期效果来控制交谈。目光接触相当于对交谈的一种要约邀请，不想被打断的演讲者可以避免与对方进行眼神交汇，直到有时间来回答问题或获得反馈。

尽管有部分研究不建议经常性直视他人眼睛，但眼神接触确实是观察他人兴趣度与参与度的一个有力风向标。在大多数的两人对话中，50% 至 60% 的时间双方通常带着轻轻一瞥的短视看着对方的某处。然而，如果某人很少或没有眼神接触，则表明其似乎对这一情形并不感兴趣。

眼神接触和面部表情的适用规则也因文化而异。在一些文化中，例如纳瓦霍人，进餐时避免眼神交流被认为是对长者的一种尊重而非不感兴趣。在日本，微笑使用要比北美少得多，而这很可能会让游客混淆误认为是不友善的标志。店员会以简单的"欢迎光临"问候语迎接客人，但问候都典型地不带微笑。包括麦当劳在内的一些公司已成立了"微笑学校"，以教导员工如何以一种更为友善的方式欢迎客户。

即使在遵循欧美文化规则的沟通者间，眼神接触也可能带有欺骗性；有些人甚至可以在直视您时撒谎。即使几乎不被察觉的眼神接触变化也会传递一些可能准确或不准确的信息。以下一则故事生动地描述了误导性眼神接触如何造成严重影响：

> 《财富》500 强公司 CEO 在电视摄像机前谈论公司未来金融状况，正当开始提及预期收益时他忽然眼睛低垂下来。这位 CEO 沮丧的眼神在电视上因此留下了不诚实的印象。华尔街观察人士对 CEO 的乐观预测大打折扣，公司股价在接下来的若干交易日内下跌了 4 点。即使事后该预测被证明是准确的，重建股票信心也花费了 2 年时间。

姿势和举止 一个人的肢体语言通过以下几种方式传递信息。一是姿势。您工作中的坐相能够反映您对这份工作的态度或将您的勤奋程度展现给任何在意之人。相对不太明显的肢体语言还来自沟通者在不经意间呈现的细微举止风格。虽然大多数人都足够重视面部表情，但往往忽略掉手、腿和脚的动作举止。踌躇不安的双手可能暗示着紧张，不停地敲脚暗示着不耐烦，紧握双拳或手指关节暗示着控制愤怒。表 4-4 描述了他人解读某些姿势的方式。

GF 商业设备公司针对工作场所隐私性的研究，详细描述了使用这类手势阻止同事打探隐私的不同方式。除了避免目光接触，公司建议还可以通过例如整理文件或做笔记以暗示想要返回工作；准备好写东西也传达了一种想要终止对话的意愿；同时，如在打电话时被打扰，您可以不用挂断电话。

良好的沟通者对这类的微小细节非常注意，并会据此调整举止行为。他们注意到如对方身体前倾则意味着对方非常认可其评论，因此他们会充分利用这一有利点。但是，如评论导致对方身体后倾，聪明的沟通者就会发现其中弊端并设法挽救对话。在各种商业工作环境中（面试采访、商业汇报、小组讨论和一对一交谈），能够意识到这些微妙信息将对职业成败产生重要影响。

在一对一关系中的身体放松或紧张能强有力地证明谁处于权威主导地位。一般来说，特定情形中更为放松的人地位较高。这一点在求职面试和下属会见上司要求加薪或阐述问题等高风险情境中最为明显。

表 4-4　常见姿势及其可能解读

姿势类型	适中解读	夸大解读
身体前倾	友好	敌意
眼睛直视	友好	敌意
独特着装和发型	创造性	叛逆性
直立姿势	专业与自信	极端保守与敌意
语调、语速与响度的变化性	思维活跃	焦虑、紧张、不安全感
微笑	友好、放松和稳重镇定	笑里藏刀、懦弱服从
避免凝视	害羞、谦逊	愧疚、不可靠
双眉紧锁	投入专注	敌意
交谈时点头与主动握手	自信	不确定

掌握主导地位的交谈方可以放松自如，而申请者（或恳求者）必须小心谨慎。尽管过于紧张对（信息）发送者或接收者都无益处，但下属完全放松也不合时宜。一旦求职者展现出散漫随性的态度，可能会给面试官留下很差的印象。在上下级互动中，下属最稳妥的姿势是比上司永远要更正式些。

身高也会影响对权力的看法：高大通常与主导支配相等同。高高地站立有助于您看上去更具权威；反之，瘫坐的姿势或下垂的肩膀则会营造一种懦弱顺从或消极被动的形象。无论是与坐在轮椅上的同事或其他比您矮的人沟通，保持身体与他人在同一水平，是一种通过举止消除身份差距的重要方式。不夸张地说，唯有通过仰视某人才能交谈，会让身高矮小的人感觉自己像下属。相反，坐在他人身边能够传达出您对合作而非身份等级的渴望，尽管站在他人身后会给人以权威或身份距离感。女性和某些种族或民族的人可能不如美国普通男性

职场小贴士

碰触有助提升职业成功

一旦您认识到身体接触和职业成功之间的关系，老生常谈的"保持联系"也就有了新含义。身体接触最明显的益处体现在医学和健康辅助职业中。例如，当医生在给患者用药时，如能给予一个轻微的碰触，患者更有可能服用药物。在咨询中，碰触能促进精神病患者进行更主动地自我表达与陈述。

碰触还有助于提升销售与营销成功率。在商店中接触客户能延长其购物时间、提高其对商店的良好评价并提升购物量。当邀请客户试样品时如能允许触摸，客户更有可能去尝试样品并购买产品。甚至，运动员也能从碰触中受益。美国篮球协会的一项研究表明，运动员相互接触度最高的团队得分也最高；相反，得分最低的团队成员彼此很少有身体接触。

当然，触碰必须适应文化习俗。此外，碰触本身并不能保证成功，甚至碰触过多会讨人厌与恼人，也会非常恐怖。然而研究证实，适当的碰触有助于提升成功率。

高，因此您的相对身高在专业互动中需要认真考虑。如果您比周围人都高或在他们坐时您站立，周围人可能会将您看成权威人物或具有更高身份地位的人，即使您并不想以如此形象出现。

个人空间和距离　我们与他人之间的距离也体现了感觉和态度，从而影响沟通效果。人类学家爱德华·霍尔（Edward Hall）界定了美国中产阶级使用的四大距离区域：亲密（身体接触至18英寸）、私人非正式（18英寸至4英尺[①]）、社交性咨询（4英尺至12英尺）、公开（12英尺及以外）。

某些情况中距离区域则完全不起作用，或者至少距离并不足以反映双方的态度。例如，牙医和理发师在亲密距离内工作，甚至有实际身体接触，但牙医和病人、理发师与客户间可能并无私交。

然而，在其他情况下，人与人之间的距离却具有显著意义。例如，距离能够反映出定位者的态度。研究表明，期待负面信息或不喜欢对方的人，与期待正面消息或友善看待对方的人相比，前者在沟通中会保持一种更为疏远的距离。因此，一位善于观察的沟通者可以根据他人所选的沟通距离对其感受进行直觉

---

①　1英尺≈0.3米。

职场小贴士

"隔间"礼仪

正如《呆伯特》所呈现的漫画人物那样，隔间中的日常生活世界有其挑战。以下提示可以帮助您有效掌握隔间生活中的沟通动态。

隐私

他人隔间应被看作其私人办公区，不要在没有任何口头邀请或者眼神接触允许的情况下直接进入，您应该认为那里存在一扇门。永远不要仅仅因为您够得到就直接阅读他人的电脑屏幕或从他人书桌上借用物品。当因为他人"请勿打扰"标志或与你缺乏眼神沟通不便时，请明示意图。当您仅因为无意听到隔间同事的窃窃私语时，请抑制住自己的冲动，不要大喊大叫来回应。请不要将脑袋突然探在隔板以上与他人对话；相反，应当直接走过去或发送电子邮件、短信。请记住，其他人能够听到你们之间的所有对话，因此请在其他地方主持会议或进行私人对话。请不要在隔间办公中与您的投资顾问、家人、医生和爱人聊天。要保持足够礼貌，尽量避免倾听他人谈话，且务必不要将无意听到的内容转述他人。在隔间内打电话不要使用免提，这对通话方和您同事都是不礼貌的。

噪声

不要增加隔间工作区域的噪声。说话时尽量音量放低。将您的手机铃声音量调低，当您不在办公位时将其切换成静音。当您在进行工作电话时，请将手机来电铃声关闭。听广播或 CD 时请佩戴耳机，使用屏幕保护程序时请调成静音。

气味

您最喜欢的香味，无论是香水还是香薰蜡烛，都可能成为他人的过敏源。因此，在使用时请三思其对他人的影响。如有可能，请在午餐区而非在办公桌旁用餐，因为同事可能无法忍受您食物的气味。

儿童

在大多数组织中，儿童（尤其是学龄前儿童）最好远离工作区域，除非有特殊情况。无论儿童表现得如何乖巧，他们在公共办公区域并不会受到公司政策的欢迎或允许。

疾病

带病工作的决心与毅力虽然可嘉，但如果不幸传染给办公室所有人，您就是在给他人添麻烦。如他人有类似情况，那请您努力保持与之疏远。

判断。（"我感觉你好像有心事，哈丽。怎么啦？"）

除了体现态度，距离还可以营造心理感受。在某项研究中，受访者认为沟通中那些保持距离较近的人比较远之人态度要更为友好。（当然亲密度本身亦有局限。亲密距离很少适用于商业交易。）因此，高效沟通者通常会选择保持一种私人非正式的交谈距离，以此营造友好氛围。

人际距离是体现权力的另一大非言语指标。一种不言而喻的文化规则是：具有较高地位的人通常主导控制着彼此的关系疏远。正如一位心理学家所说："在这种文化中，我们可以轻而易举地想象商业伙伴中前辈通过拍后辈以示鼓励，但后辈拍前辈以示鼓励这样的情景我们却无法想象。"这一距离原则解释了上司在未受邀请直接考察下属工作区域时，后者很少会质疑前者这一权力，但后者不愿意进入前者办公室，即使明知大门敞开。

当下属确实出现在上司的办公室时，双方的紧张度与距离感表明了谁是关系掌控方。权力较弱方通常会站立直到被邀请坐下，即使在选择座位时，也会尽量避免与上司过近。明智的经理人通常通过在办公室放置一张桌子或者几张舒适的便椅以最小化此种身份隔阂的抑制因素，由此他们就能在一种更为平等的关系中与下属舒心交谈。

一些管理者试图通过直接去员工办公室以促进非正式性沟通。美国规模最大的广告公司之一的负责人大卫·奥格威（David Ogilvy）说："不要召唤员工到你办公室，这会吓到他们。相反，如有事你应该去他们办公室。"

物理环境 到此为止，我们已经讨论了个人行为发送非言语信息的方式。同样，我们身处的物理环境也在暗示着我们的感受方式及我们沟通被塑造的方式。

请认真思考组织中的空间配置方式。当我们在观察不同员工与团队被分配的现有空间数量和位置时，权力所在处就会突显出来。例如，在很多组织中，员工的身份或许可通过他的办公室是否在上司旁边或在某一阴暗角落处来进行衡量。办公室带窗或办公室在拐角处的职员与办公室内不带窗的职员相比，身份通常更高，而在办公室办公的员工比在隔间工作的员工职位通常更高。

环境塑造沟通的另一大方式是接近度。双方距离也许是决定谈话中主动者与被动者的最重要因素。如果其他条件不变，同一办公室的同事彼此沟通要比与隔壁同事更频繁，同一区域的工人彼此沟通要比与其他地区相似工人更频繁。一位学者对研究设施区域、医疗实验室和商学院的工作人员展开研究，其发现员工彼此办公桌的距离远近直接影响到员工与同事们的沟通频率。

室内家具摆放也显著地影响着人们的沟通方式。例如，一家医疗机构研究发现，当医生坐在桌子后面与病人交谈时，只有 10% 的病人感到不受拘束；而当桌子被移开后，这一指数上升到了 55%。即使家具位置是固定的，座位的选择仍可以影响双方互动。处于主导地位、身份较高的人通常选择他们能够观察他人也能被看到的桌旁坐下。因为该位置与对桌相比能够掌握更多的交谈主动性和影响力。毫不奇怪，坐在桌子主位的人更被认为是领导者。有意减少互动和发声可能的人们通常会坐在桌旁较不起眼的地方。

这种信息在工作中很有用处。您或许可以通过变动工作区域以获得想要的交谈互动。除此之外，请留心您工作环境中的某些地方，它们也许会为您营造与心仪的沟通伙伴进行私下互动的机会。员工休息室、电梯和用餐区就是其中的一些例子。如果您想让上司更加关注您的工作成绩，"对其可见"至关重要。但是，如果您宁愿要一个人待着，此时"眼不见、心不烦"这句古谚恰好适用。

如果您是一位经理，请认真思考并合理安排下属的工作区域，以增加同事之间的互动沟通，并将不需要沟通的员工彼此分开。您可以通过安排容易召集同事的聚会场所来鼓励不同团体之间的沟通。一个非正式交流接触的良好环境需要满足以下三大标准：第一，它应当位于中心位置，这样人们唯有穿过其才能到达其他地方；第二，它应当很舒适，包含座椅或休息处；第三，它的空间必须足够大，这样聚集在此的人们在穿过或走过附近时不会打扰到他人。当然，如果您想要在某一中心点避免同事沟通（例如复印机旁），只需简单地改变其中某项或多项条件即可。

当涉及组织成员与公众之间的管理互动时，您可以通过合理利用空间和障碍来创造一种最为理想的可接近度。邻近性与可见性有助于加强接触，距离感和关闭封锁则会阻碍接触。

时间　我们利用时间的方式传递着一些无声信息（silent messages）。埃克森美孚高级财务分析师伦纳德·柏林（Leonard Berlin）将其美好声誉归功于他持之以恒每日早到半小时的努力工作。"这对我上司来说，是件大事。"他说。

三思而行 vs. 坦白直率

举止谦逊是专业的组成部分，即使当您可能不赞同如此做法，依旧能展现出兴趣。当您已感无聊或不喜欢他人时，为了仍展示对他人的关注与尊重，您应当注意哪些事项？您是如何平衡真诚表达自我与展示专业修养的呢？

很多商业顾问会建议您在入职的前几个月中务必非常谨慎地利用时间：

如果……在入职的前 90 天内，您频繁迟到、缺席或上班经常看时钟，那自此以后很长时间内，您的上司都会对您进行负面审查。他们不会直接利用"违反"规则这一理由，而是寻找您工作中的疏忽错误和一个可能会开除掉您的理由。

在单一文化中，在规定时间内演说通常被认为是事先准备充足和留心观众感受的表现。与此相反，说话过多会给观众带来不便，并传递出一种缺乏对观众进度安排关心与重视的信号。但是，在一些多元文化中，仅是在规定时间内完成演说会被认为缺乏激情或对观众、议题实际上漠不关心。对部分潜在商业伙伴而言，迅速结束业务会被看作一种粗鲁和带有侮辱性的举动。在许多多元文化中，良好关系是潜在业务合作的重要组成部分。如果个人关系不是通过耐心地花时间进行聊天和讨论而建立的，这种商业关系也会摇摇欲坠。

提升非言语沟通效率

现在您已经了解了非言语沟通的基本要素，您可以运用以下准则帮助实现职业目标。

自我监管非言语行为　如果您曾经问过自己，"我做得到底如何"，这说明您已掌握部分自我监管（self-monitoring）的内容，即密切关注自我的行为举止并据此塑造行为方式的过程。

擅长自我监管者非常清晰何时应该调整自我非言语行为以适应具体情况。

相比之下，不善自我监管者甚至都无法意识到他们的某些行为已经造成负面影响。一些研究发现，不善自我监管者往往会忽略掉自我缺点，且与擅长沟通者相比时倾向于高估自我技能。例如，在讲笑话的能力中，那些仅获得最低四分位的试验对象与更为有趣的其他试验对象相比，前者极易高估自己的幽默感。

　　自我监管有助于自我管理非言语行为，这点已无须赘言。在某场会议或报告演讲中，您可能意识到单调乏味的演讲会逐渐丧失观众。当您处在某种困境中，如果您失去耐心并发怒生气，您的心理闹钟就会失灵。与一位闷闷不乐的客户或顾客沟通，你要学会监管和控制自己的防御性。

　　虽然过多的自我监管会让您过度敏感，但时刻关注自我言行举止对他人的影响有助于提升您作为专业人士的形象。

　　展示对他人的兴趣　即时性（immediacy）这一术语旨在描述暗示亲密性与喜好的言语与非言语行为。在这些更近距离接触的非言语线索中（当然要符合

自我测评

您的非言语即时性

　　请根据以下五分制，在每条陈述左边空格处，自我填写符合度。

　　1 = 从不；2 = 很少；3 = 偶尔；4 = 经常；5 = 频繁。

　　_____ 1. 当与他人交谈时，我会主动与其握手。

　　_____ 2. 当与他人交谈时，我会轻碰他人肩膀或手臂。

　　_____ 3. 当与他人交谈时，我会使用单一或迟钝无趣的声音。

　　_____ 4. 当与他人交谈时，我会看着他们或将目光从他人身上移开。

　　_____ 5. 交谈中当他人碰触我时，我就会离开。

　　_____ 6. 当与他人交谈时，我身体姿势会很放松。

　　_____ 7. 当与他人交谈时，我会皱眉。

　　_____ 8. 当与他人交谈时，我会避免眼神接触。

　　_____ 9. 当与他人交谈时，我的身体姿势会很紧张。

　　_____ 10. 当与他人交谈时，我会坐近或站近他们。

　　_____ 11. 当与他人交谈时，我的声音枯燥或呆滞。

　　_____ 12. 当与他人交谈时，我会使用各种不同的声音表达。

_____ 13. 当与他人交谈时，我会打手势。

_____ 14. 当与他人交谈时，我富有活力与激情。

_____ 15. 当与他人交谈时，我会展现出一种冷漠乏味的面部表情。

_____ 16. 当与他人交谈时，我会靠近他人。

_____ 17. 当与他人交谈时，我会直视他人双眼。

_____ 18. 当与他人交谈时，我会变得呆板僵硬。

_____ 19. 当与他人交谈时，我的声音抑扬顿挫、富有色彩。

_____ 20. 当与他人交谈时，我避免使用手势。

_____ 21. 当与他人交谈时，我会身体倾向他人。

_____ 22. 当与他人交谈时，我保持与他人的眼神交流。

_____ 23. 当与他人交谈时，我会尽量避免坐近或站近他人。

_____ 24. 当与他人交谈时，我会身体后倾，以保持与他人较远距离。

_____ 25. 当与他人交谈时，我会微笑。

_____ 26. 当与他人交谈时，我会避免碰触他人。

计分步骤

1. 将第 1、2、6、10、12、13、14、16、17、19、21、22 项分数与初始分 78 分相加。

2. 将第 3、4、5、7、8、9、11、15、18、20、23、24 与 26 项分数相加。

3. 用第一步得分减去第二步得分，最后得分即是您的成绩。

在使用这种方式时，我们需要认识到这些自我报告中存在的男女性别差异具有统计学与社会学意义（也就是说，基于此种方式产生的得分实质性差异可以用生物性别来解释）。无论这些差异是否"真实"（即女性实际上可能比男性更具非言语即时性）或是一种理想性社会功能（即女性认为相比男性她们应该更具即时性），抑或是一种实际行为功能，到目前为止都无定论。

评分标准

	平均值	标准差	高分	低分
女性	96.7	16.1	≥ 112	≤ 81
男性	91.6	15.0	≥ 106	≤ 77
平均	94.2	15.6	≥ 109	≤ 79

通过实践和自我监管，您可以最有效地管理自己的非言语即时行为。

社会风俗习惯），请保持更多的目光直视、身体前倾、姿态放松，以及更为友善的面部表情和交谈语气。

高度即时性与职业成功两者有着密切关系。例如，被认为具有高度即时行为的主管与那些即时行为较低的上司相比，下属会认为前者更具能力、信誉和魅力；与此同时，前者下属的合作意识也更强。相比之下，低即时行为的表现实则是一种借口和推脱。请回顾一下自己的工作经历中，当您碰到某人投以一个不友善表情、一种单调或带有敌意的语气，或缺乏活力时，您的回应方式。

即时性线索在一段关系的建立初期尤为重要。第一印象的影响巨大，尤其当陌生人间暂无其他更多信息形成对彼此的看法时。甚至在您已了解某人以后，即时行为在很多情况中仍然特别重要。

遵守风俗习惯　正如本书第二章所述，一些非言语习俗具有文化性。例如，在北欧您与同事握手较为适宜，但在地中海国家和拉丁美洲，拥抱甚至礼节性的亲吻或两者结合更为合适。同样，不需要遵守特殊礼仪的西方女性如在伊斯兰国家旅游，与在自己国家相比，其或许要穿着更为保守且佩戴头巾。

某些非言语风俗习惯在特定领域或组织中影响同样巨大。私人教练的着装风格或网页设计师的穿着在投行会议中很不合适。同样，参加公司野营或周末度假与您周一早晨在办公室的着装举止也会大不相同。

实际上，只要您出乎意料的举止被认为积极正面，勇于打破常规有助提高沟通效率，只要您不要表现过度以至于言行举止被认为负面或虚假，穿着更为得体并投入更多热情会产生积极效果。

掌握本章概要

要点回顾

- 当言语信息明确具体且仅有有限俚语、行话或不流利现象，其最具清晰性。策略性模棱两可的信息偶尔有助于促进沟通顺畅、柔化生硬信息、间接阐明观点。
- 避免煽动性语言（那些能够表达演讲者态度和强化倾听者情绪的歧视性术语和触发词）和监管对他人煽动性言论的自我反应，将有助于您成为一位更优秀的沟通者。

- 通过选择最适度强大语言、使用积极语言、控制不流利，利用语言进行专业身份的自我管理。

- 男性主义语言和女性主义语言在某些方面差异显著。女性主义语言强调亲善式谈话和关系维护；男性主义语言则侧重于报告式谈话、任务完成和掌控局势。通过了解两性沟通风格差异有助于更好应对性别挑战，并在实践中通过转换或组合不同风格以适应具体情形。

- 非言语行为是所有沟通交流中的组成部分。它力量强大、表述模糊、态度表达多于观点阐述、需要谨慎解释，因为其会影响到职业成功并具文化局限性。

- 非言语信息可以通过说话声音、外在形象、脸部表情、眼神接触、站姿举止、个人空间和距离、物理环境、时间使用来表达。

- 通过自我检测非言语行为有助于实现您的工作目标。通过即时性、遵守与适应非言语文化风俗和组织惯例以表达对他人的兴趣。

职业拓展

1. 能力建构

首先，通过描述以下例句如何被误解（或根本不被了解），锻炼您使用清晰明确语言的技能。其次，通过运用高级别抽象词介绍概述、低级别抽象词语解释论证，以提升每条信息的清晰度。为了创造一些有意义的低级别抽象词，您需要假想某种特定场景：

（1）您在那项提案中表现出色；

（2）这里仅有几个小问题需要清理；

（3）我只需要一点额外时间完成工作；

（4）今年你的工作表现不太理想。

2. 能力建构

锻炼对他人模糊信息的自我澄清理解力。对于以下陈述，请自我设计三句礼貌真诚的问题，通过询问演讲者以帮助厘清含义。

（1）我现在马上就需要这份报告；

（2）这份汇报演讲必须达到完美；

（3）每当我离开去开会时，办公室的工作效率几乎为零；

（4）我就在这附近了。

3. 有用的洞察

请明确自己工作领域内的行话，或者对某一您所感兴趣的领域进行员工采访，以界定具体行话。然后，可答以下问题：

（1）每一项专业术语如何促进沟通效率？

（2）针对特定听众使用术语过程中可能会产生哪些困扰？

（3）在那些可能会产生困扰或误解的情形中，请思考并建议哪些是更能清晰传达语意的替代词语或短语。

4. 能力建构

请对您的一位前任同事进行三次描述。在您的第一次阐述中，请使用带有正面偏向的术语；第二次阐述中，请使用带有负面意义的语言；第三次阐述中，请避免任何带有主观偏向性的语言，仅使用低级别抽象语言描述同一人。然后，请与班级小组成员一起，通过角色扮演将这些描述分别对讨论中的"那位同事"大声说出，仔细观察每项版本中"那位同事"可能有的反应。

5. 有用的洞察

按照以下提示说明，请更小心谨慎您自己的情绪触发：

（1）在所示的每种类型中，请分别界定两项能触发您积极回应和两项能触发您消极回应的词语。

① 某人的姓名；

② 某类人的标签（例如狂热者）；

③ 某项规则、政策或问题（例如同性婚姻）。

（2）当您听到这些术语时，您的内心想法与外在举动分别会作何回应？请思考您这一回应的根源（您被养育教导的方式？亦或是过去经验？）您的回应将会如何影响自己的沟通？

（3）使用同一类别界定那些分别触发员工积极反应与消极反应的词语。对某人使用这些感性话语可能会产生何种后果？请您列举那些替代触发词并能使用的中性词。

6. 有用的洞察

请分析交际模糊性非言语沟通形式的主要特征。

（1）观察周围同事的非言语行为。您会如何解释自己观察到的内容？请对您注意到的所有非言语行为尝试另一种理解，并推测哪种解释可能更为准确。最后，通过询问同事行为的真实含义来验证自己的想法。

（2）在某次会议期间请让一位同事观察您。会议结束后，让那位同事描述您的非言语行为，并猜测您试图要表达的意思。最后，看一下同事的想法是否与您的真实意图相符？

7. 能力建构

通过分析阐述以下示例类型中的有效行为与无效行为，论证非言语沟通的威力与影响。

（1）声音；

（2）着装；

（3）脸部表情和眼神接触；

（4）站姿和举止；

（5）个人空间和距离使用。

8. 能力建构

首先，请选择与您将要从事的特定职业领域或组织存在一定关系的两个国家，并在这些国家中找出两个或以上带有不同含义的姿势。其次，将这些姿势分成以下三类：第一类，那些能在您本族文化中找到相似动作但含义不同的手势；第二类，那些您本族文化中根本没有类似动作的手势；第三类，与您本族文化中的手势表达相同含义，但动作表现完全不同的手势（更多有用信息可参见网址：http://www.kwintessential.co.uk/country-profiles. html; http://www.
getcustoms.com/2004GTC/ articles.html ）。

9. 能力建构

请逐一指出下列陈述是属于欠缺力量型还是力量强大型言论。如果其属于
欠缺力量型，请说明该陈述类型。然后，请使用相反类型的词语重新表述。

（1）非常感谢您。

（2）您愿意今晚加班，对吗？

（3）我不是很确定团队如果使用新型汇报方式效果是否好，但我想要证明
一下。

（4）我认为我们应该在广告中更新颜色方案。

（5）我呢，嗯，认为我们决策前应该先听遍报告……是好的。

10. 有用的洞察

请明确自我现阶段非言语沟通效率的水平，并探索有效提升的方法。

（1）运用以下表格，同时明确您生活中某次重要商务或专业场景（如在会
议中、与客户沟通、在通话）。如果您现在仍在求学，请选择学校场景（如在课
堂讨论中、与教授的会面中）。

（2）运用本章知识，在下列表格中分别填写您高效的非言语行为和有待提
高的非言语行为。

（3）对看过您在特定情形中进行分析演说的某人进行采访（如同事、上司、
教授、同学）。根据自己的理解，解释本书介绍的非言语行为类型。结合被询问
者对您在特定情境中的非言语沟通评价，思考如何有效提升自己的沟通效果。

（4）根据您填写的信息制订一项具体行动计划，它能有效阐述在您分析的
特定情境中如何实现自我非言语沟通能力的提升。

工作情境			
	有效的行为	无效的行为	提升建议
自我评估			
自我评估			
自我评估			
自我评估			
他人评价			
他人评价			
他人评价			
他人评价			

具体情境

	有效的	有待提高（如何提高）
自我评估		
他人评价		
行动计划	1.	
	2.	
	……	

第五章

人际交往策略与技巧

章节概览

人际交往技能与成功

    建立积极性人际关系

    肯定尊严

    提升组织气氛

反馈共享

    给予赞美

    提出难题

    提出和回应批评

如何应对难缠者和困境

    失礼

    霸凌

    应对失礼与霸凌的策略

    性骚扰

冲突管理

    何为冲突

    冲突解决

    建设性地处理冲突

本章目标

阅读完本章后您应该能够：

1. 罗列针对给予有效赞美、提出艰难问题及以非防御性方式提出与回应批评的重要原则。

2. 解释那些会加剧和缓解职场失礼与霸凌的沟通行为。

3. 预测性骚扰中各种言语行为和非言语行为的后果，并解释为实现骚扰目标采取的沟通方式。

4. 界定并举例说明职场冲突背后的深层问题。明晰冲突解决的五种路径，阐释具体情境中每种路径的优缺点，并预测在此情境中每种类型的可能后果。

5. 论证如何规划与开展工作谈判。

◎ 人际交往技能与成功

    职业生涯中获得成功的基本要素有哪些？天资、智慧、良好教育、专业技术、技能、勤奋工作、正确动机和能动性，这些要素都很重要。此外，任何工作都要求您在与他人共事中完成任务，例如同事、客户、经理及来自其他公司的人，因此职业成功也取决于您构建积极性人际关系、维护他人尊严及努力营造良好组织气氛的能力。

建立积极性人际关系

沟通技巧对职业成功的重要性如何强调都不足为奇。在一项调查中，美国1000名人事主管被要求描述其"理想中的管理特质"，排在首位的即是"能与他人一对一良好共事的能力"。即使那些管理技术人才的CEO也需要借助他人技能才能成功，其中那些欠缺人际交往技能的通常被指责为"脱轨"CEO。

与他人良好共事的能力对于新员工和管理者同样重要。一项针对领先企业CEO和人力资源经理的研究认为，与他人合作共事的能力是当今大学毕业生最为可贵的一种品质。良好的人际交往能力在医学、工程、房地产和特许经营等职业领域中弥足珍贵。

每个人或多或少都能讲述有关同事、领导和客户那些令人不快的沟通风格的故事。表5-1详细列举了经调查发现的令人感到不愉快的沟通类型。您至少能辨认出其中的某些行为，它们或者发生在与您共事的同事身上，亦或发生在您自己身上。

表 5-1　那些令人不快的沟通特质

爱管闲事之人	非专业之举止
肆意插入打断他人对话	举止鲁莽
肆意干涉他人业务	八卦且爱在背后非议他人
对与己无关之事妄加评论	好批评他人
	说话大吼大叫
控制欲强 / 专横跋扈	**非职业性关注焦点**
喜好控制他人、颐指气使	工作时谈论私人问题
无恰当授权即对他人发号命令	将私人问题带入工作中
与他人沟通居高临下	谈论与工作无关的话题
一意孤行	

（续表）

自我推销	带有防备心、喜好评判他人
竞争性过强、总想争第一	将他人视为自己工作的假想敌
试图推销自己	攻击他人行为并肆意评判
以自我为中心	爱挑剔批判、而非真正有助他人
假装友善	
	注意力不集中
	分散他人工作注意力
	举止冲动、脾气火爆

研究人员新造了情感智力/情商（Emotional Quotient，EQ）和社交商（social intelligence）术语，用以描述与他人良好互动的能力与技能。据最新研究发现，在决定工作绩效的出色程度中认知智商（Cognitive Intelligence Quotient，CIQ）排在社交商之后。在全球范围内，从复印机维修技术人员到科学家的所有工种中，智商在创业成败中的占比不超过 25%。一项工作越困难且在组织层级中的位置越高，情商就越显重要。咨询顾问罗伯特·迪伦施奈德（Robert Dilenschneider）将情商与智商对比发现："就算您的认知智商达到 145 且获得商业博士学位，除非人际关系技巧一流顶尖，否则您永远难以实现真正的突破与升级。"

肯定尊严

社交商的一个主要因素即是尊重他人。假如您要求人们描述工作中发生过的某次沟通不愉快经历，他们一定会告诉您各种被忽视、被冒犯、被轻视和被不尊重的故事。同样，假如您要求人们描述某次愉快经历，他们也会与您分享那些被欣赏和被尊重的经历，即使在困境期。"职场尊严"（workplace dignity）一词是指个人从工作中能够获得一种自我尊重、自我爱护且被他人尊敬对待的能力。

除了增强自尊自爱，职场尊严还能营造一种有助于完善工作结果的职场环境，即实现工作满意度、自信心和工作积极性的不断提升。相反，职场尊严降低对员工和企业组织所带来的影响具有灾难性。员工在精神（压力、焦虑和抑郁）和身体上（头痛、溃疡、血压升高）都倍受煎熬。除了个人身心受到伤害之外，无视职场尊严会让组织承受沉重代价，例如生产力下降、人员流动和旷工缺席率上升、员工抵制和怠工频发，甚至法律诉讼风险都会加大。

职场尊严源自三种沟通模式：尊重对待、认可竞争力、感谢员工对组织的贡献与价值。本章将会详细讨论沟通技巧和策略，您可借此在尊重和提升他人尊严的同时合理解决难缠信息。

提升组织气氛

组织中的沟通质量将会影响人们对工作和彼此的感受。"组织气氛"（organizational climate）一词描述了隐藏在工作群体中的人际关系本质。利用天气隐喻恰如其分，天气既可阳光明媚也可雷雨交加，组织的整体氛围可以健康亦或污浊。在此种环境内，不同的小型工作团体也拥有各自的微氛围。例如，您与某个团队的关系可能冷若冰霜，但同时与另一个团队的关系却热情似火。

组织气氛与其说是源自员工履行特定任务，不如说是源自他们对任务与彼此的感受。事实上，在最恶劣的工作环境中积极的组织气氛仍可以存在，例如在一个拥挤、人手不足的办公室，在某个工厂的场地转移期间，甚至在公路上进行道路清洗。相反，即使是最舒适、最享有声望的环境也可能存在消极敌意的组织气氛。

组织气氛对工作绩效影响巨大。它们与生产力、工作满意度和员工直谏的意愿紧密相关。组织气氛在几乎所有的商务和专业环境中都扮演重要角色。例如，积极气氛有助于增强销售型组织中的职场学习技能，提升广告公司的获奖能力，以及增进患者对医生的信任。

本章剩余部分将会介绍一系列沟通技巧与实践，它们在帮助您实现个人职场目标的同时，还有助于营造与增强积极的组织气氛。

◎ 反馈共享

某些类型的反馈令人愉悦，然而有些虽为必要但却不易表达。无论反馈意见是否令人喜悦，遵循以下准则您将能在沟通中以一种尊敬舒适的方式完成任务。

给予赞美

有句老话说得好，"用蜜比用醋可以抓到更多的苍蝇（言外之意：赞美之言比尖酸刻薄的话语更管用）"。真诚的赞美、巧妙的表达往往可以创造奇迹。以下提示可以帮助您确保赞美获得理想的效果。

及时性赞美　您提供积极反馈的速度越快，效果也越有意义。赞美美好的行为并不需要花费太多时间，因此结果也最可能物有所值。

针对性赞美　几乎所有人对真诚的赞美都不胜感激，但有针对性地描述您真正欣赏的内容，将更易使他人继续保持这一行为。因此，请体会以下特定赞美如何实现清晰明确地表达。

宽泛	具体
在处理那个投诉中你干得好！	当客户投诉时，你表现得非常冷静、从容与自制。
我很感激最近你给予我的支持。	非常感谢你在我生病时，处处为我的工作着想。
你最近工作状态达到最佳。	你在两天内就完成了本月的所有工作！

具体并不意味着您必须避免使用类似上述的宽泛评价。而是说，在给予一般赞美的同时，请考虑增加足够的细节，以帮助对方准确明白您所真正欣赏之处。

赞美进步而非完美　您或许想知道他人是否做了如此之多值得真诚赞美之事。如果您一心寻找出色表现，答案很可能会让您失望。但是，您仍然可以通过寻找进步来表达真诚的赞美鼓励。请仔细思考以下若干案例：

——这份报告草案要清晰很多。增加详细预算有助于解释费用支出来源。我认为同样的详细程度会让这份计划表述更清楚。

——虽然我们在很多事上观点不同，但我很欣慰在巴雷蒂项目中我们合作如此融洽。

道德挑战

当您完全想不到可赞美之处时

赞美的价值显而易见，并且本章阐述的那些准则也针对何时、如何赞美他人提供了若干建议。但是，当对他人表现想不到任何可赞美之处时，您又该如何做？

间歇性赞美 赞美太多会听上去不真诚，社会学家发现赞美过多不如偶尔赞美有效。偶尔赞美他人，您的言论效果最佳，但千万不要过头。

传播性赞美 如果您已相信真诚赞美他人有助于改善彼此关系中的沟通气氛，那也请耐心等到向他人赞美此人确实值得之时。被您赞美之人会对您充满感激，您也完美展现了自己的安全感与团队精神，而您在告知他人的同时可能也在传递着颇有价值的信息。赞美他人仅需要花费很少时间，却能使所有人受益。

通过让他人从您口中得知第三人对自己的赞美，您也可以成为一位"赞美使者"。他们不仅更有可能继续坚持这一行为，而且无论对赞美者或者传播者都会更加感恩。

真诚性赞美 不真诚的赞美比不赞美更加可恶。它会让人怀疑您所有其他的赞美。它也暗示了您想不到他人所做的任何值得真诚赞美之事；同时，其暗示了您相信接收者会天真到相信您虚假的赞美。

当您在考虑何时与如何赞美时，需要注意到文化规则可能对接受赞美一方与倾听赞美的观众产生的影响。在某些集体主义文化中，被特意挑出来进行赞美，尤其在众人面前，会令人感到尴尬。在此情形下，私下赞美要比公开赞美更为明智。

提出难题

收获赞美通常值得高兴。但在现实世界中，存在着对问题行为有必要沟通的情形。某位同事可能不擅长自己的工作，您的经理可能无法履行他许下改变工作条件的承诺，某位供应商可能无法在约定时间交货。有时候出现的问题行为似乎没有尽头。针对类似问题进行沟通可能效果甚微，因为您的表态很可能被认为是对问题制造者的攻击。而感知性攻击会引发对方的防御反应。

60多年以前，心理学家杰克·吉布（Jack Gibb）就已界定了六种可能激发防御之势的信息类型，以及六种能够提升获得积极回应可能性的替代性对策（见表5-2），即使主体潜在可能被视为攻击者。当您在阅读这些建设性对策时，可以设想在工作中当您需要提出某项难题时，自我可以如何运用。

表 5-2　减轻对抗性与引发对抗性信息

减轻对抗性信息	引发对抗性信息
叙述性（使用"我"语言）	评判性
问题导向性	控制性
真诚	操纵
关心	无视
平等	高傲
思想开明，容许讨论	教条武断，不容商量

使用叙述性"我"语言　很多沟通者在传递信息时会不必要地攻击对方：

——你的报告太草率了，你必须好好修改。

——你总是迟到。

——你做了一个很愚蠢的承诺。我们永远也不可能在月底前完成任务。

类似这样的表述通常被称为"你"语言（"you" language），因为他们直接将口头指责瞄准接收者。"你很懒惰。""你错了。"相比之下，被称为"我"语言（"I" language）的叙述性陈述（descriptive statements）却更关注于演讲者自身而非评判对方。请注意观察上述的评判性陈述是如何被改述为叙述性"我"语言：

——如果我们的报告错误太多，那我会招惹很大麻烦。所以，如果我们能够再加工完善下，相信效果会更好。

——由于你的迟到，当别人打电话询问你时，我不得不编了很多借口。

因此，我需要你从现在开始不准迟到。

——我很担心你所做的这一承诺。因为我无法设想我们如何能在月底前完成这项工作。

类似这样的陈述表明，不进行口头攻击评判他人且表达想说内容并非不可能。事实上，正如您刚阅读到的那些叙述性陈述，其与日常典型的抱怨相比，内容更为完整，因为其不仅表达了演讲者感受，还解释了导致这一结果的原因——对于后者，大部分评判性评论都忽略不提。

专注于解决问题而非控制他人　尽管您负责某项任务，但如果强迫他人接受其不同意或不理解的观点，也很容易激发起他们的对抗心理。如果您的时间非常紧迫，那您会很容易说"就按我说的做"，因为控制会体现出对他人需求、兴趣或观点的忽视，这很容易在同事关系中引发问题，即使事情按照您的想法完成。

相比之下，问题导向性信息（problem-oriented message）致力于解决双方的需求。其目标并不是按照我的方式或你的方式解决问题，而是达成一种能够满足所有人需求的解决方案。本章后部分当我们讨论双赢谈判策略时，您将会了解到更多关于如何达成问题导向性解决方案的内容。

道德挑战

完全诚实总是最佳策略吗

原则上，很少有人会对诚信为本这一道德准则提出质疑。但与此同时，我们也很难想象一个所有人都只说实话的世界。

通过重新罗列一份清单，其中包含了某一典型的一天中您能讲述的所有真话机会，以此厘清如何实现保持诚实与其他目标的协调。当您在选择下列情形时，请明晰每种具体情境：

- 甚至仅陈述部分谎言（例如当您被打扰时却说"没关系"）。
- 用模糊不清的话语掩盖事实（例如说"这真是个很有趣的想法"，而不是说"我不认为这个想法会奏效"）。
- 保持沉默而非说出真相。

基于您的自我分析，请设计一套针对诚实既合乎原则又务实可用的道德规范。

保持诚实，拒绝操纵　一旦人们发现自己被操纵，其反应都无一例外地会带有对抗性。正如罗杰·费希尔（Roger Fisher）和斯科特·布朗（Scott Brown）所说："我的 100 句话中只要有 1 句是假的，你可能就完全不会相信我。除非你掌握某种能够知晓我何时诚实的理论，你所发现的某个微小的不诚实点将会导致对我的所有言行都产生怀疑。"

与此相反，简单的诚实有助于降低对方的对抗性，即使有些信息并不受人欢迎。虽然他人有时可能并不喜欢你的观点，但直率的性格却可以为您赢得下属、同事和管理层的尊重。

表达对他人的重视　对他人缺乏认可或关注的冷漠可能会导致他人对抗性的反应。相比之下，一条真诚表达兴趣的信息有时能够带来奇迹。愿意花时间寻找合适之人回答您问题的客户支持代理，会让您感到感激与值得，而这一行为也会鼓励您再次与该公司合作。真正关心您意见的经理即使并不同意您的观点，也比那些将您的意见放置一边的人更容易共事。

展示平等的态度　才能与职位永远都无法成为傲慢的借口。《今日美国》创始人阿伦·纽哈思享有饱经磨难、百折不挠的美誉。下述的这条评论即可解释内在原因："当我在批评女性、肥胖者或其他人时，该死的，其实那仅仅是因为我认为他们应当做得更好，就像我一样。"

积极态度的本质是尊重。沟通专家凯瑞·帕金森（Kerry Patterson）解释说，如同空气是生存之本那样，尊重是沟通之本："如果你将尊重抽离掉，所有人都能预想到结果。在这一点上，对话其实就是在捍卫尊严。"尊重通常取决于如何表达诠释信息。例如，思考以下两种表述间的区别："您能给我那些文件吗"和命令语句"给我那些文件"。正如案例所论证的，我们的言行举止表达比交谈内容本身更为重要。当您在表达自己时，除了注意说话内容外，还需要注意您的非言语行为，包括声音语调和面部表情。

保持开放的思想　怀抱开放的心态倾听意义非凡。无论共事之人是否来自同一部门，也无论是下属还是客户，他们都可能掌握着您所不知的信息。认真倾听，您也许会收获一些有用内容。除了能够获取有用信息，思想开放地倾听也有助于促进良好关系。花一点时间，思考一下与那些打发无视您观点之人相比，自己到底有多珍惜那些重视您观点之人。

当您提出某些观点时，试验性方式也很有用。然而矛盾的是，当您以观点而非事实陈述时，您可能会获得更好的反馈建议。正如某家商业通讯社所说，"具有讽刺意味的是，随着我们拥有的权力增加，我们有可能获得的影响力却在减少。"

提出和回应批评

在现实的职场中，批评是日常工作的事实。有时您必须投诉，而有时您也在接收别人的抱怨。无论哪种方式，批评都会引发一种防御性循环，以破坏个人间或工作团队间的沟通气氛。尽管存在上述风险，但是评论性信息也不必然会产生问题。只要掌握足够技能，您就可以学会以某种能够保持甚至提升工作关系的方式提出与回应批评。

提出建设性反馈　尽管批评的本质在于指出错误，但批评本身并不必然会引发对方的防御性反应。如表 5-3 所示，您的批评方式会影响到评论被接受还是被争议与拒绝。您可以通过策略性选择最佳信息发送人、谨慎设计信息内容及仔细注意信息发送，以争取最大限度的机会。

提出批评的主体也会影响到反馈的接收方式。以下两大准则在您选择发送者时会有帮助：

- 选择信誉度最高的评论者。有时接收者对特定之人的接受程度要高于他人。如有选择可能，请确保信息由最高效传递者发出。
- 确保批评言论适合评论者的角色。如果您无权评论，即使是批评准确也可能遭到拒绝。例如，大部分关于个人私生活的评论都不合时宜，除非它们影响到工作关系。与工作相关的评论应当与彼此间亲疏关系程度相匹配。

一旦明确了合适的信息发送者，您就可以决定如何完善信息内容。这会涉及以下几点考虑：

- 避免对某一话题过多批评。您可能会有若干不满之处，但每次只关注一个才是明智之举。回应方也许能够处理单个问题，但如果您的抱怨一个接一个，那他可能会逐渐生起防御之心，而这点并不过分。

- 确保批评的准确性。在脱口而出前请务必确保您直接获得事实。如果即便是细枝末节有所出入，他人也会就此争论，并趁机转变眼前正在讨论的真正问题。

表 5-3　建设性反馈的特征

它是描述性的……	……而非评价性的
我喜欢你的报告。报告风格简明扼要、观点组织逻辑清晰、论据论证有力、问题意识鲜明	这份报告太差劲
它关注于行为……	……而非针对个人性格
放慢一点速度，我相信你可以降低错误率	如果你的协调性更强些，操作那台机器就会快很多
它是具体的……	……而非抽象的
我坐在这里听不到你说的话	你说话太没效率
它的时间合适……	……而非推迟或随意的
我们下午 2 点左右集合，讨论下你在 AMF 上的进展情况	让我们有时间聚一下
它是提议性的……	……而非强加性的
也许我对你报告的一些反馈建议会对你下周会议的准备有帮助。你想要今天下午抽空聚一下吗	下周会议汇报前，我必须和你谈谈这份报告

- 明确界定问题。详细罗列事实，以便于信息接收者明确知晓您所谈论的内容。准备具体案例以支撑您的论点，但注意不要使用过于严肃的案例完全压制对方。

- 展现您的评论会如何使接收人受益。尽可能地详细描述如认真考虑您的评论将受益之处。至少有一点，对方会注意到您的不满以避免您再抱怨。

- 记住要肯定他人的成绩。让对方知道您特定的批评并不会减少对其在其他领域成就的尊重或欣赏。真诚地肯定他人成绩也会使得负面批评更容易被接受。它可以在很长一段时间里维护彼此良好的人际关系并维护他人的尊严。

最后，批评表达方式也会严重影响到信息被接收的方式。最高效的反馈通过尊重性表达得以实现。以下准则能帮助到您：

- 私下表达反馈意见。在他人面前公开批评很可能会引起对方的尴尬与憎恨。
- 预留充足时间。等到问题真正演变成危机才沟通将会后患无穷。事情发生之前，请确保拥有充足的时间以深入讨论该问题。
- 避免言行举止带有评判意味。避免使用第四章描述的那种情绪化语言。请不要直呼其名或使用偏激标签，也不要将动机归责于他人。尝试使用本章前述的叙述性"我"语言，而非使用会引发对抗性的"你"表述。请避免高傲的非言语行为，例如摇动手指、提高声音或翻白眼。
- 认真倾听对方。如果您想要真正地解决绩效问题，那么倾听与说话同样重要。询问对方对该问题的意见，他会感受到被重视，您也会因此萌发一些新创意以提高工作绩效。
- 保持冷静与专业。即使你对他人的批评是以保留颜面的方式表达的，对方也可能反应激烈——从憎恨诅咒到伤心哭泣。即使这样的回应让您也感到生气或抵触，保持冷静依旧重要。如有必要，您可能需要将对话推延，等到大家冷静后再沟通。

回应批评　当人们面对批评时，两种最为常见的回应是"争辩"和"逃避"。狡辩者通常会给予反击并责备他人："我并非唯一在该问题中犯错误的人。"您的自我经历可能也表明，与批评者争辩很少能够说服他们让步。

大多数职场人士都对如何逃避批评驾轻就熟，但还有其他方式可以回避这些负面言论。有时，您可以物理上回避批评者，例如避开他们的办公室或不回他们电话。即使当已无法避免这些不愉快的言论，您仍可通过从精神上断绝联系从而拒绝倾听与认真对待评论。尽管短期内保持沉默也许奏效，但如果您在某段持续性关系中频繁遭受攻击，保持沉默绝非明智之举。

因为争辩和逃避似乎都无法满足批评者或帮助您理解批评意义，因此您需要其他替代方案，以允许您在不丢颜面的非攻击情境中倾听。幸运的是，其存在三种替代方式。

寻找更多信息　请让您的批评者解释该问题，这样您就能够据此决定是争辩或是逃避。通过向批评者询问更多信息，既可以展现出您对待批评的严肃态度，也说明了您不接受对该问题的指责。以下若干种方式有助于您获寻更多信息：

- 询问案例或要求澄清。"你说我对客户态度不好。那你能具体描述下我的哪些行为吗？"
- 猜测批评细节。即使批评者不愿意或不能提供具体细节，您也可以猜测："是否是因为当银行以资金不足为由而退回泰森先生支票时，我的处理方式有失妥当？"
- 解释批评者的评论。"当你说我对客户态度不好时，听上去好像你认为我并没有提供他们应享有的服务。"
- 询问批评者的意见。"那你觉得围绕客户我应该如何表现？"

当受到批评时您很难真三听进去。但是，如果您能认识到试图理解异议并不意味着必须认同，至少在这一点上，您会感到更加容易接受。您会发现，认真对待批评言论，除了有助于自我辩护外，还有一些其他功效。此外，这一态度也向批评者证明了您有认真对待他或她的评论。

同意批评　一种明显但经常被忽视的回应方式是同意批评。虽然这种做法似乎是一种自我惩罚的形式，但却可能极富效果。同意批评者的观点有三种方式：

- 同意事实。有时您会面对无法争辩的事实。在这些情况下，最好的办法可能就是直面事实："您说得对，本周我已经迟到三次了。"请注意，同

职场小贴士

道歉的艺术

当您已经犯了某个错误，没有任何行为能够比真正的道歉更具真诚与潜在效果。除了做正确的事情，道歉也是一项聪明的商业策略。研究表明，真诚地承认错误可以大幅度降低被冒犯方的憎恨和法律诉讼。

一项完整的道歉包含以下要素：

- 真诚的歉意。一项道歉的基本组成部分即是发自内心的歉意表达："我很抱歉昨天轮班没有来。我真的非常内疚让您失望。"

- 对受害方的理解。请向对方展示您已意识到该事对其的影响并深感抱歉："我知道这里很忙，它一定是场噩梦。"

- 对发生之事的解释。用借口取而代之，请试图解释冒犯行为的发生原因："祖母的一个来电让我很惊慌，我意识到自己必须要去看看究竟发生了什么。结果虽然并无大碍，但当我平复安慰祖母后才发现打电话给您已太晚。"

- 纠正措施。向对方证明您在努力避免未来的类似状况："我已叮嘱她，如果再有类似情况发生，打电话给我妹妹，所以除非真有紧急情况，不会再出现类似问题。"

- 弥补复原。尽可能去弥补对方的损失："如果您愿意，我很乐意明天替您的班，虽然我并无安排。"

意事实并不意味着您对所有可能的错误责任全盘承担。在工作迟到的情况中，您可以继续指出，自己过往的工作纪录并无迟到"污点"。但是，对无可争议的信息进行争辩似乎并不会令批评者满意，它也会让您看起来很糟糕。

- 赞同批评者以自我视角批评他人的权利。有时候您无法真诚地同意某项批评。例如，某位客户可能会不公正地指责您没有提供良好服务。在询问更多信息发现批评的背后原因后，您就能了解对方为何认为您的举止存在不当："我能理解为何这会让您感觉我不在乎您的需求。毕竟，您确实告诉我上周五前您必须装船，而且我也告诉您货会按时到达。所以，如果我是您，我也会很生气。"请注意，同意某一观点并不要求您将批评言论视为完全准确，尽管您可能确实发现批评并非一无是处。您需要做的是肯定他人以不同视角看待问题的权利；无论您与他人的立场是否相同，您都同意您能理解他人观点对他人的意义。

- 强调双方一致之处。尽可能地指出您与他人观点的共同之处。例如：

批评者：客户永远都不可能喜欢这一想法。

回应者：我们确实必须让客户满意。要不将该想法放到市场上测试下如何？如果客户不喜欢，我自然会放弃这一建议。

- 即使批评很极端，您或许也能在他人视角上找寻到某些同意的部分：

歇斯底里的批评者：你这是在毁掉整个工作！

回应者：我知道它对你的重要程度。（然后让批评者将话题转回到这份工作的重要性上，以增强你们的共识部分。）

致力于寻求合作型解决方案　一旦您的批评者认为您已理解了他的立场，至少认可其中的某些部分，他会尽早做好准备以聆听您的意见。以下策略能够最大限度地生成建设性解决方案的机会。

- 寻找机会陈述自我观点。如果在批评者准备倾听前，您就努力推进并亮明观点，您的话可能不会被听进去。但是，如果给予批评者一次彻底的倾听机会，赞同任何可能的观点，接着再询问，"我可以向您阐述下我的观点吗"，这样的效果会好很多。虽然这样做并无法保证倾听者会尊重您的阐述，但至少它提供了一次最好的机会。
- 专注于解决方案而非发现错误。您自己的经验将会证明：相互责备很少会奏效。一种更有成效的方法是通过提问，"什么能使得这一情况更好？"或者"我们应当如何以一种彼此都能接受的方式去处理该情况？"以此专注于寻求一种能够让彼此双方都满意的解决方案。

◎ 如何应对难缠者和困境

到目前为止，本章已经描述了营造尊重性沟通气氛的方法。但有时候，尽管你们竭尽全力，他人仍然表现很糟。以下部分将阐述职场不检点行为的具体类型并提供应对策略。

失礼

失礼（incivility）是指看似无关紧要、轻率的，实则违反工作场所行为传统标准的言行交流。失礼的范围可以从缺乏敏感性（在开会期间查看短信）到公然粗鲁（对他人直呼其名）。随着经济压力上行，工作环境越发严峻，失礼性沟通也随之上升。

有时候，失礼带有一丝侵犯性：随意嘲笑或轻视他人、传播谣言、贬低他人，或不告知某人参会。失礼有时甚至是无意间造成的影响。如打断他人说话、不表示感谢、迟到和不回电这些细小的失礼行为，特别是随着时间的推移，会产生负面影响。

像大多数信息类型那样，如何界定失礼性沟通更多取决于接收者的反应，而非发送者的意图。正如第四章所述，咒骂会冒犯某些职员，即使它在某些组

案例研究

失礼的代价

很容易想象，一家重视底线的公司，可能会将文明有礼视为一种"美好的"消耗性奢侈品，而非必需品。相反，科技巨头公司思科系统（Cisco Systems，以下简称"思科"）相信文明有礼是一项关键的商业实践，且其已获得研究支持这一信条。

思科是一家设计和销售通信技术与服务的跨国公司。其年营业额达 400 亿美元，在职员工超过 7 万人。《财富》杂志连续数年将其评为"100 家最值得工作的公司"之一。思科有一项旨在确保所有员工尊重彼此沟通的综合性政策。

尽管其拥有良好的声誉与商业文化，思科仍然委托研究以明确这类不常见失礼行为的成本。研究发现，在一整年中，即使每 100 名员工中只有 1 名员工经历过一次失礼行为，生产力下降和人员流失的成本每年也会达到近 800 万美元。这一数字甚至不包含从属成本，例如，对其他员工和目睹无礼举动的客户的影响，与工作压力相关的额外员工医疗健康费用及法律费用。这些发现证实了"文明有礼并非仅是道德正确"这一事实：这也是一项很好的商业实践。

正如该案例所示，在很多情况下，攻击主体和攻击对象拥有不同的权力指数。大约 60% 的攻击主体拥有比攻击对象更高的工作地位。例如，上司更有可能打断下属说话，反之则不然。主管可以将幽默视为一种调侃，但如果员工这样做，后果却完全不同。如果您是主管，您可以发脾气甚至让下属丢掉工作。同事间、下属与上司间的失礼性沟通却可能很微妙——扣留信息、传播谣言、网上发布匿名批评言论。

织中被视为文化的一部分。幽默是"感觉比意图更重要"的另一个例证。以下是某位员工对她上司弄巧成拙幽默感的描述：

> 当我由于脚踝严重断裂而卧床休息时，上司写了一封令人反感的关于我伤情的信。他试图风趣幽默，言辞却很不友善。我猜有些人可能会觉得好笑，但我不这么认为。

霸凌

鉴于无礼相对温和与无意，职场暴力／霸凌（workplace bullying）则更为尖锐、蓄意、持续和有害。霸凌具有以下若干形式：

- 轻略：通过恐惧和威胁、使用攻击性语言威胁，有时甚至是投掷物体以

职场小贴士

尊重职场的精神信仰

研究表明，精神实践有助于提升完整性和目的性，并减轻职场压力和倦怠。当然，所面临的挑战即是尊重所有员工和客户的权利和感受。

以下是若干准则：

- 平等对待所有的信仰。如果某个组织为其员工的精神实践创造机会，它必须一视同仁。一些组织提供安静的房间，以供所有拥有信仰的人进行祷告或冥想。
- 标示出明确的界限。个人习惯和谈话是私人事务。将个人信仰公开变成工作的一部分不合时宜。公开劝服他人改变信仰或施压下属进行祷告或冥想等，即使已被证明有效，仍然不可接受。公共场所的宗教符号、艺术或言语都可能会造成不适。在个人工作场所中，谨慎判断（discretion）是最佳准则。
- 不要带有评判性。迟早您都会遇到与自己信奉相违背的信仰。如果您不能尊重倾听与您不同的信仰，最好的办法就是尽快摆脱这一局面。
- 及时缓和热点问题的紧张局势。对精神信仰的争论势必会发生。一个人的是非观会冒犯到他人。如有可能，解决问题的最好办法是在涉及人员中进行直接的问题解决。（请参见本章的"观点提示"。）如有必要，可以通过引进管理层或其他第三方帮助建立一个建设性的解决方案，其效果远胜于让双方敌意恶化升级。

进行控制。

- 批判：通过提出不合理的工作要求，例如不可实现的截止时间和对完美的苛求，以此刻薄地摧毁攻击对象的自信心和能力。

- 阴谋：表现为一种具有被动攻击性、不诚实的间接行为。在受害者背后中伤他人。

- 把关控制：控制成功所需的资源，包括金钱、人员和时间。

霸凌者，尤其是那些位高权重者，往往会有效地损害受害者的公众形象。因此，受害者向管理层上诉寻求帮助经常会得到怀疑。（这位抱怨者是不是麻烦制造者？）如果上司并不重视投诉，那受害人就会被孤立且保持沉默。在这种情况下，霸凌演变为一种持续性的怪圈，通常最后只以受害人辞职或被开除告终。而这却不能让霸凌者因此收手，其会继续寻找新的受害者。

应对失礼与霸凌的策略

在一种不文明或霸凌的工作环境中感到无助与受侵害很自然。但您却有选择权。管理学教授克里斯汀·皮尔逊（Christine Pearson）和克里斯汀·波拉斯（Christine Porath）基于十多年的研究，提出了以下若干选择路径。

- 与侵犯者进行谈判。即使您能使用最佳的沟通方式，这种方式仍具风险，尤其当对方有权力去影响您的职业生涯时。决定采取该步骤之前，进行风险效益分析是明智之举。如果局面恶化，您是否准备好接受最糟的结果？如果最糟的情况发生，您是否还拥有职业选择？如果没有，考虑以下罗列的一种或者多种选择更为明智。

　　①如果您已决定与侵犯者谈判，请思考您是想要一对一进行，还是邀请中间人帮助推进会面。请选择中立的会见场所或者半公共场所，例如餐厅，周围人的存在有助于约束侵犯者的嚣张行为。

　　②回顾本章"策略"部分及第三章与倾听技巧相关的部分。设想下自己在实践中将会如何应用这些方法。如有可能，请与可信赖的伙伴共同模拟这一场景，让其扮演您将要会见的侵犯者角色。

- 求助第三方。如果您的风险效益分析表明不应当直接与侵犯者沟通，那么邀请第三方加入平衡局面有助于最大化维护您的利益。他可以是您的同事或上司，其能够吸引侵犯者的注意并获得尊重。如果您的上司恰好是侵犯者，冒险采取非常规手段寻求更高层主管帮助，局面对您来说可能会相当糟糕。再者，这种做法有其风险，您的上司肯定不会赞同这一举动，同时，您上诉的再上一级也可能会支持侵犯者。所以，当考虑此种高风险路径时请务必慎之又慎。

- 后退一步。您也许会认为向侵犯者退让是一种最好的办法，这些策略选择包括尽可能通过电话、电子邮件而非面对面进行沟通，选择不同时段和地点工作（如果工作性质允许，也许包括在家办公），或尽量只与侵犯者的助理、同事共事。甚至在情况变好之前，如有必要，您需要将整个身心都从这份工作中抽离出来。例如，避免公司的所有社交活动，休足够的病假和假期，不要担任令您感到不适的委员会职位。这并非建议您不努力工作，相反，其是一种自我保护策略。

- 重新整理思绪。当您成为他人贬损交谈的攻击对象时，您会轻易就开始相信他人的诟病在某种程度上不无道理。但是在商界与职场中，霸凌或持续性失礼行为绝不能成为正当理由。当您意识到这一事实时，有一点显而易见，即任何人的粗暴、虐待性行为都是恶劣的错误举止。

尽管如此，如果您已意识到自己在努力适应痛苦的沟通方式，那您就不太会有这种受害者心态。也许您对失礼行为不闻不问、习以为常，并努力去迎合相处。或者，当您的直觉本能预感到此或他人警告您不要这样时，您已经接受了这份工作或霸凌上司。

性骚扰

性骚扰（sexual harassment）在职场中经常出现。近十几年，性骚扰问题受到相当重视，严重者足以觞犯法律禁令并招致刑罚。美国《1964 年民权法案》及随后的一系列法律规定和法院判决中明确了性骚扰的两大类型：

- 交换条件（拉丁语为 Quid pro quo，即"以物换物"）。这类性骚扰案例包含直接或间接地威胁他人，如果其不愿约会就不给予升职或给予某种以性交易换取职位的暗示。

- 敌对的工作环境。该类性骚扰案例包括任何言语或非言语行为，具有干扰他人工作或营造某种恐吓、侵犯或敌对环境的意图或效果。所有会制造敌对工作环境的言行举止，如令人感到不适的言论（"宝贝""型男"）、幽默、凝视（"电梯眼"）、手或身体暗示，以及对他人物理空间的侵犯。

在这两类性骚扰方式中，对于何为公然的"交换条件"命题基本达成一致。大多数人都赞同"公然性骚扰"的构成要素。然而，对于哪些行为会构成敌对的工作环境却仍存在分歧。某人无心的玩笑可能会对他人造成很深的伤害；同时，表述方认为某种真诚的赞美，对接收方听上去可能感觉是引诱。

性骚扰并不局限于单独个体的不恰当举止。它也可能是因为某种组织文化有意或者无意地，允许甚至鼓励骚扰行为而对受害者不予理会而造成。

性骚扰会发生在各种不同情况中。它可在同性或异性间产生。骚扰者可以是受害者的上司、雇主代理人、其他地区的主管或者同事。甚至非雇员（例如客户或其他组织员工）的行为也会触碰到性骚扰诉讼。受害者不一定是被骚扰的人，他或她可以是任何受到该攻击性行为影响的人。（上述情形被称为"第三方骚扰"。）非法性骚扰也可能不会造成受害者的经济损失或被解雇。

有关骚扰的报道非常普遍。2010 年，美国平等就业机会委员会（Equal Employment Opportunity Commission, EEOC）共收到 11717 份投诉。这一数据还没有考虑到当地人力资源办公室已经处理或秘而不宣的不计其数的案例。

避免性骚扰问题　除了采取一般预防措施和保持礼节外，在他人可能会冒犯到您言行的情况下，保持敏感是明智之举。学会从他人的视角来看待具体情况。您所说的内容是否可能被认为是冒犯的？是否可能是您的行为导致了令人不舒服的局面？仔细阅读贵公司的性骚扰政策，了解 EEOC 的准则，并熟知贵人力资源部门所提供的各种培训和其他相关信息。如果您想要知道某种行为是否可以被定义为骚扰，不参与其中可能才是最安全的行动步骤。

如果您在组织中拥有相当高的地位，如担任主管或负责人事工作，那您就能在避免性骚扰问题中发挥更大作用。您可以推进一系列措施，包括促进实施和主动监管那些严惩性骚扰的政策，为所有管理者和员工提供相关培训，招聘那些反对性骚扰的男性员工，并仔细检查员工日常互动以确保组织气氛积极健康。

应对性骚扰　大多数组织都有禁止性骚扰的明文规定和保护被骚扰人的明确程序，这些举措可能包括热线服务和人力资源代表。如果您认为自己已成为骚扰对象，请确保您能够了解哪些是可以利用的政策与资源。

除了公司政策之外，性骚扰对象还有权获得法律保护。例如，EEOC、州和地方机构，以及所有有权执行涉及性骚扰的民权法案的司法制度。

尽管政府保护职工的态度坚决，但通过法律渠道打击性骚扰行为也需要足够的耐力。这一过程可能耗时费力，目标对象有时会经受抑郁、被嘲讽、被孤立和报复。基于这些原因，采取最低级别、最不正式的手段来处理骚扰案件可能才是对受害人最好的保护。下面我们按照从低至高的顺序列出若干选项。虽然它们并不是那种需要按部就班执行的应对指南，但它们将有助于您决定特定情形中的最佳选择。

- 尝试不予理会该事件。这一方法只有在他人的言行举止不会干扰到您的正常工作或者不会让您倍感压力或感到焦虑时才适用。假装不予理会您认为重要的事件可能会导致冒犯行为反复发生、受害者开始感到自责且自尊心不断受到伤害。

- 记录该事件以备未来可能采取行动。如果您事后决定申诉追究，记录下所发生之事至关重要。记录包括事件发生的时间和地点、问题行为和您当时如何回应的一份详细日志，并罗列所有目击者的姓名。您可以通过电邮将此记录进行自我保存或发送给值得信赖的同事。

- 给骚扰者写一封私人信件。这份书面声明会让骚扰者明白您已经意识到了骚扰行为。它证明您对这一问题已严肃对待，因而非常重要。将该信件放置在密封的信封中（自己保存一份副本），并在您的日记中详细记录发生的事件、您试图阻止的行为，以及您当时的感受。您可能也想对公司的性骚扰政策进行拷贝记录。将信件的发出时间记录下来。如果您想要确保信件发出会被承认，当您通过挂号信件展现或者发送信件时，可邀请朋友同行作证。（详情可登录 http://www.colorado.edu/Ombuds/InformalStrategies.pdf. 查阅信件示例。）

- 邀请信赖第三方介入。也许某位双方都认识的熟人可以劝说骚扰者停止骚扰行为。您选择的第三方应当是您确信能理解您的不适并支持您观点的人。请确保该第三方中介也是骚扰者所尊重和信任的人。

- 使用公司渠道。向您的上级主管、人力资源部门或处理性骚扰投诉案件的相关委员会报告该情况。

- 提起法律诉讼。您可以向 EEOC 或贵国政府机构进行投诉。您有权获得律师提供的关于法律选择权利的服务。（有关该程序的详细说明，请参阅 http://www.eeoc.gov。）

◎ 冲突管理

无论我们喜欢与否，冲突在任何工作中都无法避免。某项研究中，人力资源经理表示他们多达 60% 的时间都用来处理雇员纠纷，而一半以上的雇员表示他们在工作时会因担忧已经发生或未来可能的冲突而分心。

对于大多数人来说，冲突越少越好。但是因为冲突的不可避免性，无法或拒绝面对问题可能会导致失去工作。雷迪森酒店（Radisson Hotel）新奥尔良区人力资源总监布伦达·理查德（Brenda Richard）描述了这一类型的人："他们不想解决问题，也不喜欢冲突。"问题不在冲突本身，而在处理冲突的方式。只要方法得当，冲突也能够产生好结果。管理顾问和哈佛医学院心理学家史蒂文·贝格拉斯（Steven Berglas）直截了当地指出：

建设性冲突是组织成功的必要组成部分。如果您不致力于寻找能够促进不同背景之人间健康冲突的方式，因为他们的世界观无法调和趋同，当混乱状态发生或者最聪明、最优秀的人远离您而去时，请不要惊讶！

在中国，"危机"这一表意文字中包含两个字：危险和机会。处理不当的组织性冲突必定充满危险：它会导致关系破裂和效率下降。与此相反，妥善处理的冲突能带来益处。它能起到安全阀的作用，让人们及时发泄掉阻碍他们有效工作的烦闷情绪，并因此解决困扰问题。

何为冲突

冲突包含以下几种类型：

当下的主题　冲突最显著的来源是当下的主题。与主题相关的分歧就是职场的真实生活写照。它们涉及的问题包括：

① 薪酬和其他补偿；	④ 自主程度；
② 资源享用；	⑤ 产品和服务的质量；
③ 日程安排和工作分配；	⑥ 预算。

进程　某些争议更多来自工作方式而非工作内容。例如：

某一项目团队可能都同意手头现在的工作急需分配，但他们在如何决定工作分配上意见不一。

社区非营利组织的成员们可能都认为需要举办一次众筹活动，但对于活动类型选择却难以统一意见。

关系性问题　正如本书第一章所述，带有实质性内容的议题属于关系性争议，它们以当事人想要获得何种对待为中心。关系性问题可能涉及控制、亲和力和尊重。

我们是属于一个大家庭，还是一个能将私人生活与工作有效分离的专业团队？（亲和力）

公司是否应该允许员工在商务旅行中自己预订酒店和航班，只要成本符合公司费用支出准则？（尊重、控制）

管理层是否真心欢迎普通员工的建言，还是建议箱纯属摆设？（尊重、控制）

自负 / 身份问题 研究者使用"形象"（face）这一术语用来描述我们每个人努力呈现的身份。在工作环境中，大部分人试图呈现以下一种形象：

① 能力强；② 诚实；③ 重视承诺；④ 理性；⑤ 公平；⑥ 专业。

当他人认可我们所呈现的形象时，关系即维护得好；而当他人以带有威胁的形象沟通时，冲突就会加剧。而当某人的形象受到威胁时，争端会恶化到一种全新的情势。尽管上述四种冲突类型被分别罗列，但大多数争议都会同时涉及上述多种问题。当您在处理冲突时，重要的是探索能够有效运作的所有可能。

冲突解决

面对冲突如何回应？您可以有若干选择，但这些方法会产生不同的结果。

回避 处理冲突的方法之一即尽可能地回避它，并在面对时及时退出。在某些情况下，回避是物理性的：拒绝打电话、在办公室待着不出来等。而在其他情况下，回避也可以是心理性的：否认某一问题存在或严重、克制住情绪性反应等。在职场中，避免冲突的沟通者可能会接受不断的进度延误或供应商低质量的产品，以此回避冲突对抗或假装没看到某位同事的不诚实行为。正如这些案例所示，回避对于避免冲突可能具有短期效益，但长远来看弊大于利，尤其在持续性的关系中。"无论何种冲突出现时，我认为直面冲突并设法解决更为明智，而不是将冲突搁置一旁或将其抛给他人。"康卡斯特通信公司（Comcast Communication）高级运营分析师珍·斯特凡尼（Jean Stefani）建议道。

尽管回避有其不足，但它有时可能是明智之选。表 5-4 罗列了沉默可能是最合适行动方式的若干情形。例如，当捍卫您的权利似乎无望时，沉默可能才是良策。当在寻找一份新工作时，您可能仅需容忍上司的不合理要求，或是您可能避开某位脾气很差、想要让您难堪的同事。然而，在很多情况下，回避的代价也很沉重：您会失去自尊、感到挫败泄气，问题可能也只会变得更糟。

适应 尽管回避者远离冲突，但适应者却能通过某种维持和谐的方式进行退让。在某些情况下，适应是一种非常有效的策略（见表5-4）。如果很明显您是错误方，放弃自己原先的立场是一种实力的彰显，而非懦弱。如果和谐关系比手头的问题更为重要，尤其当问题是次要的，此时适应可能最为恰当。例如，如果您并非很在意某款新文具的广告图是被印在乳色纸还是灰色纸上，较真某种颜色可能让他人很反感，而放弃较真才是明智之举。最后，如果满足对方对您的福利足够重要，您可能也需要去适应。例如，您可能要容忍某位过于苛刻的客户以完成这次重要交易。

然而，适应并非总能奏效。在某些情况下，它等同于绥靖、牺牲自我原则，以及将维护和谐凌驾于解决重要问题之上。同时，当问题涉及安全性或合法性时，适应可能会非常危险。

竞争 如若一方达成目标的路径唯有通过战胜对方才能实现，此时应对冲突的方式应为竞争。这种零和博弈路径在很多谈判中较为常见，正如本章后文所述。

表5-4 冲突应对类型选择的影响因素

考虑回避
当问题真的不重要或其他更加重要的问题刻不容缓需要解决时
当您毫无机会获胜时
当（问题解决）造成（关系）破裂的可能性要超过问题解决本身带来的益处时
有助于让他人冷静下来、重新正确思考问题时
当胜利的长期成本要高于短期利处时
当他人能够更有效地解决冲突时
考虑适应
当您发现自己确实有错时
当问题对于对方很重要，而对您自己不重要时
有助于为往后的问题树立社会信用时
当您的失败有助于最小化损失时

（续表）

当和谐和稳定比当前的主题更为重要时
当愿意给他人一次改正自新的机会时
考虑竞争
当快速果断的行动至关重要时（例如紧急情况）
当面对必须执行不受欢迎的行动等重要议题时（例如削减成本、贯彻不受欢迎的规章）
当他人会利用您的退让行为时
考虑合作
当双方的关注点太过重要以至于必须妥协以寻找解决方案时
当双方的长期关系至关重要时
有助于通过建立共识获取各方承诺时
当对方希望采取一种合作性路径时
考虑妥协
当目标重要但不值得努力或不值得以更为武断的方式进行潜在破坏时
当拥有同等权力的对手决心致力于追求与您相互排斥的目标时
有助于实现复杂问题的暂时性解决
有助于在既定时间压力中达成有利的解决方案
当合作不能见效时，作为一种备选方案

有时竞争可能必不可少。当对手不惜付出代价并拒绝合作时，您可能需要保护自我利益。而且，如果受到非议的原则太过重要以至于不能妥协时，您可能需要为自己的职位而战。

在其他情况下，竞争态度是不必要的。正如本章"双赢谈判"部分所述，双方往往有可能在冲突中达成各自目标。例如，雇主可能会发现在招聘新员工时，提供实地运动器材的成本会被降低的缺勤率和更大的吸引力全部抵消。此外，竞争导向可能会滋生代价沉重且令人不快的敌意之心。在我们健身器材的案例中，那些需求不被重视的员工更有可能报复雇主，通过工作行为让公司最终承受沉重代价。

尽管竞争有其不足，但其并非总是一项糟糕的选择。在某些情况下，某些不重要的问题不值得花费时间来处理。而在其他情况下，并无充足时间寻求合作解决方案。最后，如果他人已决定牺牲您的利益以获利，那您可能需要通过竞争进行自卫。

合作　合作沟通者致力于共同解决冲突。合作可能基于这一情形，即可以满足双方需求。

回避和适应是基于冲突应当被避免的假设，竞争是基于冲突是一种奋斗的信念，合作则是基于作为生活和工作自然部分的冲突，唯有与他人合作才能形成最佳解决方案这一假设。合作的益处一目了然：不仅能够解决当下问题，还有助于改善双方关系。

尽管合作有其优点，但合作型冲突解决方案并非放之四海而皆准。与他人合作不仅耗费时间，而且这种互惠型结果并非总能存在。此外，合作需要参与各方互相配合。如果对方并不打算与您合作，那您开诚布公的沟通和倾尽全力的配合可能让对方有可乘之机、剥削利用。

妥协（compromise）　在妥协中，双方都会牺牲掉他的部分利益以达成共识。一方面，这种做法承认双方必须都同意解决冲突，因而具有合作性；另一方面，妥协各方在共事中仍以自我利益为中心以此寻求最佳可能方案，因而具有利己性。

妥协是一种折中方法。它比回避和适应更主动，但又比竞争更温和。它虽具合作性，但合作程度又不及真正的合作。虽然它无法满足冲突各方全部要求，但按照字面含义，它至少提供了一种各方都可接受的解决方案。正如表5-4所示，妥协虽不是一种完美做法，但在很多情况下，它却可能会产生最好的效果。

建设性地处理冲突

当您在回避冲突或适应他人需求时，需要掌握的沟通技巧并不多。但是，如果您决定要直接解决问题，或者通过合作、竞争或寻求妥协的方式，此时您需要具有谈判能力。

当个体或团体的双方（甚至多方）为达成各方为之接受的协议而就具体议题进行讨论时，谈判（negotiation）应运而生。虽然我们并不经常使用该术语，但谈判却真实地发生在每天生活当中。正如某位顾问所解释的："谈判很少以某

自我测评

您的冲突管理类型

说明：以下是描述处理冲突可能策略的 15 条表述。请使用下文程度评分自我测评您在冲突中的典型行为表现。

1 = 一直；2 = 经常；3 = 有时；4= 不太经常；5= 很少

_____ 1. 我对自己立场的优点据理力争。

_____ 2. 在自己和他人立场间，我努力尝试寻找妥协方案。

_____ 3. 我尽可能满足他人期望。

_____ 4. 我努力探索与他人观点的不同之处，以最终寻找到某种互惠型解决方案。

_____ 5. 在问题解决中，我会坚定不移地捍卫自我立场。

_____ 6. 我更倾向于回避冲突，并尽可能自我保留异议。

_____ 7. 我捍卫自己的问题解决方案。

_____ 8. 我希望通过妥协达成解决方案。

_____ 9. 我喜欢与他人交换重要信息，这样我们就能共同解决问题。

_____ 10. 我会避免与他人讨论我的不同意见。

_____ 11. 我尝试努力去适应同行和同事的期望要求。

_____ 12. 我更喜欢将所有人的关切点都提到台面上，寻求一种最佳方式解决争议。

_____ 13. 我会提倡某些折中的观点以打破僵局。

_____ 14. 我愿意接受他人对冲突解决方案的提议。

_____ 15. 我会通过保留自我的情感与想法以回避冲突中的激烈情绪。

评分

您刚阅读到的 15 条陈述被分为以下 5 种类型。每种类型包含 3 条陈述序号。请将对应序号前的数字填写至此，并求和计算每种类型的总分。

类型				总分
竞争型	1.	5.	7.	
合作型	4.	9.	12.	
回避型	6.	10.	15.	
适应型	3.	11.	14.	
妥协型	2.	8.	13.	

结果

我的主导类型是_____（您的最低得分）；

我的次要类型是_____（您的次低得分）。

种围坐桌旁探讨事务的正式形式出现。事实上，几乎任何形式的商业问题或分歧——从工作交替安排到'由谁来支付这 500 美元的费用？'——都通过某种形式的谈判得以解决。"

谈判其实并无玄妙之处。但如若处理不善，它不仅不能有效解决问题甚至还可能恶化问题。（"我尝试解决问题，但他只在试图诬陷我。这次我要提起诉讼。"）然而，当谈判技巧掌握熟练且游刃有余时，它可以提高一方甚至双方的地位。本章的剩余部分将会为您介绍那些能够实现最佳谈判效果的沟通策略。

谈判策略与效果 通常的谈判策略是带有竞争性的非输即赢路径（win-lose approach）。它基于谈判中唯有一方能够实现目标，且一方的任何胜利都需要对方付出代价这一假设。如表 5-4 所示，如果他人坚持以牺牲您为代价来获益或者当资源真正稀缺时，您可能需要采取某种带有竞争性的输赢谈判方式以保护自身利益。例如，您的公司和另外某家公司可能会争夺共同客户，或您需要与

技术小贴士

网络空间中如何管理冲突

在一个沟通者遍及全球的世界中，冲突通常在网络上展开。以下提示有助于您避免网络空间中不必要的冲突，并在其产生时采取建设性的处理方式。

- **重读棘手信息，并分享给您信任的人。**您对消息的首要反应可能也会受到您当时心情的影响，事后重读可能会给您一个不同视角。而将棘手信息与您信任其判断之人分享则会再给您一个全新视角。如果您确实要分享这一信息，请使用打印版本而非通过邮件转发。这会降低电子（失误）转发信息的风险。
- **决定是否回应。**对某些信息的最佳回应方式就是不回应。如果某条针对您的信息带有指责性和煽动性，同时发送者具有盛气凌人、粗鲁霸凌的风格偏向，此时最佳策略可能就是无视它。
- **不要立刻回复。**当受到伤害或生气时，您会想要立刻回复。但您的回应一定会让自己事后后悔，因此至少将您的回复草稿保留 24 小时才是明智的。您可以隔天再看下信息在发送前是否需要改写。
- **请离线编写回复。**如果您使用电子邮件"回复"功能编写您的回信，那信息在完成之前会面临着无意被按下"发送"按钮的风险。您可以通过在 Word 文档中离线编写回复内容以避免该问题。当您确定无误能够发送时，再将其复制、粘贴至电子邮件中。

其他候选人竞争同一份千载难逢的工作机会。

没有人希望看到双输（lose-lose）的结果，但当竞争对手试图从牺牲对方中获益时，它们就会产生。作战中想要击败敌人的军队自己也承受着人员伤亡；追求竞争性胜利的辩论者通常会发现自己和对手同样被伤害。例如，如果您强迫达成一个不切实际的低价，那卖家可能会过于反感不愿销售以至于您最终无法得到想要之物。在职场中，长期争斗的小团体可能会因为职员不佳或团队不行的恶劣声誉而自毁职业生涯。

有时候，妥协似乎比竞争性对抗且承受双输风险的结果更好。在某些情况中，妥协无疑才是最佳结果——通常是当有争议的资源很有限或极为稀缺时。如果两位管理人都需要一位全职助理但预算限制不太可能时，他们可能也必须妥协，共享一名员工的服务。虽然妥协可能必要，但因为双方都至少牺牲了各自的部分追求，因此它也称不上完美。例如，买家可能需要支付承受范围之外的价格，而卖家获得的收益也低于他们所需。

当谈判者相互合作时，他们通常（虽然并不总是）能够实现一种各方都为之满意的双赢（win-win）结果。当各方需求相互兼容时，双赢解决方案最易实现，正如下文示例：

> 即使有加班费，幼师仍不喜欢周末上班，以保持学校设备整洁和有序。一场幼师与园长间的头脑风暴会议最终形成了一项能够满足各方需求的解决方案：替补幼师在一些上课时间中替代正式幼师，正式幼师则对设备进行分类和清理。这一方法有如下益处：正式幼师的周末不被占用，他们每周都有机会从照料儿童中抽身出来做些其他事情。此外，园长也有机会观察那些有意寻找全职教学工作的替补幼师。园长也很开心，因为替补幼师的薪酬要低于正式幼师的加班费。

这一案例表明，共事各方针对其存在的问题通常能够找一种双赢方法。与此同时，毫不奇怪，研究亦表明，双赢路径要优于其他问题解决方式。某项研究中，研究人员针对6个组织机构使用的问题解决类型进行比较发现，绩效最高的前两大组织与其他效率较低的组织相比，更大程度上偏于使用双赢路径，而绩效最差的组织使用双赢路径率最低。

双赢结果虽然理想，但他们并不总能实现。表 5-5 提供了若干指南以明晰使用此种方法及其他方法的最佳时机。

谈判准备　在您与他人进行语言交锋之前，成功的谈判已经开始。您可以采取若干步骤以进一步理顺自己的观点，并采取有助于提升信息被正确传递且能获得建设性回应可能性的方式，逐渐靠近谈判伙伴。

厘清您的利益与需求　如果沟通者提前就开始关注手段而非结果，谈判即胜利在望。结果是您想要达成的目标，手段则是实现这些目标的方法。罗杰·费希尔和威廉·尤里在其畅销书《谈判力》（*Getting to Yes*）中表明，双赢结果来自对手段而非结果的关注。为了进一步阐述其中不同，我们改编了他们书中的一个故事。

　　　　想象一下两名办公室职员之间的争议：约翰想打开窗户，但玛丽却想关上。（这一问题似乎微不足道，但日积月累的小问题最终造成了长久以来的仇恨。）在这一点上，该问题似乎不可调和。但是，请设想下一位同事询问双方意愿时，约翰回答说，"我想要些新鲜空气"，而玛丽回复说，"我不想要空气对流"。"我有个主意，"调解的同事建议道，"如果我们在隔壁房间开窗如何？这样约翰既能获得一些所需的新鲜空气，玛丽也能避免不想要的空气对流。"

表 5-5　使用竞争性和双赢谈判类型的时机

考虑选择竞争性路径	考虑选择双赢路径
当您与对方的利益清晰无误的冲突时	当您和对方拥有共同利益时
当对方坚持采取非输即赢路径时	当对方愿意考虑一种双赢路径时
当您不需要维系某种长期和谐关系时	当某种持续性的和谐关系很重要时
当您的实力强大足以获胜时	当您实力不济或者与对方大致旗鼓相当时
当短期目标更为重要时	当长期目标更为重要时

这一简单案例描述了手段和结果之间的差别：

问题	结果	手段
约翰	新鲜空气	开窗
		或者
		在隔壁房间开窗
玛丽	不要空气对流	保持窗户关闭
		或者
		在隔壁房间开窗

如果玛丽和约翰始终关注已经发生的第一种手段，那么该问题永远都不可能被满意地解决。但是，一旦他们明确了彼此想达成的目标，一条双方都能接受的途径就完全清晰浮现。厘清双方想要的真实结果且事后再讨论手段，对问题的解决要好得多。

思考提出问题的最佳时机　时机会影响到双方互相沟通的质量——无论这是某一天还是某一年。当他人因为其他业务而疲倦、暴躁或心不在焉时，提出某个难题很可能会威胁到您正在寻求结果的可能性。因此，时时自问"这是一个恰当时机吗？"或者"还是下一次对您来说更好？"有助于提高成功谈判的概率。

思考文化差异　在您筹划自己的路径方法时，请考虑谈判对方的文化感受。正如本书第二章所释，适合您的方法可能与来自不同文化背景的人格格不入。例如，下文"职场文化"描述了中西方谈判者在谈判方式中的若干差异。

准备您的表述　请认真考虑如何能够最好地自我表达，您可以遵循本章所提供的有关建设性反馈意见的建议。事先练习有助于您的观点清晰快速地呈现，同时它也能避免您脱口而出的那些会让您后悔的气话。当您正在组织语言时，请务必考虑如何使用"我"语言，而非那些会引起对方防御心理的"你"信息。

反复排练表述并不意味着您必须一字不漏地记住所有话，这种方法听上去让人感觉如同事先已录音且不真诚。您可以想想自己的大致观点，以及您会使用能让观点清晰的若干关键词。

职场文化

中西方谈判类型

　　除了明显相互冲突的目标之外，中西方谈判者也挣扎于各自不同的谈判文化路径。认识到这些差异是实现成功的重要第一步。

中国谈判者	西方谈判者
更少的直接沟通（高语境）	更多的直接沟通（低语境）
增量式获益	赢家通吃
灵活有分寸	公开示威
避免对抗	基础广泛且拥有整体市场优势
关注于市场定位和局部语境	面对面地表达分歧
规避风险	倾向于承担更大风险
重视隐私	重视信息的透明流通

　　谈判的展开　当您能遵循下述步骤时，双赢路径最成功。

　　界定双方寻求的结果　如前所述，如果谈判者能关注各自需求而非立场，那么看似不可调和的冲突就能得到解决。请思考某位家长发现传统工作时间表无法与孩童照顾责任兼容这种情形。如下是员工和上司分别寻求的结果：

　　　　员工：确保孩子在放学后得到照顾。

　　　　上司：确保员工的工作产出不会降低。

　　　　双方：确保员工仍在工作岗位上，保持一种积极的工作关系。

　　头脑风暴罗列所有可能的解决方案　一旦双方已明确彼此寻找的结果，下一步就是制定一个可能满足各方需求的解决方案清单。请回顾本章前面已介绍过的问题导向路径，各方应当共同努力解决问题（我们如何能够解决该问题），而非互相对抗（我要如何才能打败你）。

　　请再次思考员工想要照顾下课后的孩子这一情况。在这种情况下，若干潜在的双赢解决方案值得探讨：

- 非工作时间，职工可以在家办公。

- 公司可以提供灵活的工作时间，因此，员工可以在孩子上学时或者孩子被他人照顾时完成工作。

- 员工可与另一位职员分担他的全职职位，告知老板其所需内容及员工空余时间。如果员工需要额外收入，他也可以在方便之时在家做些兼职。

- 假如当孩子获得良好照顾后，员工的工作效率有所提升且缺勤率下降，上司也可以考虑对员工孩童放学后的照顾给予补贴。

虽然并不是所有上述选项都可能得到落实，但头脑风暴成功的关键是暂时避免评判任何可能的解决方案。任何打击创造力和增加防御性的方式都莫过于说一句："这不行。"您可以事后再评判每一条想法的质量，但现在数量是关键。很有可能某人一个不切实际的想法就能激发一条富有成效的建议。

评估其他替代解决方案　头脑风暴收集到尽可能多的想法之后，此时再决定哪些最具价值。在此阶段，寻找能够满足各方重要需求的方案仍然至关重要。只有当所有人都对解决方案感到满意时，合作才会到来。

执行与跟进该解决方案　一旦最佳方案被确定，请确保所有人都明白无误，然后可以先予试行。即使最具吸引力的计划也可能需要修改。经过一段合理时间后，可以计划于其他方会见讨论如何将方案贯彻施行。如有必要，请确定哪些需求仍旧未被满足，然后重复该问题解决程序。

掌握本章概要

要点回顾

- 人际关系技能对于职业成功至关重要，它们有助于帮助建立积极关系、改善组织气氛并维护他人尊严。

- 社交商的一个关键因素就是具备尊重他人的能力，即使意见不同。

- 有效赞美能够创造并保持良好的沟通气氛。当赞美具体、及时且真诚地承认他人进步之处时，效果最佳。

- 当提出棘手问题时，通过使用叙述性的"我"语言而非指责性的"你"

语言；关注问题解决而非强加解决方案；保持真诚；表达对他人的关心；以及展现平等和思想开放的态度，成功的可能性会更大。

- 当最可信的发送者传递表达批评言论，且其有利于接收人，此时批评最有可能成功被接受。其在表达时必须尊重他人及个人隐私，且不带主观评判。

- 通过寻求更多信息，找到既不用妥协自我原则又与批评者能达成一致意见的方式，批评就可以非抗拒的形式被接受。

- 无论是无意还是有意，性骚扰都属违法行为。根据具体情况，被骚扰对象可以采取各种不断升级的应对方案。

- 通过探索根本原因、选择最佳方法（回避、适应、竞争、合作或妥协）、谈判寻求双方都可接受的协议，职场冲突可以最具建设性地被解决。

- 成功的谈判需要厘清各自的利益与需求（结果和手段）、考虑周到的时机及准备，以及以一种尊重的态度管理问题。谈判各方可以采用若干策略，双赢路径是理想型，该最佳解决方案能够满足所有各方需求。

职业拓展

1. 有用的洞察

回想两三个您曾做过那些令人讨厌的沟通行为案例（见表 5-1）。

（1）请明确您表现过的行为类型。到底何种情况导致您会有这些行为反应？

（2）这些行为对您和其他人造成了哪些后果？

（3）请详细阐述您应当如何表现才能降低对抗性？

2. 能力建构

请将以下"引起对抗性"的信息转换为"降低对抗性"的语句。在每条语句中，请使用"我"语言和清晰明确术语。根据需要对有关情形创建具体细节。

（1）我确实希望该项目中有人能帮助我。

（2）听着……请停止提问，你只需要完成任务。

（3）你可能会认为自己知道如何应对这种情况，但你真的缺乏足够经验。我是你老板，我知道何种任务是超出你的能力范围。

（4）什么差劲的想法！这么正式的招待会仅用纸盘！我甚至不敢相信你竟然提议过。

（5）如果想要保留这份工作，你最好在周一收集 10 个新账户。

3. 有用的洞察

通过完成以下练习，让自己熟悉掌握有效赞美：

（1）回想下他人赞扬过您的三种情形。使用本章指南评估您得到的赞美。它是否具体、真诚？这一赞美如何影响到您的？

（2）请想三位同事或者熟人，您愿意给予真诚的赞美。您将会如何有效地表达赞美？请为每位写一段简短陈述或段落以表达您的赞美。

4. 能力建构

基于以下一种场景（或使用任何您在工作中可能会收到的关键性信息），与同伴共同创造简短角色并扮演，以提升您积极管理批评的能力。

（1）一位同事指责你在努力拍老板马屁。

（2）一位难以取悦的客户及时地厉声斥责你不回复他的电话。

（3）你忘记校对预算委员会的会议记录就将其发送；你不小心误输入几项预算数字，这让老板很不高兴。

（4）你在去饮水机处时途经某位同事的工作区，她呵斥道："你能给我些空间让我工作吗？"

（5）在会议上，你提出的某项提议让你的一位同事很愤怒。她对你进行言语攻击，声称你的提议事实上证明不正确。

（6）你的主管批评你完成工作耗时过长。

请按照以下要求进行三次不同的角色扮演：

（1）信息发送者使用评判性语言，接收者则进行防御型回应；

（2）发送者使用评判性语言，接收者则使用本章所述技巧进行非防御型回应；

（3）发送者使用本章所述指南，发送具有建设性反馈意义的批评言论，接收者进行非防御型回应。

请讨论每种方法对（1）关系性气氛和（2）这些职员间的未来相互关系可能产生的影响。请使用第一章的沟通模式来解释您的答案。

5. 有用的洞察

回想一下您最近参与的两个冲突。

（1）根据本章描述（主题、进程、关系性问题、自负／身份问题），请分别界定这两个冲突的主要来源。您认为对方是否会同意您关于冲突主要来源的观点？请说明原因。

（2）下一步，请界定两种冲突的所有次要来源。

（3）每种维度如何影响参与者解决冲突的方式？

6. 能力建构

请针对下述每种情况阐述一种回避型、适应型、竞争型、合作型和妥协型的回应方式，然后决定您会推荐哪种方法。信息的含义会伴随着语境不同而变化，因此，您需要根据具体情况做出明智选择。最后，请根据本章所述内容解释您的选择。

（1）下午 4:30，老板要求他的助理加班赶在明早之前核实一份 25 页的报告，而这位助理已经买了一张当晚不可退款的音乐会门票。

（2）和您共用小隔间的一位同事习惯性地将纸张、文件和书散乱铺在整张桌子上，这一行为让您很抓狂。此外，您也担心这会给客户留下不好的印象。

（3）书店的助理经理正在处理一位难缠的客户，其对某本自称是礼物的书要求退款，但这本书内文已有几页褶皱且封面已被撕裂。

（4）作为某个学生组协调人，您正在撰写一篇研究报告，该报告构成本学期您总成绩的一半。但是，某位团队成员却没有通知您缺席了两次会议。当他回来时，解释说家里有急事并询问您如何能够弥补先前的工作。

7. 能力建构

通过遵循以下步骤，有助于提升您对何时及如何提出棘手问题的掌控力。

（1）请您为职业生涯中的以下若干情形，分别设计有助于减少防御性的沟通信息：

① 提出某项困难的请求；

② 描述涉及信息接收者的某个问题；

③ 提供某项建议。

（2）与伙伴一起练习每种场景及沟通信息，直到您确保信息内容条理清晰、表述尽可能高效。您可以对练习进行录音，这样有助于提供有价值的反馈。

（3）现在请与您的伙伴讨论每种支配型信息（assertive message）在表达中可能存在的利弊。

8. 能力建构

请确定以下每种冲突的类型（主题、进程、关系性问题、自负/身份问题）及各方期待的结果。针对每种情况，请明确能够满足所有参与方需求的解决方案（即终极解决方案）。

（1）房东和租客关于办公区域明显必要的油漆工作由谁支付意见不一；

（2）两位同事对发展某位重要客户提案做出了同样的贡献，他们都想成为最终提案提出者；

（3）销售经理和销售代表在获得奖金的指标配额上存在争执；

（4）在某家新项目资源有限的公司，市场经理想要更多资金投放于广告，而产品开发经理则希望更多预算用于研究新的产品线。

9. 能力建构

与伙伴共同选择以下一种情形。请规划你们将如何准备并开展谈判，按照本章所述步骤，逐步实施。如有必要，对特定情形进行详细说明。

（1）您想要求升职；

（2）您和同事希望老板能够再雇用一名员工，以便你们能够及时完成所有必要工作，而不至于筋疲力尽；

（3）您想为自己的小业务租用办公场所，但希望租金能比广告价格低 5% 到 10%；

（4）您还需要一周的时间，才能完成那份长期且复杂的任务。

10. 有用的洞察

与您的团队一起阅读本章标题为"完全诚实总是最佳策略吗"的道德挑战专栏。请描述两种您曾有意使用以掩饰清楚事实的模棱两可表述，并分别标明您认为合乎道德与不合乎道德的表述。最后，请解释您的推理。您也可以参考本书第一章"道德伦理维度的沟通"相关内容。

第六章

面试原则

章节概览

面试策略

   准备面试

   进行面试

   正式面试阶段

收尾总结阶段

   面试类型

   信息搜集面试

   职业研究面试

   求职面试

面试伦理

   面试官义务

   面试者义务

本章目标

阅读完本章后您应该能够：

1. 解释如何定义面试目标，识别与分析其他面试方并选择最佳面试结构。

2. 说明每种面试提问所运用到的知识及其局限性：主要提问、次要提问、封闭式提问、开放式提问、事实性提问、观点性提问、直接提问、间接提问、假设性提问、危机事件提问。

3. 阐述面试每个阶段的目的与恰当行为：开场介绍阶段、正式面试阶段、收尾总结阶段。

4. 规划与开展一次信息搜集型面试，以帮助到您的现任工作或学校项目；规划与开展一次职业调查面试，其有助于您厘清或实现您的职业目标。

5. 界定并演示求职面试中的准备阶段、参与阶段和事后跟进阶段的对应步骤。

6. 描述求职面试各种类型的特征与常见用法，并解释每种类型的准备方法。

7. 区分合法与非法的求职面试提问，并明确四种针对非法提问的应对方式利弊。

8. 阐述并遵守面试官和面试者的道德义务。

阅读本章前请先认真研读第 180 页的案例研究。吉娜每次所需的沟通都是一场面试（interview）——即至少其中一方目的明确、严肃，且通常涉及提问与回答的双方交流。

面试在职场世界中发挥着核心作用。组织机构通过使用求职面试（有时也称为"选择面试"）以确定工作的最佳候选人。主管通过使用绩效评估面试以审核员工绩效情况并帮助其设定未来目标。当出现问题时，它们通过使用纪律面试来处理不当行为或改善绩效不佳情况。人力资源部员工通过使用离职面试以帮助分析员工离职原因，并对组织中可能存在的问题征求反馈意见。

医疗服务提供者、律师、顾问和销售人员经常通过使用诊断面谈来检测问题并收集有助于满足客户需求的信息。警务人员、记者和社工人员通过使用调查性采访以帮助确定问题原因。商务人员通过开展研究性采访以收集信息为未来决策奠定基础。例如，广告和营销专家通过调查访谈搜集部分人群信息，借此更好地了解特定目标人群或客户对象。由于面试（采访、访谈）的重要性涉及职业生涯的太多方面，因此，沟通专家认为"面试"是"计划性沟通"的最常见形式。

无论何种类型的面试，都具有以下共同特征。第一，面试总是涉及两方。虽然可能有几位面试官（有时在求职面试中出现）或多位面试者（如在"与媒体见面"的新闻记者会上），但总是存在面试官和受访者这两方。第二，面试总是带有目的性。不同于更为随意的交谈，一场面试中至少一方参与者拥有严肃和预定的目标。第三，面试的重点在于提出与回答问题。提问是面试的基本"工具"，双方通过使用提问以收集信息并引导互相交流。

至此，您可以开始注意到面试与其他沟通类型在若干方式中的区别。最重要的是，面试比大多数对话更为结构化。正如您将要阅读到的，所有的好面试都有几个明显区分的阶段。面试还带有些控制因素，即不存在更随意的互动。面试官的工作就是保证谈话向预先设定的目标推进。面试与其他对话之间的一个终极区别就是各方的发言量不尽相同。在大多数非正式对话中，演讲者是在平等发言，但是专家建议大多数面试中面试者应当将发言时间大致进行三七开，面试者进行 70% 的谈话。

◎ 面试策略

所有的好面试都具有一些共同特征和沟通策略。以下将为您介绍可供使用的若干技能，其在您职业生涯的几乎所有面试都可运用，无论您是面试官还是面试者。

准备面试

一场成功的面试在双方见面之前就已开始。无论您是面试官还是面试者，事先进行背景调查能决定到面试的成败。

明确目标　有时候，面试目的无法像其最初那样明显。例如，在医疗环境中，目标是否仅是简单从患者那里获取信息，还是建立一种长期信任关系？在绩效评估面试中，您的目标是要求某些具体改变，还是想让您过去的付出被认可？

在任何面试中，您都需要尽可能清晰明确自己的目标：

模糊不清：请了解一下潜在的网页设计师。

稍微明确：请评估一下哪位网页设计师能够为我们提供最佳服务。

最为明确：请明确哪位网页设计师有能力创建并维护一个经济实惠并能吸引与保留客户的网站。

受访者也应该拥有一项明确目的。例如，让我们看一下求职面试中面试者的目的：

模糊不清：在求职面试中完美地呈现自己。

稍微明确：描述自己的相关工作经验，并解释对这一职位的自我匹配度。

最为明确：说服面试官自己才是该职位的最佳候选人。

界定与分析对方　您不可能总是选择自己的面试对象，但当您确实有选择权时，选择合适之人有助于提升你们对话的效率与成功率。一家体育推广机构的负责人马克·麦科马克（Mark McCormack）解释道：

> 作为一家销售组织，我们现在存在的最大问题之一就是弄清楚另外一家公司的决策主体与决策内容。在我们这一行业中，我们经常弄不清它到底是广告部门、营销部门、公关部门还是公司的通信部门。如果某项议题

案例研究

咖啡馆

作为年仅 20 岁的人，吉娜·德西尔娃自我感觉还不错：

我是这家咖啡馆历史上最年轻的店长。因为这份工作，我可能要花费更长些时间拿到学位。但是，我不必申请学生贷款，而且到毕业时我已经掌握了一些真正的管理经验，这对我毕业后求职应该会有很多帮助。

吉娜明白这份工作并不容易。从一开始，她在心中就罗列了一份需要进行面谈的"任务清单"。

- 明确马蒂对我的期望。现在我身为店长，马蒂（区域经理）就是我的上司。我对他的了解还不够全面，因此我需要清晰他对我的要求。什么是他最关心的？他眼中咖啡馆存在哪些问题？他对我有何看法？最好弄清楚上述问题的答案。

- 聘用助理经理替代我。面试最佳候选人拉希德和萨曼莎。拉希德更富经验并更擅社交，但当咖啡馆经营与他的乐队产生冲突时，我能指望他把咖啡馆放在首位吗？萨曼莎虽然认真，但她咄咄逼人的风格已经惹怒了几位店员。她是否能学着减少些攻击性？此外，我还需要确保由我雇用的员工都必须承诺在店里至少待满一年。

- 雇用两名新店员。我们很快就要雇佣两名新店员。他们需要具备何种能力和态度？我应该如何面试他们才能确保选择到最佳人选？

- 研究如何降低人员流失。去年我们不得不替换了 10 位咖啡调配师中的 7 位，我不知道为何这么多人都选择离开。培训新员工需要很多时间，新员工也只有熟悉了工作流程才能开始有质量地服务顾客。我需要和仍在此工作的 3 名老员工与其他新员工好好交谈下。我也可以追查采访下那些离职人员，从而找出其中的离职原因。

- 针对顾客开展市场调研。自从星巴克在购物中心开业以来，我们的销售额就持续下降。我需要和我们的顾客交谈以找出留住他们的办法。我还需要跟踪那些我们已经失去的顾客，并找出能让他们回来的办法。

涉及身价数十亿美元公司的董事长和 CEO，那很可能最终的决策主体就是他们。

销售中找到正确的面谈对象并非唯一重要因素。例如，如果您想要了解更多关于制造领域的安全程序问题，工厂经理与宣传人员相比，前者能够告诉您更多关于这方面的内容，而后者可能也是从前者获得该信息的。

准备一份议题清单　一份议题清单将有助于您获得达成目标所需的全部信息。一位正在为员工购置新平板电脑的办公室经理，在与不同公司的销售代表面谈时，可能会考虑以下议题。

目标：购置物美价廉，且能与公司现有设置兼容的平板电脑。

议题清单：

- 无线与上网功能；
- 与现有软件和操作系统的兼容性；
- 价格与数量优惠；
- 保修与技术支持。

选择最佳面试结构　面试结构有以下若干类型。如表 6-1 所示，每种类型要求的规划层次（levels of planning）不同，所产生的结果也各不相同。

结构化面试（structured interview）包含一份标准化的问题清单，其只允许有限范围的回答且无后续跟进提问："你有多少台电视机？""以下哪个词最能描述你对公司的评价？"当面试目标是要从大量人群中获取标准化反馈时，例如在市场调研和民意调查中，结构化面试更为可取。而在大多数其他情况中，它们反而不太适合。

顾名思义，非结构化面试（unstructured interview）与结构化面试形成了鲜明对比。面试官有目标，或许头脑中还有若干主题领域，但无问题清单。非结构化面试对其所花费的时间和提问类型具有相当大的灵活性。他们允许谈话向任何可能最有成效的方向开展。

非结构化面试通常是一种即兴活动。例如，您可能在派对上遇到一位很有帮助的联系人，并想借此机会开拓自己的职业选择。或者当某位员工提出一项难题时，经理刚好发现自己正在处理类似情况。如果技能娴熟，完成非结构化面试看似很简单，但实际上往往很难。因为，其很容易失去对时间的把控或是因为过于关注某一主题而忽略掉其他。

中等结构化面试（moderately structured interview）综合了其他面试类型的特征。面试官会准备一份主题清单、预估可能的进展顺序，并设计主要问题及可能的后续跟进提问。事先准备提问能够确保涵盖一些重要领域，也有利于查看那些重要但无法预见的主题。中等结构化面试非常适合于大多数情况，因为它同时包含控制和自发性两方面的措施。

表 6-1　结构化面试与非结构化面试的差异

结构化面试	非结构化面试
与非结构化面试相比通常花费更少时间	与结构化面试相比通常花费更多时间
更加利于面试官进行控制	更加不利于面试官进行控制
提供可量化的结果	结果更难以量化
对面试官技巧要求更少	对面试官技巧要求很高
在探究回应方面仅具低灵活性	在探究回应方面具有很高灵活性

考虑各种可能提问　正如您所期望，提问类型和质量可能是影响面试成败的最大因素。如表 6-2 所示，提问也具有若干类别。例如，"请描述一些能够证明你的领导能力的工作经历"属于主要的、开放的、事实的、直接的提问。提问也可能是次要的、封闭的和假设性的："你说你喜欢挑战。如果机会出现，你对处理下一轮裁员是否有兴趣？"一位好面试官会将这些提问类型当作工具，通过选择正确组合以获取他或她想要发现的信息。

有些问题看上去合理，但在大多数面试中并无容身之地。例如，诱导性提问（leading questions）中暗含了面试官想要的回答："那你是有兴趣帮助我们从事今年的'联合之路'（United Way）竞选，对吧？""你现在不是真的要求加薪，对吧？"

安排场景设置　开展面试的物理场景环境对面试结果影响巨大。首要考虑即是准备一个不受干扰的环境。有时候，一处远离所有人惯常居住地的地点才是最佳选择。这样不仅有利于减少谈话被打断的可能；同时，在一种中立空间内，因为远离了那些能够触发习惯性回应方式的熟悉场景，人们通常能够更加自由地畅所欲言并更富创造力地进行思考。

　　某家大型出版公司的经理通常在员工餐厅通过共进午餐来面试下属。这位经理解释说：

> 在此见面的好处是我们都很放松。他们可以自由谈论工作，而不用感觉好像自己被叫到领导办公室而需要自我防卫。他们在此与在办公室相比，也更倾向于针对解决某一问题寻求帮助。而且，我可以要求员工进行改进并提出各种建议，员工也不会感觉像是被正式训斥。

　　场景的物理安排也会影响面试。一般而言，坐在桌子后面之人通常掌握权力且较为拘谨，围坐在桌边或者没有障碍则有利于促进平等和放松的心态。距离也会影响到面试官与受访者之间的关系。在其他条件都相同的情况下，两位座位相距 1 米的人要比相距 2 米或 2.5 米的人对话更为直接。

　　与其他变量一样，场景的正式程度取决于您的目标。纪律面试中想要维护权威的主管可能会增加距离并坐在桌子后面。与此相反，想要获得患者信任的医疗服务人员就要避免桌子带来的距离障碍。

表 6-2　面试提问类型

类型	运用
主要提问 介绍某个新话题	开启一个新的讨论话题："请告诉我你过去的经验……"
	当先前回答并不完整："然后她说了什么？"
次要提问 针对当前讨论的话题 搜集额外信息	当先前回答含糊不清："你认为数据正确是什么意思？"
	当先前回答并不相关："我明白你对这份工作很有兴趣。那你能告诉我你在这方面都有什么培训吗？"
	当先前回答似乎不太准确："你说所有人都支持这一想法，赫布呢？"
封闭式提问 限制面试者的回复	当需要特定信息时："你认为订单何时能准备好？""你在此工作了多久？"
	为了保持对整个对话的控制权："我理解对于这一延误你很焦虑。但是货船本应何时到达？"
	当时间有限时："如果你一定要说出某种你想要的特质，那它是什么？"

（续表）

类型	运用
封闭式提问 限制面试者的回复	当面试高度标准化很重要时："从一到十打分，你会如何对这些特质的各自重要性进行打分？"
开放式提问 欢迎各种更加开阔和具体的回答	为了缓解面试者的紧张情绪（如果提问容易回答且没有威胁性）："你对我们公司有哪些了解？"
	为了发掘面试者的观点、情感或价值观："你是如何看待……？"
	为了评估面试者的沟通技能："你会如何应对一位极易发怒的客户？"
	为了了解面试者对某一信息的掌握度："关于遗失文件你有哪些了解？"
事实提问	
寻找具体信息	为了寻找客观性信息："如果我们决定购买，我们可以对进货价格申请租赁付款吗？"
观点提问	为了发现受访者的分析："你认为这项投资是否值得？"
发掘受访者的观点	为了评估受访者的判断："你认为哪位供应商提供了最佳服务？""你认为人工智能会做到真诚吗？"
直接提问 直截了当地询问信息	当受访者愿意且能够提供对方想要获得的信息："你是否有一份针对该职位的职工福利清单？"
间接提问 不通过直接提问的方式引出信息	当受访者无法回答直接提问（例如"你明白了吗？"）："假如你必须要向该部门的其他员工解释这一政策，你会说什么？"
	当受访者不愿意回答直接提问（例如"你对我的领导还满意吗？"）："你如何看待大部分同事对我的领导力的看法？"
假设性提问 寻求"如果"式提问的答案	当受访者缺乏回答直接提问的经验时："如果你是该部门经理，你会做哪些改变？"
	获取信息以帮助面试官做出正确决策："如果你是我的话，面对这些情况你会怎么做？"
危机事件提问 针对某一真实而非假设情形询问具体理由	为了评估受访者的经验："设想下，当你感到自己不得不违背某项隐性的公司政策，以实现公司规模更大的愿景。请描述这一情形并阐述你是如何处理的。"

技术小贴士

进行视频访谈

　　面对面进行访谈并非总是易事，尤其当距离将双方分开之时。在此情况下，视频访谈可以作为一种快速、经济实惠的方式促成对话。除了成本低廉外，视频技术还增加了繁忙日程中安排一场访谈的可能性。此外，视频采访易保存，便于未来分析和与他人共享。由于所有这些原因，记者越加频繁地使用视频采访。在投入资源安排面对面会谈之前，雇主也越来越普遍通过使用视频面试筛选候选人。例如，软件巨头公司甲骨文（Oracle）的面试官会通过互联网对远在硅谷总部千里之外的候选人进行面试。市场研究者利用视频来组织面试与小组讨论，与电话采访的信息搜集量相比，前者能够获得更多信息。最后，您也可以通过借助视频进行信息性面试，这两者都是探索职业选择和开启职业生涯的组成部分。

　　虽然视频访谈存在很多复杂的选项设置，但价格合理的技术也易使用。所有您（和对方）所需的是互联网连接、像 Skype 和谷歌聊天等免费通信软件，以及一个内置麦克风的网络摄像头。

　　以下提示有助于您的视频访谈获得成功：

事先规划

- 提前确认访谈日期与时间；
- 访谈前发送必要的背景资料；
- 事先测试您的设备，并在访谈前再简要测试一下。
- 准备好联系对方的其他备用方案（即时通信、电话），以便您在建立起联系后需要进行通信。

访谈中

- 确保您的网络摄像头所涵盖的视野范围内是干净整洁的。（使用网络摄像头的画中画功能可以准确查看到对方所见内容。）
- 请注意麦克风在提取您声音的同时也会传递背景噪音。努力选择一个安静的环境，且不要玩弄笔或散乱地摆放纸张。
- 与您可能参加的面对面访谈场景相比，视频访谈请计划在较短时间内完成。一次持续 15 分钟或 20 分钟的电话交谈与同样时间的面对面交谈相比，前者会让人感觉漫长很多。

　　正确的时间与场所同样重要。当您打算参加面试时，请仔细考虑您需要花费多少时间才能达成目标，并让对方知道您期望花费的时间。请注意访谈前后的时间与他人的日程安排。例如，您应当避免恰好在午餐前安排某场重要访谈，双方都会因为担心如何实现访谈目标而无心用餐。

进行面试

经过细致的计划准备，真正的面试即将到来。一场面试通常包含三大阶段：开场介绍阶段（an opening or introduction）、正式面试阶段（a body）、收尾总结阶段（a closing）。下面，让我们详细分析每个阶段。

开场介绍阶段　一个良好的自我介绍奠定了整个面试的基本基调。研究表明，人们在对话的开头几分钟就形成了对彼此的持久印象。国家管理招聘人员戴夫·迪弗描述了求职面试中第一印象的重要性："整场面试的第一分钟至关重要。50% 的决定在前半分钟至 1 分钟内就已做出。大约 25% 的评估在前 15 分钟内就完成。如果您前几分钟内已自毁形象，仅靠最后 25% 的时间很难弥补。"这些初步印象会决定听众如何看待接下去的所有内容。

职场小贴士

通过招聘会成功找工作

招聘会提供与雇主切实沟通的机会，并有时可以在现场进行就业面试。在这方面，招聘会起到初级面试的作用。

一些招聘会在大学校园里召开，雇主通常去学校里直接招聘应届毕业生。社区招聘会一般会对公众开放。一些招聘会专注于特定领域，例如健康医疗或工程师；而其他招聘会会提供各种类型的公司组织及领域。

招聘会前

- 问问自己到底具备哪方面优势，可以让自己在一天数百人的招聘会中脱颖而出，吸引面试官的注意。
- 通过事先了解您所感兴趣的雇主以获得竞争优势。详细了解公司正在招聘的职位及具体应聘资格。如有可能，请了解公司是在招聘会上进行现场面试还是后期通知面试。您可能会从就业招聘会中发现这类信息。主动联系公司，您或许能够发现站在桌旁的人是否负责招聘工作，或人力资源代表正在筛选合格候选人推荐给公司。
- 反复练习您的"电梯演讲"，使自己可以清晰专业地进行自我介绍（请参阅第一章内容）。带上您的通用简历和针对中意职位的修改版求职信。请注意穿着正式与职业。
- 携带公文包（配有肩带可以让您自由握手与记笔记）和专业的文件夹，让您可以轻松找到简历和推荐信。请携带纸巾并保持口气清新。

招聘会中

- 提前到达。花几分钟时间了解下招聘会的整体氛围：是正式还是非正式的？
- 切忌询问雇主公司的业务内容，在见面前请先自行了解。
- 有效管理自己的时间：首先与中意的次优公司见面，作为"热身准备"，这样您与最有意向的公司见面时就会更加自信。一些雇主会在指定闭馆前一小时左右就结束招聘，所以请不要等到最后一刻再去。
- 如果您必须排队等候，请利用这段时间与其他应聘者交谈：尽量掌握他们对雇主和职位已有的信息。
- 自信地与公司代表交谈："您好！我叫雅亚·格里尔。我是一名新闻与英语专业的学生。我对贵公司文案撰写一职很有兴趣。"请记住，从您开始沟通那刻起，招聘者就已开始评估您了。
- 时刻要思考自己的职业目标与资质如何与雇主需求相匹配。你需要有具体的问题，以表明自己已备好功课。
- 请索要所有与您交谈的人的名片。

招聘会后

- 对可能与自己职业诉求相匹配的雇主，请事后跟进一个电话或一封邮件，表达感激并明确自己的兴趣意向。
- 提醒招聘者你们面谈的地点、内容和您的技能资质，并补充您在招聘会现场忽略掉的任何信息。明确表达您有兴趣了解自己与该公司是否匹配的更多信息。

　　问候与建立亲切感　　如有需要，面试官也应该以问候与自我介绍作为开场白。在比如获取法律证词或开展结构化调查的正式情况中，直奔主题是恰当的。但在大多数情况下，建立亲切感不仅恰当且有益。如果面试官和受访者彼此感到舒适，结果可能会对双方都更好。寒暄小叙也会趋向于设定采访的情感基调——正式或非正式、紧张或放松、坦率或保守。

　　逻辑性最强的开场白涉及一项共同基础：共同利益或经验。"你会如何处理我们遭遇的这次降雪记录？""你在航空港口建设中是否寻找到了解决方案？"另一种共同基础类型涉及与工作相关的话题，虽然它们通常与面试本身并无关联。想为员工制订一份新福利计划的经理，在与员工面谈时可能会这样开始对话："新停车计划进展如何？"

　　一个好的开场白包含两大要素：问候语和基本方向。开场介绍阶段也是激发面试者合作积极性与帮助其了解面试后续内容的重要时机。

基本方向 在开场介绍阶段，面试官会向受访者简要介绍接下来的面谈的大致流程。这一基本方向有助于消除受访者对未知的本能忧虑而放松下来，且有助于建立与强化面试官控制。在基本方向中，请务必执行以下步骤：

第一，解释面试原因。简述面谈的目的有助于缓解受访者的紧张情绪，激励他积极回应。如果您上司打电话给您想要"闲聊"一下"事情的进展情况"，您可能很自然地就会心生疑问。您是面临着升职还是不幸要被裁员？分享致电原因就能减轻这些担忧："我们正在考虑尽快开设一家分支机构，因此我们在努力规划职员配置。我想知道你对自己工作现状的感受以及你的需求，以便我们进行调整时能考虑到你的需求。"

第二，说明所需信息及信息的使用。受访者如能知悉询问者的需求，其提供信息的可能性更高。在我们的示例中，上司可能会寻找两种信息类型。在第一种情况下，所需信息的表述可能是："我没有兴趣听你说你喜欢或讨厌的人名。我只想知道，你对哪些业务模块有兴趣及你所认为的理想型工作。"另一种完全不同的信息获取方式可能是："我想听听你对与你共事员工的看法。你将来想和谁一起工作，又不想和谁一起共事？"

简述信息将会被如何使用同样重要。在我们目前的示例中，上司可能会解释说："我今天无法告诉你我们确切的改变，但是我向你保证我们这次谈话不会被公开，因此没有人会知道你和我所说的话。"

第三，阐明所有基本规则。确保您和对方都正确了解所有的运作程序。例如，您可能会说："对于我们今天的谈话，我会录音而不记笔记。"

第四，告知面试的大致时长。受访者如能知道对话时长将会感到更加舒适放松且回答表现更佳。

动机 有时，您需要给受访者一个让其感觉此次访谈是值得的理由。在某些情况下，您只需指出益处："如果我们能够找到更好的方式来处理这些订单，这就能节省我们双方的时间。"如果访谈无法直接让对方获益，您可能要激发起对方帮助他人的自我意识及愿望："我想尝试一款新的促销产品，而你在这方面比任何人都更有经验。"

正式面试阶段

正式面试阶段是一个互相交换提问与回答的过程。作为面试官，请根据您的主体列表制作一份问题清单。而作为面试者，请尝试预测您将会面临的提问并准备好自己的提问清单。

面试官的责任　面试官在讨论问答阶段应执行以下几项工作：

把控和聚焦对话　如果面试是一次有目的的对话，面试官的角色就是确保讨论集中在目标实现上。有些回答可能很有趣以至于会让讨论偏离主题："我看你在毕业后游历过欧洲，那你有没有去过巴塞罗那？"类似这种关于背景的讨论可能适合于开场陈述中建立亲切感环节，但讨论它可能会一发不可收拾，且耗费那些本可以更高效用来达成面试目标的时间。

讨论过程中，当面试官在某一正当性问题上花费过多时间而忽略掉其他，第二次失控局面就会产生。它可能很难，但面试官必须针对每项议题进行一个大致的时间分配，然后按照分配准则执行。

积极倾听　有些面试官（尤其是新手）会过分纠结于时间分配和关注下一个问题，因而忽略掉最重要的工作：仔细倾听受访者。有时多任务会引发问题。很难游刃有余地兼顾提问与回答、记笔记、保持眼神接触与掌握时间这些任务。请复习第三章关于倾听技巧的若干提示。

利用次要提问探究重要信息　有时答案可能并不完整。在其他情况中，回答也可能闪烁其词或含糊不清。由于我们无法提前知晓需要深层探究的时间，因此面试官应该随时准备好使用它们。

面试官有时在得到满意回答前需要重复某一问题：

面试官： 你说你在亚利桑那州上了4年学。我不是很清楚你是否拿到了学位。

面试者： 我完成了专业必修课和几门选修课。

面试官： 我明白了，所以你拿到学位了吗？

当某项主要提问无法提供足够信息时，询问者需要寻找详细阐述：

询问者： 在我们安排这次会面时，你说鲍勃一直在羞辱你。你能说得详细些吗？

受访者： 他把我当小孩看。我在这里待的时间几乎和他一样长，我知道自己在做什么！

询问者：他确切地做了什么？你能给我举个例吗？

有时答案虽然完整但却不清晰，这就需要对方进行澄清：

受访者：这张券支付 6.3% 的利息。

询问者：利率是单利还是复利？

释义性探测会让受访者以不同的含义进行重述，它要求受访者澄清并详细阐明前述回答：

询问者：你在这里工作已有一年，并且被提升过一次。你对自己的职业发展方向有何看法？

受访者：我现在很满意。

询问者：到目前为止，感觉不错。你真的感觉如此？

受访者：也不完全是。如能得到晋升，我当然很高兴。但是在这里我看不到很多机会。

通常沉默是最佳探测方式。不超过 10 秒的停顿（感觉无尽漫长）会让受访者明白对方想要更多信息。根据询问者传达的非言语信息，沉默也暗示着对先前回答的兴趣或不满。简单示意（"嗯哼""嗯嗯嗯""继续""再说点"，等等）能够达成同样目的。例如：

受访者：我找不出我们能够削减开支的地方。

询问者：嗯哼。

受访者：我们已将旅行和娱乐预算削减了 5%。

询问者：我知道。

受访者：我们中一些人可能仍会滥用费用，但如果我们削减更多，他们可能会生气。他们把费用账户看作一种额外福利。

询问者：（沉默）。

受访者：当然，如果我们能给他们一些削减补偿，我们仍旧可以削减掉整个费用。或许我们可以把某次销售会议设置在度假胜地，让它相当于一次度假。

面试者的角色　以下方式有助于面试者取得面试成功。

积极倾听并给予清晰详细的回答　仔细倾听能够确保您准确了解提问，这样您就不会偏离主题或回答与提问无关。将您的回答与面试官前述所提内容联系起来，以展现自己的倾听和批判性思维能力。

回答面试官所提问题　与问题毫不相关的回答暗示了面试者仍未明白问题、不善倾听，甚至在回避问题。

纠正所有误解　人无完人，面试官有时也会曲解评论。大部分面试对于受访者而言都至关重要，因此其期望传达的信息能够被准确理解。很显然，您不能询问面试官"你是否在仔细听"，但是，以下两种策略有助于您将信息传递给对方。

第一，您可以在正式面试阶段或收尾总结阶段进行口头重述。例如在正式面谈阶段，受访者在汇报展览准备清单时，可能会提到必须随身携带的小册子，下述交流可以发生在正式面谈后期或者收尾总结阶段：

面试官：所以如果我们采纳你的服务，是不是当我们参加会议时，展位上一切都已准备就绪，我们只要负责展览就行？

受访者：不完全是。小手册无法准时达到会议现场，所以你们必须随身携带上飞机。

第二，您可以将自己的想法写出来。有时在电子邮件中总结出自己的重要想法是明智之举，这样收件人和您都能对该信息永久保存。

涵盖自己的议程　受访者经常拥有自己的目标。在一场选拔面试中，面试官的目标是挑选最佳候选人，而面试者的目标则是证明自己就是最佳人选。这可能涉及重新定义"最佳"这一概念。例如，一位相对缺乏经验的候选人的目标可能是：向雇主证明工作经验没有职业道德、热情或网络技能重要。

◎ 收尾总结阶段

面试不应该以回答最后一道问题而结束。一个好的收尾总结能为交谈画上一个圆满句号。

回顾和明确面试结果　双方尽管方式不同，但任何一方都可以负责该步骤。较具权势方（通常是面试官）最有可能以最为直接方式实行。例如，在一场旨在处理职工不满的采访中，经理可能会说："听起来你像是在说你们两位都能处理得更好。"当权势较弱方（通常是面试者）进行回顾与明确面试结果时，总结往往会采取一种提问的形式。某位销售代表在收尾总结阶段可能会说："所以对您而言这款产品听上去不错，但在您做出最终决定之前，您想和我们的几位客户谈谈，看看产品对他们的作用。是这样吗？"

建立未来行动　当询问者与受访者之间存在一种持续性的关系，如何处理所讨论的问题至关重要。销售代表可能会说："我明天就把我们的客户名单寄给你。然后下周我再致电询问下您的想法，您看如何？"而经理可能在明确下一步行动时这样说："我想你先试行下我们今天讨论的安排。几周过后我们再碰头看看事情进展得如何。你看下个月初如何？"

以表达谢意收尾　一项友好的收尾总结没必要虚情假意。您可以表达谢意、关心或探讨下一步的内容：

> "我很感激今天您拨出宝贵时间。"
>
> "祝该项目取得圆满成功！"
>
> "我们会在明天的职工大会中跟进此事。"

面试类型

在本章开头所叙述的所有面试类型中，几乎所有职业都会涉及信息搜集、职业研究与求职这三大最基本要素。以下将详细介绍这些重要面试类型的所需技能。（附录Ⅰ介绍了绩效评估面试。）

信息搜集面试

很多商业人士将他们的成功很大程度上归因于他们在信息搜集面试（面谈）中学到的经验。沃尔玛帝国创始人山姆·沃尔顿解释了他是如何在其早期职业生涯中借助这一方法面谈那些掌握有用信息的管理人员的：

> 我就是露个面然后说："嗨，我是来自阿肯色州本顿维尔的山姆·沃尔顿。我们在那里有几家商店，不知谁是贵公司负责人，我想和ＸＸ先生就其业务谈一谈。"而且他们往往会让我进去，也许是出于好奇心，但我无论如何都会问很多关于定价和分销的问题。通过这种方式我学到了很多。

无论何种形式，信息搜集面试的所有类型都共同遵循以下所述一般路径。

将信息搜集当作一种过程　讨论某种单一信息搜集面试确实过于简化，因为您通常要在某项任务的多个阶段进行若干次。假如您有兴趣提出某项工作共享方案，即两人共同承担与分享一份全职工作的职责与收入。您的第一步将是研究以下基本问题：工作共享有多普遍？它在哪些行业发生？它采取何种形式？在您所在领域是否有任何公司尝试过？这类协议安排会有什么后果？

一旦您已搜集到必要的背景信息，您就可以使用这一知识来规划如何明智地达成第二轮面试，它可能是前期研究建议之人或者是最终目标的关键决策者。

明确面试目标与提问　如前所述，您的目标应该尽可能具体，并以某种能够告知您是否获得所需答案的方式呈现。以下是信息搜集面试目标清晰的相关示例：

> 导致该事故的原因是什么，它本可以避免吗？
>
> 免税市政债券与我现在的投资相比，是否更具流动性、升值空间、安全性且能合理避税？
>
> 数据库管理系统是否能提高效率并足以证明购买的合理性？

一旦您已明确了目的，那就可以开始思考有助您成功的问题。例如：

> 目的：明晰我需要采取哪些步骤，才能获得一份通过管理层批准的共享工作协议安排。
>
> 提问：
>
> - 在此问题上谁是关键的决策者？
> - 我应当首先接近谁？
> - 我是要递交正式方案还是先非正式地提一下这一主题？
> - 管理层对该方案可能会有哪些反对意见？
> - 公司其他人（非管理人员）是倾向于反对还是赞同这一想法？
> - 哪些讨论（例如先例、成本节约和员工士气）是管理层最关心的？
> - 何种有影响力的人可能会支持这一想法？

选择正确的面试者　采访（面试）对象可能会塑造您对研究主题的价值观。不要天真地直接和上司讨论共享工作方案，您应当先就如何提出这一主题向其他人咨询建议，他们也许是某位政治上精明的同事、有经验向管理层提出方案之人，或者甚至是老板的行政助理，如果你们之间的工作关系融洽，那么他们都能助您一臂之力。

在您已明确目的和面试适当人选后，请按照前面所述的指导原则来规划与推进面试。

职业研究面试

职业研究面试（career research interview）是一种特殊类型的信息性面试，您在面试中会遇到能够提供信息帮助您界定和实现职业目标之人。这是基于以下原则，即与正确之人交谈能够为您提供宝贵的想法和人际联系，而这些您根本无法从书本、杂志、互联网或其他来源获得。

人际关系的价值　老话"这不是你的知识，而是你的人脉！"运用到工作中正确无疑。超过 30 年的研究证实，大多数人并不是通过广告、猎头或其他"正式"途径找到的工作。如同这些传统消息来源，就连 Monster.com 这样的网络服务都没有其看起来那么有用：职业专家理查德·博尔斯（Richard Bolles）引用研究证明，通过互联网找到工作的求职者充其量不超过 10%。

大多数新员工通过个人关系获得就业机会，而非那些非个人方式。反过来亦如此：大多数雇主也是通过他们的个人网络找到好员工。某家企业招聘人员针对"为什么人际网络要优于就业网站"给予如下解释：

> 我很少情况下才会在网上发布招聘职位，我收到来自世界各地的简历。他们中很多人与我正在填补的这份工作没有任何关系。这就好像人们只是在"瞄准射击"。
>
> 我发布的最后一份专业岗位拥有非常明确的资质要求。在我收到的近 1000 份回复中，仅有 25% 左右的申请者符合该职位的技术和教育资质要求。我更愿意将时间花费在通过人际关系网来寻找适合候选人，而不是筛选与回复这些简历。

职场小贴士

"通过守门人"

许多潜在的职业研究面试者都由守门人（gatekeepers）——个人助理、接待员、秘书等——进行守卫。如果守门人过度守卫其经理的宝贵时间，无论您的帮助请求多么精心准备，您也无法获得面试机会。以下是若干尝试与您想见之人取得联系的策略。

以书面形式提出首次请求

与介绍性的致电相比，电子邮件更易于接触到您的目标对象。确保您的信息按照本书所述方法且信息完全正确。确保信息中列明您的电子邮箱和电话号码，以便对方可以回复。

迟早要打电话

如果您想要打个电话询问下邮件接收情况，接触潜在会见者的最佳时机是在正常工作时间之前或之后，即当守门人不负责老板的电话接听期间。如果对方回复是语音留言，请准备好留下一段流利且简明的回复："嗨，艾伦女士。我是丹尼尔·莫舍（电话号码是……），想跟进询问一下上周给您发送的电邮情况。我很期待我们能安排某个时间见面，这样我就能从您那里学到关于自我准备进入某领域最佳方式的建议。我的教授乔伊·陈博士说，您已经帮助了很多高年级毕业生，所以，如您愿意给我提任何宝贵意见我都将万分感激。会见的时间和地点由您确定，我时间安排都很灵活。最后，我想再说一下，我的电话号码是……。我期待能尽快收到您的回复。"

让守门人成为盟友

如果您发现接听电话的是守门人，首先您要自信地要求与您的未来雇主说话："我是丹尼尔·莫舍，想与艾伦女士通话。"如果对方回复"她现在正在开会，我可以帮忙吗"，您最好的方法可能是争取守门人的帮助。例如您可以这样说："我很感激您的建议。我想跟进询问下艾伦女士关于上周发给她的邮件情况，并想和她安排次见面。您能够给些预约时间方面的建议，或者何时方便我能够回电与她交谈？"请确保您知晓守门人的名字，以便后续沟通时使用。

懂得变通

因为您正在寻求帮助，所以无论何时，只要被拜访者方便，请确保自己时刻都准备好会见！您可以考虑邀请对方一起用餐或喝杯咖啡来开始面试（访谈）。有位雄心勃勃的学生甚至主动提出开车90分钟送被拜访者去机场。他认为难得有次不被打断的交谈机会，因此做回司机也很值得。

求职仅是职业研究面试的目标之一。这些对话有助于促成以下三大目标：

为了开展研究，以帮助您了解更多感兴趣的领域和特定企业。

为了被记住，通过保持联系，雇主在时机恰当时会想到您，并为您提供职位、通知您现有的就业机会，或者把您推荐给其他潜在雇主。

为了得到被引荐他人的机会，他们可能是您在职位搜索中一直想要联系获取帮助之人。这些引荐能够轻松地将您带入更为有用的人脉会议，而他们又会将您推荐给他们的朋友和同事。

选择拜访对象　找到一份没有公布的好工作关键在于形成一种关系网络，即人脉资源会让您知晓工作机会并将您推荐给其他潜在雇主。关于如何建立和培育人际关系网络，第一章提供了若干建议。

毫无疑问，您的第一层直接关系网中的人脉很有价值。但是，令人惊讶的是，您往往从关系较远的人脉网络（其继续与更疏远的人脉相连）中受益更多，您不太熟悉的沟通网络中通常包含关于新工作的很多有价值信息。

您可能会好奇为何您在寻找的那种重要人物都愿意和您见面。实际上其中有几大原因。第一，如果您通过引荐取得联系，那么拜访对象可能会考虑到你们共同认识的引荐人而会见您。如果能够获得引荐，您最有可能获得友好接待。第二，拜访对象愿意见您可能是想满足自我。如果有人赞美您说"我很仰慕您的成就和智慧观点"，恐怕连真正忙碌之人都很难对附带此种评价的请求说不。第三，简单的利他主义。最为成功之人往往都记得他们曾几何时获得过他人帮助，而很多人都愿意将这种善举继续通过帮助他人来传递。第四，您能获得接见可能是因为对方认为您有抱负，您是那个能为他的组织做出贡献的人。

联系有希望的拜访对象　当您拜访某位职业研究对象，尤其您还不是很了解他时，明智的做法是先发封电子邮件取得联系。直接打电话会有无法接通的风险。即使您确实已接通了受访者，您的致电也可能时机不对。如图 6-1 所示，您的第一条信息应当进行自我介绍、解释想要拜访的原因（强调您并非在求职）、表达想要会见的愿望，以及允诺会有后续的电话跟进。

除非在接下来的一两天内受访者同意与您见面，否则会见前您应当发出第二封电子邮件或致电，继续确认会见的日期、地点和时间。这类跟进行动可让您免予等待某位健忘拜访者回复而心生沮丧。同样重要的是，它也证明您知道

发件人：Emily Park <eprk112@sunr et.net>

2013 年 5 月 25 日，星期二，下午 12:51

收件人：Vanessa J. Yoder <v.yoder@DGHattysatlaw.com>

主题：寻求您的建议

亲爱的约德小姐：

　　我现在是一名新墨西哥大学的大三学生，主修政治学和传播学。毕业以后，我打算进入法学院继续学习并将学习重点放在移民法上。

　　通过新闻报道和几位教授的介绍，我了解到您是移民法方面的专家，在涉及家庭暴力和移民问题的案件中因代理女性客户而享有至高声誉。我在女性劳动力培训中心实习期间也听说过您的出色成就。

　　如有机会能向您当面请教有关如何最好地为投身移民法事业做准备，我将荣幸至极。我也很想聆听您对法学院的推荐及这类职业选择的利弊分析。

　　我想再次强调下，我此次拜访不是为了求职。您的建议对我的法律职业准备将无比珍贵。我下周将会致电您办公室，如您能拨冗抽出 30 ～ 45 分钟的时间与我见面，我将不胜感激。我真心期待从您的真知灼见与宝贵建议中受益！

您真诚的，

艾米莉·帕克

9971 Washoe St., NE

Albuquerque, NM 87112

（505）793-3510

图 6-1　请求信息性面试

如何专业性地处理商务约定。

　　提前给拜访对象发一份您希望讨论的主题领域和问题清单，这会让受访者认为您很认真，值得他付出时间和精力。此外，提供这样一份清单也给了受访者一次提前思考您想要讨论领域的机会，他能尽力事先准备好以帮助到您。图 6-2 是一封带有问题列表的确认邮件。

　　后续跟进　会见结束后，请对受访者抽出宝贵时间表达谢意，并强调所获信息的有用性。除了表达惯常礼节外，您的信息作为一种明确提醒，提供了有关您姓名和地址的记录，在受访者未来想要联系您时，这些信息将很重要。当然，所有信件的格式、拼写和语法必须准确无误。

发件人：Emily Park <eprk112@sunnet.net>

2013 年 6 月 11 日，星期五，上午 8:26

收件人：Vanessa J. Yoder <v.yoder@DGHattysatlaw.com>

主题：拜访确认与问题

亲爱的约德小姐：

　　再次感谢您愿意与我就如何最好地为投身移民法事业做好准备进行交流。我很期待在 6 月 17 日（星期四）下午 2 点在您的办公室拜见您。我知道您一定很忙，所以我万分感激您愿意拨冗抽出 45 分钟与我交谈。

　　为了最高效地利用我们在一起的时间，以下是我希望在见面时可以讨论的若干问题列表：

1．移民与法的发展趋势

　　　　您对移民模式的发展趋势有何预见？

　　　　您如何看待"移民法领域通过改变以顺应现状"？

2．教育

　　　　对于有兴趣致力于移民法事业的人来说，您会向其推荐哪些法学院？

　　　　在大学高年级课程中，您认为我必须修哪些课程？

3．经验

　　　　何种类型的工作经验（有偿或志愿者）有助于我的法学院学习和最终就业？

　　　　您能推荐这些领域中申请职位需要掌握的方法吗？

4．职业

　　　　哪些工作类型适合于专门从事移民法律的执业律师？

　　　　您能否预估下在这些工作类型中获得一份工作的难易程度？

　　　　如果有的话，您认为女性在该领域执业的利弊是什么？

5．生活方式

　　　　您会如何描述在移民法领域工作的机遇与挑战？

　　　　如何实现这一领域职业发展与为人父母相互兼容？

6．其他联系人

　　　　您能为我推荐些其他愿意与我谈论如何准备移民法事业的联系人吗？

图 6-2　附带问题列表的确认邮件

求职面试

　　一场求职面试（employment interview）主要在于探索候选人与招聘职位的匹配度。探索匹配度方法有两种：雇主在整个交谈期间肯定在衡量潜在候选人，潜在候选人也在决定这份工作是否适合他们。据美国劳工统计局报道，一位典型的美国工人在 32 岁以前会换近 9 份不同的工作，因此在不久的将来面临至少一次面试的可能性很高。

求职面试中花费的时间不长，结果却会影响很大。请考虑以下风险：大多数员工将绝大多数的成年人时间都用在工作上，即每年大约 2000 小时或者整个职业生涯超过 8 万小时。薪酬丰厚和没有报酬的职位间的财务差异程度令人吃惊。即使不考虑通货膨胀的影响，即便每月只差 200 美元，整个职业生涯的累积差距也将近 10 万美元。最后，拥有一份合适工作的情感效应也需要考虑。一份令人失望的工作不仅使得您的工作不快乐，而且这些不满意的情绪也会扩散并影响非工作时间的心情。

在谋求一份适合自己的工作中，面试环节到底有多重要？国家事务局（The Bureau of National Affairs）作为一家为政府和行业提供私人研究服务的公司，就该问题开展了相关调查。它通过对 196 名高管人员开展调查，以寻找招聘过程中的最重要因素。结果表明，求职面试是获得一份工作唯一的、最重要的因素。研究进一步表明，在这些至关重要的决定性面试中，最重要的影响因素就是沟通技巧。雇主认为，有效的沟通能力在决定是否聘用时，要比学分绩、工作经验、课外活动、外在形象和工作地点偏好更为重要。

尽管面试在招聘中扮演了重要角色，但研究表明：潜在雇主，至少那些尚未接受求职面试培训的雇主，并不是很擅长运用面试来选择某份职位的最佳候选人。他们无法识别某些候选人所具备地成为好员工的潜质，而他们印象深刻的那些候选人事后也被证明不尽如人意。换句话说，最佳候选人不一定就能得到工作机会。

在很多情况中，往往那些最熟悉如何被聘用之人获得了理想的职位。"化学反应是招聘过程中的最重要因素。"某家纽约猎头公司执行副总裁说道。虽然一旦实际工作开始后，求职技能根本与工作能力毫不相干，但它们在一开始获得雇用时仍旧必要。

面试前的准备步骤　通过浏览网页搜寻空缺职位并提交工作申请通常不是找工作的最有效方式。很多雇主从来不发招聘广告，基于薪水诉求，仅有 5% 到 24% 的求职者通过本地报纸广告找到工作。前述职业专家理查德·博尔斯这样解释说：

我知道太多类似的故事。求职者先被某家公司的人事部门拒之门外，随后在其返回一楼大厅时，恰好碰见同一家公司能真正拍板招聘的领导，接着求职者就走向那位女士／男士，最后顺理成章地被录用，戏剧性的是十楼的人事部门刚刚将其拒绝！

即使当公司确实发布广告，提交申请与简历的申请人获得面试的概率依然很低。大部分招聘广告吸引的申请人数要远超于雇主所需，因此人力资源部门的职责是排除而非选择。正如理查德·博尔斯所言："最后他们就想把工作职位交给'站到最后的人'。"

鉴于排除这一过程，任何缺点都能成为拒绝申请和申请人的理由。因此，很多顾问建议在公开拜访前明确和联系真正有权录用您之人。该过程有以下若干步骤：

清理您的网上身份　尽管您竭尽全力完善简历、将自己打造为最佳求职者，但潜在雇主也会通过其他途径了解您，其包括网上能够获得的所有信息。"网络审查"（cybervetting）正在变得愈加普遍：美国 70% 的招聘者因为候选人所发或与其相关的照片、评论及参与的群组等网上信息而拒绝候选人。清理"数字污点"（digital dirt）可能会让您心生不舍，但这样的努力绝对值得。

想要知道他人都能轻而易举获悉关于您哪方面的信息，请先在谷歌或必应等搜索引擎中输入您的姓名。唯一点击链接可能是您对训练杰克罗素梗犬提的建议和对一家很棒餐厅写的评论。此外，您可能会发现自己在参加某次会议中发表过的评论，以及报纸文章、公开听证或法庭诉讼中关于您的其他信息。您也许能够让网站所有者删除这些想要记录的信息。想要学习如何"去除谷歌"（un-Google）自我搜索功能，您可登录网址：http://www.wikihow.com/Ungoogle-Yourself。

请在脸书或您已创建的网站账户上检查个人资料。请设想一下您的个人资料会给潜在雇主留有的印象，考虑编辑一下您不想再公开分享的参考文献和照片，或至少更改下您的隐私设置。您大学二年级参加的万圣节派对照片或他人对您的评论留言可能无法给雇主留下最佳印象。

展开背景研究　第一步是探索工作类型和对您具有吸引力的特定组织。这涉及阅读、研究、上课和与任何可能拥有有用信息的人谈论您所中意的工作。

您的研究结果应该是一份列明相关组织和能为您所选领域提供更多有用信息的联系人清单。

除了能帮助您找到中意的公司，您对公司的了解还能让您在应聘工作时脱颖而出。位于加利福尼亚州皮特里亚市的"德西蕾·克里斯普"萨卢斯传媒公司（Desiree Crips Crisp of Salus Media）表达了大多数潜在雇主的观点："如果有人走到这里但对我们公司一无所知，这绝对是件坏事。不存在任何借口可以不努力更多了解近期您正在申请的公司。"职场中提前做好家庭作业与在校时同样重要。

联系潜在雇主　在某些时候，您的研究和社交网络会发现一条或多条工作线索。您可能从报纸中了解到当地某位雇主正在招聘类似于您这样具备优势或经验的人才。也许某场职业研究面试受访者会说："我知道ＸＸ公司在招像你这样的人。"您也许通过好心的联系人了解到某家心仪公司正在扩大其业务。在这种情况下，是时候去接近有权录用您之人并探寻您能如何助力以满足公司需求。

无论工作线索来自正式公告还是您的人际网络，首先您需要让该组织知道您对这份工作的兴趣。在大多数情况下，完成该步骤的最佳方式是通过书面通信，通常可以是一封求职信和简历副本。附录Ⅰ是关于撰写和规范简历的建议。求职信如能按照图 6-3 所述步骤撰写，将能在求职中助您一臂之力。

第一段，请进行自我介绍。清晰阐明您的写作目的（例如，对某个招聘广告的回应，基于相互认识熟人的建议，根据您的研究结果），并描述您能满足公司需求的能力。如果时机恰当，请提及任何收件人可能会认识的熟人。如果您正在给中大型机构的人力资源部门写信，如有工号请标明。除非您自己说明，一家拥有无数工作机会的公司不会知道您正在申请哪个职位。

在接下来的一至两段内容里，强调与当前工作相关的一两个令人印象最为深刻的突出能力。不要仅说您能够帮助组织：请提供一些客观证据以论证您的主张。

在最后一段中，描述您希望获得的下一步，通常是请求获得面试机会。详细了解任何可能会阻碍您获得面试机会的信息（您应该将其限制在绝对最小值）。提供潜在雇主可能要求的所有其他信息。最后，不要忘记表达诚挚的感激之情。

发件人：Krista Dudley <krista.dudley@rockycast.net>

2013 年 4 月 16 日，星期五，下午 5:41

收件人：John Waldmann <john.waldmann@boulderarts.org>

主题："活动策划员"职位申请

附件：K. 杜德利简历 .doc

亲爱的瓦尔德曼先生：

最近，我们的共同朋友马西娅·舍伍德（Marcia Sherwood）提醒我，博尔德艺术委员会（Boulder Arts Council）正在公开招聘活动策划员，此次来信即想表达我对这一职位的兴趣。

过去 12 年，我在丹佛地区负责各种社区组织的活动策划工作，我很荣幸能有机会将所学技能用于帮助委员会进行社区扩展。您能从附件简历中了解到我的个人工作经验概况。

作为一名曾为非营利组织协调策划过各种社区活动之人，我能将这一已被证明的能力，用于艺术委员会的激励和协调志愿者工作，同时在预算有限的情况下进行广泛的宣传推广活动。最近，我曾是"奥罗拉地球日"（Aurora's Earth Day）活动的主席；同时我也是去年万圣节拍卖和舞蹈活动的公共信息协调员，活动所筹善款用于"丹佛区妇女住房服务"。此外，简历中也详细介绍了我参与和组织的各项其他活动，证明我具备能力胜任"活动策划员"这一职位。

如能有机会与您共同探讨如何帮助博尔德艺术委员会，我将万分荣幸。下个月我将都有空，除了 4 月 23 日至 24 日的周末。

我盼望能够早日收到您的回复！

您真诚的，

克丽斯塔·杜德利

387 Blythe St.

Aurora, CO 80017

（303）654-7909

图 6-3　请求获得求职面试机会的信息范例

大多数职业顾问会建议您向有权雇佣您的人直接申请面试机会，而非向公司人力资源部门申请。我们已经讨论了为什么人力资源部门不是被录用的最佳路径：人事部职员通常对大量的申请者表格只是一扫而过，所以他们一直会寻找理由拒绝尽可能多的申请者，以达到最终仅有数量可控的入选者能进入面试。此外，人事部筛选人员通常并不熟悉该职位，因此他们可能会因为一些表面或错误的原因而拒绝候选人。

这种筛选过程的机械化特质的最佳体现就是使用越来越频繁的可扫描简历（scannable résumé）。这些文件通过文件扫描设备"读取"，而非人类。该软件对描述职位所需特定技能和教育的关键词和短语进行搜索。只有包含这些词的申请才会被进一步传递给特定人员进行评估。附录Ⅰ针对如何创建高效可读取的简历提供了若干建议。但即使是最棒的文件也可能会遗漏掉您能提供给雇主的一些独有特质，基于此，您要努力将自己的才能与特定工作特质建立起联系，以最大限度实现自己被识别的可能性。

另一种筛选技术就是通达计算机进行求职面试。像塔吉特百货、梅西百货和好莱坞娱乐公司等零售商正在用电脑自动服务终端来取代纸质申请和亲自面试，以进行第一轮的申请者筛选。

准备各种可能的面试形式　一对一、一问一答标准的面试形式并非您可能遇到的唯一情形。雇主会使用各种不同的面试形式，如果您准备充分，到时就不会惊慌失措。

在小组面试（panel interview）（有时称为"团队/团体面试"）中，候选人要接受若干人的提问。小组面试有助于节省公司时间，并向那些未来可能会共事之人提供他们对您看法的机会。在进行面试时，询问下您是否需要面对一个面试官小组是恰当的。如果您要面对，请竭尽全力记住并使用每个人的名字。当您在回答问题时，确保与小组中的所有人都有眼神交流。有些雇主会使用压力面试（stress interview）来测试您的抗压表现；请提前研究这类面试并掌握好应对策略，这样有助于您在面试中保持冷静和克制。

在试镜面试（audition interview）中，您会被要求向雇主展示任何职位所需技能。您可能被要求创建项目、解决问题或对工作中的某一典型情形进行回应，如处理一位难搞客户。试镜向潜在雇主展示了您在工作上的可能表现。如果您将要与经验更丰富或实力更强的候选人共同竞争，那么试镜的前景可能尤其有用。因此，如果您相信自己可以出色完成工作，您甚至可以自愿申请参加试镜。

行为面试（behavioral interview）基于"过往经验是未来表现的最佳预测者"这一假设。在此方式中，面试官会询问关于候选人过去成绩的具体细节。哈特福德金融服务集团（The Hartford Financial Services Group）副总裁约翰·马迪根（John Madigan）解释了行为面试的运作方式："我们实际上是询问具体情形下你所做的工作。具体案例能够展现一个人在处理特定事务的方式偏好，由此你能够更好地了解这个人以及他在工作中的可能表现。"

以下是行为面试中您可能会听到的一些问题：

你可以举个关于你向主管或教授传递某种想法或概念的案例吗？结果怎样？

请告诉我一次你所提出针对你或者你的公司所面临挑战的一种创新性解决方案的经历。面对的挑战是什么？它们在其中扮演了什么角色？

请描述一种你同时面对多个任务的情况。你是如何处理的？

如果您有明显与您心仪岗位相匹配的工作成绩证明记录，那么行为面试应当是理想之选。但是，如果您没有很明显与新职位相关的工作经验，请另辟蹊径以证明其他情况中您的工作表现同样适用于现在这份正在寻找的工作。例如，您可以这样论证——零售行业的工作经历教会了您在客户服务工作中如何处理难搞客户，或非营利慈善机构的志愿者经历让您明白如何利用有限的资源进行工作，这样的工作态度大多数雇主都会喜欢。

建设性地思考 您对即将到来面试的思考方式可能会影响到您在会见期间的感受和行为。华盛顿州立大学的一个研究团队分别采访了高度焦虑和更为自信的学生，以探究某些面试者在与潜在雇主交谈过程中为何变得尤为焦虑不安，这两组之间的差别令人吃惊。焦虑型学生提前就回避思考面试，因此他们几乎不调查或者无准备。当他们确实意识到即将到来的面试时，他们就会进行消极的自我暗示，"我不会表现好"或"我不知道为何我要这样做"。毫无疑问，这类消极的自我否定预言最终会导致面试的糟糕表现。那些在面试中表现更佳的学生并非毫不焦虑，但他们会以一种更有成效的方式思考即将到来的挑战。我们可以设想一下，他们会想，"面试官并不会有意欺骗或挑剔我"，以及"如果我准备充分，那我就可以表现更佳"。

着装得体、举止专业　当您遇到一位潜在雇主时，着装得体至关重要。在某项调查中，招聘人员将着装服饰列为影响其对申请者初步印象的主要因素（排在外表吸引力和简历之前）。此外，79%的招聘者承认他们的初步印象会影响到面试的剩余部分。穿着最佳服装将取决于您正在寻找的工作：适合银行工作的专业商务套装肯定不适合应聘建筑行业，这在很多软件公司看来也可能过于正式。当您无法确定时，穿着偏向保守总是最为安全。当然，清洁和个人卫生同样很重要。

请保证面试时提前5～10分钟到。对办公室的每个人都保持礼貌。当您在等候时，请选择阅读有关该企业或公司的资料，而不是当前热门的电视名人。会见握手时，请保持平稳、摇手不要超过三次、避免无力或过于强势。保持微笑和眼神接触，并认真聆听面试官有关面试流程的介绍。

面试过程中　如果在选拔过程中您的命运由一位富有经验且客观的面试官决定，那么掌握策略性沟通技巧可能并不重要。然而，研究表明，您从面试官处可能获得的分数取决于一系列因素，它们根据时间、面试官和面试者性别、上一位候选人表现出色还是差劲，以及面试官的心情而各有不同。由于面试并不是对您技能的科学测量，因此竭尽可能留下最佳印象尤为重要。面试专家安东尼·梅德利描述了一位记忆犹新的求职者，其阐述了第一印象的重要性：

> 她很有魅力、仪表出众，并且有很好的推荐信。但是在晚到10分钟后，她在整个面试过程中都称我为"梅洛迪先生"（Mr. Melody）。
>
> 我就记得关于她的两件事情：一是她让我足足等了她10分钟，二是她一直把我的名字说错。最终，我只能将这份工作给了其他人……即使其能力并不那么令我满意。

做好背景研究会让您在求职面试中大为受益。大多数面试官在评价面试者时会使用"了解职位"这一标准，同时，缺乏这方面的了解则会带来很大弊端。以下案例充分说明了对某一职位哪怕只了解到一些也能从中受益：

当我第一次担任利顿工业（Litton Industries）的年轻律师时，我正在应聘该公司指导控制系统部门的助理律师顾问一职。这个名字本身就足以让我头大，我又不是科学家。在经过些研究后，我发现他们生产了一种叫惯性导航系统的东西。这比应聘部门的名字更让我头大。什么是惯性导航系统？

最终，我去拜访某位主修工程专业的好兄弟，并请教他是否知道这是什么。他向我解释说，惯性导航是一种借助系统进行导航的方法。如果你知道自己的起始点，通过测算速度和距离就能对你进行全程定位。他还解释了这一系统的组成部分。

当我在面试中与该部门法律顾问交谈时，他对我娴熟运用惯性导航这一专业术语的能力感到惊讶……

他后来告诉我，我是他面试的所有候选人中首位不需要其解释何为惯性导航的人。因为他其实了解得并不比我更多，所以他无须解释的如释重负反而成了我的一大优势。他还说，他明白对我而言，能找到某个人给我解释这一主题，同时还能很好地理解它以便充满自信地讨论，这并非轻而易举就可实现的任务。我的主动性与充满兴趣地为面试做准备让他印象深刻。

根据针对 2400 多名应聘经理所开展的调查，表 6-3 罗列了一些面试者常犯的错误。

表 6-3　面试者最常犯的错误

接听电话或回短信
表现出不感兴趣
着装失当
表现出傲慢之态
对现任或前任雇主评价负面

预测关键问题　大多数职位招聘者会就这五大方面展开提问：

教育背景。候选人是否已具有足够的训练以实现职业成功？候选人的成绩和其他活动是否能预示他在我们公司也能成功？

工作经验。误选人原先的哪些工作经验与这一职位相匹配？针对工作习惯及与他人共事的能力，候选人的职业经历都有哪些体现？

职业目标。候选人职业目标是否清晰？候选人的目标与在公司的职业发展是否相匹配？

个人特质。候选人的行为和态度是否能表明其良好的工作习惯和人际沟通能力？

对该组织和工作性质的了解。候选人对这份工作和我们组织是否有足够了解，以确保他能开心工作？

虽然每份调查的具体细节有所不同，但对于所有职位来说，许多问题却是相同的。表 6-4 罗列了面试官所提的最常见问题。此外，针对特定公司与具体岗位的知识，您也需要提些其他具体问题。很有可能您至少会被问到下表所列的若干常见问题。以下技巧是关于如何进行回答并将重点放在您对公司的贡献上的。

问题	回答时如何强调
我们为什么要录用你？	不要只给一个通用答案。几乎所有人都会说他们勤奋与积极上进。简要地列出您的独特优势与胜任资格，并证明这些特质将如何有助于您履行正在讨论的工作。
你为什么想在这里工作？	如果您对该组织进行了研究，该问题让您有机会解释您的经验和资格是如何与公司需求相互匹配。
请介绍下自己。	保证您的回答集中在与这份工作相关的生活上。选择几点阐述一下，您拥有的能力或经验是如何证明自己能为这家公司做出贡献的。

您无法预料面试官将要提的每个问题。但是，如果您进入面试，要对自己认识清晰，即对自身的优缺点及正在寻找的工作性质已有明确的认识，如此您几乎可以处理任何问题。请思考以下案例中的不寻常问题，并探究面试官提问的背后动机。

表 6-4　求职面试中的常见问题

教育背景

你所受的教育如何对找工作有帮助

你为什么选择该学校或大学

请描述一下在校期间你所获的最大成功（犯的最大错误）

在校期间你最喜欢哪些课程？为什么

你最不喜欢哪些课程？为什么

你最有价值的在校经历是什么

工作经验

请告诉我你都做过哪些工作（每份工作中你都做了什么）

过去的哪份工作你最喜欢？为什么

你为什么辞掉了过去的工作

请描述一下在你过往工作中取得的最大成就

过往工作中你最大的失败是什么？从中你学到了什么

你的过往工作经验如何有益于现在这份职位

你上一份工作的优缺点有哪些

这份工作要求主动性和勤奋，你的哪些工作经验证明你具备这些品质

过去你有过监督管理他人的经验吗？你管理的人员有多少？你是怎么做的

你认为你现在的老板（下属、同事）会如何评价你

你认为你的现任公司（过去的公司）管理方式如何

职业目标

你为什么对这一职位有兴趣

5 年后或 10 年后你希望自己的职业有何发展

你的职业目标是什么

你为什么选择你现在正在追求的职业

你的薪资目标是多少

你的理想工作是什么

你如何定义成功

职业发展中对你而言最重要的事情是什么

（续表）

自我评价

你能用自己的话描述下自己吗

过去几年你是如何慢慢变成熟的

你最大的优势是什么？你最大的缺点是什么

哪些事情能让你最为满足

到目前为止，你对自己的职业发展有何想法

在你的职业生涯中，你犯过最大的错误是什么

你更喜欢单独工作还是和他人一起工作

你如何在压力下工作

你性格中最重要的特质是什么

你是个领导者吗？（创意者？问题解决者？）请举例说明

对这份工作的了解

你为何对这份特定工作（我们公司）感兴趣

你能为这份工作（我们公司）做什么

我们为何要录用你？针对这一职位你具备哪些资格能力

你如何看待（与这份工作相关的主题）

你认为这份工作的哪部分可能最难

其他话题

你有什么工作地理位置偏好吗？为什么

你愿意出差（接受调动）吗

你对我有什么想提的问题吗

问题	面试官的提问动因
到现在为止，你所犯的最大职业错误是什么？	你从你的错误中学到了什么？如果你为我们工作，哪些错误你不会再犯？
如果我询问你以前的同事，我应该要注意你的哪些方面，你觉得他们会怎么说？	你对自己的优缺点有多了解？
你还参加了哪些公司的面试？你接受其他工作的可能性如何？	你对我们组织将会如何承诺？其他人如何看待你的工作潜力？

因为大多数雇主都没有接受过面试训练，所以您不能指望他们提出所有的重要问题。如果您的面试官没有提及任何重要领域，那么您可以寻找方式主动提供他可能想要获得的信息。例如，当在回答有关过去工作经验的提问时，您也可以阐述下自己对这一行业和该公司的了解："正如我的简历所介绍，在该领域我已经工作了 5 年，首先在马斯顿－基南，然后在埃弗格林。在这两份工作中，我们一直都在努力跟上贵公司的步伐。例如，VT-17 是埃弗格林最大的竞争对手……"

回应雇主的需求与关切点　虽然您可能需要一份工作来偿还大学贷款或一辆新保时捷的月供，但这些关注点都不能给潜在雇主留下深刻印象。公司招聘员工是为了满足他们的需求，而非满足您。尽管雇主很少会明说，但求职面试中总会被问到的一个根本性问题是："你是否能够帮助这一组织？"亦即，"你能为我们做什么？"职业指导手册清晰地阐明了这一点：

> 面试中很容易造成这样的印象，即面试的主体、面试的明星（可以这么说）好像呢，是你！但是毕竟，你才是那个处境尴尬的人！你的生命正在被解剖！好了，请不要过于夸张！面试真正的主体是公司。公司才是面试官最终认为的重要考虑。

在"你能我们做什么"这一宽泛问题中，潜在雇主有三大关注点：

> 你能胜任这份工作吗？
> 你有动力去做这份工作吗？
> 你能适应公司文化并和公司同事友好相处吗？

无论提问如何遣词造句，内含的是潜在雇主的关切之处。一位真正聪明的候选者会以解决问题的方式来进行回答。因此，背景研究在此就能受益：如果您花时间来了解雇主的需求，那您就能够设身处地地向其展示自己的积极性，以及自己将如何满足公司的需求和关切。请看以下示例：

面试官：你在学校主修什么？

糟糕的回答： 我主修沟通学。

更好的回答： 我主修沟通学。我很高兴学习该专业，因为在校所学的技能
对于这份工作在很多方面都能帮助我：与不同文化背景的客
户打交道，在部门团队中工作，以及为这份工作的外部承包
商开展业务陈述……

面试官： 向我介绍下你上一份销售代表的工作。

糟糕的回答： 我负责外部销售。我大约致电过 35 位客户，我的工作就是保
证客户及时得到供应并向其推销新产品。

更好的回答：（详细阐述上述答案）我认识到提供优质的客户服务有多重
要。我明白竞争优势来自确保客户及时获得所需服务。我知
道贵公司在提供优质服务方面拥有很好的声誉，因此我真的
很兴奋能够在此工作。

回应雇主需求并不意味着就要忽略掉自己的目标；但是在面试中，请牢记
您需要证明自己将能如何帮助到公司，否则雇主不会考虑给您工作机会。

由于大多数雇主对曾经雇用的一些员工已留下很坏的印象，因此他们很可
能会担心如果录用了您，又会遇到什么问题。理查德·博尔斯认为，雇主会担
心你无法胜任这份工作，你能力不足，你无法定期全天工作，你会忽然辞职，
你需要花费很长时间才能掌握这份工作，你无法与他人和睦相处，你会偷工减
料，你需要不断的监督，你会撒谎、不负责任、消极负面、吸毒、能力不足，
你会抹黑这家公司或浪费公司很多钱。

您可以通过以下方式展示自己良好的工作习惯，而不用直接回答问题，由
此消除潜在雇主的这些恐惧：

面试官： 你上份工作面临的最大挑战是什么？

回答： 这份工作总是忽然就会非常忙碌起来。当忙碌时，我们不得不加班
加点地努力工作。我仍然记得有几个星期，我们好像就没离开过办
公室。这并不容易，但我们竭尽全力完成了这项工作。

面试官： 你与上一位老板相处如何？

回答： 我上一位经理在工作上很少干涉我们。有时候可能有些不习惯，但
这也教会我在没有很多监督管理的情况下独立解决问题。我总是很

高兴能够得到指导，但是如果没有，我也相信依靠自己能够解决问题。

保持诚实　面试中无论雇主在寻求什么，诚实是一项强制性的工作要求。如果面试官发现您通过撒谎或甚至夸大某项答案不如实陈述，那么您所说的其他一切都会被怀疑。

强调积极面　虽然您应该一直保持诚实，但是以一种最积极正面的方式表述回答也是明智之举。请思考针对下述问题积极回答与消极回答间的区别：

面试官：我注意到你虽然有过几份工作，但还没有任何与所申请领域相关的工作经验。

消极回答：嗯，确实如此。我在去年才决定要进入这一领域。我希望自己能够更早知道这点。

积极回答：没错。我在很多领域都工作过，而且我能够快速地学习并融入每一份工作。我会认为这种快速适应能力也会帮助我快速了解这份工作，并在科技改变公司的业务方式过程中与这份工作共同成长。

请注意观察第二项回答是如何将潜在的消极转化成积极答案的。如果您预感到会有伤害到您的问题，您可以一种对自己有利的方式如实应答。

即使您面对一些非常负面的评论，您仍可以更为积极地重塑自己。请注意表6-5中每种消极特征如何被重新赋予积极属性：

表 6-5　给消极特征赋予积极属性

消极特征	积极属性
过于注重细节（钻牛角尖）	周密、可信赖
太过谨慎	仔细、准确
紧张	专心
速度慢	有条不紊、细心
幼稚	开放、诚实
咄咄逼人（好斗）	自信

与面试官争辩或声称自己没错不太可能为您赢得工作机会。尽管如此，重塑自己的不足却会改变雇主对你的看法：

雇主： 如果我让你的同事描述下你最大的缺点，你认为他们会说什么？

候选人： 嗯嗯，有些人可能会说我可以工作更快，尤其当事情太多时。另外，我认为他们也会同意我做事很认真细心，并且我不会粗心犯错。

求职面试中的另一项重要原则就是避免批评他人。请思考以下回答间的区别：

面试官： 在你的成绩单上，我注意到你毕业时学分绩仅有 2.3，这是否有点过低？

消极回答： 当然，但这不是我的错。在大学前两年中我遇到了一些很可怕的老师。我们不得不记住很多与现实生活完全脱节的无用知识。此外，教授如果喜欢你，自然就会给你高分。如果不顺他们心，他们的打分就会很低。

积极回答： 我的低学分大多数来自不懂事的大一和大二。当时我并不是很认真，但您会发现，我往后的成绩要高很多。在过去几年中我成长了很多，我相信自己在这份工作中能充分利用所学知识。

大多数求职者从小就被教育谦虚是美德，这让他们避免自我夸奖。过分自我吹捧肯定让面试官感到反感，但专家也很直率地指出展现自我实力至关重要。佛罗里达州立大学管理学教授米歇尔·卡卡马（Michele Kacmar）发现，与仅仅关注面试官的求职者相比，那些擅长谈论自己优点的求职者获得的评价更高。面试前反复排练，有助于您找到一种自信但不自负展现自己长处的方式。

利用证据支撑您的回答　如前所示，行为面试官认为预测某位潜在员工工作表现的最佳方式就是观察他过去的表现。即使您并没有采取行为面试，通过利用已获得的工作成绩来证明自己依然有效。

"PAR"方法是回答问题很好的一种思维框架。"PAR"是一个好答案应当包含的三方面缩写：识别问题（problem）、描述会采取的行动（action），并说明行动产生的结果（results）。您可以通过比较以下两种答案以明晰此种方法的价值：

面试官：你能为这项工作带来哪些益处？

缺乏说服力的回答：我是一个做事很主动的人，即使没有密切监督依然能够很好工作。（缺乏论证的主张）

技术小贴士

创建电子化职业档案

向潜在雇主展示您的职业技能比简单介绍资质优势有效很多。这对涉及像平面设计、商业艺术、新闻和技术写作等有形产品的工作来说尤其如此。

电子化职业档案也可以运用于不太有形的工作领域。您可以通过以下方式显示自己扎实的工作能力。例如，分享某份您参与的报告、设计的培训计划或客户满意评价的电子邮件回复汇总。

您的工作性质可能适合于在线发布电子化职业档案。您可以在打印材料和任何与潜在雇主和推荐人的电子通信来往中添加该网址链接。为了保持专业化形象，请确保您的电子职业档案有独立网址，不要将其嵌入任何包含私人信息的社交网址中。如果您在申请不同类型的岗位，例如培训和营销，请注意针对各自的工作职位创建两个不同的电子职业档案。

您可以在许多高校和大学的就业中心找到更多关于创建电子职业档案的指导信息。关于创建电子化职业档案的具体提示，请参阅：

- EFolio Minnesota: http://www.efoliomn.com
- Eduscapes: http://eduscapes.com/tap/topic82.htm
- E-portfolios at Penn State: http://www.portfolio.psu.edu
- Quintcareers: http://www.quintcareers.com/QuintZine/archives/20021014.html

更具说服力的回答：我是一个做事很主动的人，即使没有密切监督依然能够很好工作（主张）。例如，在我上一份工作中，我的直属主管因为个人健康原因有 3 个月不在办公室（问题），在此期间，我们正在转接负责一份新会计系统的工作，最后，由我负责与软件公司合作进行调整（行动）。我们没有浪费哪怕一天的工作时间，在不丢失任何数据的情况下，很好地完成了这一变更工作（结果）。

保持回答简洁　在面试中很容易因为激动、渴望炫耀学识或者紧张而喋喋不休，但在大多数情况下，特别详细的回答并不是一个好答案。面试官也许有很多点都想问，因此冗长的回复对面试并无帮助。一般来说，回答要控制在 2 分钟之内。面试官如果想要获得更多信息，总是可以自己继续问。

保持热情　如果您正在申请真正感兴趣的工作，难处不在于如何产生热情而在于如何表达。当您在某次攸关成败的重要会议中感到紧张时，表达热情就会很难。只要记住面试官其实想知道您对这份工作和公司的真实想法。分享您的兴趣和兴奋能为自己创造一种竞争优势。职业中心主任格雷戈里·D. 海耶斯（Gregory D. Hayes）说："如果我在面试五位已经精疲力竭的候选人，那位仍旧保持积极状态的候选人就是我将录用的人。"

提前准备好自己的问题　在回答面试官的提问后，请您准备好一些自己的问题。需要注意的是，您的问题与您回答面试官的提问一样，也应从侧面反映着自己的形象。确保您的问题不全是关于薪水、休假、福利等"贪婪的"问题。表 6-6 列出了若干在被邀请提问时可以考虑的问题。

表 6-6　求职面试中可以考虑提问面试官的问题

这份职位为何会空缺
过去五年中这份职位被填补的频率是多少
过往人们的离职原因有哪些
这份职位最近一次的离职原因是什么
您希望下一位获得这份职位的人在工作中有何不同
这份职位中最为紧迫的争议与问题是什么

（续表）

这份职位可以获得哪些支持（比如人员、预算、设备等）
这份职位的成功标准是什么
对于在这份职位上表现优秀的人来说，其可能的下一步职业发展是什么
您如何看待这份职位的将来，以及这家组织（公司）
在能胜任这份职位的人选中，您最看重的品质是什么

排练面试 没有运动员不经由练习就有望获胜，没有表演者在不排练的情况下就面对观众。在您面对一次重要求职面试时，情况同样如此。有效练习包含以下若干步骤：

① 通过面试前的研究发现并明确您正在寻找的这份工作性质。它要求何种技能？何种个人素质最适合这一职位？何种求职者最适合该组织的文化？

② 草拟一份有关岗位描述的问题清单。您可以按照表 6-2 中的指导，涵括所有关键领域。

③ 思考下您将会如何回答每项问题。所有回答都应当包括主张（"我有使用苹果 Keynote 制作演示文稿的经验"）和支持证据（"在上一份工作中我利用它来培训客户服务代表"）。在任何情况下，请确保您的回答能够满足雇主的需求。

④ 与朋友一起角色扮演若干次面试。确保您的面试包括基本方向和结论阶段，并练习您计划询问面试官的问题。如有可能，记录和检查您两次的表现：一次是评估您回答的内容，另一次是检查您想呈现的仪表和形象。

很多学校都有学生就业指导中心，那边有大量关于面试的纸质素材可供使用；同时，中心还为学生提供模拟面试的安排与记录，由专业求职顾问模拟雇主，通过与学生一起审阅视频，为其提供建设性建议。

面试结束后的跟进 无一例外，任何求职面试结束后都应该对面试您的人立即回复一封感谢信。如图 6-4 所示，您的感谢有以下几个目的：

① 它展现了基本礼节；

② 它使面试官回想起您；

③ 它让您有机会提醒面试官在面试中您提到过的重要信息，并提供您可能忽略的事实；

发件人：Susan Mineta <stm@comnet.net>

2013 年 3 月 30 日，星期二，上午 9:14

收件人：Leslie Thoresen <lesthor@tlogsite.com>

主题：真心感谢您！

附件：S. 米内塔的文章 .pdf

尊敬的托雷森先生：

　　昨天与您的会见让我激动不已。您对我担任学生记者和博主所获经验价值的评论非常鼓舞人心。我也非常感激您提出约关于我和利奥·贝纳迪德斯（Leo Benadides）先生交谈的建议。谢谢您答应帮忙告知他，我下周会致电他。

　　由于面试中您对我所写的关于亚洲女性如何打破文化刻板印象的系列文章表达了兴趣，所以这封邮件中我特意附上原文副本，希望您能喜欢。

　　您关于"作家对女性问题带有刻板排外成见的危险之处"的言论对我很有启发。就在我们交谈结束后，我收到了撰写关于身份盗窃和老年人的系列文章任务。当这些文章网络发表时，我一定会通知您。

　　再次感谢您在百忙之中抽出宝贵时间。当我们所讨论的岗位被正式确定后，我真诚地期待收到您的回复。

您真诚的，

苏珊·米内塔

8975 Santa Clarita Lane

Glendale, CA 90099

（818）214-0987

图 6-4　感谢信范例

　　④ 它可以巧妙地提醒面试官所做的承诺，例如第二轮面试或在某一特定日期做出答复；

　　⑤ 它能纠正在面试阶段可能发生的任何误解。

　　与大多数商务信函不同，这里的感谢信可以手写。无论您选择手写卡片、正式信件或电子邮件等何种风格，这份感谢信必须干净整齐，没有错误且精心组织。

　　如果您没有得到这份工作，请尝试联系面试官并询问您未被选中的原因及不足之处。即使面试官不太愿意与您分享这些信息（这可能和您的个人资质毫无关系），您真诚希望提升自己的愿望也会给面试官留下积极印象，这对您的未

自我测评

您的面试指标得分（Interview Quotient）

根据以下五分制回答下述问题，以评估您在求职面试中的熟练应对能力。

5= 强烈赞同；4= 赞同；3= 也许，不确定；2= 不赞同；1= 绝对不赞同

面试前规划

我已开展了背景研究，并且理解了该组织和相关领域	5 4 3 2 1
我明白这份工作的本质（责任、技能、这份岗位在整个公司中的重要性）	5 4 3 2 1
如有可能且恰当，我通过私人关系给潜在雇主留下关于我的好印象	5 4 3 2 1
我已准备好参加任何类型的面试	5 4 3 2 1
我积极建设性地思考即将到来的面试，而非沉浸在消极想法中	5 4 3 2 1
我会为了这家公司和这份岗位恰当地打扮、修饰自己	5 4 3 2 1
我清楚如何到达面试所在地	5 4 3 2 1

面试中

在面试开场介绍阶段我能自如地与面试官进行聊天	5 4 3 2 1
我会通过非言语的举止传达自己对这份工作的兴趣和热情	5 4 3 2 1
我已准备好以一种自己能够满足雇主需求的方式，回答类似表 6-2 可能会被提及的问题	5 4 3 2 1
我通过案例支撑来阐述和证明自己的回答（主张）	5 4 3 2 1
对于面试官的提问，我的回答尽量简洁扼要	5 4 3 2 1
我自信、热情地展现自己	5 4 3 2 1
我准备好回答面试官可能会提出的不合法问题	5 4 3 2 1
我知道何时提出及如何解决薪酬问题	5 4 3 2 1
我已经准备好了一份推荐人清单	5 4 3 2 1
我已准备好向面试官提关于这份工作和组织的相关问题	5 4 3 2 1
我反复练习提问与回答，直到自己认为表述顺畅、表达清晰。	5 4 3 2 1

面试后

我知道如何撰写一封有效的感谢信	5 4 3 2 1
如果必要，我已准备好持续跟进面试官以确定自己的录用状态	5 4 3 2 1

评分

请将这些分值相加计算总和。如果分值在 80～100 分，您对面试已经准备充分；如果分值在 60～80 分，您对面试已准备适当；如果分值低于 60 分，在参加任何求职面试前，您还需要再做准备。

来求职可能会有帮助。

面试与法律　很多法律都会规定求职面试中哪些问题合法与非法，但是隐藏在背后的基本原理都很简单：禁止提问基于种族、肤色、宗教、性别、残疾、国籍或者年龄的歧视目的。雇主仍然可以针对这些方面展开提问，但是美国 EEOC 只允许提问针对特定职业开展善意的职业资格限制（Bona Fide Occupational Qualification, BFCQ）。这意味着任何提问都必须与职业相关。最高法院认为，"检验标准是企业经营上的必要性（the touchstone is business necessity）"。表 6-7 罗列了那些通常不符合"善意的职业资格限制"标准的问题及那些合法的问题。

《1990 年美国残疾人法》要求为残疾人提供平等的就业机会及"合理的居住需求"。它将"残疾"定义为"实质性地限制"一种或多种"主要的生活活动"的某种"身体伤残"或"精神损害"。如同任何其他与工作相关的话题，关键性问题是如何界定"合理的"。尽管如此，法律明文规定，残疾人在应聘中只能被提问与其履行"主要工作职责"能力相关的问题，同时雇主有义务为残疾候选人与职工提供住宿。如果某位应聘者在申请过程中表达了对住宿的合理需求，此时公司有义务提供。例如，听力障碍者在面试中可以要求公司聘请翻译人员并支付费用。

面对不合法的提问，有如下几种方式应答：

① 无异议地回答。回答提问，即使您知道问题可能违法："我 47 岁。"

② 寻求解释。坚定而有礼貌地询问面试官为何这个问题属于"善意的职业资格限制"问题："很难理解我的年龄是如何与我能否胜任这份工作相关联的。能请您解释下吗？"

③ 重新定位。如果面试官问道："你多大了？"某位面试者可能会将焦点转移到职位要求上："到目前为止，您所说的内容恰好证明了年龄没有愿意出差来得重要。这对我来说不是问题。"重新定位也包括策略性模糊："我的年纪，一方面大到足以很好地完成工作，另一方面却也小到足以拥有新鲜的想法。"幽默也可以成为重新定位某个不恰当问题的工具："嘿！您可不能打听一位女性的年龄（大笑）。"

④ 拒绝。有礼貌但坚定地解释您无法提供对方要求的信息："我不愿意谈论我的宗教信仰，这对我来说是私事。"如果您很肯定自己对这份工作不感兴趣，您甚至可以立即结束面试："我对这些关于我个人生活的问题感到很不舒服，我觉得自己和贵单位不太适合。"

选择最佳回应风格取决于以下几大因素。

第一，考虑面试官的可能意图很重要。这个问题可能确实旨在搜集有关雇主歧视的资料，但它也可能只是一项无害意图的幼稚调查。某些面试官在工作中过于天真。《华尔街日报》报道的某项研究报告显示，《财富》500强企业的200位雇主中，超过70%的雇主认为12项不合法问题中，至少有5项可以安全地提问。另外一项调查显示，100家小企业雇主被展现了5类非法面试提问。所有受访者都表示他们要么将会提问或者已经提问了其中至少一个问题。类似这样的结果表明，不合法的问题可能是因为无知而非恶意。那些讨论家庭、国籍或宗教的面试官可能只是单纯地想交谈。请注意，不要自己引起这些话题，因为它可能会打开一扇您不愿面对的交谈与问题之门。

第二，考虑您对眼下这份工作的渴望度。如果某一职位对您的未来发展并不重要，您也许更愿意挑战面试官。但是，如果您的职业取决于某次特定面试的成功，那么您也许更愿意保留自己的反对意见。

第三，考虑您与面试官交谈时的舒适度。例如，某位抚养学龄孩子的女性应聘者，可能很希望有机会与自称面临同样挑战的单亲妈妈面试官探讨一下关于孩童照顾的问题。

第四，考虑您的个人风格。如果您喜欢捍卫自己的观点，那么您可能会倾向于正面指出这一非法问题。如果您不擅长直言不讳，尤其是对权威人物，那您可能更喜欢比较间接地回应。

作为面试者，并不意味着您要获得面试官的怜悯；法律明确规定您作为求职应聘者的权利。如果您选择采取更为直接的方式处理您认为会导致歧视的非法问题，那么您有权在面试后180日内向EEOC和您所在州的公平就业实践委员会（Fair Enployment Practices Commission，FEPC）提出控告。实践中，直到FEPC完成质询后，EEOC才会启动调查。但是，EEOC和FEPC有大量积压的案件，因此这可能需要好几年时间才能完成调查。FEPC 可能会进行调解、提起诉讼或发给您一封起诉信。请记住，仅仅因为您提出法律诉讼并不意味着这总是最好的行动方式：一起诉讼动辄花费数月甚至数年的时间才能解决，而一项对您有利的判决可能无法得到很大程度的解决。

　　联邦法律将雇主的面试提问及其他实践限制在明确与工作要求相关的领域。表 6–7 是通常被认为合法或非法的一些问题。

表 6–7　面试官的合法提问与非法提问

主题	不可以接受	可以接受
姓名	"你的婚前姓是什么？"	"你叫什么名字？"
	"你曾经换过名字吗？"	"在你的工作和教育记录中，你有其他名字需要我查阅的吗？"
居住	"你是买房还是租房？"	"你住在哪里？"
年龄	年龄	有关雇用需要验证应聘者是否符合法定年龄的声明
	出生日期	"如果被录用后，你能出示下自己的年龄证明吗？"
	上小学或者高中的起始日期	"你是否超过 18 岁了？"
	任何尝试明确申请者是否超过 40 岁的问题	"如果低于 18 岁，你能否在录用后出示一份工作许可证明？"
出生地、国籍	申请者、申请者父母、配偶或者其他亲戚的出生地	"你能在录用后提交你在美国的合法工作证明吗？"或者声明这类证明文件在入职后可能需要
	"你是美国公民吗？"或者申请者、申请者父母、配偶或其他亲戚的国籍	
	要求申请人在录用前出示入籍证件、入籍初步申请书或者外籍护照	
原国籍	针对申请人、申请人父母或配偶的国籍、世系、祖先、原国籍、血统或家系的问题	如果申请者应聘的岗位，除了英语还需要会使用另一门语言，针对这些语言申请者具备的说、读、写能力

（续表）

主题	不可以接受	可以接受
	"你的母语是什么？"或者申请者通常使用的语言	
	申请者是如何掌握一门外语的阅读、写作或对话能力的	
性别、婚姻状况、家庭	暗示申请者性别的问题	如果申请者是未成年人，询问其父母或监护人的姓名和住址；关于员工工作任务分配的公司政策声明
	暗示申请者婚姻状况的问题	
	孩子、被赡养人的数量或年龄，儿童保育条款	
	涉及怀孕、生育或避孕的问题	
	成年申请者的亲属、配偶或孩子的姓名或住址	
	"你和谁居住在一起？"或者"你和父母居住在一起吗？"	
种族、肤色	针对申请者种族或肤色的问题	
	关于申请者肤色或皮肤、眼睛、头发的颜色问题	
宗教信仰	有关申请人宗教信仰的问题	
	查阅宗教日或"你的宗教信仰会阻止你周末或节假日上班吗？"	雇主针对正常工作天数、小时数或者轮班的声明
逮捕、犯罪记录	逮捕记录或"你曾经有没有被逮捕过？"	"你是否曾被判处过重罪？"这类提问必须附有"定罪并不必然会取消申请者的求职资格"声明
服兵役	关于服兵役的一般问题，例如遭被解除兵役的日期和类型；有关在国外军队中服兵役的问题	申请人在美国服兵役期间所掌握的相关技能问题
组织	"列出你所属的所有组织、俱乐部和社团。"	"请列出你所属的与工作相关的组织或专业协会，你认为它们有助于提高你的工作绩效。"

（续表）

主题	不可以接受	可以接受
推荐人	针对申请者前任雇主或熟人的问题，想要引出能够明确申请人种族、肤色、宗教信仰、国籍、血统、身体障碍、健康状况、婚姻状况、年龄或性别的信息	"你是由谁推荐到这一职位的？"愿意为申请人提供专业或性格担保的推荐人姓名

此外，您起诉他人的名声可能会损害听闻此事的其他雇主对您的评价。寻求专业律师能够帮助您做出合理决策以平衡个人价值和实际考虑。

◎ 面试伦理

基本的道德准则和责任应该指导面试官和面试者间进行持续性的信息交流。遵循这些指导原则除了道德原因外，举止符合道德通常还有一个务实性的基础。因为面试可能是未来持续关系中的一部分，举止诚恳可靠会让您在未来关系中受益无穷。相反，不道德或不负责任的行为所导致的声誉不佳成本通常要大于获得短暂利益带来的好处。

面试官义务

一位认真尽责的商务沟通者在面试时会遵循以下指导准则：

只承诺你愿意且能够实现的承诺　不要做出事后证明无法兑现的录用保证或声明。例如，雇主在自己也无法确定能否录用之前就告知求职者有获得录用的机会，这是不诚实且不公平的行为。同样，求职者也不应该表示立即愿意开始工作，如果他必须先卖掉原来的房屋且搬到新工作所在地的城镇才能开始工作。

保守秘密　询问者和受访者不得透露机密性信息或将会谈中所获私人信息披露给那些没有合理原因获得信息的人。如果您打算对会话录音，请确保让受访者知道，并明确可能会审核录音的其他人。

允许面试者自由做出回答　面试中强迫对方给出违心回答有违诚实对话

道德挑战

处理难题

您知道某位员工在过去几个月中一直提早下班，您希望他能够主动告诉您，以避免亲自问他。在绩效评估过程中，您会如何与这位员工提出该问题？

您正主持针对消费者的系列性半小时访谈节目，通过探讨他们对各种社会问题的观点，以作为您雇主的市场调查项目一部分。在采访的头几分钟，受访者就做出了种族主义的评论。此时，您将会如何回应？

您正在参加一场非常中意的职位的面试。雇主询问您是否有某一特定类型数据库软件的相关经验，您虽然不太了解这一类程序，但有信心在工作开始前自学掌握。此时，您将会如何回应面试官？

的初衷。例如，当负责执行绩效考核的上级主管问下属"你认为谁应当为你们部门出现的问题担责"时，他就应当愿意接受任何可能的答案，而非机械地希望员工认错。试图说服员工是工作的正常组成部分，但强迫就是不道德的。

尊重每一位面试者 除了极少例外，面试官的职责就是帮助面试者在面试中发挥好。这意味着要确保面试者感到舒适，且能理解交谈的本质。这也意味着面试官必须设计清晰的提问，以帮助面试者尽可能回答好这些问题。

面试者义务

面试者在面试过程中举止也应当符合道德且诚恳可靠。以下指导准则在面试中可以运用：

不要歪曲事实或您的立场 无论您是在求职面试、绩效评估面试还是信息搜集面试等场景中，如您所说恰是面试官想听的内容，那么对话会很吸引面试官。如果事关您的优越福利，吸引力会尤其大。但是除了做不道德的事情，歪曲事实也会让您早晚都被揭穿，而这对您的伤害程度却要超过一开始说实话的伤害程度。

不要浪费面试官的时间 如有可能，请确保自己有资格参加面试。例如，参加一场胜算几乎为零或者根本不愿接受的求职面试就是错误的选择。同样，如果您并不属于被研究人群成员，志愿参加客户调查就很不道德。如果面试准备很有必要，请提前做足功课。一旦面试开始后，紧扣主题，以最明智地利用时间。

掌握本章概要

要点回顾

- 面试具有目的性和结构性，以提问为主要工具，允许一方拥有更多控制权，另一方则拥有更多发言时间。

- 成功的面试参与者通过明确目标、识别与分析对方、罗列主题、选择最佳结构和问题、安排场景，以提前做好规划。

- 面试官要提前计划好主要提问和次要提问，且应该策略性使用封闭式、开放式、事实性、意见性、直接性、间接性和假设性提问，但要避免诱导性提问。

- 面试包含三大部分：建立亲密感、明确基本方向和动机的开场阶段；通过积极倾听和明确回答聚焦于对话的正式面试阶段；回顾、澄清和总结的收尾阶段。

- 职业研究面试有助于询问者更好研究某一特定职业领域，被受访者更好地记住，并获得推荐机会。

- 求职面试是展现自己专业身份的重要途径。在求职面试之前，请清理您的网上身份。在面试过程中，通过专业性的沟通和恰当着装最好地展现自我。

- 求职者需要提前准备关键性问题，回应雇主需求，真诚、积极、简要、热情地用证据支撑答案。求职者可以通过中肯的提问及面试后跟进一封书面感谢信，以此展现自己的专业性。

- 法律限制雇主在招聘中提问与该岗位"善意的职业资格限制"（BFOQ）无关的问题。面试者应当清楚合法问题与非法问题的界限，并准备好应对非法问题。

- 有职业道德的面试官会尊重对待所有面试者、保守秘密、兑现承诺及避免强迫。有职业道德的面试者会保持真诚、提前充分准备并诚实地呈现自己。

职业拓展

1. 能力建构

设想一下，您正在与中意的某家公司员工进行研究访谈。

制定一份您需要掌握的能够涵括这家公司整体情况的主题列表。

对于此次采访请明确最佳结构类型（结构化、中等结构化或非结构化），并论证选择的正确性。

对于每个主题，请写下若干适当的问题。

2. 能力建构

通过以下活动，请更为熟悉地掌握提问类型。

（1）对于以下每种情况，请描述其更适合开放式提问还是封闭式提问，并解释您的选择。如果您认为有必要采取多种提问类型以发现根本的信息，请列明每种类型。

① 您想知道老板是否会支持您参加较远城市举办的会议的请求。

② 经理想知道某一项目是否会超过其计划的预算。

③ 保险销售代表想确定客户的投保范围是否充足。

④ 雇主想了解五年内申请人为何换了四份工作。

（2）对于以下每种情况，请分别写出一条事实性提问和一条观点性提问，并决定每种情况最适合的问题类型。然后，请写出两条次要提问作为您已选主要提问的后续补充。

① 您想知道自己要求老板加薪是否理由充分，同时您决定询问一下同事。

② 主管想知道某位员工想请假一个月以照顾生病的父母是否必要。

③ 您打算购买一台笔记本电脑或者台式电脑，您想知道是否值得为笔记本电脑额外花费 250 美元。

（3）对于以下每项直接提问，请设计一种能引导出相同信息的间接提问：

① "作为员工，你工作有多拼？"（选择）

② "你同意我的评价吗？"（评价）

③ "这个产品有什么缺点吗？"（诊断）

④ "你能告诉我离职的真正原因吗？"（离开）

⑤ "你是真的相信这个想法有价值，还是仅仅随大流？"（研究）

3. 能力建构

（1）您作为面试官，与同伴一起角色扮演，在主持下列每场面试的开场白阶段中，探索如何运用本章的面试指南。

（2）您作为一名房地产经纪人，第一次会见某位潜在的购房客户。

（3）您正考虑在城里开家新餐厅（自己选择类型）。与此同时，您正与另一个城市的一家类似餐厅业主就如何取得成功合作进行会谈。

（4）您考虑修一门有助于职业发展的特定大学课程（自己选择），您正在与教授交谈以获得关于课程的更好建议。

（5）您正在与某家辅助医疗机构的经理交谈，想知道那家机构是否适合您的祖母。

4. 有用的洞察

在您选定的职业中，选择一人扮演招聘新员工的雇主。请在进行信息搜集面试时明确以下内容：

（1）哪些方法可以用于识别求职候选人？

（2）何种形式可以用于面试候选人？

（3）招聘新员工时可以运用何种正式标准和非正式标准？

（4）申请者的哪些个人素质会给雇主留下积极或消极印象？

5. 能力建构

对于以下每项主题，请确保您至少拥有两名受访者接受采访以收集信息。为每场采访（面试）写出一个具体目标：

（1）了解关于潜在雇主的更多信息。（命名某一特定组织）

（2）决定是否注册某一特定课程。（自己选择）

（3）决定购买哪种类型的个人电脑或软件运用程序。

（4）在您所选的城市中探索职业机会。

（5）明确此时最适合您的储蓄或投资工具。

（6）寻找一种您希望参加的服务活动。

6. 能力建构

您可以通过以下活动之一，提升自我技能并真正了解信息性面试的价值。

（1）与专业人士在您感兴趣的职业领域进行一场信息性面谈。目标可能包括：了解这一领域的更多信息、学习如何推进当前工作，或者学习如何实现职业领域的转换。您可以遵循以下步骤：

①界定某位很有希望的面试者；

②写一封电邮请求获得面试机会；

③通过致电跟进先前的电邮以安排会见；

④制定一份有助于实现您明确目标的问题清单，请确保这些问题符合第六章的指导准则；

⑤参加面试并汇报结果，分析您的表现，并提出未来面试中的自我改进建议；

⑥向受访者写一封感谢信。

（2）明确您想要工作的特定组织，并完成以下面试前的步骤：

①按照职位和姓名明确面试官。如有可能，明确谁有权雇用您；

②使用信息性访谈中的研究和结果，以分析您希望获得职位的要求；

③制定一份潜在老板在选拔面试中可能会提的问题清单；

④使用"PAR"方法准备这些问题的答案。

（3）角色扮演一场真实面试，让同伴扮演您的潜在雇主。

①对面试进行录像；

②　查看面试录像，分析您的言语表现和非言语表现。

7. 有用的洞察

头脑风暴罗列出 5 ~ 10 项您已采取的行动（在课堂上、在工作中或在志愿者活动中），以证明自己表现良好的能力。每项都需包含具体证据，并回想下这些行动获得的积极效果。

为了获得更多实践锻炼机会，可与同学组成团队。通过使用"PAR"方法来角色扮演提问与回答面试问题。当您的同学提问时，请运用头脑风暴整理出包含行动和结果的成就来回答。最后，双方切换角色。

8. 能力建构

在团队中，通过使用"PAR"方法以锻炼您回答行为面试问题的技能：

（1）请描述您必须进行团队合作的一次经历。

（2）请描述一次您通过利用创造力和问题解决能力最终解决某个重要难题的经历。

（3）请解释下当需要做出某项重大道德决策时，您在当时是如何处理特定情况的。

（4）请描述一次您虽然努力尝试但最终还是失败的经历。

（5）请结合一次您承担比工作要求更大的责任或决策的经历，举例说明。

9. 能力建构

（1）与您的团队一起思考以下问题，并明确在面试提问它们是否合法，最后请解释您的推理。

①　"你曾经是否被逮捕过？"

②　"你出生的时间和地点是？"

③　"你最大的缺点是什么？"

④　"你自己有车吗？"

⑤　"你结婚了、离婚了还是单身？"

⑥　"你认为自己具备哪些个人素质，有助于在我们组织中进行团队合作？"

⑦ "你看上去像是越南人,你是吗?"

⑧ "你是拥有、租用还是租赁你的房屋?"

⑨ "你有任何残疾吗?"

⑩ "你住在城里很有特色的区域,这不是马丁内斯镇的一部分吗?"

⑪ "你的婚前姓是什么?"

⑫ "你对我们公司都了解些什么?"

⑬ "如果被录用后,你能出示下年龄证明吗?"

3

团队工作

策略案例

斯普林菲尔德博物馆（Museum of Springfield）

保罗·杰奥尔加基斯是斯普林菲尔德博物馆的新任媒体协调员。他正从事职业生涯中最大的一项任务：为博物馆即将推出的新项目"斯普林菲尔德图像"开发网站。中西部工业公司对此次展览提供财务赞助，博物馆馆长玛丽·韦斯顿告诉保罗，董事会指望借助此次展览的成功吸引更多企业支持。"如果能如愿以偿，我们将会一举成为最优秀的地区博物馆，"玛丽对保罗说，"我不必再跟你强调这次展览对董事会的重要性。"玛丽继续补充道，"我也不用告诉你这对你的职业成功有多重要"。

与保罗一起，该网站的项目团队还包括另外四名成员。伊莱恩·多施是该网站的设计师。将来自旧金山的伊莱恩引入团队中无疑出乎保罗的意料。她已为若干个世界级的组织设计过网站。因为其在斯普林菲尔德长大且想要回馈该社区，所以她给这份博物馆工作一个很大的折扣优惠。国立大学地方分校历史系教授罗杰·奇尔顿是负责此次展览和网站的内容专家。他的专长是研究商业和政府机构对 19 世纪美国社会特权群体的影响。朱丽亚·温格是中西部工业公司的联络人。她明确表示，她的公司很乐意支持博物馆并期待着这样做。"这样合作如果效果好，对我们中西部工业公司同样是好事。"她告诉保罗。最后，保罗的老板玛丽·韦斯顿则是代表博物馆的管理者和董事会。

网站项目开始时还不错。但最近，一些问题开始浮出水面。在实际层面上，事实证明几乎不可能让所有成员都参加最后几次会议。因为伊莱恩的总部在旧金山，朱丽亚的办公室却在明尼阿波利斯，她们二人很难挤出时间去斯普林菲尔德。

因为罗杰负责的展览确实存在一些令人不安的图片和故事，这一越发紧张的局面更加令人感到担忧。朱丽亚最近给团队发送了一封电邮说，"中西部工业公司不打算捐献数十万美元给该项目，这让社区感到忧虑"。罗杰也回复道，"取悦百姓并不是历史学家的工作"。保罗越来越担心，罗杰或朱丽亚可能会退出该项目，而其中任何一种情形都将是场灾难。

最后，非常明确的是，伊莱恩将任何对她设计的修改建议都看作对她艺术才能的攻击。"我不会告诉你应该如何运行博物馆或中西部工业公司，"她说道，"因为你们才是各自领域的专家，但我同样如此。我知道自己在做什么，你们只需要相信我。"保罗的老板玛丽已经明确指出，她仍然指望他将团队继续凝聚在一起并保持项目的正常进展。

当您在阅读本部分的章节时，请考虑如何回答以下问题，可能有助于保罗管理这项艰巨的工作：

第七章

1. 每位团队成员拥有第七章所罗列的哪些权力类型？成员应该如何利用各自权力以帮助团队达成目标？

2. 保罗可以使用第七章所述哪些领导力方法来保持团队运作良好？

3. 每位成员的个人目标分别是什么？这些目标又是如何有助于或干扰团队工作的？

第八章

1. 团队如何通过运用第八章所述的系统性问题解决方法克服其面临的挑战？

2. 成员在决定如何解决他们之间的分歧时，应当使用何种（或哪些）决策方法？

3. 有没有哪些方法能让团队成员不必亲自见面仍能处理一些工作？

4. 团队下一次会议的议程可能都有哪些？

5. 保罗在主持面对面会议时，可以使用第八章所述的哪些技巧？

第七章

团队领导与团队协作

本章目标

阅读完本章后您应该能够:

1. 明确那些将某一群体从团队中区分出来的沟通方式。

2. 解释面对面和虚拟团队各自的优缺点,并阐述解决这些缺点的方法。

3. 比较和对比各种不同的领导方式、领导成员关系和权力分配,并解释其对团队的影响。

4. 在角色、目标、规范、凝聚力、一致性和创造力方面,确定并能将指导准则运用于团队的高效沟通中。

    政治经济学家罗伯特·莱克(Robert Reich)对科技时代中团队合作的重要性这样描述:

    很少再有一些"很大的想法"仅从某位天才的孤独劳动中产生。现代科学技术对于单个头脑来说过于复杂。它需要一群天文学家、物理学家和计算机程序员共同发现宇宙的新维度，需要微生物学家、肿瘤学家和化学家组成团队共同揭开癌症的奥秘。甚至越来越普遍的是，诺贝尔奖往往被授予给一群人。科学论文也由一小群研究者共同撰写。

与他人共事几乎是每一项工作的重要组成部分。在针对建筑师和景观设计师的全国调查中，超过 75% 的人表示他们"一直"或者"经常"在团队中工作。在几乎所有的科学领域，团队完成的研究数量都在增加。即使是历史上的"牛仔"手术职业也逐渐成为一种团队合作。在新兴多媒体领域，团队成员的共事能力已经被认为是最重要的非技术职业技能。

鉴于团队合作的盛行，无论您多么有才华，在如今的商业世界中，个人独奏不再是明智选择。加利福尼亚州帕萨迪纳市的一家招聘管理公司负责人加里·卡普兰（Gary Kaplan）提供了这样一种解释，以说明为何团队合作相对于严格个人主义更受重视："那些喜欢单独作战、聪明且意志刚强的员工战士，往往会吸收组织的大量氧气。而现在，他们通常被认为过于创新和复杂。"正如传奇人物棒球教练卡西·史丹格尔（Casey Stengel）所说："拥有好队员很容易，但让他们在一起打好球则很困难。"

团队合作与单独工作相比，有以下若干益处。其中之一就是生产力。研究表明，古语说"三个臭皮匠，顶个诸葛亮"，此言不虚。精心设计和高效运营的团队比单独工作的个人能提供更多的解决方案，同时解决方案可能会更佳。伴随着生产效率的不断提高，高效率团队的工作准确性要高于个人。比如说创造某项新产品的任务：来自销售、营销、设计、工程和制造的团队成员可能会考虑所有的重要角度，缺乏此种广度视角的一个或两个人则可能会错过些重要的想法。

团队不仅能生产出更好的产品，而且能通过这些创新者成员生成更多的责任感与积极性。如果员工能在产品制造中有所作为，他们通常更愿意做出决定。认识到这一原则，很多公司都创建了参与式管理计划和质量小组，使员工有机会参与重要决策。例如，好时食品公司（Hershey Foods Corporation）CEO 威廉·迪尔顿（William Deardon）成立了一个企业规划委员会，致力于为公司做出重要规划与决策。"我明白如果我们尽心团队合作，"他解释说，"团队的成员会认为这是他们的计划和我们的计划——而不是我一个人的计划——这样他们就会更加努力地去实现它。"

◎ 团队本质

如表 7-1 所示，团队在商业和专业世界中发挥着重要作用。项目团队通常需要在有限的时间内完成特定任务。例如，一个营销专家团队设计宣传方案以推出一款新的软件产品，服务团队需要支持客户或员工。例如，公共事业机构有全天候的服务代理商为客户提供帮助；管理团队需要每天在组织内协调工作，以指导执行任务。例如，在大学中，来自学术、学生支持、财务、实体设备等部门的高层官员定期会面，以协调各自的部门运作；执行团队（通常）在紧急情况下提供即时应对方案。例如，社区卫生工作者组成团队处理公共卫生威胁。

表 7-1　团队合作 vs. 个人表现

团队优于个人	个人优于团队
任务完成需要广泛的人才与知识	任务完成仅需要有限的知识、信息（个人能够拥有）
复杂的任务（需要分工、协调人力）	简单的任务（可以由个人或个体分开工作）
时间较为充足	时间较为紧迫
成员有动力成功	成员不关心工作
高标准的执行能力	"磨洋工"（social loafing）是常态

工作群体的特征

"群体"（group）一词通常用于指称任何关于人的集合——早班火车上的乘客、聚集在市中心步行浏览的观光者、当地夜总会的摇滚乐队。当我们在谈论人们在工作中的互动时，通常会使用不同的标签。但并不是所有人的集合——即使是在工作环境中聚集在一起的人——都能称为"（工作）群体"。

按照我们的观点，一个工作群体（work group）是一小群互相依靠的人的集合，他们通过共同身份相互影响，通常面对面地一起工作，以达成共同目标。

通过该定义，我们列出工作群体的如下几大重要特征，以帮助您发掘出工作中与他人更高效的共事方法。

规模 大多数专家认为，两人一组不构成群体。因为两人一组合作伙伴的互动方式与三人或以上并不相同。例如，共同工作的两个人只能通过说服对方、放弃或者妥协的方式解决争端。但是在群体中，成员可以形成联盟，以多数票击败或施压少数。

虽然很少有人同意"人数过多就不能被视为群体"的想法，但是几乎所有的小组专家都认为，群体人数如果远超于 20 人，就会失去群体所被定义的很多属性——至少在效率上。一些公司的研究发现，10 人群体和团队与几百人的群体相比，前者通常能以更快速度、更高利润实现更好的结果。规模无法转化成效率有以下几个原因——第一，人们开始以正式的方式行事。第二，由于少数几位喜好夸夸其谈的人可能会主导该群体，使得其他成员很少有机会能够参与；相对安静的成员就会失去自己的身份，从而不太愿意为群体效力。第三，不同的联盟形成会导致成员更加只关心己方的获胜（限于派系斗争中），而非解决当前的实际问题。

大多数沟通专家认为，小型决策群体的最佳规模是 5 人或 7 人。参与成员是奇数的话，能够避免投票平局的尴尬。少于 5 人的决策群体由于缺乏资源，无法提出好建议并有效实施，但是，较大的群体又面临着匿名、压迫和承诺缺失的困境。近期研究表明，假如任务类型和团体组成是主要的考虑因素，那么 5 ~ 12 人的群体最易成功。

共同目标 接待处的客人或某次会议的参加者可能会相互交谈，但除非他们有一个集体目标，否则他们不会共同完成任何事情。任何带领新团队的领导者都会面临的一个挑战，即让成员明白一个共同的目标。

久而久之的互动 在图书馆学习或在健身房锻炼的一群人只是共同行动而已。同样，研讨会上一屋子的学员也不是一个团体，除非个体开始进行互动。在一段时间内相互作用的团体会形成自己的特征。例如，团体会倾向于制定一套成员所期待达到、行为适当的公认标准。典型的期望包括：会议如何能够迅速地开展，对特定日常工作每位成员应当如何献策献力，哪种类型的幽默是合适的，等等。

学习消防员、喜剧演员和音乐家的团队合作

在某个令人激动的下午，一群公司员工在办公室里买好了防毒面具、重靴和外转齿轮。在纽约市消防员的陪同下，他们组成四人团队，向消防员学习团队合作。

灭火和表演地铁救援看上去似乎离办公室生活很遥远。但是，这种紧急情况中对执行的高强度要求使参与者了解到很多关于团队如何成功运作的知识。

"消防过程非常复杂，要求团队相互依赖，所以消防中的团队合作显然适用于商业世界，"一位项目规划师说，"由于我们的培训是将员工放置在危险处境中，因此希望他们在面对工作场所发生的任何危机时，都能准备更加充分并冷静应对。"

消防并不是培养团队合作的唯一非传统之地。芝加哥第二届城市沟通大会为近400家企业客户举办了喜剧研讨会，客户从中了解到，即兴创作戏剧团中要求的灵活性和创造力同样可以适用于面对商业挑战。音乐为合作提供了另外一处教育场所。明尼阿波利斯市的"爵士乐冲击"（Jazz Impact）公司为《财富》500强公司的员工开展培训。通过即兴的爵士乐表演，员工从即兴发挥的表演中明白，如何将个人独奏和他人表演融合成一项成功的艺术品（或工作）。

无论场景是在起火大楼、夜总会还是办公室中，团队合作都适用于以下相同的原则：组建一批富有才华且训练有素的成员，懂得变通，忘记个人荣誉并全力以赴完成任务。

相互依赖　小组成员不只是互动，他们还相互依赖。思考一下某家餐厅的职工：如果厨房人员无法及时或准确地出菜，服务员的小费就会下降。如果清理餐桌的员工不能快速、彻底地整理餐桌，服务员就会听到客户的抱怨。如果上菜员无法准确地写对菜单，厨师就不得不将同一道菜做两次。

身份　团队内部成员和局外人都会将团体看成独特的实体。有些团体拥有"福利委员会"或"会计部门"等正式称号，其他团体则拥有些非正式的身份，如"午餐时间徒步者"或"那些一起拼车的家伙"。在任何一种情况下，团队被认为与众不同的这一事实会产生很大影响。某种程度上或多或少，成员都会感到自己的形象与团队被看待的方式有关联。此外，团队身份意味着会员的增加或减少对其他参与者来说意义重大，无论会员变更是值得庆祝还是令人失望。

如何将群体打造成团队

团队（team）这一术语在商业世界中无处不在。一个团队的积极内涵——包

括精神、合作和努力工作——会让一些管理者给所有工作群体都贴上团队标签。您不必非要等到成为运动员后，才珍惜团队的价值；您也不必非要成为愤世嫉俗者后，才明白称一群人为团队并不能让其真正成为团队。真正的团队拥有群体的所有属性，但是团队还有其他与众不同的品质，这让他们效率更高、成员更愿意一起共事。

表 7-2　群体 vs. 团队

群体	团队
成员主要关心各自的挑战与目标	成员主要关心团队挑战和目标
成员制作各自产品	成员制造集体产品
工作进展由经理决定	工作进展由团队领导者和成员共同决定

不是所有的团队都同样高效。学者卡尔·拉森（Carl Larson）和弗兰克·拉法斯托（Frank Lafasto）花了近三年时间，采访了超过 75 位明显属于获胜团队的成员。这些团队来自各行各业，它们包括珠穆朗玛峰登山队、心脏手术团队、研究"挑战者"号航天飞机事故的总统委员会、开发 IBM 个人电脑团队，以及两支冠军足球队。虽然团队追求的目标各有不同，但他们拥有八项共同的重要特征。从中您可以了解自己团队的运作机理，以及如何通过分析这些获胜团队的特质，学习并提高自己团队的运行效率。

- 明确和鼓舞人心的共同目标。成功团队的成员明白团队存在的原因，他们认为团队目标重要且有价值。而无效的团队或是找不到共同目标，或是不相信目标的真正重要性与价值。
- 结果驱动型结构。成功团队的成员会专注于以最有效的方式完成工作。而效率较低的团队组织不合理或结构效率低下，其成员因为对结果不够关心，以至于不愿意完成必要工作。
- 有能力的团队成员。成功团队的成员拥有完成目标的必备技能，效率较低的团队则缺乏掌握一项或多项关键技能的人才。
- 统一的承诺。成功团队的成员会将团队目标置于个人利益之上。虽然这项承诺似乎是对他人利益的牺牲，但是成功团队成员拥有的个人回报让付出变得值得。

- 合作的氛围。合作（collaboration）的另一个词就是"团队协作"（teamwork）。成功团队的成员相互信任与支持。
- 追求卓越的标准。在成功团队中，出色完成任务是很重要的标准。每位成员都被期待个人表现达到最佳状态。而在不太成功的团队中，标准仅是付出最小的努力应付过去。
- 外部支持和认可。成功团队需要懂得欣赏的观众，认可他们的努力并提供完成任务所必要的资源。观众可以是老板，也可以是团队旨在服务的公众。
- 有原则的领导力。成功团队通常都有领导者，他能够创建团队的目标愿景并激励员工完成工作，他也有能力去释放成员的才能。

您可能无法仅凭一己之力就将整个组织转型成团队友好型环境，但您仍然可以影响一起共事的团队成员。查看上面所列出的团队特征，自问您是否在以一种步伐虽小但意义重大的方式与团队成员进行沟通。

虚拟团队

虚拟团队的成员不必同时同地就能相互沟通与影响。正如一位观察家所言，虚拟团队的成员进行"远程合作"。技术允许虚拟团队跨越地点和时间的界限。福特汽车公司企业设计部门的计算机辅助工业设计技术主管巴里·嘉威尔（Barry Caldwell）赞同并解释了福特的虚拟团队是如何遍布全球的，"我们无法改变欧洲比密歇根州早五六个小时的时差，"他说，"但是虚拟团队可以极为高效。如果你让住在意大利或德国的员工比你提早五小时开始工作，他们就能在当天结束前将工作结果发送到迪尔伯恩市，然后你可以进一步完善，再将完善后的内容发送回去。这样每天你可以利用的不是 8 小时，而是 14 小时。"

虚拟团队并不总是——或甚至不通常——在不同洲。当在远程办公或在路上时，技术能够保持成员持续连接。即使人们在同一屋檐下工作，保持电子联系也能使工作更富效率。建议团队要么虚拟要么面对面的想法过于简单。事实

技术小贴士

在虚拟团队中工作

争取一些"见面时间"，尤其在团队创立初期。当团队成员已有机会亲身共处，尤其在团队发展过程中，虚拟团队的凝聚力、信任感和成功率会达到最高。将沟通放入议程中。在一开始就协调好成员沟通的时间和方式。考虑哪些途径最为合适，并就响应时间达成一致。

注意时区差异。当虚拟团队的成员分散在不同时区时，如何安排会议将成员的不便之处降到最低尤为重要。当团队跨越几大洲时，时间差异可能尤其具有挑战性。例如，如果某些成员在加利福尼亚州而其他人则在印度，他们之间的时差是 12 小时，唯一可适用于正常进度表的时间就是清晨和傍晚。请记住：亚洲比美国早一天；欧洲比美国早 5 ~ 9 个小时。

将时区变成您的优势。请考虑当您快要下班时，把其他时区成员可以处理的任务移交给他们。例如，西雅图的成员可以在一天工作快要结束时提出问题，而在佛罗里达州的队友在他们的下一个工作日开始时进行回复，这样当发件人三小时后登录邮箱时，就可以查阅到他收件箱中的回复。

保持私下联系。表达些与面对面沟通效果相同的情感和个人想法，这样做有助于建立友谊和人际情感，这可能恰是虚拟团队由于无法面对面沟通的缺乏之处。

考虑使用"后台渠道"。当您需要私下处理问题和关系时，请使用电话、私人电子邮件、即时通信直接与一个或多个成员进行交流，这样有助于节省团队成员的时间和精力。

提前试验好技术设备。请确保会议召开前，团队所依赖的所有技术设备都正常运行。浪费会议宝贵时间处理设备故障会令人感到沮丧泄气。

寻求所有团队成员的意见。有时候，虚拟团队中那些更擅长使用技术的成员往往会"说"更多，而那些在团队专业技能上更胜一筹的成员却因为不擅长技术而更为沉默。

注意沟通风格的文化差异。这些存在于网络空间和面对面沟通中。请提醒自己在高语境文化和低语境文化、领导和团队成员的期望值，以及对直接和间接表达方式的偏好中存在的沟通类型差异。学会读懂那些不直接评论您的想法或提供建议之人字里行间的含义。

上，很多团体都将两者混合。成员时而见面，时而在会议间保持电子联系。上文"技术小贴士"专栏中的指导准则，能帮助您确保花费时间进行虚拟沟通的效率。

除了效率更高，在某些情况下，虚拟团队至少与面对面沟通一样有效。虽然新成立的团队在成员可以亲自见面时发挥最好，但已建立的团队在网络空间中同样能够工作得很好。某项研究发现，通过交换电子邮件工作的团队要比个人单打独斗和团体面对面工作的效率更高。

虚拟团队合作对于近距离工作的忙人来说同样具有价值。一些人力资源专家认为，当人们工作距离超过 15 米时，他们每周合作超过一次的可能性不到 10%。鉴于这一事实，虚拟会议可以大幅提高同一屋檐下成员工作的效率。

虚拟团队的另一大优势在于平衡身份差异。在互联网团队中，排名的重要性远不如面对面团队。在电子邮件中，新员工或中层员工的想法与高级管理人员的想法看上去完全相同。依托媒介形式的来回对话与您不得不亲自面对老板相比，前者对成员形成的威吓心理要小很多。

有时候，虚拟团队需要进行实时沟通。电话会议和即时通信使得同步进行虚拟会议便捷且实惠。在其他情况下，异步工作更为有效。加州软件开发商 Ontek 公司副总裁迈克尔·沙尔诺（Michael Charnow）介绍了公司员工开展异步会议的重要价值："因为类似于编程和研究等能在白天和晚上任何时间内完成的工作性质，我们喜欢远程通信性能。我们并不认为人只有在办公室工作效率才能最佳。"对于异步会议，由谷歌、雅虎等提供的网络讨论工具也很容易设置和管理。

尽管虚拟团队合作存在种种优势，计算机网络并不能取代人际联系交往的所有功能。"我会亲自去询问人们关于他们孩子和个人生活的其他方面，"一位与俄国开发商合作的美国软件开发团队项目经理安妮特·苏赫说道。

◎ 团队领导力与影响力

在团体努力中，成败通常取决于领导力。运动队失败被解雇的可能是教练，而获胜被表扬的同样是教练。公司破产时 CEO 会被董事会驱逐出公司；而公司盈利时也是 CEO 获得可观的奖金。当组织出现道德丧失时，"领导力不足"往往被称为罪魁祸首。在本节中，我们将会向您介绍沟通在有效和无效领导中的作用。

领导力研究评述

在组织发展的大部分历史中，领导力都被认为是个人所扮演的角色。近期以来，研究者已经开始认识到领导力是一个过程，不同的团队成员都可以参与向团队提供领导力，无论是否具备正式的领导角色。以下是正确理解领导力若干重要路径的简要总结。

特质路径 特质路径（trait approach）是基于所有领导人具有促成其自身高效能的共同特质这一认识。最早研究试图界定这些特征。到 20 世纪 30 年代中期，已有数十项研究致力于实现此目标。由于结论相互矛盾，引起了人们对这一路径的怀疑。大多数领导人的某些特质确实似乎很具共性，例如身体吸引力、擅长社交、具有领导欲望、独创性和聪慧。尽管有这些相似之处，研究还是表明，这些特质并不能就预示着领导力。换句话说，拥有这些特质的人并不一定是领导者。因此，另外一种研究路径尤显必要。

风格路径 从 20 世纪 40 年代开始，研究人员开始注意到风格路径（style approach）。他们开始思考，指定领导人是否会选择一种能够提高效率的沟通方式。这一研究确定了三种管理风格。一些领导人是权威主义者（authoritarian），喜欢利用掌握的权力控制成员。其他一些领导者则更为民主（democratic），喜欢邀请成员共同做出决策。第三类领导力风格属于放任自由型（laissez-faire），即指定领导者放弃该职位拥有的权力，并将该组织转变成无领导者的平等架构。

早期研究似乎论证了民主风格能够产生最佳效果。当代研究表明，具备民主领导特征的团队成员要比专制领导下的成员相对感到满足。但是，如果认为民主路径总是最佳做法又未免过于简单。例如，专制领导团体在压力较大的情形下更有效率，民主领导团体在压力不大的情形下则表现更好。

最著名的风格路径之一是由罗伯特·布莱克（Robert Blake）和简·穆顿（Jane Mouton）提出的领导力方格理论（leadership grid），其论证了良好的领导力取决于娴熟的任务管理和团队成员之间的关系构建。方格的横向坐标用于衡量经理对任务或生产（即完成工作）的关注度，纵向坐标用于衡量领导者对人及关系的关注度。布莱克和穆顿的方格理论抵消了某些思维幼稚管理者的倾向，即假设领导者只需关注任务，好的结果自然就会产生。

权变路径　与风格路径不同，权变路径（contingency approaches）基于"'最好的'领导风格是灵活的"这一观点，它根据具体情况而不断调整。例如，某位成功引导项目团队开展一场广告宣传活动的经理，可能就无法成为培训师或人事专员。

心理学家弗雷德·费德勒（Fred Fiedler）进行了广泛研究，试图发现任务导向性路径何时达到最佳及关系导向性类型何时最为有效。他发现，在特定情形中，到底决定采取任务导向还是关系导向取决于以下三大因素：①领导—成员关系，包括经理的吸引力和下属的忠诚度；②任务结构，包括工作的简单或复杂程度；和③领导者的权力，包括职衔和奖惩的能力。

一般来说，费德勒的研究表明，当情况极为有利时（良好的领导成员关系、高度结构化任务）或情况极为不利时（糟糕的领导成员关系、非结构化任务、领导力欠缺），任务导向性路径效果最佳。在适度有利或不利的情况下，关系导向性路径效果最佳。虽然这些发现很有帮助，但同样不能过于夸大它们。在大多数情况下，好的领导力要求将关系导向和任务导向结合起来。所以这就不是选择哪个维度，而是需要强调哪个的问题。

情境领导力的另一种模式是由保罗·赫西（Paul Hersey）和肯尼思·布兰佳（Kenneth Blanchard）共同提出的生命周期路径。生命周期理论（life-cycle theory）表明，领导者对任务和关系的关注应当有所区别。独立工作水平很低的员工需要高度指令性和任务相关性的领导风格。当下属能够在没有指导的情况下执行任务，管理者就可以更多地退出与任务相关的监督。最后，当员工处理任务的能力较强时，领导也可以减少些社交心理支持量，领导明白员工已发挥出最高水平，此时任何能力的提高都主要来自内在。

领导—成员交换

到目前为止，我们一直假设领导会平等对待团体所有成员。但是，您自己的经验也许已证明，领导人对团队不同成员仍会区分对待。其中某些关系以积极沟通与相互满意为特征，其他关系可能距离更远甚或双方都对彼此充满意见。请注意这一事实，领导—成员交换（leader-member exchange）理论将领导力视为领导与成员间多重关系的集合，即每种关系都具独特性。

领导—成员交换的基本前提是无论领导者有多出色，他们的时间和精力都有限。因此，他们无法给予每位成员等量资源。不可避免，某些人获得更多资源，某些人则更少。这种"差异分配"同时导致了某些领导—成员关系的"高质量"（例如更富有和更满意）及其他关系的"低质量"。

高质量领导—成员交换关系中的沟通通常具有积极性与强化效果，以支持性陈述、指导和联合决策为特征。当出现分歧时，它们会得到尊重和建设性处理。这种处理方式意味着这些成员被看成"自己人"。相反，低质量领导—成员交换关系中的沟通则截然不同。在这种关系中，通常沟通互动较少，发生的情形包含更多威胁面子的行为、竞争性冲突、权力游戏和防御心理。这类模式意味着这些群体成员被看成"外部人"。毫不奇怪，成员—领导关系与成员对该领导、同事的整体满意度和其对组织的集体感觉，二者有着很强的联系。

作为团队成员，您可以通过有助于实现高质量"自己人"关系的沟通方式与领导进行交流。研究表明，领导对"与工作相关的沟通"印象最为深刻，例如主动积极、履行职责及出色完成工作任务。基本如上所述，出色完成工作并超出领导期望值是实现一种高质量关系的最佳路径。

成为一名领导者

有时候领导者由上层任命，但在很多情况下，他们都是从某一群体中脱颖而出的。涌现型领导者（emergent leader）可能由团队成员以正式或非正式的方式选择。一个运动队会选择一名队长，公寓协会的业主们会选择一名代表，工会成员则会选择一个团队来代表他们与管理层进行合同谈判。

涌现型领导者并不总有正式的头衔。例如，一群心怀不满的员工可能会鼓动某个人与老板谈判要求改变。被指派开发某课程项目的学生团队可能会认同其中某人最适合带领组织与汇报工作。有时，涌现型领导者能够正式得到公认；但其他时候，他们的角色从来都不会被公开承认。事实上，通常情况中，被指定领导者可能仅是名义上的负责人，涌现型领导者才是真正主持局势之人。那些深夜电影迷还记得（电影中）年轻、没有经验的中尉是如何学会尊重并听从头发花白、睿智明理的军士的建议的。当新任管理者或主管认识到，组织中的下属老前辈拥有更多经验与知识，这种模式在类似的日常工作情形中就会重复出现。在这些情况下，新任管理者就会明智地听从某位非正式、涌现型领导者的意见，至少直到他获得一些经验和智慧之前。

沟通研究者欧内斯特·博尔曼（Ernest Bormann）研究了涌现型领导者如何获得影响力，尤其在新形成的群体之中。博尔曼的研究发现，组织通过筛选方式选择领导者，即根据某种原因来逐渐排除潜在候选人直至最后一个的淘汰机制。这种淘汰机制分为两大阶段。在第一阶段中，首先排除明显不符合条件的成员。一定会被拒绝的类型就是沉默。在博尔曼的研究群体中，不善言辞的成员从来不会被选作领导者。团队工作中无法通过言语融入，会给人留下一种冷漠和缺乏担当的印象。其次排除持教条主义的成员。即成员以一种情绪强烈、不称职的方式表达意见，通常会被认为过于极端和死板而无法担任领导角色。

职场小贴士

如何成为团队领导者

如果您有兴趣争取领导者一职，并且您几乎早晚肯定会担任该角色，那么研究证明，以下行为类型将有助于确认您的影响力。

- 尽早多参与。说话虽然无法保证您一定被当作领导者，但是不说话几乎一定会将您排除在外。
- 证明您的能力。请确保您的言论能够切实有助于团队取得成功，并向他人展示本章后文所述的专家权、关联权和资讯权类型。
- 不要太过严苛。坚定自信固然好，但不要试图压制其他成员。即使您是对的，您的这种武断也许会让他人疏远。
- 危急时刻能够提供解决方案。如何让团队在截止日期前完成任务？如何成功销售？如何获得必要设备？能够寻找到这些问题答案的成员很有可能会升职到权威职位。

在由罗杰·费希尔（Roger Fisher）和阿伦·夏普（Alan Sharp）撰写的《横向领导力：不是主管，如何带人成事》一书中，其将"横向领导力"描述为一种避免（领导者）不闻不问或处处过问两种极端行为的方式。他们认为，一个团队成员可以通过以下三件事情来领导他人：周到、真诚地提问，促进他人创造性地思考并贡献想法；提出想法帮助团队，并邀请他人挑战自己的想法；针对团队需要，做一些建设性、有意义的事情，并以身作则，树立领导典范。

最后排除的是缺乏能力或智慧的成员。即胜任力是成功领导的一项明显必备条件，而成员缺乏这一品质很早就会被淘汰。

沉默、教条主义和能力不足几乎总是被取消资格的理由。除了这些因素之外，某种刺激性或干扰性的沟通风格也可能会使某位成员被剔除在领导者考虑外。根据团体的组成，该类型包含各种不同行为。在某种情况中过于严肃可能会成为被拒理由，但在另一种不同情况中，爱开玩笑则可能成为被否原因。使用不恰当语言可能会成为一位资格不符者。而在带有偏见的成员群体中，性别或种族可能成为被拒理由。

在明显不合适的成员被淘汰后，大约有一半成员仍是领导候选人。这就到了第二阶段，这可能是一个紧张时刻，因为争夺某一具有影响力的角色可能会让剩余的候选人相互竞争。在某些团体中，领导角色的竞争者获得博尔曼所说"中尉"的支持，后者能帮助竞争者不断完善。如果只有一名候选人拥有"中尉"支持，那他成为领导者的胜算就很高；如果两名或以上的竞争者都有支持者，领导者出现的过程可能会被拖延甚至陷入僵局。当您想获得某一团队领导者角色时，上文的"职场小贴士"专栏为您提供若干建议。

成员力量与影响力

很多团队拥有一位指定领导者（designated leader）——具有正式授权并负责监管当前任务的主管、主席、教练或经理。还有些团体被称为"自我管理型团队"（self-directed work teams），他们负责自我的行为管理以完成任务。例如，在通用磨坊公司的谷物工厂内，团队安排、运作与维护设备的效率极高，以至于工厂无须任何管理人员值夜班。这家公司说，依靠自我管理团队的工厂运作效率要比传统工厂高出40%。在联邦快递（FedEx）公司中，记账员团队自我发现并解决了某项账款问题，在短短一年时间内就为公司节省了210万美元。哈雷戴维森公司在密苏里州堪萨斯市成功举办了摩托车装配厂如何通过自我管理团队完成任务的展示。

无论团队是否有指定领导者，每位成员都有权力设计活动（shape events）。大约半个世纪以前，约翰·弗伦希（John French）和伯特伦·雷文（Bertram Raven）已界定了几组通常由团队中一位或多位成员拥有（不一定只是指定领导者）的权力形式。根据它们的使用方式，这些权力形式能对团队成败起到关键作用。

职位权　职位权（position power）是指来自所处职位的影响力。我们通常为老板做事，正是因为他拥有这一头衔。虽然职位权通常属于指定领导者，但有时身处较低职位员工的部分工作就是告诉上司如何做。例如，媒体专家享有的职位权可能就包括：告知 CEO 或者董事会主席在向股东汇报过程中的注意事项。

强制权　惩罚他人的权力也被称为"强制权"（coercive power）。（工作中）我们经常要听从他人的指令，否则就会造成令人不快的后果。指定领导者拥有强制权，即他们有权（给他人）分配棘手任务、拒绝加薪，甚至解雇员工。其他成员也会拥有强制权，尽管它时常很微妙。当事情不遂愿时，委员会成员或者同事通过阻碍事情进展来强迫他人考虑自己的意见并暗示着："如果你不采纳至少我的部分意见，我就会通过继续反对你的提议、拒绝合作，以此来惩罚这个团队。"

奖赏权　强制权的对应面就是奖赏权（reward power），即奖赏他人的能力。指定领导者掌控最明显的奖励：加薪、改善的工作环境和升职权。但是，其他成员也能自我给予奖赏。它们以社会效益的形式出现，例如不断提升的商誉和与工作相关的益处，比如对某项工作的自愿帮助。

专家权　专家权（expert power）来自团队对成员在某一特定领域专业技能的认可。有时，一位专家比整个团队更适合做决策。指定领导者并不总是团队中的专家。例如，在一家制造企业中，职位相对较低的工程师可能会运用其专业知识宣称新产品无效，从而影响管理层变更方案。如果管理层没有将某位真才实学的成员当作专家对待，或者误将不称职的人当作专家对待，问题都可能产生。

参照权　参照权（referent power）是指成员由于群体中其他人对其展现的尊重、吸引力或喜好而拥有的影响力。这是指定领导人和具有真正影响力成员间最大的区别。一位不受欢迎的老板，可能不得不依靠他的头衔和权利，通过奖惩让他人服从；而一位没有领导头衔但受欢迎的人，却能不用威胁或保证就让别人愿意合作。一家商业地产经纪公司的所有人之一迈克·楚格史密斯（Mike Zugsmith）意识到了参照权的重要性，即使对于老板仍是如此："1979 年这家公司成立时，我 28 岁。我当时负责监督一群 20~30 岁作为我前辈的销售人员。很明显的是，你的名字在门上并不意味着你就一定能获得尊重。你必须自己去争取。"

资讯权 资讯权（information power）是指成员因为掌握信息而能影响群体的能力。这种资讯（信息）不同于形成专家权的专业知识。专家主要基于训练或教育而掌握某种形式的技能，而拥有丰富资讯的团队成员，却能够隐藏对组内其他成员有用的知识。例如，从竞争对手公司"挖来的"新员工，可能在新公司与老东家如何竞争的决策中扮演关键角色。同样，精通组织各种小道消息的成员也能对团队的运作方式产生重大影响："现在不要这样做。史密斯正在离婚，他不会有好心情处理任何事情。""我刚听说出差旅行和娱乐预算会得到一大笔拨款。也许现在是时候提出那个我们一直在考虑的针对外地分销商的招待会。"

关联权 在商界，成员的影响力往往来自他与组织内外有影响力或重要人物的关系，因此也称为"关联权"（connection power）。关联权的典型案例就是上司的子女。虽然上司的场面话可能是"对我的孩子就像其他任何员工一样"，但这说起来容易做起来难。不是所有的关联权都有害。如果团队成员在社交场

职场文化

日本棒球：集体主义的肖像

埃萨伊斯特·皮科·耶尔（Essayist Pico Iyer）借用典型的美式棒球比赛案例，以说明个人主义和集体主义文化中团队合作的差异。虽然这两个国家的游戏规则几乎相同，但球员对他们团队定向可是大大不同。

耶尔描述了美国选手在加入日本大联盟棒球队时必须做出的调整：

> 他不得不同意低调展示自己的才华，不一味追求光鲜亮丽的比分，简而言之，不想成为明星。他必须反复牢记：球队需要团结一致、个人身份只存在于团队中……在日本，球员只是整首华丽诗歌中的一句诗词而已。

大多数讲英语的人从小就学习到了"团队"中的无"我"。但是，西方人无法真正珍惜他们团队导向中的个人主义精神，直到他们体验过集体主义文化中的生活。

合中看到某位潜在客户，其有能力帮助促成业务。如果其他成员认识某位政府官员，他往往能够获得某种关于如何应对政府规章的私下建议。

如果我们认识到来自关联权的影响力，那句老话"重要的不是你知道什么，而是在于你认识谁"也似乎得到了验证。如果我们回顾一下本节所述的所有权力类型，那么更为准确的表述应该是"重要的是你认识谁（关联权），你知道什么（资讯权和专家权），谁尊重你（参照权），以及你是谁（职位权）"。权力基础范围明确地表明，实践中，影响团队的权力由不同的成员共享，这些有能力影响团体运作的成员作为一个整体工作，并制作出高质量的产品。

◎ 团队有效沟通

无论您所在的团队拥有权威领导者还是决策共享型领导者，您都可以使用有助于团队高效工作并令人满意的方式进行沟通。为了使团队运作良好，每位成员都必须考虑到人们在尝试沟通时可能会出现的问题。

承担功能性角色

每位成员都能塑造团队运作方式的一种路径是：采取任何必要方式保证任务完成。这种路径被称为"功能性视角"，因为它从实现基本功能而非正式头衔的视角来定义影响力。这些必要性贡献为成员赢得了"功能性角色"（functional roles）的称谓，因为他们需要具备完成团队工作所必需的功能。表7-3罗列了这些功能性角色，并标注了一些会降低团队效率的功能障碍行为。如表所示，功能性角色有两种类型：任务性角色（task roles）在完成现有工作中起到重要作用，关系性角色（relational roles）有助于保持成员间沟通顺畅。

表7-3是一个很有价值的诊断工具。当团队运作低效时，您必须确定哪些功能缺失。例如，您可能会注意到团队虽有若干好想法，但却没有人去总结和协调它们。再者，或许团队缺乏某条关键性信息，但却没有人意识到这一事实。

在某些情况下，您对团队存在问题的诊断可能表明，所有必要的任务性功能都被填补，但成员的社交需求却没有得到满足。也许成员需要他们的好想法得到支持（"这真是个了不起的想法，尼尔"）；也许人际冲突需要被发现与解决

表 7-3　团队成员的功能性角色

任务性角色

信息或意见给予者：提供与团队任务有关的事实或意见

信息或意见搜寻者：向他人询问与任务相关的信息或意见

发起者或激励者：发起或鼓励与任务相关的行为（例如"我们最好能够去执行"）

指令给予者：提供关于如何执行现有任务的指令说明

总结者：总结评论已讨论的内容，并归纳确定出共同的主题或进展

诊断者：提供针对团队任务相关行为的观察意见（例如"我们所有时间似乎都用于讨论问题，而非提出解决方案"）

守门人：规范成员的参与

现实检测者：检测想法在应对现实生活意外事件中的可行性

关系性角色

参与鼓励者：鼓励沉默的成员勇于发言，让他们知道自己的贡献会得到重视

协调者：解决成员间的人际冲突

紧张缓解者：使用幽默或其他方式来缓解释放成员的焦虑和沮丧

情绪气氛评估者：提供关于成员间社会心理关系的观察意见（例如"我觉得我们现在都有点过于保守，"或者"这听起来好像没人相信你，比尔"）

赞美给予者：进一步拔高成员的成就与贡献

用心聆听者：专注聆听、不评价成员的私人问题

功能障碍性角色

阻碍者：通过不断提出反对意见阻碍进度

攻击者：过于侵略性地质疑他人能力或动机

寻求认可者：反复且不必要地，通过强扯不相关的经历、吹嘘和寻求同情，以提高他人对自我的关注

爱开玩笑者：过分开玩笑以至于超出缓解紧张情绪需求，从而分散成员注意力

弃权者：拒绝在关系或任务性问题上表达立场，掩盖情感，拒绝回应他人的评论

（"我知道自己听上去像是在为此争辩。但是，我已经为这个想法工作了一个月，我不愿意看到它 5 分钟内就被否定"）。当类似的社交需求无法被满足，即便拥有最好的知识与人才，也不足以保证团队的顺利运作。

　　有时团队会将这些重要的功能性角色转化成正式角色。例如，在金融服务

业巨头嘉信理财集团（Charles Schwab）中，所有会议都有专门人士担任观察诊断员。此人不用参与讨论；相反，他须制作一份会议清单，将正确事宜（例如"好的创造力""出色的时间利用"）和错误事宜（例如"太多次跑题""个人批评导致争辩不休"）都罗列其上。这份清单被涵括在会议记录中，以备评审管理。很容易想象观察员的评论将会如何有助于提高团队效能。

太多人担任同一种特定功能性角色与无人担任同样麻烦。例如，您可能会发现有些人担任意见提供者角色，却无人担任意见搜寻者一角。如果两人或更多人相互竞争决策提供者一角，那结果会令人困惑。即使关系性角色也会过度，过度释放压力或过度赞美都会变得烦人。

一旦识别出这些缺失功能，您就能填补它们。完善这些缺失角色往往能将止步不前、沮丧的团队转变成高效运作的团队。其他成员也许并不知道您到底在做什么，但他们会意识到，您在某种程度上知道如何在恰当时机言之有物。

明晰团队和个人目标

每个团队运作都为实现某一特定目标：销售产品、提供服务、完成工作等。除了追求团队目标，成员通常也有自己的个人目标。有时团队中的个人目标与团队共同目标是同一的（或几乎相同）。例如，零售商可能真诚希望加入社区圣诞节筹款活动，以帮助有需要人士。然而，在大多数情况下，人们加入团队则拥有更多的个人动机。例如，零售商可能意识到，参加筹款活动会提升他在该社区的知名度和形象，并且最终有助于促成更多业务。请注意团队目标和个人目标之间的关系：

团队目标	个人目标
销售部门想达到年度销售目标。	销售代表想要获得奖金。
零售商希望延长工作时间以吸引更多业务。	员工希望避免晚上与周末加班。
公司希望员工参与明尼阿波利斯市的研讨会。	员工希望去明尼阿波利斯市探望家人。

正如这些案例所示，如果个人目标能与整体目标相兼容，其并不一定会有害

自我测评

评估团队的沟通效率

请根据下列陈述评估您所在团队贯彻这些重要沟通实践的能力。

团队执行下列内容的程度	很差				很好
界定或阐明任务	1	2	3	4	5
交换与共享信息	1	2	3	4	5
鼓励表达各种不同观点	1	2	3	4	5
评估与分析数据	1	2	3	4	5
使用最佳决策路径（协商一致、多数决原则等）	1	2	3	4	5
关注任务而非个人	1	2	3	4	5
向所有人表达尊重	1	2	3	4	5
鼓励反馈	1	2	3	4	5
鼓励表达观点	1	2	3	4	5
听取他人意见	1	2	3	4	5
请求澄清观点	1	2	3	4	5
展现平等	1	2	3	4	5
解决分歧或误会	1	2	3	4	5
保持工作状态	1	2	3	4	5

于团队或组织目标。事实上在这些情况下，它们实际有助于团队实现目标。例如，想要提高佣金的销售代表将会尝试售出更多的公司产品。同样，原本极不情愿的员工，也许会自愿参加明尼阿波利斯市1月的研讨会，这样可以同时探望家人。

只有当个人目标与组织或团队的目标相互冲突时，问题才会由此产生。如果罗和马里亚相互憎恨，他们在会议中不停争辩会让团队很多事都无法完成。如果比尔由于曾经犯过的错误而害怕失业，那么他可能只会关注于如何尽量避免被指责而非解决问题。

干扰团队效率的个人目标范围之广令人惊讶。团队中，一位或若干位成员可能关注于如何快速完成任务而不计较个人利益；其他一些人却可能更喜欢讨好他人或炫耀聪明，而非尽可能快速或高效地完成工作；还有一些人可能寻思如何给老板留下好印象。上述这些目标连带数十个类似的其他目标，会让团队脱离工作的重心与轨道。

如表 7–4 所示，当团队成员的个人目标也得以实现时，团队最为和谐且最富效率。您可以通过尽一切可能帮助成员达成个人目标，以提高团队效率。如果您团队中的成员正在寻找工作中的乐趣与友谊，请注意采取恰当方式，让他们在完成手头工作的同时收获所需。此外，如果他们因为日程繁忙而时间宝贵，请集中将开会保持在最低限度。如果某些成员喜欢得到认同，无论何时只要您能真诚地表达赞美，请安抚他们的自尊心。您为满足成员个人需求所付出的其他努力，会以成员对团队不断付出与保持忠诚的形式获得回报。

表 7–4　与生产率相关的团队进程变量

成员对团队目标清晰明了且赞同支持
与个体解决方案相比，任务适合于团队
成员清晰并接受其正式角色
角色分配与成员能力相互匹配
领导方式与团队能力水平相符
所有团队成员都被鼓励参与
团队获得、提出并使用针对效率和生产率的反馈
团队花费时间界定与讨论必须解决的问题或做出决策。同样，成员也花费时间用于规划如何解决问题与做出决策
团队使用事先已规划的高效决策策略
团队评估其解决方案与决策
团队规范鼓励高绩效、高质量、成功与创新
各小组整体上能融为一个团队
团队拥有最小数量的必要成员以完成目标
团队拥有足够时间提升凝聚力与实现目标
团队拥有促进合作的定位方针
分歧虽然频繁产生，但通常能快速得以解决

在某些情况下，团队成员会公开宣布其个人目标。尽管如此，在其他情况下，直截了当地表达个人目标可能会令人感到尴尬或适得其反。委员会成员不

会承认，"我自愿加入该委员会，这样我就可以找人约会"；员工永远都不会公开说，"我打算在这里学习一切，然后辞职，自己开公司"。不愿公开的个人目标被称为"隐藏动机"（hidden agendas）。

隐藏动机并不一定（对团队）有害。成员约会目标不会干预到团队功能。同样，很多其他个人动机不会威胁到团队业务或甚至与其无关。有些隐藏动机甚至可能（对团队）有益。例如，某位积极进取的年轻员工，希望通过自愿参加艰苦工作来向老板证明能力，这样的行为可能会帮助到团队。国际团队顾问弗兰克·赫克曼（Frank Heckman）认为："总而言之，我们每个人都有隐藏动机，在某种程度上，有些甚至连我们自己都不知道。"然而，有些隐藏动机则（对团队）有害。赫克曼补充说："如果有人是两面派并暗中破坏团队努力，问题就会出现。"两位长期不和的成员利用会议诽谤贬损对方只会伤害到团队；成员搜集并利用团队信息私下发展个人业务，当其将宝贵想法用于他处时，最有可能伤害的就是组织。

没有单独的最佳方法用于处理这种有害的隐藏动机。有时候，最好的办法就是将这一动机公之于众。例如，某位经理可能会找彼此不和的下属分别谈话，让他们知道他已经意识到这一问题，并愿意与他们共同直接、建设性地解决该问题（可以使用第五章所述的冲突管理技巧）。当您确实决定要将某一个人的隐藏动机公之于众时，私底下面对成员个人总是更为适宜。公开揭露通常会给成员造成很大尴尬，以至于其会不断辩驳并否认存在该隐藏动机。

在其他时候，间接处理个人隐藏动机才是最佳方式。例如，如果成员会议发言过多，似乎是在寻求认可，此时最佳办法就是更为频繁地强调赞扬他的有效贡献。如果两位长期不和的下属仍旧无法共事，那么经理可以将他们分配到不同项目中，或者将其中一方或双方调遣到不同团队中。

推进合意规范

规范（norms）通常是对恰当行为的非正式、未声明的规则。某些规范负责规定任务的处理方式，其他规范则负责形成团队的社交互动。团队规范通常由其所属的组织文化塑造。例如，3M公司的成功即可归因于其"对yes的偏爱"（bias for yes）：当存有疑问时，公司会鼓励员工抓住机会放手一搏、而非因为害怕失败而退缩不前。同样，摩托罗拉的转机也是因为其应对冲突时不断变化的规范。现代公司文化允许开会对强烈（且大声地）表达异议，而非保持沉默或过分彬彬有礼。正如表 7-5 所示，某些团队中的规范具有建设意义，而某些团队的规范对效率杀伤力同样巨大。

表 7-5　适用于团队的典型积极（和消极）规范

处理（忽略）那些不忠于职守的同事的业务
愿意（拒绝）承认你的错误
只要缺席不会伤害公司，偶尔在工作时间因为个人原因休息可行（不可行）
当大型重要项目截止日期临近时，希望（不希望）没有抱怨地加班
如果你不同意会说"不"（保持沉默）。不在（会在）他人背后议论是非
在会议期间避免（坚持）交头接耳
不会（会）打断或忽略他人想法
开会期间准时到达（迟到）
祝福（不会祝福）他人成功
重视（违背）你的承诺

当成员来自不同文化背景时，制定规范的挑战尤其巨大。例如，低语境文化的团队成员（例如美国人或加拿大人）更有可能直接处理冲突，高语境背景的团队成员（例如东亚人或中东人）则更倾向于使用间接方法。同样，具有高度权力距离背景的成员与低度权力距离的成员相比，前者较少可能会挑战团队领导者的权威。

一旦制定了规范，成员违规就会给团队其他成员带来危机，因为后者必须在一系列不断升级的步骤中做出回应。例如，请思考当某位员工违反规范，不履行其在团队会议间的责任，他的队友可能因此要应对越来越大的压力：

- 延迟行动。成员间仅内部沟通，不告诉违规者，希望他能在无压力的情况下自我改变。
- 暗示有关违规行为。成员打趣违规者"说话不算话"（being a "flake"）

或"偷懒",希望幽默背后的寓意能促使他完成本职工作。

- 公开讨论该问题。成员直面违规者，并解释他们对其行为的担忧。

- 嘲笑讥讽违规者。劝说转变成对行为改变的要求，团队施压策略可能会激发违规者的抵触防守反应。

- 拒绝或孤立违规者。如果所有其他措施都无效，不遵守团队规范的成员会被要求离开团队。如果他不能被开除，那么通过不邀请其参加会议，以及无视他做出的任何沟通努力，其他成员仍可以孤立他。

对于规范的理解有两种方式有助于您在团队中表现更为高效。

尽早确立合意规范 规范在一个团队中很早就会被规定。一旦它们确定后，就很难再改变。这就意味着当加入某一新成立的团队时，您应当尽其所能制定合意规范。例如，如果您希望委员会成员准时参会，那么每场会议按照约定时间开始就很重要；如果您想要他人直言不讳，那么自我坦诚并鼓励他人开诚布公就很重要。

尽可能符合既定规范 在某个既定团队中，如果您能按照团队约定俗成的方式来处理任务与社交关系，那么您达成自我目标的概率最高。如果您的同事习惯于"刀子嘴豆腐心"（exchange good-natured insults），当您被说时就无必要生气。如果您能表现更严格些，那么他们将会视您为其中一员。在团队中，规范永远都不会成为直接批评其他成员想法的工具，因此直率的方式可能无法给您带来好结果。当您加入某个既定团队后，学习规范明智的做法是自我细心观察并在犯错前多向经验丰富的其他成员请教。

国家或地域文化也能塑造团队成员之间相互沟通的方式。冲突管理中存在的差异就是个好例子。直言不讳、低语境文化在英语世界的很多地方都被接受，但在其他地方却难以成为规范。遵循既定规范并非总能得以实现。例如，如果团队有开种族歧视玩笑、行为下流卑鄙或偷窃公司财产的习惯，那么您可能并不愿意接受。个人价值观与团队规范之间的这种冲突会给价值观造成重大危机。如果冲突的潜在可能性足够大，问题足够重要，那您可能需要竭尽所能加入一个不同的、更相互兼容的团队。

道德挑战

毫无生产效率的队友

　　您是曾经某一理想型高效团队中的一员。直到最近，所有成员仍旧和谐共事以实现团队目标。几个月前，当某位成员不得不抽出部分时间照顾生病住院的孩子时，所有成员都愿意代替他工作。在接下来的几个月中，这名成员又开始因为其他问题而耽误更多工作，例如配偶需要照顾、运动受伤、搬新家。团队其他成员开始怀疑他们这位毫无生产效率的同事是否会对团队贡献自己的应尽义务，此时他们同意是时候明确挑明这一问题了。

　　请描述团队应以何种方式处理该问题，既能指出这位无生产效率成员存在的合法性问题，又能明确团队对该成员尽其责任的要求。

促进凝聚力最佳水平

　　凝聚力（cohesiveness）可以被定义为一种成员自我感觉归属团队的程度及希望留在该团队的意愿度。您可以将凝聚力看成一种吸引成员相互欣赏并给予成员集体认同感的吸引力。您可能会生疑，为何高度凝聚力的团队与低凝聚力的团队相比，前者的成员更快乐。为何归属于高凝聚力团队的员工与归属于低凝聚力团队的员工相比，前者可能具有更高工作满意度及较低的压力、旷工率和离职率，也能做出更佳决策。

　　并非所有的凝聚力团队都富有成效，至少并非所有都符合组织目标。例如，在罢工频繁与经济下滑时期，高凝聚力的工人实际上会关停业务。（当然，在这种情况下，工人的凝聚力可能有助于其实现其他团队目标，例如更高的薪酬或更安全的工作环境。）在不那么戏剧性的情况下，违反组织规范的凝聚力（"不要太努力工作"，"来吧！把我们的午餐报成业务费用，我们总是这么做"，"如果你需要给孩子一些艺术品，尽管从供应柜中自取"）虽然会让团队成员彼此感觉良好，但会引发道德问题并损害组织利益。最终，过高的凝聚力会导致下文所述的"从众心理"（groupthink）行为。

　　当团队满足特定条件时，凝聚力会不断增强。一旦您掌握这些条件，您就可以将其运用于团队工作中。您也可以使用它们来分析团队凝聚力高低的原因，以及选择达成并保持理想凝聚力水平的方法。以下是有助于实现最佳凝聚力水

平的七大因素:

共享或兼容的目标　当团队成员拥有相似目标或者目标可以相互满足时,他们能够更紧密地结合在一起。例如,当建筑工人的薪酬是基于个人努力时,他们的凝聚力会很低;但如果在提前完成建筑的不同阶段,整个团队都能获得一笔奖金,此时工人们可能会更努力地合作。

不断向目标迈进　当某一团队向目标迈进,成员就会被凝聚起来;当这一迈进停止时,凝聚力就会降低。上文提及的建筑工人,当他们在预期时间完成任务或能够合理期待实现目标时,大家会互相感觉良好。但是,如果他们一直无法达到标准,他们很可能会泄气并对团队的喜爱程度逐渐降低;当和他们家人或朋友交谈时,他们会更少谈论"我们",而更多谈论"我"。

共同规范或价值观　虽然成功的团队能够容忍甚至鼓励成员不同观点或行为的表达,但是,如果成员认为的适当行为不断变化,则会降低团队凝聚力。例如,当所有其他人在工作中身着便装时,某人却坚持穿着保守,此人将会无法融入团队。

成员间最低限度的威胁感　在一个有凝聚力的团队中,成员通常很放心他们的地位、尊严、物质保障及社会福利。当这些问题引发冲突时,结果可能会是毁灭性的。如果某一部门所有的初级管理人员都在竞争同一高级岗位,特别当这些高级岗位很少空缺时,团队的凝聚力可能会受到影响,至少直到这一岗位确定人选为止。

成员间的相互依赖性　当成员彼此相互依靠才能实现团队目标时,团队将更具凝聚力。当某份工作可以由个人单独完成时,团结的这种需求就会降低。办公室团队中如果每位成员执行不同任务或某个项目的不同阶段,其凝聚力要低于那些成员相互依赖的团队。

竞争来自团队之外　当成员对自己的存在或尊严感到外部威胁时,他们会更为紧密地结合起来。几乎所有人都明白"兄弟阋于墙,外御其侮"的道理。内部争执暂时停止,团队团结起来一致对抗共同敌人。当其他团队争夺使用公司的有限资源或新办公楼的某一理想空间时,一个毫无凝聚力的团队也会以类似方式结合起来。很多明智经理会有意营造团队间的竞争情形,以便更快地完成任务或提高销售额。

共同的团队经历　当成员间有过一段共同的团队经历，尤其是一段不同寻常或充满考验的经历，他们的凝聚力往往更强。这就是为什么那些经历过战斗的士兵余生通常都倍感亲近。完成困难任务的团队也可能更具凝聚力。此外，某些组织还会为其高管举办例如年度"充电会"等社交活动。这些充电活动可能包括高空绳索课程、讲习班、体育比赛和派对。虽然年度销售会议不是发布销售信息最具成本效益的方式，但其在某种程度上的确可以增加团队凝聚力。

避免过度从众

成员彼此过度协同一致也可能导致不良群体决策的后果。欧文·杰尼施（Irving Janis）将这种为了和谐、不愿批判性地审视观点的现象称为"从众心理"。欧文描述了从众心理的几大特征：

- 对团体无懈可击心存幻想。"我们能承受提高豪华型厨具价格的风险，因为它们远超当前市场上其他产品。即使竞争对手能开发出有竞争力的产品，我们在设计风格上依然超越他们。"
- 倾向于合理化或低估负面信息。"我知道市场研究表明，如果我们的价格再上涨，消费者就会购买其他品牌。但你要知道市场调研是不可靠的。"
- 倾向忽略团队决策的伦理或道德后果。"我们倾倒进这条河的废物可能会杀死几条鱼，但是请注意，这家公司为居住在该城镇的所有人提供了就业机会与新生活。"
- 对其他团队的思维定式。"总部办公室唯一关心的就是底线。他们对我们的想法与需求不闻不问。"
- 团队施压要求一致。"好啦，我们其他所有人，无人对直邮营销感兴趣，为什么你还纠结不放呢？"
- 自我审查。"每次当我推动一项创新性广告活动时，所有人都像是打架一样。我也许也应该放弃这一想法吧。"
- 幻想达成一致。"那么我们都同意：削减价格是保持竞争的唯一途径。"
- "心理防范"反对危险信息。"他们正在讨论全天候运作机器以满足日程安排。我这时最好不要提出主管所说的下属对加班工作的看法。"

不同声音通过广阔视角与丰富讨论可以成为治疗从众心理的一剂解药。尽管如此，研究发现，来自不同文化背景的团队，如果他们意识到彼此的文化差异，这也会形成一种避免冲突的愿望，那这些团队可能倾向于决策时带有从众心理。

职场小贴士

"魔鬼代言人" 及其他反一致性工具

自中世纪以来，天主教会就开始任命"魔鬼代言人"，通过提出所有可能论据，甚至看似微不足道的论据，以阻止候选人被推选为圣徒。教会认识到这种一边倒狂热的危险，并希望依靠代言人来确保决策制定者能周全考虑问题。这种方法也可以为非宗教团体服务，特别在全体达成一致共识以做出重要决策时。如果您的团队并无远见任命一名"魔鬼代言人"，那您自己可以通过挑战群体思维来承担这一角色。

其他方法同样可以用来治愈"从众心理"。如果团队有足够多成员，设置两个（或以上）分小组去独立思考问题解决路径正确与否很有帮助。另一种方法是征询未受到成员集体性热情影响的外界权威人士意见。

第二种有害一致性被称为冒险转移（risky shift），即团体决策比个人决策更具极端的可能性。冒险转移可以在两方面发挥作用。当成员属于保守型，他们的集体决策可能比个人决策更为谨慎。更常见的是，团队与各自行动的成员相比，前者倾向于采取更加冒险的决策。因此，冒险转移将导致或者承担不公的风险与成本，亦或跳过团队所必须采取为求生存与求繁荣的必要步骤。

矛盾的是，凝聚力高的团队最容易发生从众心理与冒险转移现象。当成员彼此欣赏与相互尊重时，达成一致的倾向就很高。防止这种集体失明的最好办法，尤其是在凝聚力很高的团队中，是寻求视角不同的外部人意见。此外，具有重大影响力的领导人也应避免在讨论中过早发表自我意见。

掌握本章概要

要点回顾

- 小型团体具有规模性、互动性、共同目标、互相依赖、定期互动与沟通、身份认同等特征。

- 高效团队具有高生产力与竞争力，同时能为决策进行成员责任的分配。

- 虚拟团队超越时间与空间的界限，但也利弊参半。

- 实现团队领导的最佳路径取决于特定情况。在具有指定领导者的群体中，理想型类型取决于领导—成员关系、任务架构及领导力。在无指定领导者的群体中，一种可预见的过程会发生，其中单个领导者通常会出现。

- 拥有各种类型权力的成员通常分享领导力：职位权、强制权、奖赏权、专家权、参照权、资讯权和关联权。

- 成员通过执行功能性角色（包括任务性与关系性）并避免功能障碍性角色，以提高团队效率。

- 当成员意识到并想努力实现个人与团队目标、推进合意规范、促进凝聚力最佳水平、避免过度从众并提高创造力时，团队可以更为成功。

职业拓展

1. 有用的洞察

请回忆您曾观察过或参与过的一个高效团队，界定有助于提升该团队生产力的特征，针对每项特征举例说明团队如何践行。然后，请使用本章的概念，至少提出一种有助于改进团队的建议。

2. 有用的洞察

请采访某位定期参与虚拟会议的专业人士，界定此人对虚拟会议最喜欢与最不喜欢之处。按照此人观点，什么最有助于促成虚拟会议的成功？

3. 有用的洞察

请分析您所熟悉工作群本中存在的权力类型。对于每种权力类型都有哪些成员使用？谁的影响力最大？您拥有何种权力？哪些权力类型对您所在群体的效率贡献最大和最小？

4. 能力建构

使用表 7-3，界定以下陈述各自代表的角色。

（1）"黛比，你能等一下让马丁先发言吗？"

（2）"到目前为止，我们已经讨论了六种融资来源……"

（3）"虽然你似乎不赞成，但你们两位都关心……"

（4）"我认为你真的在做实事。而这似乎就是我们所需要的信息。"

（5）"你认为我们还应该考虑什么？"

（6）"乔治，那真是一个很愚蠢的想法！"

（7）"这是一个令人激动的想法。但在我们承诺前，让我们来先看下，如果我们切实执行所需的花费。"

（8）"如果你问我，我认为这份工作量太大。让我们辞职一起玩视频游戏吧！"

（9）"好的。现在我们已经完成了头脑风暴想法的阶段，下一步就是评估它们。"

（10）"我耗费了昨天一晚上的时间制作这张图表，为什么没有人至少感谢下我呢？"

（11）"我找到了三个带有调查研究的网站，我们可以用于这个项目。"

5. 有用的洞察

表 7-3 中所述的功能性角色中，哪些是您在团体中通常所扮演的？您是否在大多数团体的大多数情况下都担任相同角色，或您是否会根据情况需要切换角色？您是倾向于扮演任务性角色还是关系性角色？您会如何通过调整自己与角色相关的行为，以改进您在团体中的功能？

6. 有用的洞察

虽然您所在班级的规模可能要大于本章所讨论的大多数团体，但它却是此处所述的一种很好的规范模式。回答以下有关您所在班级或您加入团体的问题：

（1）您所在班级或团体的既定目标是什么？该团体是否拥有任何未言明的共同目标？

（2）您的个人目标是什么？这些目标中哪个与团体目标兼容，哪些是不兼容的？您的个人目标中是否存在隐藏动机？

（3）您导师或团体领导者的个人目标是什么？这些目标是否言明？如果没有，您又是如何推断出它们？这些目标是如何与班级或团体的官方目标相互兼容的？

（4）其他成员的个人目标如何影响整个团体的运作？

7. 能力建构

请为以下团体分别提出理想型的若干规范建议。您的列表包括解决任务、关系和过程的规范。作为团体领导者，您是如何促进这些规范不断完善？作为一名成员呢？

（1）一个旨在为您所在专业或院系设立奖学金的学生筹款委员会；

（2）在某家新营业快餐店的员工们；

（3）一批新录用的银行柜员；

（4）某家公司的垒球队。

8. 能力建构

请运用您在第六章所学的技能，面试某位与工作相关的团体成员，并确定以下内容：

（1）该团体凝聚力的水平如何？该水平是理想型、过高还是过低？

（2）哪些因素促成了该团体的凝聚力水平？

（3）基于您的调查结果，请制定一份报告，概述那些可能被采取并有助于提升团队凝聚力的具体步骤。

9. 能力建构

请回顾您曾经参与过的某个表现出过高一致性的团体，确定过度一致性所导致的负面结果。该团队展现了从众心理中的哪些特征？这些特征为何得以存在？请写出至少三条对团体避免过度一致性可能会有帮助的建议。

高效会议

章节概览

本章目标

阅读完本章后您应该能够:

1. 描述会议的各种类型与目的。

2. 界定举办（或者不举办）会议的理由。

3. 制定一份完整的会议议程。

4. 明确能够兼顾各参与方、保证讨论进入正轨、营造一种积极氛围的方法。

5. 有效召开会议并进行后续妥善跟进。

6. 阐述团体问题解决所有阶段及各阶段的特征。

7. 能运用各种方法于团体中，以提高创造力、解决问题、做出决策；能根据具体情况确定最适合方法。

会议是职场中无法改变的一个事实。美国每天有 1100 万至 2000 万的商务会议在举行。仅在一家公司内，管理人员每年在会议上的耗费高达超乎想象的 440 万个小时。但是会议不仅适用于管理人员。根据微软的一项调查，普通美国工人每周花费 5.5 小时用于开会。如果这些会议持续进行，它们将占据一份全职工作每年 7 周以上的时间。

仅仅因为会议性质相同，并不意味着它们都值得花费时间与精力。事实上，会议所花费的时间通常都较为低效；在微软的调查中，超过 70% 的人认为他们开会毫无成效。其他研究也表明，员工认为他们所参与的会议中，至少有 1/3 是无必要或进展很糟糕的。虽然庸庸碌碌的员工可能仅认为开会打断了他们繁忙的一天，但对于更为专注的员工来说，这种不必要且低效率的会议就是在令人沮丧地浪费时间。因此，难怪员工会将缺少团队沟通与低效会议列为组织生产力低下的主要原因。

低效主持会议耗时费钱。如表 8-1 所示，即使是小型组织的会议，费用都相当大。如果再算上前期规划和面对面互动跟进的时间，费用甚至更高。美国企业每年无效率召开的会议成本估算高达 370 亿美元。

除了浪费宝贵时间与金钱，这种普遍流行的低效率会议还会营造一种玩世不恭的整体气氛。美国咨询与培训高级顾问威廉·R. 丹尼尔斯（William R. Daniels）表示，"开会之所以重要，是因为这是一个组织文化得以自我延续的重要场所"，无论会议好坏与否，它们都是组织健康的标志。

正因为会议如此普遍与重要，本章我们将更近一步探讨它们。当阅读完本章，您应该了解一些关于如何筹备与参与会议的方法，以实现高效率并取得令人满意的结果。在本章中，我们尤其会重点讨论团队如何在会议中开展运作，亦即团队成员在会议中同步沟通处理共同关注的问题。

表 8-1　每小时的会议成本（美元）*

参与者的平均年收入	参与会议的人数				
	2	4	6	8	10
100000	112	224	236	448	560
75000	84	168	252	336	420

（续表）

62500	70	140	210	280	350
50000	56	112	168	224	280
37500	42	84	126	168	210
25000	28	56	84	112	140

＊数字不包括员工福利、设施设备的成本。

◯ 会议类型

开会有很多原因。无论它们是面对面还是网络进行，在大多数商业与职业环境中，会议可以分为三种类型：信息分享型、问题解决型与决策制定型、仪式型活动。当然，某些会议的目的可能不止一个。

信息分享型会议

在很多组织中，人们会定期会面以交流信息。例如，警务人员和护士每次轮班时，即将下班的工作人员都会就上一轮班发生的事情通过开会来告知对方；正在体验某种新药的医药研究团队成员，可能会定期会面比较他们各自的试用结果；在很多办公室团队中，星期一上午例会是向成员通报工作新进展、新趋势及本周任务的重要工具。科学测量仪器和精密光学设备制造商珀金埃尔默公司就是一个典型案例。公司为全公司的员工及高层管理人员分别安排了每周例会，以使他们能跟进了解公司在全球20多个分部的运作动态。

问题解决型与决策制定型会议

在其他会议中，团队可能会决定对现有政策或程序采取一些行动或做些调整。我们应该联系哪位供应商？我们是否要引进新产品线？我们是否要延迟生产，以便我们寻找出新键盘中的设计缺陷？如果销售额今年没有提升，我们要削减哪些开支？我们如何最合适地安排假期？

各种各样的问题需要解决是商务会议最常见的原因。因为问题解决型与决策制定型会议是团体活动中最具挑战的类型，所以本章我们将主要讨论如何有效开展这两种会议。

仪式型活动

在还有些会议中，社交功能比任何具体任务都要重要很多。在某家公司，星期五下午的"进度审查会议"已作为一项常规环节。这种似乎严肃的头衔实际不过是公司内部人的半开玩笑：会议在当地一家酒吧举行，外人看来这最多就是一场"星期五派对"（Thank God It's Friday，TGIF Party）。尽管因为所在场地与看上去似乎不太商业的活动性质，这些会议仍旧承担以下几大目标。首先，它们重申成员对彼此与公司的责任。选择耐心社交沟通而非急匆匆回家本身就是一种真爱与关心的标志。其次，这些会议提供了一个相互交换有价值的想法与故事的机会，而这在办公室里不太方便交流。比如说，谁处在麻烦中？老板真正想要的是什么？正如本书第一章所述，这种非正式沟通非常宝贵，而仪式型活动议恰好为其提供了一种环境。最后，仪式型活动也能成为一种授予成员地位的额外福利。"进度审查委员会"成员将费用都记入公司账下，并提前下班去参加。这样，被邀请参与此种会议也是已融入公司的一种标志。

虚拟会议

"会议"（meeting）一词使人联想到一群人围坐桌旁进行业务交易的画面。但是，技术进步让参与者即使远隔万里也能开会。虚拟会议（virtual meeting）可以采取以下不同形式。

电话会议（teleconference）本质上是多方同时通话。电话会议有助于相隔较远的参与方迅速通话并就细节问题达成一致意见，这要比电子邮件或者一连串的双方电话沟通省时很多。公司电话系统通常具有电话会议功能，大多数电话公司和互联网服务提供商会提供这种类似功能，其费用大多免费或适度收取。一旦所有各方都接入电话，他们就可以互相自由交谈。

视频会议（videoconference）允许远程用户在聊天时能看到对方。视频会议在广泛运作的组织中尤为有价值。例如，加利福尼亚州圣巴巴拉卡乐星餐饮公司经营着超过 3400 家的餐厅，包括哈迪斯餐厅（Hardee's）、小卡尔汉堡连锁店（Carl's Jr.）、拉萨尔萨墨西哥餐厅（La Salsa）和廷伯洛奇牛排餐厅（Timber

职场文化

网络空间合作：地理差异

遍布全国甚至遍及全球的成员在网络空间中开会沟通到底有多重要？为了回答这一问题，企业巨头威瑞森通讯与微软委托专家就各行各业与不同国家之间的虚拟团队如何开展合作进行研究。

研究显示，在各行各业（例如医疗保健业、政府部门、金融服务业、制造业）与全世界范围内，合作对绩效的重要性具有一致性。正如来自威瑞森通讯与微软研究团队的成员所说，"跨国性大企业合作越好，绩效越出色；反之，合作越差，绩效越欠佳。道理就是这么简单！"

研究人员发现员工的沟通偏好中存在文化差异。例如，美国人可能更享受单独工作。他们倾向于使用电子邮件而不是电话；他们比世界其他地区的人更喜欢音频、视频和网络会议技术；同时，他们更倾向于在电话会议时进行多任务处理。

欧洲人则更喜欢与同事进行实时交流。他们感觉更有义务去接电话，他们希望他人能够回电而非仅是语音留言。亚太地区的人与其他任何地方的人相比，更希望在整个工作日中保持联系畅通。因此，他们发现手机成为不可或缺的工具，相比于电子邮件，他们们更喜欢即时通讯。当成员在着手沟通时，如果能够认真考虑这种文化差异，那么团队效率会更高。

Lodge Steakhouse）。该公司使用网络会议将遍布美国的成员联系起来，从而省下了面对面会议所需花费的数千美元。

您无须为举行视频会议煞费苦心地准备。通过低成本的网络摄像头和麦克风、免费软件和高速互联网连接，您可以与全世界任何地方的人进行虚拟会议。本书第十二章将会介绍一种特殊视频会议类型——网络研讨会，即主持人向一群可以评论与提问的参与观众展示产品或想法。

无论您是进行电话会议还是视频会议，遵循以下基本原则将有助于会议的顺利展开：

- 会议开始前，请将需要商议的日程表与所有文件副本发送给全体参与者。对于较长的文件请标明页码，以避免纸张乱序。
- 会议开始时，请让参与者自我介绍并明确各自所在地。
- 在电话交谈中，参与方应在必要时明确自己的身份以避免混淆。（"我是泰德，我赞同梅丽莎的观点……"）

- 请避免打断他人或者仅因为无法看见就遗漏掉他人。

- 请将干扰事项（如来电铃声、敲门声等）降至最少。

- 请尽可能使用最佳设备。廉价的麦克风和电脑摄像头可能有碍于彼此相互理解。

◎ 筹备问题解决型会议

如前所述，问题解决型会议既是最为常见的商务会议类型，也最难做好。通过策略性思考如何筹备一场成功的问题解决型会议，将有助于您在提高团队绩效中迈出重要一步。

会议举行时间

考虑到聚集人员的成本，最为关键的问题是是否需要召开会议。在一项调查中，中上层管理人员汇报说，他们参与的会议超过 25% 可以被备忘录、电子邮件或电话所取代。其他专家也报告说，大约一半的商务会议是无效的。毫无疑问，工作人员相信他们参加的会议数量过多。

在很多情况中召开会议并不合理：

- 通过电话即可处理之事；

- 您通过发送备忘录、电子邮件或者传真，即可实现目标；

- 重要人物无法出席；
- 很多与会者认为这一主题并不重要；
- 没有足够时间处理当前工作；
- 成员准备不充分；
- 会议仅是例行公事，并无强制性原因要求成员必须参会；
- 任务由一人或多人即可完成，无须咨询他人；
- 您已下定决心或者您已做出决定。

请牢记这些要点，会议筹划者只有在下述问题得到确定答复时，才能召开会议（或成立委员会）。

这项工作是否超出个人能力　一个人处理的工作量过大可能有两大原因：第一，这项工作可能需要更多信息，而这并非单个人就能掌握的。例如，一份提升食品加工厂卫生情况的工作，可能需要卫生健康领域专家具有医学背景、员工经验及掌握资源的经理人。第二，个人的可利用时间可能无法满足工作需求。例如，即使员工有能力撰写员工手册，但让该员工在处理此任务的同时仍有足够时间处理其他任务，恐怕就很难做到。

彼此间的任务是否相互依赖　委员会会议的每位成员都应担任不同的角色。如果每位成员自己的任务不需要其他人的意见即可完成，那最好让所有成员在一位经理人的监督下共事。

您可以思考一下我们上文所提的准备员工手册工作。如果团队中每位成员仅是负责手册中的各自部分，对其而言就无必要频繁见面讨论任务。

有时，从事同一份工作的员工通过与群体进行意见共享而受益。例如，手册团队的成员通过相互交流，可能就会获得有关如何制作更好手册的新想法。同样，销售代表、工业设计师、医生或者律师等独立工作的人，通过彼此交流经验与想法也能因此受益。这是职业惯例（professional conventions）的一部分。此外，很多公司都会为执行类似工作职能但彼此独立的员工安排召开季度或年度会议。虽然这似乎与成员工作任务互相依赖的要求相矛盾，但二者并无实质冲突。一群从事同样工作的员工通常可以通过会议执行一些功能互补型角色，以提高他们的个人绩效表现。例如，您身边的某位同事可能是真实的测试者。

（"给你所负责领域的每位潜在客户撰写个人反馈听上去可能是个好主意，但你真的有时间去做吗？"）另一位同事在履行着信息提供者的角色。（"你知道吗？有位在波士顿之外的印刷商，他就像您现有的印刷商一样，能够承担大型工作，但是价格却更低。如果你有兴趣，就给我电话，我把他的姓名和地址告诉您。"）其他同事充当着诊断者角色。（"你有没有检查过打印机进纸机制？有时，此处出现问题可以让整台机器运转失常。"）还有些同事是作为真诚的听众而存在。（"是的，我知道。很难找到能将那份工作做好的人。"）

是否有一种以上的决策或解决方案　那些只有唯一正确答案的问题不适合在会议中讨论。例如，像"销售人员去年是否完成配额"及"预算是否考虑为完成进程表而需支付的加班费"，此类问题是通过检查数据来解决问题，而非让区域销售经理或部门员工达成协议。

然而，那些没有既定结果的工作任务适用于委员会集体讨论。请思考有份工作需要面对来自正为某位客户策划活动的广告公司职员。没有明显的最佳方式去销售产品或想法，例如年度身体检查、办公设备或衣服等。类似任务要求一个聪慧、精心挑选的团体能够迸发出某种创造力。

是误会还是有可能的意见保留　当目标是形成创意的想法或者解决问题时，会议的重要性不言而喻。但是，当混乱不堪或有争议的信息被传播后，会议就通常有必要召开。例如，假设不断变化的联邦规则和公司政策要求员工就公司汽车的使用情况，进行比以往更为详细的记录。这种改变可想而知，必然遭遇员工的抱怨与抵制。在这种情况下，简单地发布一份概述新规则的备忘录可能无法获得所必需的员工服从。唯有让员工说出自己的抱怨理由，并让其明白制定新政策的原因，他们才会理解遵循新程序的必要性。"关于公司愿景，我可以写一千次，然后将其发送给员工。但是当我和他们面对面坐在一起说出公司愿景时，出于某种原因，他们更愿意接受。"温哥华优先管理系统有限公司董事长丹尼斯·斯坦普（Dennis Stamp）说道。

设定议程表

议程（agenda）是开会过程中需要讨论的一份议题清单。没有议程的会议就像在海上没有目的地或指南针的船：船上没有人知道他们身在何处或将驶向何方。聪明的组织团队已认识到设定议程的重要性。在计算机芯片巨头英特尔公司，公司政策要求会议策划者每场会议前都要发布议程。您可以通过提出以下三项问题以开始制定议程：

① 会议中我们需要做什么以实现目标？

② 对于参与者而言，哪些对话很重要？

③ 会议开始前我们需要准备什么信息？

议程的讨论事项来自很多方面：团队领导者、以前的会议记录、团队成员或者常设议题（例如委员会汇报）。

会议议程

路易斯维尔设计集团市场营销咨询工作组

会议时间： 11 月 27 日上午 9:00 至 10:00
会议地点： A 会议室
出席者： 弗兰克·布雷迪（Frank Brady）、莫妮卡·弗洛雷斯（Monica Flores）、泰德·格罗斯（Ted Gross）、斯科特·亨德里克森（Scott Hendrickson）、凯文·杰苏普（Kevin Jessup）、帕特·里维拉（Pat Rivera）、卡莉·伍兹（Carly Woods）

电话订购（5 分钟）
- 审议并通过 11 月 13 日的会议纪要（泰德）。

汇报（10 分钟）
- 客户答谢活动（莫妮卡）；
- 预算（泰德）。

未完成业务（20 分钟）
- 网站再设计（弗兰克）；
- 弗兰克汇报 LDG 网站再设计的两种方案。

新业务（20 分钟）
- 客户研究项目（卡莉）；
- 请针对我们的客户及其设计需求提供你的团队想要了解的内容。

休会

图 8-1　一项综合议程的规范格式

如图 8-1 所示，一项完整的议程包含以下信息：参与者名单（以及其他任何需要查看议程的人）、会议时间与地点、必要的背景信息和每项议题的简要说明。您可能会认为，这样一份详细的议程过于耗费时间。但是，一旦您意识到为参与者准备好此类信息将能产生更好的结果，那您就会认为前期工作是非常值得的。事实上，通过再发一封邮件或打一通电话跟进详细的备忘录，这种做法可能更为明智。因为这有助于确保成员为处理重要议题提前充分准备。

开始时间、时长及地址　为了避免出现问题，这三大要素必须详细地记录在会议议程中。没有开始时间，您就会听到这样的借口，"我以为你说的是 10 点，而不是 9 点，"或"我们总是下午 3 点开始"。除非您正式宣布时长，否则就有成员会早早离去。没有告知地址则会导致成员为迟到找借口，比如在"老地方"一直等大家但好奇为何无人出现。

如果您的团队需要定期会面，安排会议的最佳方式可能就是在所有人的日程表中都设定具体的时间与地点。在丽思·卡尔顿豪华连锁酒店中，所有人每天的工作开始于早晨例会。在公司总部，高层管理人员与公司总裁会见。在世界各地，地方员工遵从总部会议做出的相同指示开始日常工作。

出席者　开会的整体规模很重要：当出席者超过 7 名成员时，成员保持沉默的可能性就会增加。如果议程中包括一项或多项问题解决性讨论事项，那么保持较小的开会规模，让每个人都参与讨论才是最佳方法。如果会议主要是信息型的，参会规模较大也可以接受。

请确保在议程中明确出席会议的人员名单，这样您就能告知全体成员将要出席的人员。如果您已忽略某位必须出席者，那收到议程的其他成员就会通知您。如果您辛苦召集开会，最后却发现掌握关键信息的人不在其中，这会令人很沮丧且浪费时间。

背景资料　有时，参加者需要开会的背景资料，以便了解详细内容或提醒自己以防忘记。背景资料也可以包括关于此次会议重要性的概述。

讨论事项及目标　一项规划完整的议程不仅包括罗列主题与阐述开会目标。"会议应当是结果驱动型，而非过程驱动型。"邓白氏公司负责组织管理的副总裁阿妮塔·安德伍德（Anita Underwood）说。大多数人对于为何开会至少有个模糊的认识。然而，这种模糊的认识通常会导致模糊不清的会议。诸如图 8-1

所示的一系列清晰主题与目标，将有助于成员更加明晰开会的内容及会议更为高效、令人满意。

最佳目标应当是结果导向型、具体且切合实际。请注意区分目标能否满足以下标准：

措辞贫乏	措辞得当
听预算报告。	了解我们能否达成今年的预算目标。
讨论网站重设。	选择能最佳展示公司形象并实现功能最大化的网站设计。
讨论新客户研究项目。	明确即将到来的客户调查中应包含的主题。

类似于这样的目标至少在三方面起作用：第一，它们帮助确定那些应当出席会议的人；第二，具体目标有助于参会者提前准备参会；第三，它们还有助于会议开始后，保持讨论不偏离轨道。

召集会议之人并非唯有其可以或者应当设定目标。很多情况下，其他成员也有很多重要业务。筹划者很明智地使用"期望值审查"以明确成员的关注点。开会前通过调查访问成员，这样他们关注的问题就可以被涵盖在议程中或被安

职场小贴士

成员也能成为领导者

良好的领导力有助于会议成功，但是普通成员也能在会议成功举办中发挥重要作用。参会的所有人都可以使用以下提示：

请要求在会议开始前提出议程或者在会议开始时达成议程。

在会议开始时请求帮助，明晰此次会议召开的目的，仅是宣布事情还是做出决定？请机智大胆地建议取消不必要或计划不周的会议。仅当确实有需求且有议程时才召开。

志愿成为一名会议记录员。一份书面的会议记录有助于减少失误率，同时，自己备份记录也有助于记录中反映您对事件的看法。

建议任命一名计时员，或者自愿报名也可以。此人会在讨论每项议题及整个会议过程中，负责告诉他人时间将至，并在时间用完时提醒他人。

在会议结束前最终确认："准确地说，我们今天已经决定了什么？""下次会议召开前我们需要做些什么？"

排在会议开始时。然而，事实上某位成员想要讨论的事情并不意味着该议题必须自动性纳入考虑范畴。如果议题不太合适，筹划者可能会选择推迟或在会议之外处理。

会议前准备工作 当人们在会前对所有必要事项都准备就绪时，会议效率最高。议程能够很好地告知成员如何通过阅读材料、完善报告、准备或复印文件、查找事实或数据，以为开会做充分准备。如果所有成员需要以相同的方式做准备（例如阅读文章），请将该注意事项添加到议程中。如果有些成员有特定工作需要完成，会议组织者可以在他们的个人副本中摘要记录这些工作："莎拉，请带上去年的销售数据。""卫斯，请为所有人准备好年报的复印本。"

议程事项的排列顺序也很重要。一些专家建议，事项的难度排列应当形成一条钟形曲线，即按照难度上升和难度下降的顺序排列事项（见图8-2）。会议应当从相对简单的事项开始：会议记录、最新公告及最简单的决定。一旦成员干劲十足且良好的工作氛围已造就，该团队就可以进入最难的事项。理想情况下，这些内容应该要占据会议中间1/3的时间。会议最后1/3的时间可以集中在

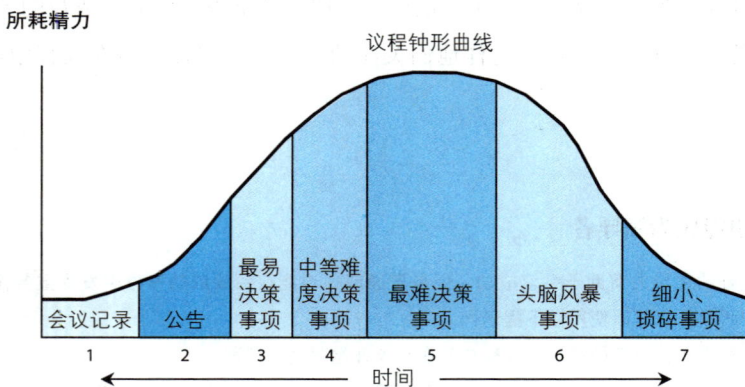

所耗精力

议程钟形曲线

| 会议记录 | 公告 | 最易决策事项 | 中等难度决策事项 | 最难决策事项 | 头脑风暴事项 | 细小、琐碎事项 |

| 1 | 2 | 3 | 4 | 5 | 6 | 7 |

时间

图8-2 钟形曲线议事流程

一些更为简单的事项上，允许成员一段时间内可以减轻压力并展示友好。

◎ 主持问题解决型会议

对于缺少经验的观察者而言，一次主持良好的会议似乎总是轻而易举。时

间被高效利用、会议基调具有建设性且很多观点质量很高。尽管它们看似简单，但类似结果通常很难发生：它们唯有通过一些很重要的沟通技巧才能实现。

启动会议

高效的开场陈述能为整场会议开一个好头。第一，它们为在场所有人关于所需完成的任务提供了一幅清晰图景；第二，它们会明确团队需要如何努力以达成目标；第三，它们为良好的团队和最终成功提供充分准备。召集会议者在开场陈述中通过言简意赅的几句话，能为整场建设性会议打下扎实基础。它们应当涵盖以下若干要点：

界定会议目标　这意味着复述已在议程中罗列的信息，但在此处提及，将有助于提醒所有人会议的目标，并帮助集中讨论。例如：

> 我们现在面临着一个严重的问题。去年的库存损失几乎翻了一番，从5%上升到9%。我们需要确定造成这些损失的原因，并针对如何减少损失提出建议。

提供必要背景信息　背景信息主要在于解释会议召开的背景，并向所有人展示同样即将讨论的主题概况。它可以避免误解，并帮助成员了解团队即将讨论事项背后的本质原因。这可以既包括提供预算信息或其他关键文件的影印版本，也包含在会议期间向团队做一个简短的信息型介绍。

阐述团队作用　概述成员在会议期间所能做出的贡献。其中某些贡献亦需要特定人员：

> 汤姆会将我们的亏损额与行业数据进行比较，这样我们就能了解亏损额中哪些是不可避免的经营成本。克里斯将会谈论下他在斯特林公司处理该问题的一些经验。他在该公司工作直到去年，这其中可能会有些好想法可以为我们所用。

在场的所有人都可以做些其他贡献。我们通过时间来具体界定每位成员如何帮助实现会议取得成功：

> 我们拜托在场的每一位，给我们建议能够减少损失的领域。一旦我们有了想法，我将会恳请在场所有人制定一份时间表，以让这些建议在你们各自的部门贯彻下去。

预览会议　即使成员自己本应审查议程，再花点时间预览下议程及其目标也是明智的。例如：

> 我们先听下汤姆和克里斯的汇报。然后，我们共同努力，集思广益想出能够减少损失的办法。此处目标就是尽可能多地提出想法。一旦罗列出一份清单，我们就能决定使用哪些建议并如何有效贯彻。

明确时间限制　请澄清有多少时间可以利用以防止浪费。在某些情况下，只需要提醒团队此次会议的整体时间即可（"如果一切按照正常流程，从现在开始至 11 点我们即可制定出这份列表"）。在其他情况下，对每个议程事项分别审查时间也将很有帮助。

> 汤姆和克里斯已承诺他们的陈述努力做到言简意赅，所以到 10 点我们应该能开始头脑风暴环节。如果 10 点半能将所有想法罗列出来，那么我们仍有半小时来讨论想要采取的建议及如何将其付诸行动。

遵循这些指导原则将有助于您的会议有个良好开端。即使您不负责会议，您仍然可以通过提问方式确保一个良好的开场白，因为这能让领导者明白刚刚罗列的这类信息："您预测下我们需要花费多少时间？""您希望我们今天的会议能进展到何种程度？"，以及"我们可以做些什么以帮助解决该问题？"

主持议程

缺乏具有责任感和优秀的参与者，会议根本无法取得成功。但即使是最好的参与者也无法保证会议成功。无论是领导者还是主要负责人，必须通过充分利用所有在场成员的聪明才智，确保所有重要事项都被涵盖。

议事程序　议事程序/议会程序（parliamentary procedure）是一套用于规范会议中主持进展方式以及决策方式的规则。该术语可能会让人联想到立法者通过使用晦涩原则实现政治目标的形象。（"主席女士，我动议我们暂时搁置议事流程（order of business），将这项提案交给全体委员会……"）

虽然议事程序可以被认为是某种小动作，但如能明智使用，其可以成为管理团体会议的有效工具。这种方法有助于保证讨论清晰高效，又保障了所有审议参与者的权利。

何时使用议事程序　以下几种情形中，议事程序是举行会议的一种恰当方式：

- 当团体决策对外界观众有意义时。这种方法提供了团体运作记录（即会议记录），这样其他有兴趣的观察者就可以了解到每位成员的意见及团体所做的决定。
- 当时间匆忙可能会掩盖批判性思维时。因为它降低了讨论速度，议事程序可以帮助团体在决策前仔细思虑。当然，虽然无法保证这种方法一定能帮助团体避免做出坏决策，但至少提供了某种程度的保证。
- 当情绪过于高涨时。议事程序给予持少数意见的成员有机会发表观点，该规则（如执行适当）有助于避免失礼粗野的行为。

议程顺序　有个议程总是件好事。根据议事程序规则，议程提供了一种逻辑性处理事项的规划。一份标准的会议议程包含以下部分：

- 可查阅的会议记录。一份良好的会议记录不仅仅是一种礼节或手续，它还让每位参与者有机会确保记录描述符合事实。它也可以作为一份永久的记录保存，如果成员今后对过去所做决定有任何疑问，仍可参看。
- 报告。团队通常通过委员会来处理那些不要求团队所有人都参与的具体任务。报告如同某处为委员会、个别成员与团队其他成员提供信息分享的场所。

- 未完成的业务。如果以往会议中有任何尚未解决的事项或仍在进行需要投入关注的项目，该项未完成或者"老"业务仍需在下次会议中涉及。
- 新业务。此时即是成员提出新议题以供团队讨论和决策之时。

提案　当成员希望进行团体审议时，他会提出提案——某种具体的行动议案。

　　——我提议：我们将年度基金捐献的 10% 放置到捐赠基金中。
　　——我提议：我们派两位代表前往芝加哥参加年度大会，目标在于为副董事一职甄选候选人。
　　——我提议：我们公开声明反对市政府将开放式公园改为停车场的议案。

好提案能够简单明了地解决问题。一旦提出，议案必须获得除发起人外其他人的支持。这一程序确保团队只讨论那些至少有两人认为值得提出的议案。议案可以经由其他成员讨论与修改。一旦讨论完成，议案就进入公开投票表决环节。

使用议事程序并非一套必须完全接受或者否决的方案。很多团体会使用其中某些要素，而不会自我束缚必须学习与使用全部的规则。

平衡参与　结构宽松的非正式会议似乎能够给予每个人平等发言权，但由于个性、性别、文化和风格差异，每位成员的参与程度可能并不相同。失衡的参与可能会造成两种问题：第一，它会阻碍那些本无机会发言的人表达；第二，它会阻止团体去思考那些潜在有用的想法。以下几种方式有助于提升会议中的参与度：

成员轮流发言　虽然以让每位成员轮流发言的方式进行整场会议可能并不明智，但是，如在会议开始阶段成员缺乏平等发言权，或会议中间阶段少数人在主导讨论，或会议结尾阶段仍有部分人尚未发言，此时这种方式就很有用。

使用提问方式　吸引听众注意力的提问是鼓励参与的另一种方式。以下四种提问类型有助于平衡成员间的参与度。

① 查问式提问（overhead questions）是一种针对整个团体、任何人可以自由回答的提问类型。

　　——西部地区的销售额毫无增长。有人能说说到底是怎么回事吗？
　　——我们需要寻找某种奖励最佳制造商的方式。我想听听各位的想法。

查问式提问从全体成员口哪怕仅获得一个回应，这种方式也值得继续使用。然而，当少数人开始主导讨论时，就需要切换到下列其他类型。

② 直接式提问（direct questions）是一种通过指名道姓、针对特定个人的提问类型。

　　——金，你是如何看待这一建议的呢？
　　——格雷戈，新方案在你部门进展如何？

直接式提问是一种让沉默成员发言的有效方法，但必须很巧妙地使用它。不要在讨论一开始就直接提问。这会营造一种课堂氛围，并暗含着"没叫到你就不要说话"的潜规则，而这在大部分会议中很难是一种理想规范。同时，让回答者避免潜在的尴尬提问也很重要。例如，主席可能会问："托尼，你是现在就能把你们部门的数据给我们，还是需要先检查一遍再发给我们？"

③ 反问式提问（reverse questions）是指当某位成员向领导者提问，而这位领导者将同一问题反抛给最初提问者。

　　——盖瑞，假设这项决策取决于你，你会如何做？
　　——劳里，这是个好问题。你认为这是一个切合实际的想法吗？

当领导者感觉到某位成员确实想要发表观点，但又不愿意直接说时，反问式提问很有效。请注意谨慎地使用反问式提问：也有可能成员真心想要获得某种信息，在这种情况下，直接回答是适当的。

④ 轮换式提问（relay questions）是指领导者将某位成员提出的问题抛给整个团队。

——辛西娅刚刚提出了一个非常好的问题。谁能回答一下？

——谁能给莱斯提些建议？

当领导者想要避免因表达个人观点而限制或影响团队其他成员畅所欲言时，轮换式提问尤为有用。轮换如同查问式提问，通常应当经过改述后直接抛给整个团队。这可以避免造成"个人建议优于其他人"的尴尬。当然，如果某位成员确实具备特殊专业知识，直接向他提问更为恰当：

布里特，你与经销商合作时，是否遇到过类似问题？你又是如何处理的呢？

使用名义群体法　后文所述的名义群体法（nominal group technique），能够给予所有成员平等机会考虑各自想法。这种方法强调所有成员的平等参与权。此外，公平商议与传统讨论相比，前者有助于形成更好的结果。

保证讨论在正轨中　有时候，需要讨论的问题不是太少，而是太多。团队通常会无止尽地漫谈而毫无结果。当这种情况发生时，领导者或其他成员需要通过使用以下方法之一让讨论重新回到正轨。

提醒团队时间的紧迫性　当团队以某种悠闲的方式处理紧急议题时，您可以提醒大家快速向前推进的重要性。但是，在这样做时，注意要承认他人发表评论的价值。

广播广告听起来很不错，但我们现在最好还是坚持纸媒节目。约翰中午就想拿到成稿的复印件，所以如果不继续下去，我们根本无法完成。

总结并重新定位讨论方向　会议过程中当某一任务完成后成员开始就某主

案例研究

无设备会议

毫无疑问，在加利福尼亚硅谷等高科技环境中办公的会议人士通常会携带和使用数字通信设备——笔记本电脑、智能手机、平板电脑及许多其他小配件，使得与会者在开会的同时保持与外界的联系。

多任务设备用户遭受所谓的"持续性部分关注"之苦。一位业内人士详细描述了这一问题："当我在谷歌担任工程师时，最令我沮丧的事情就是被召集参加主管会议，最后却发现 3/4 的高管一直埋头各自忙自己的事情。为了准备项目阶段性总结汇报、新兴战略领域简报或审查员工任务完成情况，我通常要花费数小时准备。没有沟通就是一种不尊重汇报的表现，如同人们对周围事物视而不见那样。"

为了解决这一问题，越来越多的信息经济企业和其他公司正式宣布会议期间禁止使用移动设备。例如，旧金山网页体验设计公司 Adaptive Path 鼓励员工在出席会议时远离笔记本电脑和其他设备。旧金山 Dogster.com 共同创始人约翰·瓦尔斯（John Vars）解释了他们公司"无设备会议"政策的逻辑："即使人们只是在做笔记，他们也会给演讲人发出一种不在认真倾听的信号。而这会引起不满，并可能成为高效团队的绊脚石。"

这些无设备会议的效果令人鼓舞。瓦尔斯说道："会议进展得更快，大家也在一起分享经验，人们沟通更加顺畅且高效。"

题随意漫谈时，您可以通过巧妙地总结已完成的工作并提出接下来的任务，以将讨论继续向前推进。

> 似乎我们已经归纳出一份导致缺勤因素的详细清单。还有人能想到其他原因吗？如果没有，也许我们应当进入下一步，尽可能多地想出各种解决方案。

使用关联度盘问　当讨论偏离当前主题时，总结将无济于事。有时候，天马行空的想法固然好，但只是无法立即运用到团队工作中。在其他情况下，它们不仅毫无关联，而且毫无价值。无论在哪种情形下，您都可以通过质疑想法关联度的方式将团队拉回正轨。在关联度盘问（relevancy challenge）方法中，提问者需要巧妙地要求成员解释某个明显离题的想法如何具有关联。典型的关联度盘问类似这样。

——汤姆，我很困惑。租赁而非购买新设备是如何有助于我们提高生产力的？

——弗兰要我们决定到底购买哪个文字处理软件包。你所提的图形软件包与文字处理包有关联吗？

关于这点，最初提出意见的成员可以解释其相关性，或者承认其并不贴题。在任何一种情形中，这种盘问类型的好处是它不具有私人性。相反，它侧重于言论而非针对个人，从而有利于降低对方防御性回应的可能。

承诺稍后讨论好想法　对提出不相关想法的成员表达善意的另一种方式是，提出一种在恰当时机会认真考虑其想法的建议。

——租赁设备的想法听起来不错。会后我们可以把这个想法告诉杰夫，

职场小贴士

如何选择不参会

当他人希望您能参加某次在您看来是浪费时间的会议时，您会如何做？某些情况中，您甚至无法逃避这些毫无价值的会议：比如当您必须正式义务性地出席会议，或者当您的缺席会损害声誉，再或者您上司坚持要您参加时。

虽然如此，在其他情况中，您仍可以考虑使用以下策略之一，以让您的缺席合乎情理、可被接受。

- 提供书面内容。如果您出席的唯一原因就是提供信息，那么一份备忘录或书面报告也许就能代替您亲自参加。
- 提出有效的替代建议。您和其他参会者还可以通过其他方式无须亲自参会即可实现目标：例如通过电子邮件、电话会议或将工作委派给其他小组。至少与那些丝毫不考虑出席的人相比，建议这些替代方案能让您赢得更多美誉。
- 陈述实情。在某些情况中，您可能需要解释不想参会的原因。当然，在此事上您的处理方式应当尽量婉转。与其直言不讳说"这些会议总是在浪费时间"，不如这样解释"我想自己的出席可能无法提供有用帮助"。

听听他的意见。

　　——李，图形软件包在你看来似乎很重要。要不你就查一下到底哪些可用，然后我们就能决定这种调整是否值得。

在进行关联度盘问时，如果对方将要接受您所提的关于稍后处理的建议，那您在陈述时应当保持真诚。展现真诚的一种方式是准确地告知您准备讨论该事的时间。这可以是某个具体时间（午餐后），或者当满足某些条件时（当您算出成本后）。展现真诚的另一种方式是在会后询问下该想法："图形软件包的调研进展如何？"

保持一种积极语调　几乎所有人都赞同"与人相处是事业成功的关键因素"这样的道理。在会议中，如果他人不配合您的努力以保持会议顺利进行，或者更糟的是，当他人直接攻击您的想法时，相处会变得更为困难。以下建议有助

职场小贴士

重新定义会议中的那些抱怨

　　问题解决型会议会产生很多抱怨、防御辩解，甚至是直接的敌意。重新定义成员的这些抱怨才能将讨论向建设性解决方案的路径中推进。以下是若干重新定义策略：

将对过去的抱怨看成对未来的希望

　　原述："为了这些会议，为何我们总是非要驾车穿过大半个城镇呢？"

　　改述："从现在开始，你最好找到某种办法能让所有人的开车耗时差不多，可以吗？"

将消极陈述看成积极的愿望或愿景

　　原述："我还有工作要做！所有这些长远规划都是在浪费时间。"

　　改述："你想确定我们花时间用于长远规划会有作用，对吧？"

将个人攻击看成存在的问题

　　原述："在我有客户时贾克琳总是插手进来，趁机偷走我的佣金。"

　　改述："所以，我们需要明确与客户沟通时的清晰界限。"

将个人关注点看成团体或团队利益

　　原述："我有孩子在家且无人照料！我无法在周末一接到通知就工作。"

　　改述："我们所有人都有工作之外的生活。让我们谈谈应该如何处理紧急任务，不至于造成个人手足无措或火烧眉毛。"

于您处理这些恼人状况并完成工作任务，同时还能将潜在敌人转化为盟友。

提问并复述以澄清理解　批评某一想法甚至某个明显的愚蠢想法会导致对方防御性回应，进而浪费时间且会滋生憎恨。还要记住，即使某句看似愚蠢的话仍有可取之处。鉴于这些事实，仅对明显的坏想法要求澄清才是明智之举。同时，澄清想法最为显著的方式就是提问。

　　——你为什么认为我们应该让玛西亚去？
　　——如果你下周去滑雪，那谁来看店？

针对某个明显带有敌意或愚蠢的言论，您也可以进行复述以获得更多信息。

　　——听上去好像是你认为玛西亚做得不好。
　　——所以你认为如果你去滑雪，我们在店里能够忙得过来？

这种复述类型具有两大作用。第一，它提供了一种方式以双重检测您的理解正确与否。如果您复述他人的观点不准确，那么他就会纠正您："我并不认为玛西亚做得不好。我只是不认为我们需要那么多人。"第二，即使您的理解准确，复述也是一个邀请对方更为详细阐释想法的契机："在我滑雪期间如果有人愿意'两班倒'，那么我也愿意以后为他做同样的事情。"

提高成员评论的价值　很明显，您应该通过赞美或感谢贡献好想法的成员，以此承认其宝贵价值。令人惊讶的是，对于明显的坏想法您同样可以使用此方法。其实，大部分评论总有其优点。您可以通过使用一种三段式回应以充分利用这些优点：

　　承认该想法的可取之处；
　　解释您存在的所有疑虑；
　　通过以此为基础或寻求他人建议，提高想法的实用性。

请注意观察，这种回应类型究竟如何提升明显无用评论的价值：

——我很高兴你如此关注停车问题，克雷格（承认评论的优点）。但是，要求人们拼车是否会引起很大不满（兼顾疑虑）？我们如何鼓励人们自愿拼车（基于原始想法）？

——你是对的，帕特。你们部门可以使用另一个人（承认评论的优点）。但是，彼得斯先生也是严肃对待停止招聘问题的（兼顾疑虑）。让我们一起努力想些办法，既能给你提供更多帮助，又不用再招新人（基于原始想法）。

关注文化因素 如同其他所有沟通类型，召开有效率、和谐会议的"规则"也因文化而异。例如，在日本，问题解决型会议召开前通常有一系列的参会成员的一对一研讨会，以此解决问题，这一过程被称为"根回"（nemawashi）。这一实践起源于日本的文化习俗，即两人之间可以畅所欲言，但当有第三方进入讨论时，他们就成为一个团体，其要求沟通者表述婉转以保持和谐。相比之下，在那些感性表达构成规范的国家中，会议中不稳定的交流也是一种例外性规则。加拿大管理顾问丹尼斯·斯坦普（Dennis Stamp）说："我刚从米兰开会回来，如果将米兰的开会风格移到北美会议中，那你会认为成员将互相打起来。"

总结会议

会议结束方式会很大程度地影响成员对该团体的感受以及他们对会议决策或指示的后续跟进状况。

何时结束会议 有三种情形应当结束会议。

当规定的结束时间已到 即使会议讨论效果良好，通常情况下最好按计划结束会议，以防止成员分心逐渐进入其他工作事项或失去耐心并开始不满。只有当主题确实重要且成员表示愿意继续开会时，向前推进才是明智之选。

当团体缺乏资源难以继续 如果团体缺乏必要之人或事务难以继续，可以休会延期直到条件具备。例如，如果您需要获得一份新的采购成本数据或某人对新想法的认可，只有当数据或先行步骤完成后，开会才不会浪费时间。在这些情况中，请明确界定搜集所需信息的负责人，并设定一份新的会议召开日期。

当议程事项已讨论完　显而易见，当所议事项都已完成时就应该结束会议。尽管如此，任何有参会经验的老将都会强调，有些讨论因为没有人愿意制止会被拖延。除非所有人都愿意社交，否则会议任务完成后，最好的办法就是通过某些方式继续总结会议。

如何总结会议　一个好的总结包含三大部分。在很多讨论中，领导者将负责执行这些步骤。在无领导或领导者较弱的团体中，某个或多个成员亦可采取措施。

时间快到时进行提示　时间警示能够让团队进入到总结环节，并给予所有人一次最后陈述的机会。

离会议结束大约还有 15 分钟的时间。与此同时，我们还需听取鲍勃关

自我测评

开会效果清单

填写以下表格以评估您的开会效果：

0= 从不；1= 很少；2= 有时候；3= 通常；4= 往往；5= 总是。

会议筹备阶段

_____ 1. 召开会议有必要吗（仅当必要时）？

_____ 2. 参会成员是否经过精心挑选（具备适度和必要的知识与技能）？

_____ 3. 是否有足够时间用于分配任务，会议时间是否适用于大多数成员？

_____ 4. 开会场地是否适当（大小、设施、不被打扰）？

_____ 5. 会议召开前，是否制定了一份完整的议程（日期、时间、时长、地址、参会者、背景资料、目标）并分发给了所有人？

会议进行中

_____ 6. 会议开场阶段

6.1　目标、必要背景信息和对成员参与的期望值是否清晰？

6.2　所议事项的顺序和时间控制有事先查看过吗？

_____ 7. 鼓励平衡参与

7.1　领导者和负责成员是否通过提问方式兼顾了那些参会沉默者？

7.2　偏离主题的言论是否通过"议程参照事项"与"关联度盘问"方式被拉回

正轨?

　　　　　　7.3　当议程事项得到充分处理时,领导者和负责成员是否建议继续向前推进?

＿＿＿＿　8. 保持一种积极语调

　　　　　　8.1　质疑与复述是否用作对他人敌对言论的一种非对抗性回应?

　　　　　　8.2　质疑性意见是否在尽可能增多?

　　　　　　8.3　会议是否反映了参会者的文化规范?

＿＿＿＿　9. 创造性地解决问题

　　　　　　9.1　是否阐述清晰问题(相对太过狭窄还是太过宽泛?)

　　　　　　9.2　是否分析问题产生的原因与影响?

　　　　　　9.3　是否明确解决问题的标准?

　　　　　　9.4　头脑风暴中是否还有些潜在的解决方案未被评估?

　　　　　　9.5　某项决策是否基于先前已建立的标准而做出?

　　　　　　9.6　是否有完善执行解决方案的方法?

总结与后续跟进

＿＿＿＿　10. 总结会议

　　　　　　10.1 在总结陈词之前,此次会议是否给予了简短的时间提醒且整体时长恰当?

　　　　　　10.2 是否总结了本次会议结果并对未来行动进行展望?

　　　　　　10.3 领导者是否肯定了成员贡献并厘清了任务分配?

＿＿＿＿　11. 后续跟进

　　　　　　11.1 会议记录是否准备完整并分发给所有成员?

　　　　　　11.2 领导者是否基于前一次开会结果制定了下次会议的议程?

　　　　　　11.3 成员是否在同步跟进,领导者是否也在跟进成员的执行事项?

于堪萨斯市会议的报告。所以让我们把剩下时间放在这上面。

　　总结会议成绩与未来行动　为了便于理解,请再审查一遍所要传达的内容以及做出的决策。同样重要的是,记住提醒成员他们的职责。

　　我们下周二在圣湖安见。到时候,我们将会按照今天所制定的修订日程表开会。克里斯明天早上的首要任务就是把复印件发给大家。尼克会预订一个更大的会议室,帕特将会准备好奖品。让我们所有人下周二晚上酒店见和共进晚餐!

致谢团体

肯定团体工作出色并不仅仅是一种礼貌行为，这种强调还体现了您珍惜团队的付出并鼓励其未来继续好好表现。除了肯定整个团体的贡献，一定要给予那些值得特别提及的成员以称赞。

> 我们今天确实完成了很多任务。感谢在场的每一位，让我们能够回到进度上来。布鲁斯，我非常感谢你在规格标准上的贡献。没有你我们根本不可能实现。

跟进会议

"开会令人满意就是大功告成"是一种错误的想法，直到您跟进会议确保获得所需结果才是真正的成功。一份完整的后续跟进包括以下四大步骤：

准备并分发会议记录　当开会成员离开会议室或在虚拟会议室中下线时，人们很容易会误解会议就到此结束。但是，会议结束后，仍有很多重要工作需要完成。后续跟进会议最重要的步骤之一就是准备并分发会议记录（meeting minutes），即一份包括会议主要讨论事项、决策事项及任务分配事项的书面记录。

一份好的会议记录应当完整且简洁。这意味着它们必须内容充实，以至于未参会者也能明白发生了什么。但是与此同时，它们又应当简明扼要，省去不相关与那些过于详细的信息。会议记录样本详见图 8-3。此外，一份好的会议记录应当包含行动事项（action items）与会议过程中的具体任务分配。它们应当包括具体行动事项、完成负责人与截止日期。通过在您团队的会议记录中清晰列明行动事项，有助于团队更具责任感并提高效率。

制定下次会议议程　大多数团体开会频繁，他们很少能够通过一次会议就完成所有任务。聪明的领导者会通过注明哪些事项有待再讨论从而规划下一次会议。必须解决哪些未完事项？必须共享哪些进度报告？成员必须听到哪些新信息？

跟进其他成员　如果能跟进检查其他成员的任务完成情况，您要相信会议预期的结果会在实际中发生。如果开会是提供指导，例如如何使用新会计软件，

会议记录

路易斯维尔设计集团
市场营销咨询工作组

会议时间： 11 月 27 日

出席者： 弗兰克·布雷迪、莫妮卡·弗洛雷斯、泰德·格罗斯、凯文·杰苏普、帕特·里维拉、卡莉·伍兹

缺席者： 斯科特·亨德里克森

---

1. 泰德宣布开会，11 月 13 日的会议记录获得审议通过。

2. 莫妮卡汇报了 11 月 15 日举行的客户答谢活动。我们客户参加人数很多，有 28 位客户与他们带来的嘉宾出席了这次邀请制活动。我们为客户准备了可口的开胃菜与鸡尾酒，邀请他们参观办公室，并由 LDG 最棒的漫画家大卫·凯彻姆为他们绘制漫画头像。活动结束后，莫妮卡收到十多封电子邮件，感谢她提供的难忘经历。基于这次成功，莫妮卡提议我们可以每年举办一次。

3. 泰德提供预算的更新版本。委员会决定今年拨款 25000 美元用于市场营销费用，年初至今总支出为 22500 美元。因此，年底之前我们必须用掉 2500 美元的余额，因为这些资金不会结转到下一年。

   行动事项： 每个人必须向泰德立即提交所有优秀的市场营销费用报告。(截至 11 月 30 日)

4. 弗兰克向委员会汇报了 LDG 网站重新设计的两种方案。方案 A 是一种色彩单一、带有时尚字体与几何图形的"干净"风格。方案 B 是一种色彩鲜艳、带有粗犷字体与前卫照片的"耀眼"风格。经过委员会同意，这两种设计都被纳入网站导航层次结构中。泰德感谢弗兰克在该项目中的辛苦工作。

   在初步介绍之后 委员会就每项设计的利弊展开讨论。他们认为方案 A 干净的风格呈现了一种更加专业的形象。但是，他们也认为方案 B 的鲜艳色彩体现了 LDG 的有趣一面。最终并无特别明显的偏好。

   行动事项： 弗兰克将会创建第三种设计方案模型，其将方案 A 的时尚外观与方案 B 的鲜艳色彩综合起来，以待下次委员会会议商议。(截至 12 月 11 日)

5. 卡莉对即将到来的客户研究项目征询意见。LDG 主持的最后一个研究项目是在五年前。但是，随着新社交媒体技术的出现及本市新开了两家公司，LDG 及时掌握最新信息尤

图 8-3　会议记录样本

为重要。卡莉请求明确所涉主题范围及明确如何实施调查。

委员会头脑风暴讨论了若干领域，并同意询问客户的主要设计需求，对社交媒体平台（推特、脸书）的熟悉度，广告和网页设计的年度预算，以及成本相关重要性/周转时间/艺术品质/文案质量/在选择公司合作时对方的声誉。

针对如何开展调查也有部分讨论。委员会一致同意使用一款在线调查系统。尽管如此，凯文认为客户如能在调查中进行实名制，这些信息将会无比珍贵；但莫妮卡持相反意见，她认为如果调查匿名制，我们可能会获得更高质量的信息。大多数投票赞同匿名资料搜集。

行动事项：帕特和卡莉将会根据委员会达成的意见开展初步调查，该调查将会在下次委员会会议中进行审查与评论。（截至 12 月 11 日）

图 8-3 （续）

表 8-2 问题解决阶段的特征与准则

	成员行为	成员关注点	有助实现更高性能
成型期	大多数意见都指向指定领导者	我为何在这个团体中？其他人为何也在这里	厘清任务、角色与职责
	常常在寻找方向与澄清	我会被接受吗？我的角色是什么	提供议程结构
	基于成员在团体之外的角色而给予其不同身份	我会承担何种工作？我有能力处理好它们吗	鼓励平衡参与
	浅显地探讨问题	谁是领导者？他有能力吗	确定彼此的专长、需求、价值与偏好
磨合期	某些成员试图获得不合理的影响力	我会获得多少自主权	使用联合解决问题方法
	次级团体和联盟形成	我能够影响他人吗	讨论团体的问题解决想法
	指定领导者可能会面临挑战	在这一团体等级结构中，我处于何种地位	让成员解释为何他人的想法有用及如何改进
	成员间过度评判对方的想法与个性	哪些是我的朋友与同盟	制定规范以支持不同观点表达

（续表）

成员行为	成员关注点	有助实现更高性能
	哪些是我的敌人	反对个人或次级团体形成的控制
磨合期	在这里我的想法有支持者吗	
	为何有些人不赞同我的想法	
	这种关系恶化值得吗	
	团体确定且遵循规则与程序	我们应当如何组织才能在工作中处于主动地位	挑战团体、对抗自满
	有时候成员会公然反对	我应当如何拿捏和其他成员的亲密度	制定有助于实现高绩效的规范
	团体融洽且充满乐趣	我们如何才能和谐共事	要求并提供针对个人、团体行动的积极、建设性反馈
规范期	成员有"我们"的集体感	我们如何与其他团体进行比较	对个人想法与关注点鼓励开放性讨论
	该团体自认为优于其他团体	我和领导者之间的关系是什么	
	存在"从众心理"风险	我们如何将冲突与分歧保持在可控范围	
		我们如何安排事务以保证能顺利运行	
	成员互相寻求诚实的反馈意见	按照现在的速度，我们如何能够继续	共同设定挑战目标
	角色分工清晰，但如有需要，成员相互亦能承担彼此任务	我们如何能分享彼此的学习心得	寻找机会扩大团体规模
执行期	成员公开讨论并接受分歧	这一进程结束后，我应该怎么办	质疑推想、规范和传统路径
	成员互相鼓励、加油打气	我如何才能找到像该团体一样好的其他团体呢	建立机制以实现持续性自我评估与团体评估

您可以检查参会成员在实践中是否遵循这些所列步骤；如果开会是分配任务，您可以查看它们是否被遵照执行。当然，您不必通过查问或窥探的方式执行检查。一个友好的致电或私人意见就可以做到这一点："新电话系统你用的还习惯吗？""那些销售数据进展如何？""你有没有打算联系威廉姆斯？"

执行好自己的行动任务 成为一名优秀的团队成员意味着您必须执行自己的行动任务。当您参加会议时，您应该牢记分配给自己的任务，并在会议记录中仔细检查确保您没有遗漏任何内容。通过在截止日期前完成分配给自己的任务，有助于增强您在团队中的良好声誉。

◎ 问题解决型沟通

大多数沟通旨在在会议中解决问题与做出决策。在过去几十年中，研究人员已经开发出若干种有助于实现这些目标的方法。通过利用这些方法，团队能够有效达成最高质量的工作任务。

团体问题解决阶段

当进入到解决问题和做出决策阶段时，团队经常或多或少地会经历带有不同沟通类型的若干阶段。奥布雷·费雪（Aubrey Fisher）将其界定为四大阶段：定向、冲突、苏醒与巩固。

定向阶段 团体发展的第一阶段即定向阶段（orientation phase），有时也被称为"成型期"（forming）。这是试水阶段。成员彼此可能还不太了解，所以在发表言论时很谨慎以防冒犯对方。因此，在定向阶段，团体成员即使讨论他们认为重要的议题，也不太可能采取强势态度。此阶段很容易将没有冲突错认为是和睦相处，并假设任务会顺利进行。和睦和安静往往是谨慎的表现，而非赞同。尽管该阶段沟通带有试验性质，定向阶段却很重要，因为管理团体全程沟通的规范通常就在该阶段形成。

冲突阶段　在成员们明白了问题并彼此加深了解后，团体通常会进入到冲突阶段（conflict phase），亦称为"磨合期/激荡期"（storming）。这是成员在问题讨论中坚定立场并捍卫自己观点的时候。在此阶段，分歧可能会趋于激烈且挫伤自尊心的可能性最高。在定向阶段形成的礼貌规范会随着成员相互辩论而减弱，而且此处会有一种真正的风险，即个人感受会干扰上面部分所述的理性决策。然而，冲突并非都是负面的。如果成员能够采纳第五章所述的建设性方式，与那些将和谐视为头等大事的团队相比，他们反而能够提出更为优质的解决方案。

有些团体永远都无法摆脱冲突阶段。至少针对手边的问题，他们的互动方式可能就会因为时间压力被迫达成某种几乎无人满意的解决方案而不了了之。领导可能根据上述方式强制做出决定，或者多数意见否决少数意见。有时候，甚至耗尽所有时间但仍未达成决策。然而，并非所有的团体都需遭受这种不愉快结果。高效团队能够度过冲突阶段，进入下一个发展阶段。

苏醒阶段　解决问题的苏醒阶段（emergence phase），有时也称为"规范期"（norming），通常出现在成员决定终止分歧并致力于解决问题之时。所有成员可能会都踊跃地支持最终决定。然而，在某些情况下，成员可能会妥协或达成某项他们最初并不赞同的方案。无论如何，苏醒阶段的关键要素在于成员会支持采纳某项决策（即使勉为其难）。苏醒阶段的沟通也较少出现两极化。成员会逐渐放弃他们原先坚守的立场。这时候，会出现类似"我可以接受它"和"让我们试一试"的常见评论。即使有些人仍对决策抱有疑问，他们也更有可能将疑虑暂时保留下来。因为，和谐才是该阶段的主题。

巩固阶段　讨论的第四大阶段是巩固阶段（reinforcement phase），由于该阶段中成员不仅接受决策还积极拥护它，因此其也被称为"执行期"（performing）。在冲突阶段反对该决策的成员现在也开始提供证据支持决策。在学校里，学生在汇报团队项目对指导老师的所有疑问积极回应与辩护时，巩固阶段的特征就显而易见。在工作中，亦适用相同的原则：如果老板发现团队方案有缺陷，其仍倾向于将团队紧密团结起来并倾力支持他们。

在现实生活中，团体并不一定会整齐地遵循这四大步骤过程（详见表8-2的总结）。在某个存续性团体中，过去的沟通模式会影响到现在与未来的沟通。

例如，具有高度冲突性的团队可能不太容易进入苏醒阶段。然而，具有高度凝聚力的团队也不太可能有分歧。

有时候团体可能会深陷某一阶段，永远都无法进入下一阶段。成员可能永远都无法超越表面的、相互礼貌的定向阶段。如果这样做，他们可能会深陷冲突。正在进行的团体可能会在每次处理新问题时进入某些或全部阶段，正如图8-4所示。事实上，同时处理若干问题的团体可能会在每个问题上分别处于不同阶段。

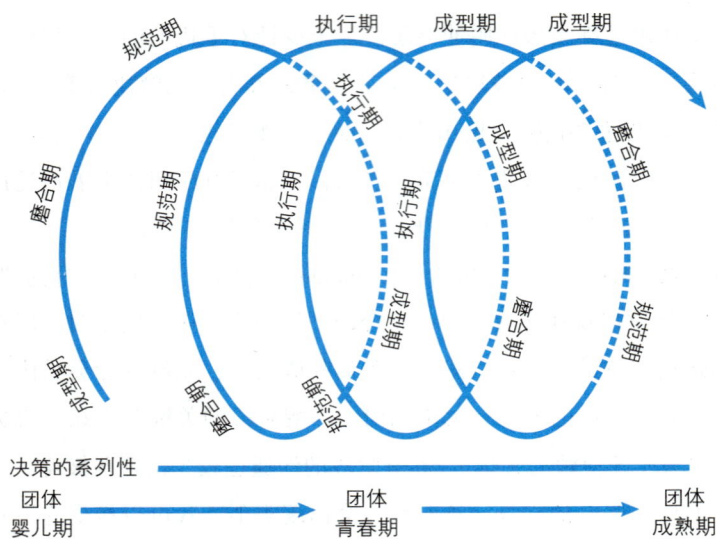

图 8-4　存续团体中的周期性阶段

了解您的所属团队有助于安心地度过这些阶段。在定向阶段，如果您意识到这种拘谨沟通只是暂时的，那您着急想要处理事务且不愿浪费时间的心态就可以得到缓解。同样，如果您明白苏醒期即将到来，那您对冲突的出现就不会感到如此烦恼。

加强创造性

团队的一大优势就是具备更大的创造力可能。随着越来越多的成员在任务中呈现各自不同观点，达成某种成功解决方案的可能性也在增加。正如某位经理人所言，"创新是项团队活动"。

头脑风暴　提高团队创造力的一种方法是通过头脑风暴（brainstorming），即一种通过鼓励自由思考、最大可能减少同质化的集思广益方法。这一术语最早由广告公司 CEO 亚历克斯·奥斯本（Alex Osborn）提出，其意识到当团体允许成员畅所欲言时，团队的创造力达到最高。正如诺贝尔奖得主莱纳斯·鲍林（Linus Pauling）所说："创造力的关键在于首先拥有很多很多想法，然后再摒弃那些不好的部分。"

基于这些观察，我们发现种类繁多的一系列方法现在正被广泛运用。头脑风暴的基本原则包括：

① 在过程的早期阶段，禁止对想法进行任何评论与批评；

② 目标是追求想法的数量而非质量；

③ 探寻这些想法的新组合。

一位专家还为形成健康的头脑风暴提供了其他若干小建议：

- 不要让老板首先发言；
- 鼓励成员任何时候都可自由发言，不要遵循某套发言顺序；
- 研讨会中涵盖各种成员，而非仅有专家。

头脑风暴在虚拟团体中要比面对面会议更为高效。而且，头脑风暴匿名制与实名制相比，前者有助于生成更多想法。

名义群体法　虽然头脑风暴有助于产生大量想法，研究人员发现一种称为"名义群体法"（nominal group technique）的程序能够激发出更多高质量的建议。

方法命名由来是因为其大部分过程中，参与者仅是名义上的团体，实际上却各自独立工作。名义群体法包含以下五大阶段：

① 每位成员匿名写下各自想法，由讨论领导者负责收集。这种方法能够确保比较内向的成员如有好想法，也能有发声机会。

② 每一位成员都能知晓这些想法。此时如能保密想法的提出者，那么大家的思考就不太容易受到例如权威或知名度等个人原因的影响。

③ 成员讨论想法是为了更好地理解它们，因而禁止批评。这里的目标是澄

清各种可能性，而非去评估它们。

④ 每位成员私下将这些想法从最有可能到最无可能进行等级顺序排列。个人排名也禁止一些有说服力或影响力的成员进行控制主导。

⑤ 团队对获得票数最高的事项展开批评性地全面讨论。此时通过运用本章后文所述的最为合适的决策制定法（例如协商一致、多数投票），即可真正制定决策。

该种方法很适合虚拟会议。通过大多数群组软件包，成员可以运用电脑匿名表达想法，并将其展现给其他成员以做考虑。这种匿名性有助于沉默的团队成员表达想法，否则他们会害怕发声。

名义群体法对于相对不重要的事项而言过于复杂，对于重要议题来说却恰到好处。除了有助于降低健谈者主导讨论的倾向外，这一匿名过程还能够减少潜在的有害冲突。

系统性问题解决

团体在工作中遇到的问题范围几乎永无止境。我们如何削减开支？提高市场份额？降低客户投诉率？提供更好的员工福利计划？并非所有的团体都会系统性地处理类似问题，但是大多数研究人员都赞同，当团体遵循某种系统性的问题解决方法时，其能拥有针对这些问题提出高质量解决方案的最佳机会。

最为著名的问题解决方法是反省性思维序列（reflective-thinking sequence），100 年前由约翰·杜威（John Dewey）创造提出，自此以后以多种形式被广泛使用。在其最有价值的形式中，反省性思维序列是一个七步骤的过程。

界定问题　不了解问题的团队会在寻找解决方案中面临困境。有时团队面临的问题清晰明确。当领导让你制定一份未来六个月的休假时间表时，明白哪些是必要事项并不会太花费心思。另外，有些问题需要重新加以说明，因为它们在最初呈现时过于宽泛。最佳的问题表述方式是鼓励探索性思考的证明性问题。

过于宽泛的提问	更好的提问方式
我们如何减少员工流失？	我们如何减少新员工的流失？（这表明了寻找问题本质和解决方案的方向）
我们如何提高办公室员工的良好风纪？	我们如何减少员工对工作过多的抱怨？

分析问题　在此阶段，团队试图通过开展会议间研究，以发现问题的原因和程度。这一阶段通常合适的问题包括：

① 该问题有多糟糕？

② 为什么需要解决它？

③ 原因是什么？

在此阶段，同样需要重点关注情况的积极面并思考如何完善。这方面的问题包括：

① 我们这方有哪些有利因素？

② 它们如何能帮助到我们？

③ 我们要如何加强完善它们？

一个分析"我们如何能减少员工对工作过多的抱怨"这种问题的团队，可能会发现这一问题对某些员工而言尤为严重。团队会发现，当员工不得不在最后一刻进行大量的网站更新时，这一问题最为严重。团队也会了解到，员工的主要抱怨并不涉及工作的艰苦，并且看到他人工作量明显轻松时，他们也不会因此生气。积极的研究发现可能是员工明白自己角色的重要性，他们视被选择负责重要工作为一种尊重其工作质量的标志。因此，他们并不介意偶尔的加班加点赶工。

建立解决方案的标准　与其匆忙解决问题，您最好还是花些时间首先界定标准（即一种良好解决方案的基本特征及您用于评估提议方案的标准）。例如，必须由谁来批准您提议的解决方案？有哪些成本限制？需要满足哪些进度表？有时这些标准来自团体外部的强加。其他要求则来自成员自身。不管这些要求来源如何，团队在考虑各种可能解决方案前需要明确它们。如果对于满意的解决方案缺乏标准界定，团队可能会浪费时间去争议那些根本不可能被接受的提案。

使用创意性思维技巧（如头脑风暴）之时，可以生成可能的问题解决方案。集体解决问题的一大主要危害是，团队可能会陷入为某一个或两个提案优点争论不休的困境，而不考虑其他可能存在的解决方案。除了会制约解决方案的质量以外，这种争吵还会导致成员之间的私人争斗。

头脑风暴最有价值的特征是在评估所有想法之前，强调产生尽可能多的想法。这种不带批评的氛围能鼓励人们踊跃提出各种解决方案，反之亦有助于生成其他想法。一份针对职员工作负荷过度的头脑风暴名单可能包括以下内容：

- 削减必须完成的工作数量；创建一份公司手册，清晰列明如何规范书写信件、如何编写合同条款等。
- 鼓励员工相互帮助，承担过多工作量的员工可以要求其他人接管项目。购置扫描技术装备、实现文档数字化，由此文档无须从头开始再输入。

选定解决方案　一旦团队已考虑过所有可能的问题解决方案，即可回过头寻找最佳答案。这是通过根据团队早期制定的标准列表评估每种想法来完成的。除了根据自己的标准衡量解决方案外，团队成员还应该通过提出以下三大问题来评判所有可能的解决方案。第一，提案是否会带来预期改变的效果？如果它仅能解决问题的一部分，那么再有些改变就足够。第二，解决方案是否具有可行性？如果好的想法超出了团队实力无法实现，那就需要修改或舍弃。第三，这一想法有什么严重的不足吗？解决问题的同时会生成其他问题的方案不值得采用。

执行解决方案　仅是形成解决方案还不够，团队还需将该计划付诸行动。这可能会涉及以下若干步骤。第一，有必要确定一定要完成的具体任务。第二，团队必须界定哪些是实施计划所必要的资源。第三，个人责任必须明确：谁来负责以及何时开始？第四，团队应当准备好应急方案。如果有人生病该怎么办？如果项目超出预算怎么办？如果工作耗时超过预期怎么办？提早预测问题要远远好于出其不意地被吓到。

跟进解决方案　即使最棒的想法在实践中也并不总是完美的。因此，团队应当跟进检查解决方案的实施情况，查看是否需要进行调整。

决策制定方式

分歧可能是解决工作问题中的一个健康、正常部分，但迟早需要制定达成一致的团体决策。无论问题是谁将在周末加班，或如何将年终奖金分配给成员，还是哪种广告方式最好，针对问题通常最终只有一种答案。正如商业导师乔尔·鲍姆（Joel Baum）所说："你的决策方式与决策内容同样重要。你使用的处理程序将直接影响成员对决策的感受。它会影响到承诺、兴奋感与认同，或者其可能会造成一种憎恨与排斥感。"有许多方法会形成类似的商业决策。

协商一致 协商一致（consensus）是一种每位成员都愿意支持的集体决策机制。协商一致最纯粹的形式是全体一致、明确的支持：每位成员都坚信达成的决策是最好的。例如，员工遴选委员会全体一致赞同某位候选人是特定职位的最佳人选。然而，这种全体一致状态并非总是会出现，而且其也不是达成共识的必要条件。成员可能会支持某项并非他们首选的决策，并接受它就是当下整个团队的最佳选择这样的事实。在新员工的情况中，委员会成员可能会接受某位次要考虑候选人，因为与他最紧密合作的共事者也是其最热心的支持者。

某些文化要比其他文化更加重视达成共识。例如，英国与荷兰商人很重视"集体必须在一条船上"的问题解决方式；而德国、法国和西班牙的沟通者更多依赖于强大领导者的英明决策，并认为希望达成一致意见带有几分优柔寡断的意味。

先把文化规范放在一边，协商一致亦有优点与不足。虽然它拥有最广泛的成员支持基础，但达成共识却需要时间。它要求团队成员具有合作精神、愿意经历暂时的分歧、承诺仔细聆听对方想法及一种共赢的态度。考虑到这些挑战，当达成一致的意愿很高且团队能够投入足够多的时间与精力来达成协议时，将协商一致决策限制在重要议题内是明智之举。

多数投票 鉴于协商一致要求整个团队同意，多数投票（majority vote）仅需得到大多数成员的支持。因此，多数投票要相对更快速、更容易实现。一个10人员工团队在选择新办公室的装修方案时，可能会在达成共识前无休止地讨论，但是通过多数投票，决策仅需6名成员同意即可。虽然多数投票在处理相对次要的问题时效果很好，但其通常不是达成更为重要决策（至少不是小团体）的最佳方法，因为它会让大量少数成员对被迫接受并不赞同的方案而心生不满与怨恨。

少数决　在少数决（minority decision）中，少数成员能做出影响整个团体的决策。在商业环境中经常会出现这种情况。例如，公司执行委员会通常代表董事会执行决策，董事会反过来则代表股东。少数决也出现在一些较低级别的情况中。负责筹划公司野餐事宜的指导小组可能将宣传、娱乐和食物等工作下派给更小的委员会。只要少数派对较大群体有信心，这种方式在很多决策中都很有效。虽然它无法利用整体团队的创造性思维优势，但亚小组的才能往往已能完美胜任某项任务。

专家意见　当某人具备专业知识或技能做出明智决策时，依靠他的专家意见（expert opinion）能让团队受益无穷。正如某位观察家所言："如果你希望某个田径队能够赢得跳高比赛，那你会选择一个能跳 2.1 米的人，而非选择七个只能跳 0.3 米的人。"有些团队成员因为经过专门训练而成为专家：某位结构工程师与设计团队共同设计一处新建筑，某位高级航空机械师负责决定某班航线能够安全起飞，或者某位系统分析师参与新数据控制系统的开发。其他人通过经验获得专业知识：采购代理知道如何获得最佳交易或者实验室谈判者因为多年合同审议而经验丰富。

尽管明显存在优势，按照专家建议似乎并非总是一种明智做法。首先，区分谁是专家并非易事。经验年限不是一个必要性保证：商业世界里充满了老傻瓜。即使当某位成员明显是专家，其他成员也必须承认这一事实才愿意给予支持。不幸的是，有些被认为是专家的人名不符实，而有些英才则可能被忽视。

权威裁决　在很多商业团体中，决策往往是一个权威裁决（authority rule）的问题：由指定领导者做出最终决策。这并不意味着这些领导者一定很专制：他们通常愿意倾听成员的想法与建议，然后自己做出决策。家族企业经营者倾听员工意见后选择公司新标志的最终设计；商店经理可以与员工协商安排工作时间，但同时自己保留最终决定。团队成员的意见能够帮助权威者制定比其他方式更高质量的决策。然而，邀请下属提建议的主要风险在于，如果这些建议没有被接受，下属的失望情绪也会随之而来。

选择某种决策制定方式　每种决策方式都各有优缺点。选择哪种方式取决于以下若干因素：

制定的决策属于何种类型　如果一位或多位专家制定最佳决策，或者如果需要主管权威者做出决策，那么让团队其他成员牵涉过多就不合时宜。然而，如果现在的任务需要创造力，或者要求大量不同来源的信息，那么整个团队都贡献建议的意义重大。

该决策有多重要　琐碎的决策并不需要整个团队的参与。如果决策由一或两个人即可轻松决定，整个团队共同进退就显得浪费时间与财力。

可用时间有多少　如果时间有限，就不可能征询团队每位成员的意见。当有些成员不方便联系时，情况更是如此，比如有些人不在办公室。即使每位成员方便联系，团队讨论需耗费的时间成本也可能是您耗不起的奢侈。

成员之间的私人关系如何　即使是重要的决策，如果团队成员不和，不召开全体会议可能才是最佳方式。如果大家开诚布公有助于改善形势，那么即使成员感情遭受些损失召开会议依旧值得。但是，如果面对面讨论只会让事情变得更糟，那么决策最好以其他方式做出。

掌握本章概要

要点回顾

- 召开会议具有普遍性，且通常耗费时间、成本高昂。

- 会议具有以下目的：共享信息、解决问题 / 制定决策或者参加仪式型活动。

- 虚拟会议给领导者和参与者同时带来了优势与挑战。

- 会议应当仅在出现以下情形时才召开：现有工作中单个人无法处理完成、需要协作分工、拥有多种正确答案。如果对某一决策有可能产生误解或抵制，通过召开会议来化解这些危害则是明智之举。

- 每次会议召开之前，请在议程中明确召开时间、时长、会议地址、参加者、背景信息、目标及成员需要提前完成的事宜。

- 在会议正式开始后，主席要宣布会议目标、回顾必要背景信息、论证成员如何助力分工及明确时间限制。

- 成员参与度可以通过"轮流发言"和"使用提问"（轮换式、反问式、直接式、查问式）进行平衡。

- 主席和成员通过以下方式确保讨论在预期轨道上：参考时间分配、总结并重新定向某些成员偏离主题的言论、使用关联度盘问、安排会后处理离题的议题。

- 如果成员愿意通过提问和复述、相互肯定言论价值、注意文化差异来努力增进彼此理解，会议的语调气氛将会很积极。

- 当团体缺乏资源难以继续或已完成议程讨论事项，无论何种情况先出现，会议都应在预期时间结束。会议主席应当通知时间殆尽、总结会议成就与未来行动、并对团体成员的付出表示感谢。

- 会后主席的职责包括准备会议记录、确定下一次会议议程、跟进其他成员、履行自己的承诺。

- 团队在问题解决型会议中的进展阶段（成型期、磨合期、规范期、执行期）。

- 头脑风暴和名义群体法是形成创造性问题解决方案的有效途径。

- 通过遵循一种系统性问题解决方法，团队可以最大限度地发挥其有效制定决策的能力。

- 选择最佳决策制定法（协商一致、多数投票、少数决、专家意见或权威裁决），确保团体高效利用时间并形成成员支持的结果。

职业拓展

1.有用的洞察

您可以通过采访一至两位您所感兴趣的职业领域人士，以更好理解会议的重要性。

（1）您可以提出以下问题：

① 您工作中开会的频率如何？

② 这些会议通常需要多长时间？

③ 会议通常涵盖哪些主题？

④ 通常会使用哪些形式（议事程序、遵循议程、没有清晰议程的开放式讨论、虚拟和面对面讨论）？

⑤ 会议效果如何？高效或者无效的原因有哪些？

（2）将您与同学的各自发现进行对比。

① 哪些会议类型发生最为频繁（信息分享型、问题解决型、仪式型）？

② 哪些开会形式最常运用？

③ 受访者提及的优点是否与本文描述的优点相似？

④ 根据上文涉及的概念，请对受访者界定的那些不足提出补救措施。

2. 能力建构

运用本章知识，界定以下哪些任务更适合问题解决小组处理形式，哪些更适合由一个或多人独立工作处理，并对每种选择解释原因。

（1）制定程序以面试潜在员工；

（2）制定客户调查反馈表；

（3）调查若干可能购置的办公设备品牌；

（4）选择最理想的员工健康保险计划；

（5）组织公司野餐；

（6）研究改善员工沟通培训方案的可能性与成本。

3. 有用的洞察

请向您熟悉的人索要一份工作会议的议程复印件，或提供一份您所参加过的会议议程副本，与同学们一起分析议程。

（1）其中体现了哪些高效议程所包含的要素？而哪些还未涵括？

（2）议程在多大程度上阐述了以结果为导向、具体和现实的目标？

（3）请建议如何改进未来议程。如果缺少以结果为导向这一目标，请列举些例子。

4. 能力建构

您正在主持某场会议，其中有位大家都不喜欢的成员正在大肆宣扬某种想法。会议时间有限，团队所有成员都准备好制定与这位成员观点相反的决策。您意识到这一不受欢迎的想法其实有可取之处，但是如果支持他并鼓励进一步讨论，将会导致团队其他成员感觉自己不被重视并会引起他人对您的厌烦。

请提出三种不同的处理方式，并针对每种处理方式写出您的具体评论。您可以使用本章的概念与词汇来讨论每种场景的优缺点。

5. 能力建构

请使用本章介绍的技巧，阐述您将会如何回应会议中的下列言论，并明确您所运用的技巧：

（1）"周日没有双倍工资，没有人愿意加班工作。"

（2）"没有顾问能够告诉我如何成为一名更好的经理人。"

（3）"我不认为这个头脑风暴是值得的。我们所提的大多数想法都很疯狂。"

（4）"讨论利率让我想起了20世纪80年代关于总统卡特所流传的一个故事……"

（5）"很抱歉，但对于如何削减成本我毫无头绪。"

6. 能力建构

请与您的小组同学一起，使用名义群体法来模拟团体决策过程。请使用以下情景之一或自己创建：

（1）从课堂中任选一主题，对您所在的团体进行一次口头演讲。

（2）决定您与同学某次郊外旅行的地点。

（3）选择您的读书俱乐部将会阅读与讨论的下一本小说。

完成角色扮演后，请讨论名义群体法作为决策过程的优点与不足。

7. 能力建构

请选择7名志愿者在教室中间围成一圈，使用反省性思维序列来模拟团体决策过程。班级其他学生聚到一边观察并提供建议。由于时间有限，每一步尤其是问题分析，都需要进行简写。您可以使用"练习6"的名义群体法的相同主题。

角色扮演完后，请讨论反省性思维序列作为决策制定程序的优缺点，然后，请比较使用名义群体法与反省性思维序列的不同经验。

8. 能力建构

与 3 ~ 6 位同学一起，决定下列每种情形中对您团队最有效的决策制定方法：

（1）如果您在靠近城市或城镇的危险地区迷路，选择最安全的行动方案；

（2）决定是否及如何接近导师，以提出课程的评分系统调整建议；

（3）为您学校设计最有效的少数民族学生招募活动；

（4）复制您小组设计练习的解决方案，分发给导师和同学；

（5）为您的院系聘请指导老师；

（6）选择某个早餐谷物新品牌名称；

（7）选择新的计算机系统；

（8）决定 3 名员工中哪位将获得理想空缺职位；

（9）规划下个月的周末工作时间表；

（10）决定员工是否隶属于工会。

4

高效演讲

"新鲜空气"户外运动品牌

户外运动租赁始于 8 年前加州南部的一个滨海小屋,在那里伍迪(Woody)和桑迪·贝尔蒙特(Sandy Belmont)开始向游客出租宽轮胎沙滩自行车。业务经营得很好,一年内,户外运动客户逐渐可以租赁其他各种户外装备,包括冲浪板、山地自行车和帆船。

多年来,该项户外运动品牌已发展为一个遍及美国西部和加拿大,拥有 18 处分店的租赁网络。该公司现在规模足够大,以至于公司业务靠其知名度不断扩大:已在某处体验过户外运动租赁的客户同样希望在其他度假地也能实现。伍迪和桑迪正在认真考虑将其业务扩展到东海岸、墨西哥和中美洲的度假胜地。

下个月,户外运动品牌将在圣迭戈举办首次合伙人会议。伍迪和桑迪需要为此次会议准备若干展示:

主题演讲、欢迎员工、激发员工对公司与即将举行会议的热情。在演讲过程中,伍迪和桑迪还将介绍"新鲜空气"的新管理团队。

关于如何避免性骚扰案件的翔实方案。"新鲜空气"新一届人事关系主任将发表演讲,但桑迪希望在推动该方案中发挥关键作用。

会议某环节会介绍公司新激励计划,即员工可以从不断上涨的销售额中获得奖金。虽然奖金增加的可能性很大,但在这种安排下基本薪资将会下降。伍迪明白,说服员工接受该激励计划很重要,因为其具有成功可能性。

晚宴中进行一系列颁奖典礼。在此环节中,员工将因其卓越的服务而受表彰。伍迪和桑迪希望能够涵括足够多员工以鼓舞士气,而非制造很多看似毫无意义的奖项。

当您阅读本单元章节时，请就每种演讲思考以下问题：

1. 每种演讲的总体目标是什么？请分别为其设计某种具体目标。

2. 对于每种演讲，伍迪和桑迪需要考虑第九章所述的哪些因素（观众、场合和演讲者）？

3. 请根据您对"问题2"的分析，针对其中至少一种演讲方式设计大纲，其包括引言、结论材料及正文主要论点。

4. 针对您在"问题3"中所确定的演讲正文部分各要点，请至少确定一种您可使用的支持材料，以使论点更为清晰、有趣或具说服力。

5. 请描述圣迭戈会议中每种演讲最为有效的表达方式。除了演讲者的风格外，请讨论如何通过安排演讲环境以帮助实现演讲目标。

第九章

规划与组织演讲

本章目标

阅读完本章后您应该能够:

1. 通过全面分析形势,为某种具体演讲制定有效策略。

2. 明确某种特定演讲形势的总体目标与具体目标。

3. 基于对某种具体演讲形势的分析,构建明确主题。

4. 选择与制订一份最适合其目标与观众的演讲正文组织计划。

5. 按照本章所述指导规则,为某演讲设计一份有效的引言与结论。

6. 设计一份演讲,包含衔接引言和正文间、正文各论点间,以及正文与结论间的有效过渡。

无论你身处何种领域、从事何种工作，与观众对话交流都是工作中无法避免的事实。销售代表和客户经理向潜在客户进行介绍，品牌经理向管理层提出想法并向销售人员解释新产品线，部门主任和主管向上级简要汇报近期发展概况并向下属简述新公司政策，计算机专家向使用者解释新系统和软件。演讲如此普遍盛行以至于有些专家估计，演讲者每天向其听众发表的演讲高达 3300 万次，这着实令人惊叹。根据某项调查，一位商人平均每年要进行 26 场演讲。表9-1 罗列了大多数人在其职业生涯中迟早会使用的演讲类型样本。第十二章就规划与表达各种不同类型的商务演讲提供了具体建议。

虽然某些商务与专业演讲很正式，需要在大量听众面前盛装出席，但大部分演讲仅是针对少数人甚至某个人相对非正式的会谈。如果您恰好在老板办公室说，"能耽误您几分钟吗？我有些想法可能会有助于削减旅行开支"，此时，您就在准备一场演讲。当您教办公室人员使用新数据库、向新员工解释本部门架构，或向管理层阐明需要更大预算的原因时，您也正在做一场演讲报告。

即使是完成某份书面报告，您也可能被要求以口头形式介绍其中内容，而您口头介绍的质量可能直接决定成功与否。事实上，您的演讲质量甚至可能会决定他人是否想阅读书面材料。此外，演讲的高度公开性意味着个人声誉也取决于公众面前的自我表现。

伴随着您的职业发展，演讲式口头表达技巧变得越发重要。某位汽车经理解释说：

> 当经理在管理层的职位不断上升时，他不得不更少依靠自身的技术培训，而更多依靠向下一级管理层成功销售自己想法与计划的能力。当我只是位负责技术问题的工程师时，所有相关之事都在我的掌握之中。我所要做的只是解决这一具体问题。但是现在，身为高级工程主管，我必须首先预测产品趋势，然后成功推销我的方案以有效利用这些趋势。

表 9-1 演讲式口头表达的通用类型

演讲类型	示例
简报和信息公告	宣布新型健康保险程序
定向会议	提供有关医疗保健福利计划的信息
培训计划	解释如何操作新计算机软件
研究和技术报告	描述某项市场研究调查
进度报告	提供月度销售状况报告
公民和社会工作演讲	在当地服务俱乐部发表某场演讲
大会和会议演讲	汇报公司的技术性突破
电视和电台采访	描述公司在工伤事故或伤害方面的立场
说明介绍	向其他职员介绍新员工
销售演讲	向潜在客户展示产品
项目和政策建议	向管理层提议新的出差政策
寻求资源	向商业贷款机构提出贷款请求
礼仪性场合	在退休典礼上针对老员工的发言

　　大多数在组织中工作的人最终都会发现，他们的效率与成功取决于其组织想法与高效表达的能力。有时候一份书面备忘录或报告即可奏效，但是亲自表达自我想法有很多重要理由。例如，如果他人不了解提案中的某一点，他们可能会将其搁置数周或者干脆一票否决。个人表达能够提供及时反馈，以帮助您厘清论点并回答问题。口头演讲通常也更具说服力。演讲者的知识、激情和明显的自信可以影响他人是否最终接受某一想法，而书面文件无法具备这一点。

　　实践中，如果您个人不对某一重要想法进行解释，很少能够获得赞同。正如某位 CEO 所言：

　　　　负有决定权责的人都希望本人亲自能有机会去思考与质疑提案。文件的作用仅在于安排会议并记录会议决定的内容。任何认真考虑某一想法的人都期待自己有机会亲自呈现！我们会明智地给那些提案者都不愿出席会议的提案打些折扣。

职场小贴士

规划一场演讲需要多少时间

马克·吐温（Mark Twain）曾经说过，"准备一场好的即兴式演讲通常需要三周以上的时间"。这种风趣的评论强调了几乎所有演讲所包含的同一事实：成功来自周全仔细的规划，而规划需要时间。

几乎所有经验不足的演讲者都会低估设计一场高效演讲的所需时间。大多数专家使用"每分钟一小时原则"（hour-per-minute principle）：预计您每演讲一分钟将需花费一小时准备时间。有些专业人士认为准备与演讲时间比为9∶1，这一比率更为适中。"如果我从头开始设计一份全新的演讲，那您可能是在为了一小时的发言时间而进行至少十小时的研究和完善。"企业培训师鲍勃·派克（Bob Pike）说道。

专家们也赞同您所花费的准备时间要比实际演讲汇报时间更为重要。大多数人会向您建议：分析自己的观众至关重要。即使是一场已做过很多次且仅为一小时的演讲，派克也会至少花费2～3小时用以研究演讲的具体听众。他经常请求重要客户填写调查问卷，以确定他们的特定兴趣、知识水平、主题要求，或者甚至他应该回避的特定词语。

演讲者就像运动员：花时间进行规划和练习是获得成功结果的一项重要投资。

演讲不仅仅针对内部听众，很多人也需要向组织外的听众做与工作有关的演讲。我们需要意识到：高效演讲者能够以一种打印和电子媒体无法实现的方式将其观点传递给公众，公司派代表进社区以在各种不同环境中做演讲。世界规模最大的那些公司会赞助此类培训。国际演讲会（Toastmasters International），作为一个致力于帮助商人高效表达想法的团队，目前在116个国家的1.3万个俱乐部中成员已超过27万人。研究表明，演讲者经过培训演讲可以更高效。即使那些工作看上去相当独立的工作者，也需要向俱乐部、专业组织和社区团体发表演讲。

不同类型的演讲对演讲者的要求各不相同。例如，针对单独客户的销售演讲通常看起来更像对话交谈，因为客户可能会中断提问，而面对数百人的演讲者则可以将问题延至最后。尽管不同，所有的演讲对于演讲者而言仍有很多共同要求。每种演讲的规划、结构、材料支持和策略都非常重要，同时，一位好的演讲者在规划和制定几乎所有演讲时，都会遵循大致的相同步骤。第九章至第十二章的素材适用于您职业生涯中需要做的几乎所有演讲。

◯ 分析形势

在准备动笔规划实际演讲之前，您必须思考自己演讲所处的形势。您喜欢的演讲对听众而言可能很无趣或会冒犯他们。您可以通过思考以下三大因素以确保自己的方法达成目标：听众、作为演讲者的自己、场合。

分析听众

当您正在做一场演讲时，"萝卜青菜各有所爱"这句老话才是最真实的写照。仅有好想法还远远不够，您必须以一种听众能够理解和欣赏的方式呈现这些想法。某位企业沟通专家阐述道："设计一场心中没有听众的演讲，就好比写一封以'敬启者'开头的情书。"克莱斯勒公司前总裁李·艾柯卡准确描述了听众分析的重要价值：

> 能够用自己的语言与他人交谈很重要。如果你做得很好，他们会说："我的天呀，他所说的刚好就是我所想的。"当他们开始尊重你时，也会死心塌地地跟随你。他们愿意跟随你的原因不是你具有某种神秘的领导力，而是你能够倾听他们的心声。

请自问关于听众的以下若干问题，其有助于形成您调整素材以适应他们兴趣、需求和背景的方式。

谁是关键听众 并非所有的听众都同样重要。有时候，一位至两位听众才有权批准或否决您的请求。例如，如果您正在向某个工作组营销一套新数据库管理系统，那么知道谁拥有最终话语权至关重要。是部门主管，还是某位全体团队都信任其判断的高级职员？无论决策者是谁，您需要明确他们的兴趣、需求、态度和偏见，然后将您的要求集中于此。

有时候很容易识别关键成员。您不用成为一名沟通专家也能明白，上司比那些正在听您演讲的实习生更具决定权。由此，有时您需要进行一些前期调查，以明确听众中领导者和决策者的态度。

听众知道多少 专家小组不需要那些了解不多的听众所需的背景信息。事实上，这些人可能会因为您的基础介绍而感到无聊和被冒犯。同样，无须向熟悉项目的人更新信息，除非他们错过了某些最新的重大进展。

同样重要的是，您也需要自问下，听众还有哪些不知道：全然不知之人或局外人会感到一头雾水（以及无聊和愤慨），除非您能给他们提供背景信息。

听众想知道什么　如果您能直击听众而非自己的兴趣要害，那么他们就会认真倾听。因为工资而请求升职，不如证明您在新职位上可以更好地帮助公司有效；因为工作量过大而要求分配助理，不如论证这一帮助将如何有助于提高生产力或有助于您处理更多业务。也许高效营销至关重要的一点在于确定潜在客户的需求，并论证产品如何满足这一需求。

听众的工作职位可以为您提供他们想知道哪些内容的线索。如果听众本身就是专家，例如在工程、金融或营销方面，他们可能会对您交谈中涉及他们专业领域的更多技术性问题感兴趣。非专家听众则可能会因为不了解某一主题而对细化讨论感到无聊。令人惊讶的是，大部分管理人员都属于这一类。"给我一个简短快速的描述、一份日程表和数字"已成为一种普遍的管理人员态度。

听众的个人偏好是什么　听众的个人喜好会使您的信息被接收方式全然不同。您的听众对演讲风格的偏好是正式还是休闲？幽默还是严肃？快节奏还是闲适？了解这些偏好将会影响到演讲的成败。某位商业顾问描述了态度如何在不同的听众群组中进行变化：

> 在同一家公司，向不同部门负责人做报告的工程师需要掌握各种不同的汇报方式。某位部门主管想要报告涵盖的所有细节。他想了解报告完成的原因分析，当下讨论主题的完整背景信息及一份文献综述。同时，他希望这份报告能有 12 ～ 13 页的手稿。此外，他还想要一份几乎涵盖纸质报告所有细节的口头汇报。而在走廊尽头的另一位部门主管想要的内容恰好相反。他想要一份简短综述性的报告，仅讨论更新的因素即可。他说自己已经清楚部门的运作情况，他并不需要形势分析报告，且他不希望任何年轻工程师浪费时间。备受某部门喜爱的报告可能让其他部门心生反感，反之也一样。因此，任何做汇报的人首先要询问对方希望采取哪种报告形式。

听众的态度难以预料。某位建筑师描述了其公司如何通过假装使用节省成本的技术以适应某些客户的错误假设。

> 当我（习惯性地）为客户准备一份初步设计时，我经常徒手就能草拟（已事先草拟好）一份建筑平面图：意味着我无须仔细测量很快就能（绘制出）设计方案……伴随着计算机辅助设计的出现，我们可以在计算机中更快、更准确地生成相同设计……而收费仍和原先一样。

虽然这种方法对于建筑师和客户而言好像实现了双赢局面，但经验证明事实并非如此。

> 我们的一些客户抱怨我们花费太多时间与成本在这些初步行动上……他们想要快速且便宜的东西。他们认为，由于产品的外观，我们在这个过程中过早地花费了过多的时间（与金钱）。任何解释都无法让他们满意。
>
> 所以，该怎么办？我们就购置了一款新的软件产品，它叫"波形曲线"（squiggle）。它借助计算机设计使得曲线、直线设计非常准确，而且看上去就如同手绘的。现在，客户所看到的手绘图纸实际是电脑绘图的效果。

哪些人口特征很显著　听众的许多可测量特征可能有助于您完善自我言论。类似这样的特征之一就是性别。男性与女性的比例是多少？即使在当今相对开明的时代，根据听众的性别，有些话题仍需区别对待。

第二大人口特征是年龄。人寿保险销售人员针对老年客户可能会强调退休福利，对更为年轻组成家庭的客户则强调对孩子抚养的支持。

文化背景往往是一项重要的考量因素。相比于白领专业者，针对蓝领工作者演讲，您会使用不同的沟通方法。同样，群体种族混合有时会影响到您的言论。您阐述的观点、使用的案例，甚至运用的语言都可能会受到听众文化构成的影响。就其实质而言，您需要尊重听众。例如，当与来自其他国家的人交谈时，要避免类似于"在我们的国家就是这么做"的沙文主义言论倾向。

第四项人口特征是听众的经济状况。这一因素在销售中尤为重要，充足的财力使得这些潜在客户具备购买产品或服务的资格，也暗示了哪些特质可能会激起他们的兴趣。

并非所有特征对规划每场演讲都很重要。例如，某位谈论实地最新进展的工程师应该考虑听众的知识水平（关于工程和哪些进展情况）和职业（即哪些

职场文化

理解国际听众

以下是某位新任主管亚太地区销售业务的美国经理演讲的部分内容：

> 我非常高兴有机会与大家在我们亚洲公司一起共事。虽然过去我和许多亚洲公司都合作过，但是现在我能成为亚太区销售队伍中的一员，这让我倍感兴奋。当我在美国西部区担任销售主管时，我们为公司的收入做出了巨大贡献。我相信，我们现在也拥有一次绝佳机会，在亚洲共同建立起一份强大、高收益的业务，从而为母公司和股东带来卓越回报。我的妻子和我都很期待在这里生活，并更好地认识大家。

如果您与这位美国经理有共同的背景与期望，那么这场演讲似乎包含了非常完美的言论。但是，他的听众好像以某种不太赞同的方式回应这次演讲与其他喜欢这次演讲的听众。他们也许不会公开表达自己的这一想法，当然更不会直接告诉这位外国经理，但以下是一些当地员工的类似评论：

- "他似乎对自己的成就感到无比自豪。"
- "他似乎并没有意识到我们在这里所付出的一切努力。"
- "他为何非要在类似的这种正式场合讨论利润？我们当然明白赚钱是必需的，而且我们都在为此而不断努力。但是，他说得好像我们只需关心股东即可。"
- "他是不是认为亚洲就是一个地方？"
- "他为什么要提到他妻子呢？"

如果员工对新任经理形成了上述印象，那么这场演讲对于经理而言，并非其融入工作环境的理想之选。在经理陈述其海外经历的最初阶段，他给人留下了一种自夸、傲慢和短视的印象，而这需要相当长的时间、精力与善意才能消除。更糟糕的是，部分当地员工本能地不愿意与贴有此种标签的领导者共事，有时候是被动或甚至积极反对他的指示。在家庭环境中所学到的良好意愿与一套自我表达准则，实际上能成为解决不同环境里麻烦的秘诀。

进展情况必须与听众的工作有关联），但是像性别、年龄和经济状况可能不会那么重要。而计划生育代表在向社区组织发表讲话时，必须考虑听众的性别、年龄和经济状况、宗教背景及他们对怀孕计划与医疗业的态度。高质量分析听众的第一步是识别听众背景中的那些重要维度，并准确地分析这些维度。

听众的规模有多大　听众数量将会影响某些非常基本的演讲计划。您应该准备多少份讲义？您的展示内容尺寸要多大才能让所有人都看到？问答环节应该设计多长时间？如果听众数量很大，您通常需要考虑更大范围听众的关注事项；您的表达与语言选择也往往更加正式；同时听众不太可能随意打断提问或评论。而如果您的听众只有四五人，您站在讲台后面向其汇报当前项目进度就会很可笑；而面对 100 名听众时，您斜躺在椅子上发言同样愚蠢至极。

听众的态度是什么　在规划您的演讲时，您需要考虑两种态度场景。第一种是听众对您作为演讲者的态度。听众带有敌意或者漠不关心（"查理真枯燥乏味"）与听众兴致高昂地愿意听您演讲（"我很高兴他说会简化文书工作；去年，他在加快修理工作进程方面表现出色"）时所采取的方法完全不同。

除了听众对您的感受之外，其对您演讲主题的态度也会影响到方法选择。您的员工是否认为从新养老金计划中受益太过遥远而不重要？销售团队是否认为新产品线令人振奋或其只是新瓶装老酒？员工是否认为新任副总裁具备真才实学或其仅是另一个有名无实的领导者？类似这些问题的态度会影响到您的方法选择。

发掘听众态度并获得其赞同的一种方法是在演讲前就与听众见面。某位经验丰富的专家解释了他如何应用这一原则：

> 每当我要向客户或上司提出建议时，我都会提前与他们坐下来交流试验下自己的方法。然后，我再回去开始设计演讲，演讲内容或者支持他们的积极态度，或者针对他们的问题与反对意见提出解决措施。

除了保持个人联系之外，您通常可以上网研究听众的态度。通过即时登录访问丰富的网络素材，包括新闻故事、博客、社交网站和公司网站留言等，您通常在与主要听众交谈前，就能够了解他们对您及您所谈论主题的看法。某

案例研究

向老年人营销：观众分析或观众欺骗

企业家蒂龙·M.克拉克（Tyrone M. Clark）经营"养老金大学"（Annuity University）超过 13 年。其为期两天的研讨会旨在向老年人销售养老金项目，共培训了 7000 多人。2002 年年底，马萨诸塞州向克拉克发布一则政府禁令，指责其公司欺骗老年人投资高昂复杂的养老金项目。

根据《华尔街日报》报道，以下是克拉克宣扬的若干做法：

- 过度简化其正出售的投资项目性质。克拉克说："如果您认为自己利用图、表、打印纸质或使用高深词汇就能打动他们，那你简直就是浪费时间。"他建议，"你只要告诉他们这就像一张 CD，安全有保障。"
- 利用恐惧诉求。"（老年人）充满恐惧、愤怒与贪婪，"克拉克说道，"告诉他们，自己的财务已被搞砸，这样他们就会认为'哦，不，我全做错了！'"
- 通过提供免费餐饮，引诱退休人士参加营销研讨会。
- 了解投资者的担忧关注。在研讨会上，老年人尤为关注以下主题，包括税收、社会保障、保险和资产保护等。公司鼓励销售人员当其致电客户安排销售预约时多提及这些关注点。

位审讯顾问就使用该种方法在大案前研究潜在陪审员："如果陪审员对某事有自己的观点，我想知道这是什么……任何不使用（互联网搜索）的人都类似于失职。"

分析作为演讲者的自己

每场演讲各有不同之处。虽然您可以通过倾听其他演讲者学习如何更好演讲，但是一场好的演讲就像一款合适的发型或恰到好处的幽默感：适合他人不一定适合您。最大的失策就是尝试成为其他高效演讲者的翻版。在您设计自我演讲内容时，请务必考虑以下若干因素：

您的目标　自问的首要问题是您为何要进行此次演讲。您是否对观众中的某个人或亚群体特别有兴趣？您希望主要听众在听完您演讲后有哪些想法与行动？您如何知道自己成功了？

您的知识面　最好选择某个您相当了解的主题进行演讲。情况通常如此，因为您对某领域拥有权威了解，所以才就该主题进行详细介绍。无论您对主题掌握多好，您都有必要开展一些研究：过去三年的销售数据、使用您所提议的灵活工作时间方案的公司数量、公司采购新设备的实际维护成本等。

如果您确实需要更多信息，千万不要愚蠢地自认为了解全部而产生安全错觉。现在过度准备要好于稍后看上去像个傻瓜。英国财政部长肯尼斯·克拉克（Kenneth Clarke）就有因为知识不足而倍感尴尬的经历。当其访问英格兰北部的康赛特镇时，他赞扬小镇作为工业中心的成功，并称它为"欧洲最好的炼钢厂之一"。但是，该镇炼钢厂早在 15 年前就已关闭，并导致了 3000 名员工的失业。为了挽回自己言行的过失，克拉克称康塞特另一家工厂为世界范围内纸尿裤厂家的主要竞争者。然而，该镇纸尿裤厂在两年前就已经关闭了。

您对主题的感受　有条古老的销售格言这样说道："你无法卖出连自己都不相信的产品。"研究表明，真诚是演讲者能拥有的最宝贵资产之一。当您对某一主题感兴趣时，您可以通过以下方式完善表达：声音更具表现力、举止更加自然、表情更富激情。如果您不太关心所讲主题：无论是关于您部门销售情况的报告、新项目的提案、您正在销售的某款产品，或是正要解释的新方法，听众会清楚并心生怀疑，"如果演讲者自己都不信，为何我还要信？"对您热情与真诚的一种良好测验方法就是扪心自问，自己是否真的在意观众理解或相信您所说的内容。如果您感到无动于衷或仅有些微热情，那么最好为自己的提案或主题寻找一种新想法或新路径。

分析场合

即使听众百分百地理解演讲，也不意味着您在规划高效演讲时就畅通无阻。您还需要调整自己的言论以适应演讲环境。场合由以下若干因素构成：

设备　图 9-1 显示了您如何通过调整室内布局以适应演讲情形。无论您如何安排，都需要考虑一些重要问题：是否有足够座位容纳所有听众？您可以使用哪种设备类型？是否会有干扰的背景噪音？

当您负责布置室内演讲时，请考虑以下可选方案：

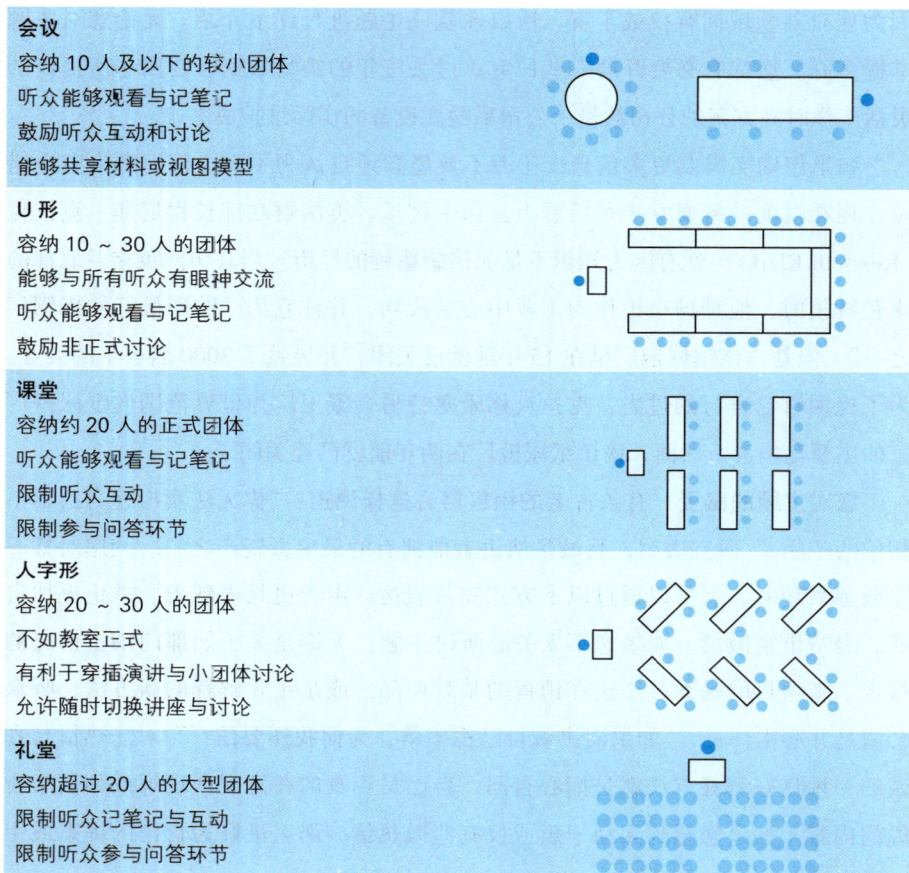

会议
容纳 10 人及以下的较小团体
听众能够观看与记笔记
鼓励听众互动和讨论
能够共享材料或视图模型

U 形
容纳 10 ~ 30 人的团体
能够与所有听众有眼神交流
听众能够观看与记笔记
鼓励非正式讨论

课堂
容纳约 20 人的正式团体
听众能够观看与记笔记
限制听众互动
限制参与问答环节

人字形
容纳 20 ~ 30 人的团体
不如教室正式
有利于穿插演讲与小团体讨论
允许随时切换讲座与讨论

礼堂
容纳超过 20 人的大型团体
限制听众记笔记与互动
限制听众参与问答环节

图 9-1　室内布置的可选方案

回答类似的问题至关重要，事先未能预料到设备问题可能会成为演讲的绊脚石。例如，如果没有黑板架支撑图表，那么您事先已良好排练的演讲就会成为泡影。没有方便的电源插座会让您在展示 PPT 时忽然遭遇黑屏的尴尬。最富经验的演讲者不会仅满足于他人对设备的保证。相反，他们会提前检查室内，并为所有可能出现的意外做好准备。

时间　这里至少有两处注意点。第一是您的演讲时刻。一场明确务实的演讲，如想在上午 10 点获得带有警惕心、精力充沛的听众的注意，可能需要更富趣味或者着重强调，以在所有听众离场前成功吸引其注意力。

二是演说的时长。大多数商务演讲都言简意赅。洛杉矶某购物中心经理通常只给潜在供应商 20 分钟的时间用于介绍推销："我会自动将任何迟到或者超时的人排除在外。我的经验表明，那些无法遵守规矩和时间的人都不可靠。"休斯 JCC 全国销售经理艾伦·布朗（Alan Brawn）进一步强调了在规定时间内兑现承诺的重要性："通常，如果 6 分钟内主要观点仍不清晰，那么此人的演讲时间已结束。"

有时候，您的演讲时长虽不会被明确规定，但这并不意味着您就可以无止境地谈论。通常情况下，演讲形势的各因素决定了恰当的演讲时长。例如，请注意演讲者休·马什（Hugh Marsh）在向协会成员进行商务总结报告时，如何明智地调整言论以适应餐后这一情景：

> 女士们、先生们，大家早上好！每当我这么晚站在台上，在办公室经过一天漫长的工作后，我都会提醒自己以下几条不变的定律。
>
> 首先，马什演讲第一定律：在任何场合，所有演讲为了更好地表达，其用时都会延长以填满所有可用时间。但是，请注意，我只有 15 分钟的时间！
>
> 其次，马什演讲第二定律：两点之间最远的距离就是演讲。或者说，正如我们原先在得克萨斯州所讲的那样，演讲通常就像一只长角的牛：一点在这里，一点在那里，中间就是一派胡言。同样请注意，我会努力让这两点紧靠一起！
>
> 另一项我时常自我提醒的是马什演讲第三定律：中午的演讲效果永远要好于早上 7 点。
>
> 最后，还有一个是马什会议出席第一定律：每个人都必须出席！只要大家在这里，我们就是朋友。我会言简意赅，但你也要全神贯注。我简要概述并尽早结束，这样我们就能回到会议的有趣环节——社交。

语境 正如第一章所述，演讲语境也会影响到您的演讲内容与方式。例如，如果您的项目也部分涵盖他人所述内容，那就需要将其考虑进去。（"我原先也准备讨论下我们新快递系统的技术层面，但我想卡罗尔的讲解已经相当全面深刻。所以，我打算就以下两件事情展开讨论。"）前面的演讲者可能已经让观众倍感无聊或备受鼓舞、感同身受或愤怒不悦、体贴周到或快乐愉悦。由于这种情势将会影响到观众如何接收演讲，所以您应当努力去适应它。

当前事件也会影响到你的演讲内容与方式。例如，如果您恰好在公司遭遇重大经济损失后提交新的预算方案，那么您应当要准备好论证预算将如何有助于降低成本。

◎ 设定目标与完善主题

规划任何演讲都需注意的绝对必要一步就是界定您的目标，即您想要完成的任务。没有清晰目标的演讲是失败的根源。正如演讲导师桑迪·林韦尔（Sandy Linver）所说：

> 演讲时无法明晰、聚焦并牢记自己的目标，就好比将公文包中的内容全部倾倒在老板办公桌上。你的演讲不是为了通过滔滔不绝地陈述杂乱无章事实而完成任务，也不是为了显摆那些精美绝伦的图片，更不是为了通过引人注目的演讲而向听众炫耀自己的聪明才智。你演讲不是为了赢得演说家的奖项。相反，你在那里是为了充分利用机会，就像你在任何其他商业活动中那样。

总体目标和具体目标

有两种目标需要考虑：总体目标和具体目标。总体目标（general goal），有时也被称为"总体目的"，是对您想要完成任务的宽泛定义。演讲有三大总体目标：告知、说服和娱乐。虽然某种类型目标可能是主要的，但演讲者通常会力图实现多个目标。例如，人力资源部职员会聪明地将申请保险索赔的信息性会议尽可能娱乐化，以吸引听众注意。

信息性演讲的目标要么是扩大听众的知识面，要么是帮助听众掌握特定技能。教授一群产品经理有关技术的新发展，培训新任销售代表，或向高级销售经理就区域销售做进度报告，这些都是信息性沟通的典型例证。

说服性演讲聚焦于尝试改变观众的想法或做法。销售是最为显著的案例，当然也包括其他方面。工会组织者试图说服一批员工投票选出新工会，会计师可能试图说服管理层采纳不同的报销支出流程，营销经理可能会试图说服销售代表对销售不佳的产品更加热情。

有时候，演讲者的目标是娱乐听众。某次大会上受人喜爱的演讲者所做的，可能就是集中精力让参与者放松与期待即将到来的活动。公司聚会或颁奖晚宴上的演讲者，如果其言论能让大家轻松愉悦，他们就自认为已成功。

演讲的具体目标（specific goal），有时候也被称为"具体目的"，即您期待达成的结果。如果您将演讲视为一趟旅程，那么具体目标就是您的目的地。明确具体目标有助于在您"到达"时知晓所取得的成就。一项好的具体目标表述通常包括您想影响的听众群体、希望他们想什么或做什么，以及希望他们如何、何时与何地去做。目标陈述应当将这些问题的答案汇总成一句话：我想（谁）（如何、何时、何地）（做什么）。以下是目标陈述的若干优秀例子：

——我想要那些没有参加联合之路竞选的人报名。

——我想演讲结束后至少有 5 名观众向我要名片，至少有 1 名观众预约讨论下我们公司的服务。

——我想部门里至少有 5 人会考虑搬到新的沃思堡办事处。

——我希望我演讲结束后在委员会讨论期间，老板能告诉委员会他赞同我的提议。

就像这些案例，您的目标陈述应当完成以下三件事情：描述您正在寻求的

道德挑战

保密您的目标

有时候向听众隐瞒您的目标合乎道德，而在其他时候这样做却是不道德的。针对下述两种假设分别界定三种情形，以检测自己是否具备区分此种差异的能力：

1. 隐瞒您的目标是合理的；
2. 当隐瞒您的目标是不道德的。

回应或结果，尽可能地具体，目标切实可行。

描述您正在寻找的回应　您的目标应当根据预期结果进行措辞表述，即您希望从听众身上获得的回应。当您认为某一表述不符合此标准时，那您就已意识到具体界定结果的重要性："我想向办公室所有人展示如何正确操作新的语音邮件系统。"

这一表述有何问题？最重要的一点，它完全没有提到预期的观众回应。拥有类似目标，您在无须知晓是否有人学会哪怕一星半点的情况下，就可以详细地解释整个系统！请注意这一表述的改良版本："我想要该团体的所有人在我演讲结束后，能够告诉我他或她是否能正确地操作语音邮件系统。"拥有这一目标，您就可以在汇报结束后真正了解演讲的效果如何。

尽可能具体　一种好的目标陈述会尽可能精确地描述目标的对象、内容、方式、时间和地点。例如，您的目标听众即对象，可能并不包括所有听众。以我们前面所提到的陈述为例："我希望我的演讲结束后在委员会讨论期间，老板能告诉委员会他赞同我的提议。"这一表述正确地认识到老板是关键决策者。如果您已经说服他，那么您的提议就如同已被批准；但如果不是，影响力较小的委员会支持可能无法帮到您。一旦您确定了目标听众，即可将精力集中在真正重要的人身上。

最佳的目标陈述是以可测量的标准来阐述您的目标。请思考以下案例：

模糊陈述	具体陈述
我想在这次会议上募集些捐款。	我想在这次会议上从每人身上至少募集15美元。
我想让经理支持我的这一想法。	我想经理能够给我每周一天的时间及一位秘书助理，以完善我的想法。

准确认识您想要完成的任务能够大幅度提高您达成目标的可能性。假设您需要说服一群下属维持在预算内，您已经知道以下表述不好："我想谈谈我们新预算限制的重要性。"（如果您仍不理解为何不好，请再阅读前述有关描写回应的相关内容。）一种更加结果导向型的目标应当是，"我希望该团队能够保持在预算范围内"，但是即使这一目标表述仍存在问题。您要鼓励谁：那些已经达

到费用上限或看起来可能会超支的人？您希望说服多少人？您会如何引起他们的兴趣？您希望他们何时这样做：立即开始还是当他们临近上限时？后者可能要到财务年度结束后才可行，而这因为时间太晚而无法削减贵部门的费用。一项全面的具体目标陈述可以解决类似这些问题："我想告知那四位在 5 月 1 日前已用掉大半年预算的人，本部门的偿付能力取决于他们削减费用的情况，同时本周末他们必须递交给我一份修订版本，其中论证到今年年底如何有效削减成本。"这一表述能够给您的演讲规划提供若干建议。设想一下，如果您界定了第一种模糊型目标表述，您的任务完成会变得何其困难。

完善主题

主题句（thesis statement），有时也称为"中心思想"或"核心思想"，即总结演讲内容的一句话。某些沟通导师甚至建议将主题直接归纳成两个词。表 9-2 就此种叙述类型提供了若干小建议。主题一旦形成，您演讲的所有其他部分都应当用来支持它。主题能够让听众清晰地了解您想表述的内容：

———我们落后于预定计划，但我们能够及时赶上并准时完成这项工作。

———您现在拥有的信用评级能在几十年后帮助或者伤害到您。

———现在投资该项新系统，从长远来看有助于节省成本。

没有明确主题的演讲会让观众心生疑问：这个人在干什么？同时，即使听众试图找到答案，他们也会遗漏掉您所说的很多内容。

表 9-2　界定主题句的方式

设想一下，您在电梯里偶遇某位听众，在电梯门关闭前，您只有几秒钟的时间阐释想法
设想一下，您必须发送一封仅有一至两句话的电子邮件，以表达自己的主要观点 自问一下，如果听众只听进了我演讲中的一小部分，那么他们必须了解的最低限度在哪里
假设有人询问您的某位听众您所演讲的内容，你希望这位听众告诉此人什么内容

　　主题如此重要，以至于您在演讲过程中会反复提及：引言阶段至少一次，正文部分可能有若干次，结尾部分再提一次。

　　初次演讲者通常会混淆演讲主题与目标。目标陈述是概述希望达成何种目标的一种自我提示，主题陈述则是告诉观众您的主要思想。有时两者完全相同。但是，在其他情况下，目标和主题完全不同。请思考以下若干案例：

演讲目标	演讲主题
我希望这位客户能在我们的网站上登广告。	在我们网站上登广告将会提升您产品的销量。
工人们会更加小心翼翼地节能。	节约能源有助于减少成本，从而能补贴工人工资。
听众将能够对性骚扰做出回应，而非接受。	你不必非要接受性骚扰。
我想要获得寻求最新技术的新客户。	近几年来，技术的最新进步已显著地改变行业。

　　避免向观众提及目标看上去好像不道德，但有时省略是一种常识问题，而非欺骗。房地产客户明白中介商很想售出他所展示的房产，但客户最有兴趣听到它（房屋）好的原因。同样，某家当地服务俱乐部的晚宴演讲者也许目标是想让听众放松愉悦，但分享这一目标就似乎不太合适。

　　然而，其他时候隐瞒目标显然是不道德的。某位演讲者这样开场演讲："我什么都不想卖给你们；我只是想向大家展示下，每位房主都应该知道的有关房屋安全的若干方面。"然而，其之后继续大幅宣传销售公司的家庭火灾报警器，这种行为很明显已越界。通常并无必要陈述您的目标，如果听众要求，只要您愿意分享即可。但是，在演讲引言阶段不陈述主题却非常罕见。

◎ 组织正文

　　经验不足的演讲者在规划演讲时会犯这样的错误：从一开始就直接撰写开场白。这就像在您还没盖起楼房前就尝试园林美化设计。正文才是组织演讲的依据，尽管它不是在演讲中最早出现。组织某场演讲正文包括两大步骤：确定支撑您主题的关键点，决定何种组织计划最有助于完善这些论点。

头脑风暴

一旦您确定主题，就可以开始搜集素材研究以支撑演讲。第一步是汇总您想涵括的所有信息列表。您可能已经有了些想法，但是找到其他可能性通常需要进一步研究。例如，如果您想向潜在客户销售产品，您就需要知道他们正在使用哪些竞争性产品，以及他们对这些产品的感受。您还会想知道他们是否熟悉您的产品及他们对此的态度。在其他情况下，您所需讨论的素材似乎很明显。如果您正在汇报上个月的销售情况，数字可能是您评论的大部分内容。如果您正在解释如何使用一款新设备，操作步骤似乎才是您谈话的明显主体内容。

头脑风暴和研究将会形成一系列的素材列表，您的演讲据此产生。例如，假设您被要求向一群员工做演讲，内容是解释希望他们使用"水星号隔夜快递"（Mercury Overnight，以下简称"水星号"）发送急件和包裹的原因。根据对"水星号"的研究，您或许能形成一份类似于图 9-2 的列表。

请注意该列表是一种不同论点的随机组合。事实上，您自己收集的想法可能都不会被整齐地列在一张纸上。当看到某段很有用的信息时，您更有可能直接潦草地记在索引卡、支票存根、便笺纸或者任何您能获得的纸张上。一旦您已搜集到足够多的原始素材，就可以开始组织它们。

基本组织计划

一旦形成了各种可能的想法列表，您就可以清晰地组织它们，从而有助于实现您的演讲目标。大多数人都认同清晰度很重要，但很少有人能真正意识到它的关键性。大量的研究表明，清晰组织言论有助于您的演讲内容更易理解，让观众满意，并提升您作为演讲者的形象。尽管良好的组织益处多多，但是大多数演讲在该领域都面临各种问题：

- 引出论点耗时过长；
- 涵括不相关材料；

- 遗漏了必要信息；

- 将不同想法混淆在一起。

类似上述问题会导致组织混乱。没有组织想法就进行演讲，即使是经验丰富的演讲者也会犯错。美国前总统乔治·W.布什如果事先准备笔记，其演讲效果要好于事先毫无准备。他就自己所提议的社会保障计划的回答恰好说

- "水星号"上门取货，免去客户亲自投递的麻烦。
- 如果标注恰当，我们会直接送货上门，客户无须等候邮件收发室的通知及发送。
- 我们擅长各种快递运输服务，"水星号"确保每一份包裹24小时内完成发货。
- 客户尝试过的一些公司，大约25%的情况下耗时2天或更多。
- 客户尝试过的公司中，仅有一家在大约90%的情况下能准时送达包裹。
- 客户尝试过的其他公司，没有正当理由，滞留包裹的时间最长达1周。
- 虽然其他一些公司快递输送仅限于城市区域，但"水星号"的快递业务将遍及很多在乡村地区的客户。
- "水星号"将实行分类记账，以节省记账时间。
- 一些公司会对客户所投递的特殊形状包裹额外收取高额费用，但"水星号"仅根据重量收费。
- 根据现有的快递服务，客户不满足于隔夜快递送达，因此我们经常会抽出额外时间进行城际快递输送。
- "水星号"对于超重包裹所收取的费用低于同业竞争者。
- 如果客户一次性向同一目的地发送多件物品，"水星号"将会给一个更低的"团体价"。
- 无论何时，"水星号"都能上门取件。
- 其他公司仅在每日规定的时间取件，这不利于那些未能及时完成打包的客户。
- "水星号"从早晨7点至午夜12点都可上门取件，以方便客户的早晚工作时间。
- 如果客户通过邮局寄送包裹，一旦邮费不够，邮局就会返回包裹，这将会影响包裹及时送达。
- 客户通过其他一些托运公司邮寄的包裹，有时候因为损坏严重而不得不更换物件。如果客户购买保险，托运公司虽会偿付损坏物件，但已影响包裹的准时送达。
- 有时候，客户必须托运某件独一无二的物品，像某个广告原型，一旦遗失或毁损，重新制作需要耗时数周。
- "水星号"的托运费已涵盖保险。
- 弄清楚哪种送货服务最好并非易事。
- 当快递公司规模较小时，客户还只习惯于邮寄发货。
- 我们讨论过建立自己的快递服务这一想法，但因费用过高而被管理层否决了。

图9-2　头脑风暴环节形成的营销要点

明了该问题：

　　　　因为，现在我们所讨论的所有内容都围绕解决巨大的成本动因展开。例如，如何计算福利就在讨论，福利是否会跟随工资或价格的上涨而增加。我们正在思考该套方案中的一系列因素。当您将那些影响并改变个人账户的不同成本动因结合起来，其背后的理念就是让已承诺的事项更好地兑现，或尽可能接近已承诺的事项。

大多数演讲者都会发现，自己的某些话看起来几乎彼此脱节。避免一系列无意义想法的关键是在演讲前认真组织自己的想法。

无论是主题还是目标，最高效的演讲都遵循着一种广为人知的模式：首先，告诉听众您将要演讲的内容；然后，开始演讲；最后，总结您已演讲的内容。该格式就像这样：

引言：
- 吸引注意力；
- 主题；
- 预览。

正文（2 ~ 5 个主要论点）：
①
②
③
④
⑤

结论：
- 回顾；
- 结尾陈述。

这种线性、富有逻辑的组织形式并非构建演讲的唯一方式。研究人员发现，这对能接受欧美文化标准的欧美观众或听众而言效果最佳。但是，对于来自其他背景的听众，可能需要使用较少的线性模式，其包括"星形""波浪形"和"螺旋形"等变种。虽然某些情况下这些模式具有价值，但在大部分商业观众具备部分欧美文化背景的情况下，标准模式或许才是最稳妥的选择。

您可能已多次遇到过这种形式。虽然很熟悉，但很多演讲者的表现就像他们从未听说过。他们没有任何关于演讲内容的开场白就直奔话题。有些人论述完主要观点后就戛然而止，没有任何总结陈词。还有些人似乎是在做三段论演讲，但却不能适可而止。在听众已失去兴趣后，他们还在滔滔不绝地讲新内容："我是否讲过……"，"我们遇到了同样的问题，顺便提一下，去年……"，或者"哦，还有件事我应该提到的……"更糟糕的是，很多演讲者心中似乎根本没有组织计划。他们的言论听上去就像是在向听众发言前，将散作一团的笔记卡随机地混合在一起。

明确主要论点与子论点

通过头脑风暴和研究所形成的想法清单，可能比您谈话中能够使用的素材更多。所以，下一步我们旨在找出那些能够最有力支撑主题的主要论点并帮助达成目标。同时，对演讲形势的分析也将有助于明晰自己的主要观点。

基于上述分析，您或许认为以下才是说服听众注册使用"水星号"的主要原因：

①"水星号"更可靠；

②"水星号"更便捷；

③"水星号"更实惠。

这些论点无一出现在图 9-2 的头脑风暴列表中，它们是基于列表所形成的主题。列表中所有要点都能被归纳进这三大类，因此演讲围绕这三大论点而展开。

您是如何界定主要论点的？一种方法是运用"一周以后"的测验方法：自我反问下，演讲一周后您希望听众仍然能够记住哪些主要论点。大部分听众能够记住的想法寥寥无几，因此，那些"一周以后"的论点应当在您演讲中有条理地被突出强调。

从听众分析或头脑风暴列表中形成的基本想法，可能会成为您演讲中的主要论点，但这种情况并不经营出现。以"水星号"快递业务为例，或许存在更好的方式来组织素材。在您决定之前，需要考虑下组织演讲正文的不同方式。

一旦您已确定主要论点，就可以通过扩充完善子论点来撰写规划。这些子论点可以被添加到类似于图 9.4 的标准提纲中。呈现主题、主要论点和子论点之间关系更加直观的一种方法是绘制一幅类似于图 9-3 的"逻辑树"。

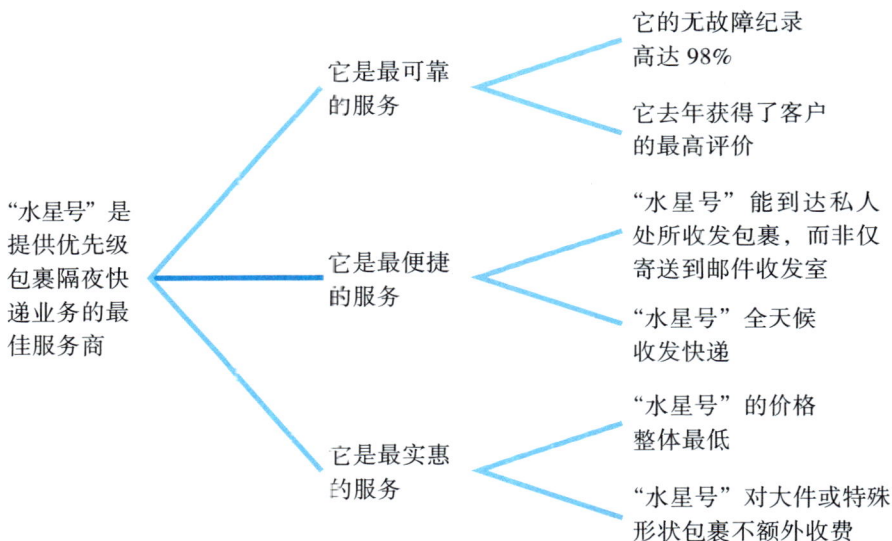

图 9-3　"逻辑树"阐述了演讲中主题、主要论点和分论点的关系

选择最佳组织模式

组织演讲正文有很多方法。其中某些最适合于基础信息性主题，还有些则更适合于当您想说服听众之时。您应当选择最恰当的主题且有助于实现目标的模式。

编年体模式　编年体模式（chronological pattern）按照时间顺序来安排论点陈述。您可以用其解释某一进程，例如一份订单经过订单履行和托运部门的步骤或开发某款新产品的时间表。其最常见的用途之一就是给予说明：

主题：下载软件程序很简单。

单击手动下载；

当文件下载框出现时，选择文件夹位置；

关闭所有应用程序，包括网页浏览器；

双击文件保存图标，以开始安装过程。

编年体模式也可用于讨论随时间发展的事件：

主题：如果想为节假日准时编写出产品目录册，那我们需要保证进度。

产品列表必须在 3 月 1 日前准备完毕；

图片和目录副本必须在 5 月 6 日前完成；

版面校样必须在 7 月 30 日前完成查阅与校正；

最终校样必须在 8 月 30 日前由部门负责人完成审查；

目录册必须不迟于 10 月 5 日发货。

编年体模式也可用于讨论历史：

主题：过去五年的回顾显示，我们一直致力于赋予全体员工决策权。

五年前，管理层开始启动员工顾问委员会；

四年前，我们与各部门员工开始组建项目团队；

两年前，公司开始允许部门主管批准采购事项；

过去一年以来，公司调整了我们的结算流程。

空间模式　空间模式（spatial pattern）根据素材的组合原理与物理位置组织素材。您可以使用空间模式来展示新产品模型中的各部件，建筑内部不同部门的地理位置，或某件设备的安全要求，例如防护罩应被放置的位置、地板所需支撑等。您可以利用有序的空间介绍来销售某处房产：

主题：该房屋能满足您所需的所有空间。

主楼层很宽敞，内设一个大客厅、一个正式餐厅和一个可放餐桌吃饭的厨房；

二楼为家庭每位成员提供宽敞卧室，另加一个私人学习室；

地下室有设备齐全的儿童娱乐室和一个杂物间；

院子里有很多大树，花园里空间宽敞。

您还可以通过引用很多地区的示例来论证所探讨主题的地理特性：

主题：某些地区的业务要好于其他地区。

东北地区销售额比去年高出 50%；

大西洋中部地区销售额比去年高出 10%；

南部地区销售额与去年大致相当；

中西部地区销售额比去年下降约 25%。

专题模式　专题模式（tcpical pattern）围绕您所探讨议题中的某些逻辑主题或科目类别进行分组。例如，您可能会围绕调整原因组织提议简化费用核算流程，或者围绕客户可能有兴趣的三大复印机类型进行复印机销售推介。会计师可能会按照以下方式组织提议上马新库存系统：

主题：准时制库存系统拥有三大主要优势。

它消除了长期订购可能产生的库存积压问题；

它减少了因为供应过时或陈旧而导致的浪费；

它节省了存储和计算机记录成本。

专题模式有时候也被称为"全能模式"，因为如果人们无法想到另一种有效模式，那他们偶尔就会按照专题阐述论点清单。然而，一份混乱的想法清单并不会因为您称它为"专题"就组织有序。根据听众可轻松识别的方案，一种真正的专题模式各部分在逻辑上相互关联。

因果关系模式　因果关系模式（cause-effect pattern）是指因为特定情形而

已发生或将发生某些事件。例如，您可能会向潜在的人寿保险客户介绍某些条款能在其住院时提供额外的保险覆盖，或者论证某一新广告方案如何有助于产品进入更大的市场。您也可以用它来演示特定情况如何产生问题：

主题：加薪之前重新装修办公室（原因）会损害员工士气并影响工作效率（结果）。

当员工看到办公室被重新装修但自己过去一年却没有涨工资时，他们会很沮丧；

感到失望的员工将来不太可能为公司拼尽全力。

因果关系结构的另一种形式是倒果溯因关系结构。当使用此种结构时，您会更关注结果：首先是结果，然后才是结果所形成或发生的原因。例如，您可以使用倒果溯因模式来解释为何公司对缺勤采取严格政策，或者解释您期望如何实现自己设定的销售目标。它也可以用以解释问题是如何形成的：

主题：我们利润下降（结果）是因为若干原因（原因）。

我们的利润已下降了15%，包括以下若干原因：

我们的竞争对手以更低价格提供更优质的服务；

我们的维护费用几乎翻倍；

我们的广告不起效果。

如表9-3所示，编年体、空间、专题和因果关系模式最适合信息型演讲。但是，当您的目标是劝服听众时，虽然前述模式仍可行，但如能使用最符合演讲主题和演讲背景的下列组织性规划中的任意一种，您将会获得更好的结果。

问题解决模式 问题解决模式（problem-solution pattern）是最简单的说服方案。顾名思义，您首先向观众论述当前情况中存在的问题，然后提出补救方案。

表 9-3　演讲类型及其对应的组织模式

信息型	说服型
编年体模式	问题解决模式
空间模式	标准满意度
专题模式	比较优势
因果关系模式	动机性序列

当您的听众不存在强烈需求改变现状时，这一计划尤为有效。因为听众在对解决方案感兴趣之前，必须先认识到问题的存在。在您论述自己的观点之前，请向他们阐明令人不满的现状至关重要。例如：

主题： 建立员工激励制度有助于提高生产力。

我们的生产力水平两年内一直原地踏步，但整个行业水平在此阶段却稳步提升。（问题）

建立激励制度有助于鼓励员工更加努力工作。（解决方案）

问题解决模式也可用于论证：更新计算机系统将如何有助于解决库存监控问题，为何潜在客户需要个人财务顾问，或某部门为何需要额外员工。

问题解决方案可以行之有效，但其并非所有说服型情形的最佳策略。如果听众已经认识到存在的问题，您可能无须耗费过多时间证明这一点。在这种情况下，使用以下三种策略之一对您而言可能更好。

标准满意度　标准满意度（criteria satisfaction）组织性策略首先设定观众愿意接受的标准，然后论证您的想法或产品如何满足标准。

风险投资家在寻找投资者开展业务项目时，就采用标准满意度计划。请注意观察下文案例中，演讲者如何首先引出每项标准，继而展示自己的项目满足这些标准：

引言： 正确的时间与地点是财务成功的关键。我在此就是为了您有机会从极具前景的项目中获得实质性收益。像任何投资一样，该项目必须建立在下述健全的基础之上：一份详细的商业计划书、一个有才华的管理团队和充沛的资金。让我向您展示下，该项目是如何满足所有这些重要要求的。

正文：

第一条标准是商业计划书必须翔实成熟。广泛的市场研究表明，对该产品的需求……

第二条标准是一个有才华的管理团队。让我为大家介绍下这一管理团队的关键成员以及他们的资质……

第三条标准是一项稳固务实的财务计划。下述计划虽然保守，但仍显示了可观利润的巨大潜力……

结论：由于其满足稳健商业计划的各项标准，因此该项目值得您认真考虑。

在该案例中，演讲者首先引出每条标准，然后立刻论证其计划如何符合对应标准。另一种方法就是首先引出所有标准，再提出自己的建议。此处的策略是首先获得听众认可与提高您的信誉。完成此步骤后，再继续论证自己的计划如何满足这些标准。利用这种方法，主题会被推迟引出——这点尤为明智，因为听众可能不会倾向接受那些缺乏有力论据的观点。

一位经理通过使用标准满意度计划延迟宣布员工工资冻结计划，而这几乎已成为一种普遍做法。如果他直奔主题宣布论点（"工资冻结符合你的最大利益"），员工可能会过于忧虑而无法仔细听取他的观点。这位经理通过向听众首先分析原因进而引出冻结论点，提高了员工理解管理层决定的可能性。请注意观察，下文是如何在正文中亮明论点并在结论部分重申论点的。

引言：你知道公司去年的收入在不断下降。在这段困难时期，我们需要采取一种政策，同时最适合于公司和作为员工的你。这也是我们能够生存下去的唯一路径。

正文：

1. 我们采取某种政策遵循三大重要标准。（首先介绍标准）

1.1 它应当公平；

1.2 它应当对员工的损害为最低；

1.3 它应当能让公司度过困难时期，而不用遭受永久损害。

2. 工资冻结是满足这些标准的最佳方案。（满足标准）

2.1 它公平；

2.2 它对员工的损害为最低；

2.3 它能让公司生存下去。

结论：工资冻结是当前困难时期的最佳方案。

比较优势 比较优势（comparative advantages）组织性策略通过同时罗列若干可选方案，以论证适合您的最佳方案。当听众考虑的某种想法与您所支持的想法不同时，这种策略尤为有用。在很多类似情况中，通过正面比较支持自己的观点要比忽略其他可选方案更为有效。采购代理人就采用此种策略说服老板租赁办公室设备，而非贷款直接购买：

主题：当我们改造办公室时，租赁而非购买设备和家具有利于更高效地使用预算。

正文：

1. 因为无须首付，我们能够大大降低前期经费。

2. 申请流程更为简捷。如果要符合贷款要求，我们必须向银行提供两年至三年的公司财务记录，而租赁仅要求我们提供六个月的记录。

3. 我们能够不断跟进技术。短期租赁与每几年购置新设备相比，费用更为低廉。如果直接购买设备，我们根本承受不起。

4. 我们可以获取更多。因为租赁费用低廉，我们可以获得质量更高的设备以提高生产率。

结论：当涉及财务成本核算时，租赁绝对是最佳选择。

动机性序列 动机性序列（motivated sequence）组织性策略是一项五步骤方案，旨在提高观众的参与度和兴趣。无论主题有何不同，序列步骤基本如下：

注意力 以一种有趣的方式引出问题，从而吸引观众注意力。（作为介绍）

需求 清晰、完整地解释问题。使用各种支持材料支撑您的观点，并论证问题的严峻性。理想情况下，让听众感觉到问题会以某种形式影响到他们，从而让其渴望倾听解决方法。

满意度　提出针对该问题的解决方案。提供充足支持以论证这一解决方案可行，且确实能够解决问题。

可视化　明确说明如果采纳您的提议将会发生的变化，以便听众内心能清晰地明白这一建议如何解决问题。您也可以口头描述下，如果不采纳您的建议将会导致的结果。无论如何，此步骤成功的关键在于：形象生动地描绘出结果，以证实您的提议将如何发挥真正作用。

行动　请求听众给予回应并解释其可以如何操作以解决问题。（作为结论）

动机性序列方案为组织演讲提供了一种循序渐进的方法。它建构了一套基本的问题解决方案计划：第一步先唤起听众兴趣，使他们更愿意接受这一话题；第四步不仅仅提供某种解决方案，其还帮助听众看清建议的真正作用；第五步引导听众了解如何执行解决方案，即让听众更容易地采取必要措施并鼓励他们采取行动。与大多数演讲不同，这种方式在演讲引言阶段通常无须预览。

当您指出的问题与提议的解决方案易于可视化时，动机性序列方法的效果最佳。如果听众能设想问题并能展望通过遵循建议最终得以解决问题，那么您的推理很容易就能被其接受。同时，由于动机性序列方案最终呼吁采取行动，其特别有利于您从观众处获得即时回应。因为认识到这一事实，资金募集者就使用此种方式为某项紧急请求寻求募捐承诺：

（注意力）这是一张迈尔斯的家庭照。父亲泰德是位训练有素的石匠，并深感自豪。母亲安妮是一名专业护士。小克里斯是一位喜欢棒球和披萨的正常小孩，老师说他在数学和语言上有天赋。

（需求）自从这张照片被拍以来，迈尔斯一家就开始遭遇一系列倒霉的事情。去年，泰德在工作中摔倒扭伤了背，一直到现在都无法工作，而他的伤残保险几乎已经用尽。

（满意度）您可以通过捐款"过渡之家"（Transition House）为迈尔斯和其他有困难的邻居提供临时住房。您的捐款能为他们提供一个安全的住所，以帮助他们自食其力、重新生活。

技术小贴士

概念绘图软件

　　有时候，组织想法的最佳方式就是可视化。直到不久前，最好的办法还是在索引卡上写出想法，将其分散在桌上或地上，重新排列，直到出现明确清晰的计划。现在，计算机软件使得这一任务更为便捷简单。虽然没有程序可以替代批判性来分析您的组织性策略，但"概念绘图"软件程序是可视化您方案的有用工具。

　　更详细的网络程序可以免费试用，以便您能看清它们的功能效果。以下这些是显著案例：

　　"灵感"（ http://www.inspiration.com ）是一套用于开发创意的视觉工具。该程序的图标尝试提供一种类似于索引卡的易于使用方法。您在计算机中输入的每个想法都会在屏幕中生成自己的方框或圆圈。您可以使用鼠标重新排列这些想法，直到它们的架构看起来清晰有效。然后，通过一个简单的指令，视觉地图就变成一份典型纲要，方便转换成演讲者的笔记、讲义或视觉辅助。除了作为一种纲要性工具，"灵感"让概念绘图、流程进度、知识图、流程图和其他视觉图更容易创建。

　　泰德出事三个月后，安妮被诊断出患有白血病。她正在接受治疗，医生表示情形乐观，但她现在无法工作，而且她也不知道何时才能返回继续工作。迈尔斯一家依靠积蓄过了六个月，但现在积蓄基本都用光。上周他们不得不搬出公寓，却没有其他地方可去。是的，除了"过渡之家"，没有其他去处！

　　（可视化）我们希望今天能够筹集到足够多的善款，以帮助迈尔斯一家度过在"过渡之家"的一个月。在这段时间里，泰德可以完成会计这份新工作培训并重新上班。他希望能够成为一名注册会计师。一旦他拥有了这份工作，迈尔斯就能够搬到一份新公寓，这样安妮就能好好养病，克里斯就能留在原来的学校，继续好好学习。

　　（行动）今晚我们需要大家帮忙的就是捐款。所捐款项在大家可承受范围即可：城镇里的一顿晚餐或者您一直心心念念但仍未买的新衣服。接下来，我会把承诺卡传下去……

　　乍一看，动机性序列方法似乎偏离了组织演讲的基本形式——引言、正文、结论。但仔细查看，该方法确实遵循着相同的模式：

引言：

- 注意力。

正文：

需求；

满意度；

可视化。

结论：

- 行动。

每种类型都有一个吸引观众注意力的引言，给予听众继续倾听的理由；每种类型都有一个组织有序、易于遵循的正文，以助于达成演讲目的；每种类型都有一个强化演讲主题的结论，以助于观众主动接受。

主要论点规则

无论使用哪种组织方式，您的主要论点都要符合以下标准。

主要论点应当以"主张"的形式表述　主张（claim）是一种声称事实或信念的陈述。如果您使用完整、语法正确的句子陈述自己的主张，它们可能会满足"一周以后"测试并被听众所记住。请注意观察，表 9-4 是如何通过使用完整句子而非三四个词汇，将主要观点更为清晰和有效地描述成主张的。

表 9-4　将观点描述成主张

片段	主张
选择一名内科医生	让性别或种族原因干扰我们招聘的决策，这不仅是决策错误，而且涉嫌违法
性别和种族歧视	从具有行医资格的医生清单中选择一名为您提供医疗健康服务至关重要
市场的人口变化	由于人口变化，我们预计未来十年我们的市场将会缩小

所有论点应当围绕主题而深入展开　请阅读思考以下纲要：

主题：允许员工更自由地选择工作时间，对公司和员工都有好处。

弹性工作制可以通过不同方式开展工作；

弹性工作制有助于提高员工士气；

弹性工作制有助于减少旷工率。

第一点也许真实，但其没有阐明弹性工作制的任何价值，因此应当删除。

演讲的主要论点不应超过五条 总之，主要观点是您想要听众记住的部分，而人们对口头演讲很难记住超过五条的信息。因此，保证您的演讲要点不超过五条很有必要，而这需要一些指导原则。请认真思考审判律师兼亚特兰大州奥格尔索普大学公开演讲领域教授大卫·邓普斯（David Dempsey）关于严格修改观点所提的建议：

> 与其快速罗列十条平淡乏味的观点，不如提出三条令人印象深刻的论点。请不断地自问，"这是否是最重要的问题、最好的例证、阐述观点的最佳方式？"

即使您拥有大量素材，通常也可以将其分成五类或更少。例如，如果您准备分析如何降低组织运营费用，那头脑风暴列表中可能会包含以下想法：

- 降低照明灯具的瓦数；
- 聘请外部数据处理公司管理季度性账款而非招聘长期内部员工；
- 出售多余设备；
- 减少复印机的非商业用途；
- 减少公司较少使用区域的空调使用；
- 支付加班费而非扩招新员工；
- 改造旧设备而非购置新设备。

您的纲要可以将此列表整合成以下三大方面：

主题：我们可以在以下三方面降低运营成本：能源、人事和设备。

1. 我们可以降低能源成本。

    1.1 降低照明灯具的瓦数；

    1.2 减少公司较少使用区域的空调使用；

2. 我们可以降低新员工的费用支出。

    2.1 聘请外部数据处理公司管理季度性账款；

    2.2 鼓励加班而非增加新员工；

3. 我们可以降低设备的采购维护费用。

    3.1 改造旧设备；

    3.2 出售多余设备；

    3.3 减少复印机的私人使用。

这份大纲涵括了上述列表的全部内容，通过将其归纳为三方面而非七要点，有助于您的演讲更容易理解。

主要论点结构上应当尽可能并列　并列措辞能够更好地体现条理性并让论点生动有趣。请想象一下，上述纲要中反复重申"我们能够减少……"这样的措辞，与下文较少突出观点的表述相比，前者是如何更有力地清晰阐述观点的：

管理能源开支可以节约成本；

慎重招聘新人能够降低开销；

设备购置与维护成本要可控。

您不会总能够使用并列结构来阐述要点，但是本章的诸多案例也说明，它可以经常被使用。

每一论点应当仅包含一种观点　结合或重叠各种不同观点会让听众感到困惑。请阅读思考以下纲要：

主题：很多本地企业通过寻找组成多元化的员工队伍来提高效率与服务社区。

来自不同种族背景的员工可以接触到不同观众；

残障员工可以与其他员工一样高效；

年龄多样化有助于提供多种观点视角，有助于销售、营销和运营。

◎ 规划引言与结论

演讲的正文至关重要，但是正文之前的引言同样重要。您的引言应当占用整场发言时间的 10% 至 15%。在这短暂的时间内，五分钟开场白中不到一分钟，听众就能形成对您和主题的初步印象。这一印象，无论好坏，都会影响到他们对您其他言论的回应。为了实现效果最佳，引言应当完成以下若干目的。

引言功能

前文已经提到，引言应当包含两大部分：集中注意力、主题陈述与预览。这两大部分应当完成以下五项任务：

吸引听众注意力 正如本书第三章所述，听众并非总是准备好去聆听演讲。话题可能看起来并不重要或有趣，听众或许被命令去参加您的演讲；即使某场演讲真的很重要，听众通常也会有其他心事。因此，在听众有任何分心的可能时，一开始就将其注意力集中到您和您的话题上就很关键。

给予听众一个倾听理由 抓住和吸引听众注意力的最好方法是说服他们，您的信息对他们而言是重要或有趣的。例如，如果公司员工普遍对一直使用的保险计划感到满意，那么他们不会有兴趣聆听其他对公司而言更便宜的新健康医疗计划，除非您可以一开始就列举其优势，比如，它能够为员工提供更好的紧急服务。同样，如果您首先介绍提议方案将会产生更高利润，那么管理层将会更有兴趣听取您的新想法。

为主题和场景设定恰当语调 如果希望潜在客户购买更多的火灾保险，那您的开场白应当让他们认真思考：如果家中发生火灾，他们将会面临何种困难。如果想祝贺下属近期的出色表现并鼓励他们在下一项任务中表现更佳，那么您的开场白应当让他们心情愉悦，而非聚焦在您关注到的问题上。在任何情况下，您的引言应当与听众建立起亲切感。罗伯特·莫兰（Robert Moran）在开始向某位日本听众演讲时就实现了这一目标：

> 如果我是美国人，你也是一名美国观众，我可能会以某个玩笑开始演讲。如果我是日本人，面对一位日本听众，我可能会以道歉方式开始演讲。因为我不是美国人也不是日本人，所以我会以道歉无法开玩笑的方式开始演讲。

建立信誉　如果听众已经知道您是某一领域的专家，如果前一位演讲者对您已做详细介绍，或如果您的权威影响力已清晰地证明您有资格，建立信誉就无必要。然而，在其他情况下，您需要快速地证明自己的能力，以便听众认真对待您的言论。非言语行为也将有助于提升（或削弱）信誉。请回顾第四章中有关非言语沟通的内容，并阅读第十一章、第十二章中通过非言语行为建立信誉的其他补充建议。

引出主题并预览论点　在大多数情况下，您需要在开场陈述时就清晰地亮明主要观点，以便听众能准确知道您想说的内容。除了您的主题陈述之外，预览主要观点有助于听众了解演讲的目标方向。

在不到一分钟的时间完成这五项目标并不像看起来那么难，因为您可以同时完成这些任务。例如，请注意保险代理人如何针对某项公认很难的话题开展30分钟演讲：

> 作为一名保险代理人，我对税收人员和审核人员无比同情。我们都没有一份特别受欢迎的工作。毕竟，人寿保险似乎意味着你总要失去其中一样：如果有保险赔付，那就说明你已无法享受这笔钱。相反，如果无法得到这份保障，那你就必须花自己辛苦赚来的积蓄。此外，保费并不便宜。我相信你还有很多方面都需要花钱：偿还账单、修理房屋、购置新车，甚至度假。
>
> 既然有这些负面因素，为何您还是需要考虑保险？也就是说，为何我还要为此倾其一生？对我而言，答案很简单：这些年来，我已经看到数以百计的人——就像你和我——逐渐了解到正确投保范围对生活起到的重要影响。同时我也看到，成百上千的人因为太晚认识到保险的必要性而为此付

出沉重代价。

　　所以，今晚我想给大家带来些好消息。我将会向大家证明，您可以从购买保险中获益。您也可以获得内心宁静，甚至通过购买投资险以及时获得并使用股息获益。

开场陈述类型

在演讲的所有环节中，对于很多演讲者而言开场白是最难的。开场白必须有趣味，您必须建立正确的语调，您的言论必须与所讨论的主题相关，以及您必须也要对开场陈述感觉良好。

您选择的开场白类型取决于您对演讲情境的分析。如果是熟悉的主题与听众，您甚至可以直接跳过开场白，进行简单的背景介绍后就直奔主题和要点预览：

　　博因顿先生要求我们研究下削减成本的步骤，我们就此取得了很好的进展。我们发现，可以在不降低效率的情况下将运营费用降低近10%。今天早上我们会介绍这六大步骤。

在大多数情况下，您会想通过开场陈述的方式引出演讲。以下是七种最为常见和有效的开场陈述方式：

提出问题　提出正确问题是让听众参与话题并明确主题重要性的好方法。

很多演讲者试图通过向听众提反问句 / 修辞性提问（rhetorical question）的形式吸引注意力：一方了如指掌，含糊的另一方就会真正去寻找答案。例如，某位经理希望激发员工对一项缩减文案工作提议的热情，他可能就会这样问，"是只有我，还是其他人也觉得我们在填写表格上花费太多时间？"当肯定观众的反应能够正中您下怀时，使用反问句的效果最佳。

如果使用不善，修辞性提问可能很危险。请注意不要提听众不感兴趣的问题："大家是否想过《谢尔曼反垄断法》（Sherman Antitrust Act）对您意味着什么？"还有些反问句因为过于引人思考而会让观众停止聆听："如果必须开除向你汇报的三个人，你会如何决定哪些人离开？"当您决定使用反问句时，请务必避免类似错误。

其他要求公开回应的提问："这里有多少人来自国外？""谁在赶销售报告期限上遇到过困难？""你认为公司面临的最大威胁是什么？"如果您需要听众给予公开回应，请确保让其知道："你们中……能举手让我看下吗？""如果你也属于……能介绍一下你们的方案吗？"如果您想要听众在心理上有所回应，请让其知道："为你自己回答一下该问题：你确定所有的费用报告都会通过国内税收审计吗？"

讲述故事　因为大多数人都喜欢好故事，演讲开头就来个好故事，能够高效地吸引观众注意力、设定语调及引出话题。作者凯瑟琳·舒尔茨（Kathryn Schulz）在其次开场演讲中通过讲述跨国公路旅行中自己所犯的一个错误，以强调承认自身错误的价值：

> 在南达科他州中部的某处，我回头向朋友提出了一个困扰我 2000 英里的问题。"在路边我一直有看到中国文字是怎么回事？"她只是盯我看了会就突然大笑起来，因为她知道我在说什么……对！有名的野餐区汉字。

舒尔茨个人犯错的故事为其将要讨论的承认错误的重要性开了个好头，即使这些故事让人感到尴尬。舒尔茨的案例还阐述了讲述故事的两大重要原则。第一，保持简短。请记住，开场白部分不应超过整场演讲时间的 15%。这就意味着故事甚至要更短。第二，在故事和主题之间建立清晰联系。即使您很清楚这一联系，也请确保向观众清楚阐述故事的关联性。

利用引文　引文拥有两大优势：第一，其他人可能已将您想说的内容以某种高明方式表达出来；第二，引文可以让您使用具有高信誉度的素材来源以巩固自己的观点。

并非所有引文都必须出自名人名言。只要您所引之人观点适合观众与主题，他几乎可以是任何人，甚至包括虚构人物：

> 卡通人物波戈曾经说过，"我们所遇到的敌人就是自己"。如果您也认为所有这些文案工作让我们工作效率很低，那上述引文就适用于我们。

语出惊人 吸引听众注意力的一种极好方法就是出乎他们意料。销售讲演的开场白中通常会包含一些意想不到的事实："你知道有一半商务电话无法达到预期效果吗？"当然，只有当您语出惊人的演讲与主题有清晰联系，这种方法才会有效。社交网络 CEO 帕梅拉·迈耶（Pamela Meyer）在某次关于日常生活普遍流行骗术的演讲中就运用了这种方法：

> 我刚才注意到你右边的人是个骗子；你左边的人也是个骗子；刚才坐在你位子上的人同样是个骗子。我们都是骗子。

考虑观众 提及听众的需求、关注或兴趣能够立即阐明主题相关性，并表明您真正地理解听众。例如："我知道你们对裁撤员工的流言都感到担忧。我今天把大家召集到这里，就是为了解释下预算削减对我们部门带来的影响。"

前加利福尼亚州州长乔治·多克梅吉安（George Deukmejian）在与洛杉矶扶轮社的一次谈话中就使用了考虑观众技巧。多克梅吉安承认，人们希望午餐后的演讲，哪怕是名人都能简洁一些：

> 我保证今天下午演讲不会太长。值得注意的是，"上帝的祈祷文"只有 56 个字，"葛底斯堡演说"有 226 个字，"十诫"有 297 个字。但是，美国农业部有关白菜价格规定就有 15269 个字。所以，我会尝试在两者数字之间完成这次演讲。

参考情境 有时，活动本身就是一个很好的起点："我们今天在这里会认识一些非常重要的人。"

有时，您可以先参考一些其他方面的情况，例如，通过将自己的发言与前一位发言者联系起来："我对拉里所说的未来几年我们费用的提升方式很感兴趣。让我们现在来看下尽可能缩小这种上升趋势的一种方式。"

在某次针对美国司法部职员的演讲中，部长埃里克·霍尔德（Eric Holder）通过参考情境引出自己的评论："每年二月，我们都试图去了解和欣赏黑人历史。这是一份值得努力的事业。因为非裔美国人对这个伟大的国家贡献了太多太多。"

通过参考"黑人历史月"这一情境，演讲者向听众引出了这一话题，即美国人要拥抱接纳来自不同种族背景的人：

> "黑人历史月"是开展这一主题讨论的最佳路径。所以我建议大家充分利用这一历史月机会，和朋友同事谈论下种族划分问题的另一面。这样，我们才能加快实现"一个美国"的步伐。

使用幽默　恰当的笑话是吸引注意力、阐明观点和增加听众对您喜爱度的有效方式。例如，某家广告公司副总裁可能会在迎接新管培生的介绍会讲述下列趣事：

> 也许你们都听过关于一位身上始终散发着异味的男士的故事。当被询问时他解释说因为他在马戏团从事给大象灌肠的工作。听众问道："为什么你不换份工作？"那家伙情绪激动地回答："什么！你让我离开娱乐业？"
>
> 这则故事在我们的业务中也有几分道理。很多人认为广告业非常迷人：三小时的公款报销午餐和大量佣金。广告业也是娱乐行业，但在这些光鲜亮丽的背后，它也有大量艰辛、麻烦的工作。在这次新生训练中，我想要同时告诉大家这一行业中干净、简单的部分和艰巨、肮脏的部分。这样，你们对于自己未来几个月和几年的期待值就有更为深切的理解。

笑话并非表达幽默的唯一路径。有时，您发表一些好玩有趣的言论，也能为您的演讲设定完美语调。例如：

> 有些人说问题不是问题而是机会。如果是这样，那么鉴于眼下情况，我们面临着极多的机会。

您使用的任何幽默都应该与主题和情境相适应。在您开始财务汇报前说一些敲门笑话虽然会吸引注意，但却与主题无关。您的演讲语调可能就会因为某个笑话而毁于一旦。例如，您可能就不应该说一些关于烟雾的笑话，然后说："但是回到主题上，各位，我想要谈谈正在进行的防治我们自己工厂的空气污染问题。"

您的笑话也应该适合于听众。例如，适合于办公室同事的内部笑话如果运用在合同谈判中，可能会因为外部人不理解而成为疏远客户的原因。低级庸俗或者以任何方式带有性别、种族或残疾歧视的笑话，都会让某些听众感到气愤或尴尬。我们不值得为博听众一笑而冒险说此类笑话。

在使用跨文化幽默时尤其要三思，因为笑话很少也能跨文化。不是所有人都拥有像美国前总统卡特在日本一次演讲中讲述笑话那样的优势："我讲了个笑话，然后译员翻译了下，所有观众拍案大笑。这是我有生以来讲笑话最好的一次回应。"

当卡特询问译员如何将他的笑话翻译成日语时，译员回避了这一提问。当总统坚持想知道时，译员这样解释说："我告诉听众，'总统卡特说了一个有趣的故事。每个人都必须笑。'"

结论功能

伴随着您演讲的即将结束，用一种缺乏说服力的评论总结演讲内容可能很有诱惑力："演讲到此结束。"抵抗这种快速、软弱的结束词诱惑：如果专家赞同你的结尾词，可能给其留下一种持续的好印象。演讲结论应当要比引言更短：不超过整场演讲时间的 5%。在这一点时间内，您必须要完成两大重要任务：评论和闭幕。让我们仔细地分析下这两大部分。

评论　您的评论应当包含主题的重述和主要论点的总结。有时，这两大要素几乎要完全按照您前述大纲的内容来呈现：

> 今天下午，我已经建议我们需要改变交易方式以获取更多利润。我已建议如下三大调整：第一，增加报纸广告数量；第二，以高质量产品为特色；第三，扩大我们在各领域的产品线。

您的评论也可以是同样内容的巧妙改述：

　　到目前为止，我希望你同意我的看法：调整某些基础性产品能够改善我们的资产负债表。当人们发现我们拥有广泛的高质量产品时，我相信我们会拥有更多客户，他们愿意花费更多钱。

　　最后陈述　很棒的最后陈述有助于听众顺利地记住您；而糟糕的结尾却可以毁掉您先前的很多努力。除了营造一种有利印象之外，最后陈述也能让您的演讲有始有终。您不应该让观众疑惑演讲是否结束。最后，最后陈述应当激起听众的兴趣，鼓励他们以某种能够达成您目的的方式行动或思考。让我们一起来看一下以下几种最后陈述。

最后陈述类型

　　您在引言中为吸引听众注意力使用的若干技巧在最后陈述中同样起作用：提出问题、讲述故事、使用引言、语出惊人、参考观众、参考情境或者使用幽默。此外，还有几种其他您可能会使用到的闭幕词类型。

　　回到开场白的主题上　回到最开始的主题上能够让您的演讲首尾完整。借助这种方法，您应当参考开场白但再增加一个新视角、更详细的细节或者一个不同的结尾：

　　　　在我演讲的开头，我问大家是否缴纳了比实际所需的更多税款。我认为你们已经发现自己对山姆大叔（美国政府的绰号）过分慷慨。我希望我已经帮助你们了解到自己的真正责任，以及你们能够利用一些适合自己的避税手段合理避税。

　　捕捉听众注意力的一种方式是将故事分开讲述，在引言中起个头但不要收尾。在关键时刻中断您的叙述，也许就在故事高潮结束前，但向观众承诺您在随后的演讲中会将故事陈述完毕。

　　呼吁行动　当目标包括希望观众以某种方式付诸行动时，您有时可以通过呼吁听众采取行动（以达到您所期待的结果）来结束演讲：

所以现在你知道这些讲习班的功效，唯一的问题是您应当何时注册。我们在 8 月 19 日和 9 月 23 日会开放注册。你在任何一天要报名参加都可以找我。我很期待很快能够见到各位。

以某项挑战收尾 上述是呼吁听众采取某些行动，但提出挑战几乎也要求听众付诸行动：

您可以像以前一样继续下去，虽不是完全失败，但却无法从事一份最好的工作。或者，您也可以尝试使用下今天上午所听到的建议，让自己变得更具创意、更高效与更成功。如果能够更加优秀为何要选择平庸？当您能够实现梦想时为何要勉强接受现状？这完全取决于您！

◎ 增加过渡

过渡（transitions）是连接演讲各部分的单词或句子。如图 9-4 所示，它们如同桥梁架接起演讲的各主要部分，并告诉听众这些部分如何彼此相关。过渡应当出现在引文和正文之间、正文各主要论点之间、正文和结论之间。以下案例分别阐述这些情形：

——那些都是大承诺。下面让我来谈谈我们如何表述它们。

——但是，也不全是坏消息。下面让我告诉你会议上所发生的一些好事。

——听完这么多项特征后，你可能无法记住所有。下面让我们简要回顾一下。

过渡的功能

类似上述案例的过渡具有三大重要目的。

它们提高清晰度 口头演讲清晰——特别在单向谈话式的演讲中——要比书面清晰更难实现。信件、备忘录、书籍或报告的格式化能够让观点清晰明目的：听完这次演讲后，潜在客户将会注册使用"水星号"作为独家隔夜快递服务。

主题："水星号"是为您准时送达高优先级包裹的最佳服务提供商。

引言：

1. 隔夜快递服务并不便宜，但是如果它们能够快速准确地送达重要货物，这些服务也是物有所值。（吸引注意力）

2. 在将"水星号"与其他快递服务比较后，您会发现它的服务质量最高。（主题）

3. 正如我在接下来的几分钟里将会解释到的，"水星号"比竞争对手更为可靠、便捷与实惠。（预览）

过渡：让我首先解释下，在整个快递服务业最为重要的"可靠性"这一特征中，"水星号"如何做到最佳。

正文：

1. "水星号"比其他服务更加可靠。

1.1 "水星号"的无故障纪录高达 98%，击败了所有其他服务。

1.2 其他服务的滞留包裹时间最长达 1 周。

1.3 其他服务已有损坏包裹的情况发生。

1.4 在某些情况下，其他服务甚至会丢失包裹。

过渡：除了可靠性之外，"水星号"在另一重要方面中也表现出色……

2. "水星号"比其他服务更为便捷。

2.1 "水星号"能到达私人处收发包裹，而不是仅寄送到类似 ABC 隔夜快递这样的邮件收发室。

2.2 "水星号"从早晨 7 点至午夜 12 点都可上门取发包裹，而不像"国际空运"（International Air Freight）那样每天仅有一次。

2.3 "水星号"是实行分类记账的唯一服务商，能够节省您的记账时间。

过渡：因为它如此便捷与可靠，您可能会认为"水星号"要贵于其他服务，但事实恰好相反。

3. "水星号"比其他服务更为实惠。

3.1 它对特殊形状的包裹不额外收费。

3.2 它对超重包裹收取的费用低于同业竞争者。

3.3 其托运费已涵盖保险。

过渡：现在你能明白，为何"水星号"是您值得考虑的隔夜邮递服务提供商……

结论：

1. "水星号"可靠、便捷与实惠。（主题／评论）

2. 选择"水星号"，您不仅是购买最好的服务……您同样可以享受到最好的服务。

图 9-4　一份完整的演讲大纲

确。段落、标题、项目符号列表、差异化字体及下划线都能够强调不同观点如何相互关联。然而，在口头演讲中，听众无法受益于这些辅助功能以弄清您的想法到底如何相互衔接。他们只能获得言语线索——过渡词和短语——所传递的内容。

它们强调重要观点　演讲中的过渡部分会突出重要信息，类似于打印文本中的斜体和粗体强调。

　　——现在让我们来看下第三大原因——也许是最重要的一个——为区域代表配备电子寻呼机。

　　——这是公司政策对使用费用账户的规定。现在让我们来看下实际中到底如何运作。

它们让听众感兴趣　过渡能够增进演讲趣味，它们使得听众想知道接下来会发生什么。

　　——所以我们为他们准备了一场你所见过最为盛大的展览。它是完美的——和我们的计划一模一样。当我们结束时你们猜猜他们说了什么？

　　——现在你可能在问自己类似这样的一款产品要花多少钱。现在有个针对所有人的特大好消息……

有效过渡的特征

有助于提升清晰度、强化重要观点、保持听众兴趣的过渡具有两大特征。第一，它们同时指出前述已讨论与即将要讨论的话题。过渡就像一座桥梁：帮助听众从一个点过渡到另一个点，它必须准确地"锚定"在两端。通过提及已经演讲和即将演讲的内容，您其实是在展示这些观点之间的内在逻辑联系。请注意观察这些过渡是如何实现不同观点的顺利衔接：

　　——那些确实是问题。现在，让我们一起看下可以采取哪些行动解决这些问题。

——"现在你看到这种调整对经济的重要意义。但是，那些依附于此的人们又会如何接受它呢？

如果您无法设计一种顺利衔接前后文的过渡，原因可能是观点间逻辑不相关或者您所选择的组织计划有缺陷。请认真回顾前文的组织模式和主要论点规则内容，以确保您的演讲正文结构在逻辑上切合主题。

第二，过渡应该吸引人们的注意。您应该让听众明白您正在从一点切换到另一点，这样他们就能轻松地跟进您的想法架构。请注意观察到目前为止您所阅读的案例，它们是如何通过"换挡"来清晰地切换论点的。这种突出显示类型通常是因为使用了关键词：

> 下一个重要观点是……
> 我们想要调整的另一个原因是……
> 最后，我们需要考虑……
> 总而言之……

类似这样的短语本身并非好过渡，因为它们无法强有力地明确提及前后文。但是，就像这几页中所阐述的内容，当其作为过渡的一部分时，它们能够向听众发出明确信号，告知您正在转移到下一部分。自我测评部分介绍了组织演讲的检查清单，其涵盖本章所讨论的过渡和其他组织性概念。

自我测评

组织演讲的检查清单

请使用以下列表检查您的演讲组织情况。

引言是否

_____1. 吸引到听众的注意力？

_____2. 给予听众倾听的理由？

_____3. 设定某种恰当语调?

_____4. 建立您的信誉, 如有必要?

_____5. 引出主题和预览正文内容?

正文是否

_____1. 使用最有效的组织模式?

        1.1 编年体;

        1.2 空间;

        1.3 专题;

        1.4 因果关系;

        1.5 问题解决;

        1.6 标准满意度;

        1.7 比较优势;

        1.8 动机性序列。

_____2. 运用完整句子阐述您的主要论点?

_____3. 利用主要论点去完善三题?

_____4. 所包括的主要论点不超过五个?

_____5. 在每一论点中仅表达一种观点?

_____6. 如有可能, 使用并列结构阐述主要论点?

您的过渡是否

_____1. 同时指出前述已讨论与即将要讨论的话题, 并论证了两者的内在关系?

_____2. 强调了自己的重要观点?

_____3. 清晰阐明了您的观点结构?

_____4. 在演讲所有的必要环节都有出现?

        4.1 引言和正文之间;

        4.2 正文各主要论点之间;

        4.3 正文和结论之间。

结论是否

_____1. 对您的主题和主要论点进行评论?

_____2. 以有效的最后陈述结尾?

掌握本章概要

要点回顾

- 几乎所有人都会为外部和内部听众做正式或非正式的职场演讲。职业方向和成功可能就取决于演讲者的声誉。

- 演讲者的分析应当包含三大部分。第一，分析听众。谁是关键听众？他们已经掌握了哪些内容？他们还想知道哪些内容？他们的偏好、显著人口特征、规模、参加原因和态度分别是什么？第二，演讲者应当自我分析，思考其演讲目标、对于主题的掌握程度，以及他们对所讨论主题的诚意。第三，演讲者应当分析演讲场合，思考设备、演讲日期、时长及演讲的背景环境。

- 演讲者的下一步是界定总体目标和具体目标并确定主题。总体目标属于信息通知型还是说服型？演讲者具体目标中的听众对象是谁？演讲者希望听众做什么？演讲者希望听众如何、何时与何地采取行动？清晰的目标表述以一种具体、可达成的方式界定所期待的听众反应。

- 定义目标后，演讲者必须以一句话清晰准确地界定主题。它是整个演讲的中心思想、贯穿始终并反复强调，因此必须仔细酝酿。

- 演讲的组织结构清晰，按照引言、正文和结论这一基本架构展开，有助于增强听众的理解力并提升演讲者的良好声誉。

- 头脑风暴侧重于集思广益各种想法，而目标陈述和观众分析主要为了选择适合某一具体演讲的相关内容。随后，这些内容按照最恰当的组织模式被归纳成主要论点和子论点。

- 常见的组织模式包括编年体、空间、专题、因果关系、问题解决、标准满意度、比较优势和动机性序列。

- 确定演讲正文之后就可以构思引言，旨在吸引听众注意力、说服听众倾听并阐述主题。演讲结论包括对主题和主要论点进行评论及强调的结束语。

- 最后，过渡的功能在于连接引言和正文、正文主要论点之间，以及正文和结论。它们通过引人注意而正确引导听众并强调突出上下文内容的连接。

职业拓展

1. 有用的洞察

请采访某位经常在工作场合向不同群体做演讲的专业人士，以获得有关场合和观众分析的深入了解。您可以询问受访者以下问题，例如：

（1）您是如何收集有关潜在观众和特定场合情境预期的相关信息？

（2）比较您所处理过的一些不同观众类型的预期。

（3）您会以哪些方式调整自己的演讲以适应这些观众？

（4）如果您发现观众成员就演讲主题的知识水平差别很大，您该怎么办？

（5）您会如何吸引可能感到无聊或者反对您演讲主题的观众？

（6）您有哪些演讲调整策略以适应特定场合情境？

（7）请在课堂上分享您从各种面试中收集到的答案。

2. 能力建构

在规划演讲时，请确定听众、场合和自己作为演讲者中最重要的因素，这些因素您应当认真思考：

（1）向一群老年人解释什么叫"推特"；

（2）给一群学员指导；

（3）鼓励高中毕业生上您所在的大学；

（4）宣布增加员工医疗保险福利的成本（您是贵公司的人际关系代表）；

（5）在大学的一次公共仪式上，授予某位广受爱戴的生态学教授以其名义在公共区域种树的荣誉。

3. 能力建构

与小组一起，设想您被要求向以下群体之一进行演讲。您的任务是针对本工作部门的职能介绍 15 分钟。请考虑这一群体，并回答"分析听众"部分所罗列的七大问题之一。因为这是假设场景，您需要做出最佳的预估，而不是进行真正的听众研究。在回答完这七大问题后，请描述您是如何使用该信息，来设计一份有趣有料、为特定听众量身定做的演讲。然后，每组分享并比较各自的分析。

（1）来自整家公司的一批新员工；

（2）本部门内部的新员工；

（3）来自其他部门的一群经理；

（4）您的若干位上司；

（5）帮助您更新设备的供应商；

（6）一批参访公司的客户。

4. 能力建构

请为以下七种情形分别撰写具体目标。然后，将您的目标转换成有效的主题：

（1）在某位不受欢迎的经理的退休晚宴上向其致辞；

（2）介绍某项新应急疏散计划的培训班；

（3）为"联合之路"（United Way）工薪扣除活动致开幕词；

（4）请求上司为贵部门再聘请一名职员；

（5）向贵部门主管提议为大多数人调整专业课程要求；

（6）某位银行家就"不断变化的银行业"主题向经济研修班做演讲；

（7）向房东要求新的办公地毯。

5. 能力建构

请为某一关于本书所介绍学习沟通技巧价值的演讲撰写具体目标和主题。设想您将会向所在的组织或正在参加的大学课程进行演讲汇报。什么样的人口信息对了解您的听众很重要？哪些人口统计信息是与您的演讲无关的内容？界定您将在演讲中所涵盖的三个至五个关键点。

6. 有用的洞察

如果您正在向社区的不同企业做演讲，呼吁他们为沟通专业的学生提供实习机会，您会如何提高自己的信誉？

7. 能力建构

对于下列每一主题的演讲，您会收集哪些种类的材料信息？您将会在哪里找到这些信息？

（1）移动电话产业的变化将会如何影响消费者；

（2）如何开始投资计划；

（3）过去十年内各类学术课程普及的变化趋势；

（4）为什么学生应该（不应该）购买电子阅读器；

（5）女性在所选择领域的就业机会。

8. 能力建构

与小组成员一起确定，对于以下每类演讲您会推荐哪种组织模式（编年体、空间等），并解释您的推荐理由。

（1）关于如何提交健康保险索赔表格的说明；

（2）请求获得时间和金钱资助以参与您工作领域的重要会议；

（3）比较您所在组织和竞争对手之间的产品或服务；

（4）有关工伤事故的汇报；

（5）减少员工流失的建议。

9. 能力建构

请在以下题材中任选两项（或在您熟悉的题材中挑选）。对于每项题材，请设计一条主题句。然后，根据本章"主要论点规则"撰写两个到五个与您主题相关的主要论点，以便您在演讲中全面涵盖。请用完整的一句话概括每个主要论点。

（1）何时使用小额索偿法院；

（2）创意在广告中的重要性；

（3）租借汽车 vs. 出租汽车；

（4）商务信函的正确格式；

（5）性骚扰的类型；

（6）21 世纪增长速度最快的工作。

10. 能力建构

请针对前述练习中您已选定的题材准备好引言和结论，或选择下列演讲中的任意两项准备。与某位同学交换各自的准备内容。使用针对引言和结论的检查清单（自我测评：组织演讲的检查清单），以评论各自的引言和结论。

（1）告知员工、宣布人事裁员；

（2）在长达一整天的各种谈话中，最后就维护和操作设备事项与已疲劳的观众进行交谈；

（3）呼吁同事向"社区假日救济基金"（Community Holiday Relief Fund）捐款；

（4）本地商会主席向您所在班级做一场针对"雇主对大学毕业生的期待"为主题的演讲。（规划您的总结语以跟进问答阶段。）

第十章

演讲中言语与可视化支持

本章目标

阅读完本章后您应该能够：

1. 通过全面分析背景，为某种具体演讲制定有效策略。

2. 界定并描述每种言语支持类型的指导准则；设计并使用每种言语支持类型，以在每一要点中增加趣味性、清晰度或证据。

3. 讨论各种不同情况中是否需要视觉教具，确定各类视觉教具在这些情况下的优缺点，然后设计一款适用于特定情境的视觉教具。

4. 选择特定情境下呈现视觉教具的最高效方法。

5. 设计并评价使用 PPT 或其他表达形式的演讲。

　　汤姆·萨克利夫感到很沮丧。"我觉得我应该得到加薪，"他坚定地向他的朋友兼同事蒂娜·阿加皮托倾诉道，"我向老板一清二楚地解释了所有理由。自从万（Van）离职后，我就一直在值两个人的工作。我的生产效率高于其他任何人，但我的收入却还低于行业平均水平。我的客户也都很满意。老板他还想要什么？"

蒂娜尝试支持鼓励他："我知道你应该得到加薪，汤姆。我也不敢相信老板居然没有看到。您向老板是否提供了相关的支持素材？"

"你是指什么？"汤姆问道。

"你是否给他一些证据以证明你的生产效率或工资与行业水平的对比？同时，你给他一些关于所有客户满意度的证明了吗？"

"我想没有，"汤姆说道，"但是我也不应该把自己吊死在一棵树上。当老板有好员工时，他应当要珍惜。"

"也许是这样，"蒂娜回应道，"但是老板会听到很多关于请求加薪和获得资源的诉求。他也真的很忙。也许你能够让自己的阐述更加清晰和有趣，你仍然有机会。"

蒂娜对汤姆所提的建议很好。坚实的想法并不总是能让观众印象深刻。大多数听众都很忙碌且心事重重，他们通常也不像您那样在意您所传达的信息。第九章描述的那种清晰组织有助于您成功演讲，但是您通常需要以一种能够吸引观众注意、理解您并接受您信息的方式，去支持那些组织良好的论点。换句话说，您需要使用大量的支持素材。

◎ 支持素材功能

支持素材（supporting material）是能够支撑您演讲主张的任何内容。您可在以下案例中看到这些主张和支持素材之间的关系。

主张	支持素材
我们通过将工作日的夜间营业时间延长至晚上 10 点以增加销售额。	《现代零售业》（*Modern Retailing*）的一篇文章通过引用统计数据表明：延长夜间营业时间的那些商店能将利润提高到"直接管理费用"的 20% 以上。
配备无线网络并不像看起来那么难。	以下是一则简单操作的视频介绍。
花时间帮助客户有助于提高他们的忠诚度和您的佣金。	让我给您阅读一封上周某位非常满意的客户写的感谢信。

正如这些案例所示，缺乏支持素材的演讲如果能遵循第九章规定的组织性原则，仍可能符合逻辑。但是，它也许无法实现目标，因为其无法以一种观众能够理解或赞同的方式，提供必要信息完善自己的观点。仔细甄选的支持素材如能添加以下三大元素——清晰度、趣味性和证明力，有助于提升演讲效率。

清晰度

支持素材可以使得抽象或复杂的想法更易理解。请注意观察以下类比如何清晰阐明——配备触摸式用户界面的电脑与前几代依靠键盘命令的电脑相比，前者更具革命性的进步意义。

> 想象下您正在驾驶一辆没有方向盘、加速器、刹车踏板、转向信号杆或变速杆的车。取代所有熟悉的手动控制，现在您只能使用打字机键盘。
>
> 任何时候当您想转弯、改变车道、减速、加速、鸣按喇叭或者倒车，都必须在键盘上输入指令序列。不幸的是，这辆车听不懂英文。相反，您必须一根手指按住某一特殊键，同时输入一些字母和数字，如"S20:TL:A35"，它意味着"降速至20，左转弯，加速至35"。
>
> 如果输入有误，以下三种情形就会发生。如果您输入了一项未知指令，汽车收音机会鸣响，因此您需要重新输入指令；如果您恰巧输入有误但仍然是有效的指令，此时汽车将盲目服从（想象下输入的是A95而非A35）；如果您输入了制造商都没有预料到的指令，汽车将会嘎的一声刹住并自动熄火。

趣味性

支持素材通过更加生动或有意义地向听众阐述主要论点，能让您的演讲更加活泼有趣。请注意观察以下这位律师如何通过在总结陈词中增加趣味性，以否认对方证据的法律重述。

当亚伯拉罕·林肯（Abe Lincoln）还是伊利诺伊州桑格蒙郡的一位年轻出庭律师时，他正在与一名律师辩论某一案件，这位律师对事实的陈述更多来自想象而非证据。林肯在其辩论过程中转向他说：

"请告诉我先生，一只羊有几条腿？""这有什么好问的，当然是四条。"对方回答。"如果把它的尾巴也叫作腿的话，这只羊现在有几条腿？"林肯问道。对方随即答道："这样的话它就有五条。""错！"林肯怒吼道并重敲着陪审团横杆，"它还是只有四条腿。把它的尾巴称作腿并不会让它成为一条真正的腿。现在，让我们还是看下实际证据，数数有多少条尾巴被你叫成了腿。"

证明力

除了增加清晰度和趣味性，支持素材也可以为您的主张提供证据，并让您的演讲更具说服力。演讲者可能会这样使用支持素材以支撑自己的主张——"雇主赞助的日间护理在帮助雇员父母的同时，还有助于提升工作生产效率"：

针对加利福尼亚州联合银行（Union Bank）员工的一项调查证实了现场雇主赞助日间护理的价值。使用银行日间护理中心的员工流动率仅为 2.2%，而使用其他日间护理形式的员工流动率高达 9.9%，前者不足后者的 1/4。这还不是全部：使用日间护理中心服务员工平均每年仅离岗 1.7 天，这一数值要低于其他有小孩的父母。

无论何时当您使用他人数据以支撑自己的观点时，请务必标明来源。当然，有些来源要比其他来源更具可信度。例如，在上述段落中，作者通过引用权威银行的一项调查研究，以强化雇主赞助日间护理对雇主有利这一主张。但是，如果引用是关于职员寻找日间护理的研究，那同样的主张就不会如此有说服力，因为职员的动机往往更趋向于自身利益。

◎ 言语支持

正如表 10-1 所示，很多种类的言语支持素材可用于增强演讲的趣味性、清晰度或证明力。商务和职业演讲的最常见支持类型包括定义、案例、故事、数据、对比和引语。当在选择您将呈现的支持类型时，请考虑听众的偏好与喜好。

定义

当回忆起有人开始使用不熟悉的语言、让您感到困惑或无法理解的时刻，您会尤为感激演讲者对不明晰的条款进行定义：

> SQLite 作为一款软件库，它实现了设备齐全、非服务器、零配置和事务缓存性的 SQL 数据库引擎。内容可以被储存为 INTEGER、REAL、TEXT、BLOB 或者 NULL。

表 10–1　言语支持类型

类型	界定	作用	评论
定义	解释某一术语的含义	清晰度	当听众不熟悉术语或术语使用不常见时，极为重要
案例	证明某一论点的简要参考	清晰度； 增加趣味性（如果给出足够充分的数字）	如果案例简短，通常最好是在两个或以上的团体中；通常一个扩展案例最为有效
故事	某一事件的详细记录	清晰度； 增加趣味性； 证明力（只有事实部分）	适应听众； 必须明确支持主题； 陈述时长适宜
统计	针对某点的数值表示	清晰度； 证明力； 增加趣味性（当与其他支持类型结合使用时）	与听众的参考标准联系起来； 谨慎使用； 四舍五入、以整数计； 辅之以视觉教具和讲义
对比	论证不同观点间如何相似的研究或流程	清晰度； 增加趣味性（修辞比喻）； 证明力（字面上）	为听众量身定制其熟悉的名目； 确保比较有效
引语	来自专家或可信来源的观点	清晰度； 增加趣味性（有时）； 证明力	改述较长的引用； 非常简短的引用可以逐字阅读； 注明来源； 使用听众信任的来源； 跟进重述或解释

定义（definitions）旨在通过向观众解释其不熟悉或以专业、不常见的方式表达的术语含义，以消除此种混乱：词语可以通过字面意思（特定含义）、暗含意思（联想含义）、词源（词的历史或起源）或否定意思（描述它不是什么）来界定。

> **智能电表**不仅仅测量客户的耗电量。当您使用时它还能进行标示，并将此信息发送回本地供电所以便监控和计费。（字面意思）
>
> **宝莱坞**（Bollywood）是位于印度孟买印度语电影产业的非正式名称。该词是孟买旧名'Bombay'和好莱坞'Hollywood'的组合。（词源）
>
> 在税法中，**资本收益**不同于普通收入。前者是当您以高于买入价的价格销售像房地产或股份等资产时所获得的利润。资本利得税是政府基于该利润所收取的税额。（否定意思）

案例

案例（examples）是支持或解释某一观点的简要说明。支持增加一揽子员工福利的演讲者可以引用那些公司已提供各种津贴的例子：

- 微软园区包括一个拥有 23 间商店和餐厅的购物商场、一家水疗中心、一家自行车修理店和一间酒吧。
- 安快银行（Umpqua Bank）的员工每年获得 40 个小时的带薪时间从事志愿者工作。
- 添柏岚（Timberland）的员工购买混合动力汽车，可以从公司获得 3000 美元的补偿及优选停车位。
- 思科（Cisco）的员工上班时可以把车交给机修工来换油。
- 北欧航空公司（SAS Airline）的员工福利包括现场医疗保健、员工儿童夏令营、汽车清洁、美容沙龙和一块 6.6 万平方英尺的健身中心。
- 安海斯布希（Anheuser–Busch）的员工每月可享受两次免费啤酒。

同样，营销顾问在解释企业名称如何能够有效吸引客户时，也可以通过引用一些好名字案例以支持自己的主张：

- 马里兰椒盐脆饼公司：彻底的颠覆口味（Totally Twisted）；
- 加利福尼亚州一家专门帮助残疾人的公司：通道和能力（Access/Abilities）。

这位顾问也展示了名字取不好将会如何阻碍业务：

- 棺材航空颠覆口味（Coffin Air Service）；
- 大额催款单管道（Big Bill's Plumbing）；
- 一家邮购食品公司：乏味农场（Bland Farms）。

在很多情况下，您不需要寻找自身经验之外的例证以支持自己的观点。工会成员声称"管理层更加关注楼房和土地而非员工"，就可以举例支持他们的主张：

> 我们不断听到"员工是我们最重要的财富"这样的话语，但事实上我们工资反映的情况并非如此。自最后一次加薪的两年半时间里，我们已经看到了这块场地一系列的物理改进：全新的园林绿化灌溉系统、公司办公场所的翻新、数据处理配楼的扩张、所有停车场的路面翻修及新建的大楼入口。现在所有这些改进都在发挥着作用，但它们恰好证明了楼房和土地要比员工更重要。

当案例用于观点证明时，结合若干案例的效果最佳。如果您在论证"您有能力从事更具挑战性的工作"这一主张，最好的方法就是提醒老板您成功进行多任务处理的案例。毕竟，单个案例仅是一种孤立情况或纯属侥幸。

故事

故事通过详细地阐述某一事件以说明某种观点。几乎所有人都喜欢听好故事。它增添了趣味性，同时如果选择得当，故事要比单纯的逻辑和推理更能达成说服目的。

下文关于农民及其孩子的一则叙述展现了故事的强大威力。在这则案例中，让我们仔细看下农民如何对传统农业和有机农业进行对比：

> 当我在一家传统农场工作时，回家后我的孩子会迫不及待地想抱我。但他们不能，因为我必须先洗个澡并脱掉和消毒工作服。现在，我可以直接从农场直接回家拥抱我的孩子，因为我身上没有会伤害到他们的有毒物质。

当顾问重述这则案例时解释道："虽然数据显然很重要且一定会支持您的故事，但是您在影响他人想法之前必须先触动他们的心灵。"

故事可以分为三类：虚构型、假设型和事实型。虚构型故事能让您创造出完美契合演讲论点的素材。以下虚构型故事通过使用幽默来帮助听众明白商业中保持前瞻性的重要性：

> 在希腊有座老修道院坐落在一座高山顶上，高山各边都是陡峭的悬崖。唯一拜访的路径就是坐在柳编竹篮里，让一位修士通过绳索将你拉上去。
>
> 一位访客注意到这条绳索——他的整条性命都依靠于此——已经老旧且相当磨损。他就问这位修士："你何时会换这条绳索呢？"修士回答道："当它断的时候。"

当听众停止笑声后，演讲者运用这则故事来表明自己的观点：

> 在这家公司，我们不会等到绳索断裂，我们甚至不会等到它磨损，我们在风险产生前就解决问题。

还有其他故事属于假设型："大家设想下自己……""设想下一位典型客户……"和"如果……你会怎么办"。除了亲自参与，假设型故事能让您营造出

职场文化

文化塑造支持偏好选择

大多数英语为母语的演讲者从小就被教育重视论据，即利用支持素材论证清晰的主题。但是，这种风格并不是所有文化的首选。例如，在拉丁美洲，以多种支持素材开始的归纳方法更具吸引力。西班牙营销顾问米格尔·戈麦斯·瓦恩布雷纳（Miguel Gomez Winebrenner）这样解释：

当被问及"你最喜欢的颜色是什么"这样的问题时，大多数美国人都倾向于在回答该问题后解释下背后的原因。所以，一个典型的回答是："我最喜欢蓝色，因为……"

当被问到同样问题时，很多拉丁美洲人会按照某种顺序来回答，"当我还是个孩子时，我喜欢黄色，因为我最喜欢运动队的旗帜就是黄色的；但随后我就开始喜欢黑色，因为我第一个女朋友的眼睛就是黑色的……"直到进行相当长的个人陈述后，他们最后会说"所以我最喜欢的颜色是蓝色"。

这两者并无对错，他们只是不一样而已。美国人喜欢直截了当的答案后面跟随一系列支持论据，拉丁美洲人可能会首先提出支持论据然后再引出答案。

即使最有说服力的支持素材类型也要取决于听众的文化背景。在拉丁美洲，触发情感回应的案例和故事要比基于数据的论据更具吸引力。

文化不是塑造听众偏好选择的唯一因素。教育背景、职业侧重和社会经济地位都会产生巨大影响。聪明的演讲者在选择如何支持论据时会综合考虑所有这些变量。

研究也证实了故事在说服听众中的巨大力量。在某项探索有效方式说服听众的研究中，一组受试者被展示了如"马拉维的食品短缺问题正在影响300万以上的儿童"这样的统计型信息。第二组则被展示了一张来自马拉维名叫罗基亚（Rokia）的9岁小女孩的照片，受试者被告知这位小女孩现在处于极度贫穷的状态并且"她的生活会因为你的恩赐而变得更好"。结果显示第二组受试者捐款数额显著地高于第一组。

一种准确阐述您想论证观点的情境。您可以调整细节、设计对话并使用支持论据的数据。但是，您的陈述只有当其可信时才有效果。

当某位代表解释在可变年金投资中何为"保证账户价值"（guaranteed account value）概念时，可能会使用如下假设型案例：

假设您足够倒霉，遭遇了一场令人讨厌的事故让您六个月无法工作。想象下您正在与伤痛与不便做斗争。然后想象下您自己正在努力应付收入损失。您所攒的那些钱是否足够供养自己和其他依靠之人？您的保险覆盖是否足够全面以弥补收入损失？

事实型故事也能够增加趣味性和清晰度。下述故事通过讲述一位失望的消费者的经历，以论证"交易完成后很多企业都更加关注销售产品而非售后服务"这一主题。请注意最后一句话是如何通过重申主要论点以确保故事清晰明了的。

上周二我决定打电话给一位汽车经销商。电话簿中列出了两个电话号码，一个是给"销售"，另一个是给"客服"。我就致电客服经理询问下周六我是否能取车。但客服经理总有办法能让你感到不受重视，他似乎很高兴地告诉我，他们周六会休业且直到一周后的周四才能接我的单。

我没有预约成功。相反，我又致电给"销售"。"你们周六营业吗？"我问道。"营业，先生。"电话另一端对方爽快地回答，"我们的营业时间是周六的早上 8 点到晚上 9 点、周日的中午至下午 6 点。"

现在，如果他们能在周六卖车的话，为什么就不能在周六修车呢？这当中到底有什么鬼？当然，我想我知道原因何在。相比生产修理汽车，他们更擅长销售汽车。这就是原因所在。

虽然事实型和虚构型的故事都能让演讲更加清晰有趣，但只有事实型能够论证观点：

——通过使用临时员工削减工资听上去是个好主意，但它存在问题。我给大家说说，在我过去工作的地方采取这种方式所导致的后果……

——我相信韦斯（Wes）能够处理这份工作。让我来告诉下大家，去年我们分配他去管理韦斯特科（Westco）账户时他的表现……

——你可能认为人寿保险对于像你这样健康的年轻人没有必要，但是还记得国家队后卫球员达莱·克兰德尔（Dale Crandall）吗？他的身体按理说应当很健康，然而……

无论属于虚构型还是事实型，有效的故事都具有以下若干特征。首先，它们应当相对简洁：不要消磨五分钟仅为了讲某个无关紧要的论点。同时，它们应当有趣且适合听众：一个冒犯听众的故事虽会让人记住，但却是以一种不友好的方式。最重要的一点，故事必须能够支持您所要阐述的论点。一个无法支持主题的故事，即使有趣也只会分散听众注意力。

统计

　　统计（statistics）是用于论证某一观点的一系列数字。大多数统计是为了保证清晰度被压缩成数字格式的案例集合。如果您正在争论某款新产品线存在严重的制造问题，仅描述一两位客户的抱怨可能无法证明问题已经超出制造过程中通常"可接受的"错误程度。然而，以下表述将具有证明力："新产品线的退回率超过 40%——与我们通常 5% 的退回率相差甚大——并且在这些所有退回产品中，4/5 与齿轮转动装置的瑕疵有关。"统计数据是商业演讲中常见的支持形式。它们被用于衡量细分市场的规模、销售趋势、利润下降或上升、成员变化及许多其他方面的业务。

　　运用得当，统计数据是一种尤为有说服力的证据，因为它们牢固地扎根于事实并表明演讲者对相关信息了如指掌。请思考以下案例：

　　　　美国人口普查局报告说，拥有学士学位的学生要比只有高中文凭的学生收入平均增加 62%。在其一生中，高中毕业生与拥有学士学位学生的潜在收入差距超过一百万美元。这些数据显示，短期内为获得大学教育所做的任何牺牲，长远来看都是值得的。

　　尽管数据的潜在效率很高，但如使用不当，就会毁掉整场演讲。一种常见错误就是将听众掩埋在一组雪崩型的巨大数据中，就像以下案例中年度股东大会上这位发言人的演讲：

　　　　去年对我们公司来说是振奋人心的一年。我们每股收益是 6.02 美元、净收入是 4.5 亿美元，高于前年的每股收益 4.63 美元、净收入 4.12 亿美元。这一增长部分来自销售普通股给研发子公司新风险投资集团（New Ventures

Group），因而所获一次性收益 1300 万美元。排除一次性收益，最近一年我们每股收益增加了 5.8%，净收入增加了 6.5%。

这些数据放在纸质版年度报告中非常适宜，但是当演讲者飞快地一个接一个说出时，听众几乎没有时间可以跟上它们。您可以在演讲中提供几个关键数据，不用向听众陈述过多细节，如有必要，附上书面材料作为支持。

正如您手中报告的数据显示，去年对我们来说是个好年。不算 1300 万美元的一次性收益，去年每股收益增加近 6%、净收入增加了 6.5%。

正如该案例所示，通常最好通过四舍五入来简化数据信息。例如，"近 2/3"的表述要比"64.3%"更易理解；"大约两倍的成本"要比"项目 A 的成本是 65.18 美元，项目 B 的成本是 127.15 美元"更易掌握。好莱坞明星安吉丽娜·朱莉（Angelina Jolie）在向联合国官员进行某次演讲中，通过使用"超过"和"大约"这类词以最大化提高数据的可理解性：

在肯尼亚东部达达阿布难民营超过 40 万的索马里难民中，过去 9 个月里有大约 10 万人实现了远离干旱、不安全和饥荒的状况。

除了最为专注和最有针对性的听众，统计数据类演讲对于其他人都过于枯燥乏味。当您正在与一群非专业人士交谈时，将您的数据与观众所能理解的参考标准联系起来非常重要。请注意观察以下统计数据（以案例形式呈现）是如何赋予"时间就是金钱"这一旧原则以新影响的：

对于每年赚取 3 万美元的经理来说，每天如果浪费一小时，一年下来就会给公司造成 3750 美元的成本……而对于年薪 10 万美元的 CEO 来说，每天两小时的午餐一年下来就会额外花费公司 12500 美元。

当演讲内容包含很多统计数据时，您可能需要使用视觉教具来解释它们：

仅有数据会因为过于乏味而让人无法理解。本书之后针对如何以图表方式呈现统计数据，介绍了若干指导原则。

对比

对比（comparison）通过展示不同观点之间的相似之处以阐述论点。有些对比——也称为"类比"——具有比喻性。它们将不熟悉领域的事项与某一熟悉领域的事项进行对比。通过思考以下若干案例，您能够更好地理解"比喻性类比"在提高演讲清晰度和趣味性中的价值。

> 某些航空公司刊登的特价机票具有误导性，因为页面底端的"小字说明"列明了那么多限制条款。没有食品连锁店可以放弃每磅仅售 3 美元的上等牛肋排的诱人广告，但每家商店仅限采购六块，且只有每周二至周四下午成对购买时才供应。

美国参议员米奇·麦康奈尔（Mitch McConnell）使用对比来阐述某项尚未提交国会、金额高达数万亿美元议案中的成本大小：

> 如果你从耶稣诞生以来每天花费 100 万美元，你们仍然花不到万亿美元。

通过将熟悉与不熟悉的内容连接起来，比喻性类比也能帮助听众更好地理解那些神秘难懂的概念。某位演讲者在讲解电缆调制解调器的网络连接限制时，通过借助比喻性对比使用普通人简单易懂的术语来解释：

> 你还记得，当你在洗澡时有人打开另一个水龙头或冲洗厕所时会发生什么吗？每个人的水流量都会降低。通过互联网连接的数据流也会发生类似情况：当越多人在使用某一系统时，数据流的速度就会减慢。

还有些对比具有字面性特征，即连接两大类别中的相似事项。某位账户主

道德挑战

择优挑选有力支持（Cherry Picking Support）

想象一下，您正计划向潜在客户进行销售推介。为了论证"您提供的产品或服务非常棒"这一主张，您知道自己应当使用优质服务案例和客户满意度好评。事实上，您手头确实有些案列，但遗憾的是，它们的反馈往往是怨声载道，也许，整理出客服不满的案例和投诉会更容易。

您将会如何兼顾保持诚实和希望签约新客户这二者间的关系？

管可能会使用这种对比类型以辩称：

> 我们需要将更多的广告预算投入到直邮。这种方式在 NBT 竞选活动中起到了重要作用，我认为我们这里也会同样有效。

在西弗吉尼亚州某煤矿爆炸导致 12 人死亡后，某些观察者就运用对比来辩称：孱弱的联邦法律让煤矿主感觉，即使破坏安全规则仍然很划算：

> 连在加利福尼亚拼车车道上独自驾驶的罚款数额，都要高于煤矿中可燃物质累积率超限的罚款数额。

每当您提出采纳或使用某项在其他地方践行效果良好的政策或想法时，您都在运用对比作为证明。此种证明力取决于您能否清楚地论证您所比较事项两者间的相似性。微软创始人兼慈善家比尔·盖茨利用鲜明的统计学对比以证明药物研究中优先顺序的错位：

> 研究防止男性秃发的资金数额是研究疟疾的 10 倍，而疟疾每年的致死人数超过 100 万人。

无论对比的目的是否是为了增加清晰度、趣味性或证明力，它们都具有以下两大特征。第一，对比中的熟悉部分应当为观众所熟知。例如，如果听众对国库券一无所知，您说"大面额存款单在以下几种情况下类似于国库券"就不明智。第二，您应当确保对比有效。当您想要尝试阻止员工滥用复印机，您可能会在某点上进行延伸，例如，"为私人用途使用复印机就如同抢劫或斗殴，都是犯罪"。但是，更相近的对比会更合理与有效："如果您是收银员，您不会自己从收款机中给自己拿钱；每个有道德心的人都知道这是一种偷窃行为。同样，为个人用途使用复印机也会给公司造成成本，这就像从收款机中拿钱一样。"

引语

引语（quotation）通过引用他人权威或明确表述的话，以达到比演讲人自我阐述更为有效论证观点的效果。有些引语能够增强清晰度和影响力。例如，在讨论倾听客户抱怨的重要性时，为了给这一主题演讲增加有利支持，您可以引用像比尔·盖茨这样成功企业家的名言："抱怨最多的客户才是您公司改进最大的来源。"同样，在强调签订书面协议的重要性时，您也可以引用电影制作人萨姆·戈尔德温（Sam Goldwyn）的一番话："言语合同远不如书面合同有价值。"或者您也可以强调奥普拉·温弗里（Oprah Winfrey）关于为自己的成功负责所说的话：

案例研究

蚊子为超过比尔·盖茨的演讲造势

微软创始人比尔·盖茨热衷于消除世界范围内的疟疾祸患。这一疾病每年造成数百万人的死亡，但盖茨告诉加利福尼亚州的某位精英观众：西方人很难真正理解这种疾病的影响，因为大多数的死亡案例都出现在发展中国家。

然后盖茨采用了某种独特策略，向听众展示在全球热带地区还有很多不幸的人面临着此种危险。"没有理由只让穷人经历这种痛苦。"他平静地说道并，同时打开了一个罐子，随即一大群蚊子蜂拥而出。当这些小昆虫飞向听众时，全场立即爆发出紧张的笑声。

蚊子引起的轰动直接弥漫开来。有的听众将消息推送到网上，其传播的速度超过任何传染病。盖茨利用蚊子作为工具的简单策略要远比其他形式更有效地强化了自己的观点。

我不认为自己是一个来自贫穷、匮乏的贫民窟但做得很好的女孩；相反，我认为自己是一位从小就知道要对自己行为负责的人，因此我必须做得好。

援引

无论您是引用个人还是使用统计数据，援引（引用来源）都是恰当且高效的做法。通过援引权威来源增强可信度以论证自己的观点。

下面介绍一种如何在援引时不打断演讲进程的简单四步骤法：

阐述您的观点："在家办公的趋势不断在增长。"

界定您引用的来源："3月12日发行的《今日美国》（*USA Today*）中专栏作家斯蒂芬妮·阿穆尔（Stephanie Armour）这样说……"

阐述您引用的内容："任何只要配有高速网络连接和电话的人都可以成为一名虚拟免费代理商，为大公司处理客户服务电话。"

解释所说内容为何对您的观众至关重要："这就意味着房间里几乎所有人都可能在家办公，无论你是去上学、抚养小孩还是不方便调动。"

引用来源时请使用下列指导准则：

以一种增强演讲可信度的方式引用来源 如有必要，请解释来源可信的原因："下面是无党派独立国会预算局所说的……"

引用观众信任的来源 援引对立党派人士关于滥用工人的说法不会给共和党制造商听众留下深刻印象，但是来自《华尔街日报》文章的类似评论也许会有效。

重申长篇引文的要点 如果您援引的内容需要花很多时间阐述，请在引用后总结概要：

——听完罗伯塔的数据后，您可以看到我们的广告费用花得值得。

——从这项研究您可以看出，这项提议中存在隐性成本。

——类似那样的客户信件清楚地表明了我们需要改进服务之处。

◎ 视觉教具

古语说得好：一张图片常常胜过千言万语。这就是为何图表、曲线图和其他图形辅助工具已成为大多数商业演讲中的一部分。

研究人员已证实经验丰富的演讲者凭直觉通常就能知道的内容：使用视觉教具有助于提高演讲效率。在一项研究中，两组商学院学生分别观看即将召开的时间管理研讨会的演讲录像。其中一组观看没有视觉教具支持的演讲版本，另一组则观看配备高质量视觉教具的同样内容。演讲观看结束后，两组学生被问及他们是否愿意参与时间管理课程，以及他们对刚才所看演讲者的看法。

观看配备视觉教具演讲的学生明显要比那些不配备视觉教具演讲的学生，对于演讲的内容印象更为深刻。他们打算额外花费 16.4% 的时间和 26.4% 的资金用于所推广的时间管理研讨会课程。他们也认为演讲者表述更加清晰、简洁、专业、有说服力和有趣。

精心设计的图表要比单纯的文字更易理解。一张逐点详述对比两款产品的图表要比一份详细的叙述更易掌握。销售曲线的垂直下滑比任何话语都更有说服力。视觉效果还能超越演讲本身从而提升您的形象。专业的视觉展示能将您塑造成一位专业人士——成为未来主管或公众所认可的候选人选。最后，视觉教具有助于您的信息更易记住。研究人员已经发现，当演讲同时进行言语和视觉展示时，听众能够回忆起的信息量要远高于仅用一种方式展示。

视觉教具执行很多重要功能：

- 展示事物的外观。建筑师可以使用模型或艺术素描向潜在客户介绍某一项目，广告总监可以使用某款新产品图片作为广告活动的一部分。
- 展示事物如何运作。工程师可以将图表作为某件设备说明的一部分，销售代表可以使用模型展示如何设计确保船只的速度与安全性。
- 展示事物之间如何相互关联。组织结构图为公司上下级汇报关系提供了清晰的图表呈现，流程图明确阐述了完成工作所需的步骤。
- 强调重点。客户代表可以使用图表向客户展示某款新产品的功能，投资顾问可以使用图表来展示股票的表现。

视觉教具类型

作为演讲者，您可以选择各种不同类型的视觉教具，以使您的演讲更加高效。当然，每次演讲时您并不一定会使用全部。但是，迟早您都会使用下文所述的几乎每种类型。

实物和模型　正如之前"案例研究"中所述的内容，有时展示实物能够增加主题演讲的趣味性、清晰度和证明力。在培训课程和某些销售类型中，实际动手经验至关重要、千真万确。很难单凭想象不亲身尝试下就学会如何操作设备，同时很少有客户在看到实物展示前就购买某件价格高昂且陌生的商品。

当您确实为了教学目的而展示某件实物或者模型时，请确保该物品足够大，让所有人都能看清。像微芯片或一件珠宝这样的小物件可以在一对一的推销展示中呈现，但是这种方式只会让更大群体的听众感到困惑沮丧。在听众席间传递某件物品以供大家查验绝不是个好主意。这样做不仅会分散此时刚好查验此物品听众的注意力，也会影响其他正伸长脖子想要一探究竟的听众的注意力。

当您使用模型或实物作为演讲展示的一部分时，请确保自己已充分排练，以避免以下这位会计师所述任何不如意的意外状况：

> 为了使税收演讲更有趣，我想我会阐述一点，即如果人们不考虑税收后果，那么他们辛苦赚的钱就会如同一缕青烟化为乌有。我打算点燃一张魔术师用来制造熊熊火焰的纸。当开始变魔术时，随着纸张燃烧殆尽，我顺势把它放在一个空置的咖啡盒里，并顺手抓起另一张纸，而这张纸随即立刻就被点燃。

> 最后，我的衬衫也燃烧起来，但是听众却似乎没有注意到，相反，所有人都目不转睛地盯着咖啡盒里忽然飞溅而出的火焰。一位听众立刻跳起来扑火，我以某种方式急匆匆地结束了剩余谈话。我从未感到如此无地自容。

图片　图片作为一种最有效方式，是描述需要文字表述的各种图像：建筑公司最好的作品、公司的管理团队或一款时尚新品。图片也提供了一种很好的证明方式。例如，某位保险调查员对肇事车辆的图片留存可能就是几个月后法庭审理索赔的现场证据。

图表　图表是一种抽象的二维制图，作为一种并非完全具象的形式显示了实物对象的重要属性。您在演讲中可能会使用到的图表类型包括绘画制图和地图。图表在演讲阐述有关大小、形状和结构时尤为适合。

列表和表格　列表和表格是强调关键事实和数据的有效手段。当您在罗列步骤、突出特征或对比相关事实时，它们尤为有效：优缺点、现在与过去表现、产品与竞争对手的对比等。图 10-1 中的表格显示了大学教育费用如何伴随着时间的推移而不断增加。销售经理可能会使用类似的图表比较若干区域今年和去年的销售业绩。

2002 年至 2012 年大学费用			
年度	私立学校 4 年	公立学校 4 年	公立学校 2 年
2002—2003	18060	4098	1674
2005—2006	21235	5491	2191
2008—2009	25143	6585	2402
2011—2012	28500	8244	2963

图 10-1　表格

普通演讲者通常认为，他们在言语演讲时只需要详述下书面报告中的表格即可。实践中，这种方法很少奏效。大部分书面表格过于详细，让听众很难认为真正有用。当您在为演讲设计列表和表格时，请记住以下要点：

- 保持视觉教具简易。仅需罗列要点，仅需使用关键字或短语，不要使用完整句子。
- 使用编号或项目符号列表以强调要点。编号列表用于阐述排名或步骤进程，项目符号列表最好用于同等重要的各个事项。
- 谨慎使用大段文字。如果您使用的文字超过七行，请设计两个或以上的表格。文字行数永远不要超过七行。
- 使用大号字体。请确保文字和数字都足够大，以方便所有观众阅读。

- 增强列表或表格的可读性。精致讲究的布局和充沛合理的空白区域易于阅读。

饼状图　如图 10-2 所示的饼状图（pie chart）旨在阐述某一项目的组成百分比。通常情况下，它们被用于显示开支百分比。同时，它们也用于展示资源分配情况。例如，人事总监可能会使用饼状图来呈现公司各部门员工人数所占百分比。

当您制作饼状图时，请遵循以下指导准则：

- 将您想强调的部分放在整个圆圈的顶端中心位置（12 点方向）。当您无须强调任何部分时，请将各楔形组成部分从 12 点方向依次从大到小组织排列。
- 标记各组成部分，无论是在图表之内或之外。
- 列出各组成部分百分比及其标签名称。

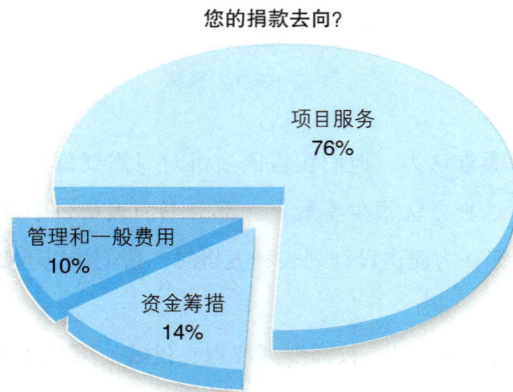

您的捐款去向？

项目服务
76%

管理和一般费用
10%

资金筹措
14%

图 10-2　饼状图

条形图和柱状图　如图 10-3 所示的条形图（bar chart）主要用于比较若干事项的价值：若干员工的生产效率、不同媒体广告费用开支的相对数额等。简单的柱状图（column chart）反映了单个项目随着时间产生的变化。如图 10-4 所示的多柱状图主要比较多个项目随着时间所发生的变化。

全球下载速度（兆比特/秒）

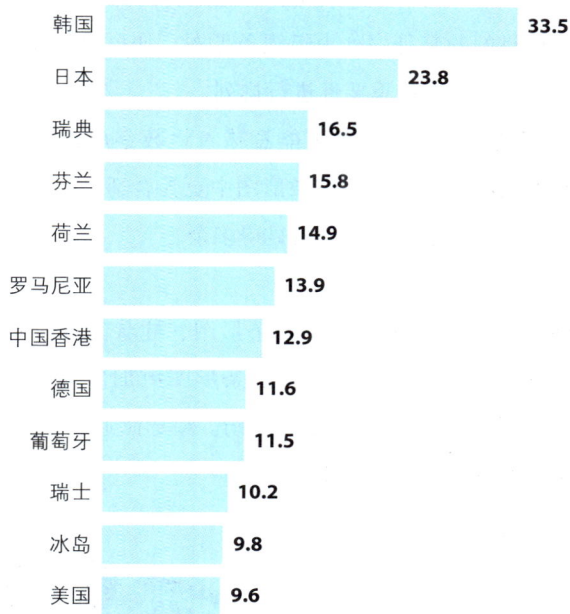

韩国	33.5
日本	23.8
瑞典	16.5
芬兰	15.8
荷兰	14.9
罗马尼亚	13.9
中国香港	12.9
德国	11.6
葡萄牙	11.5
瑞士	10.2
冰岛	9.8
美国	9.6

图 10-3　条形图

美国的老龄化人口数量

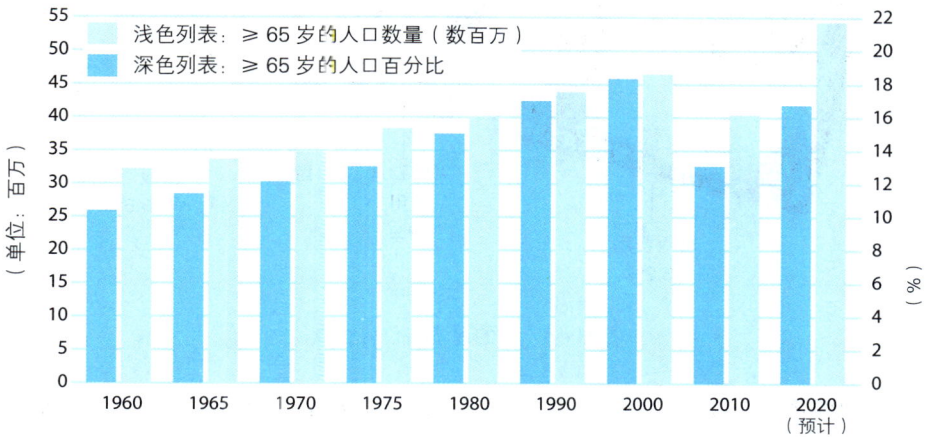

浅色列表：≥ 65 岁的人口数量（数百万）
深色列表：≥ 65 岁的人口百分比

图 10-4　多柱状图

以下若干提示有助于您设计有效的条形图和柱状图：

- 图表的横轴始终都展示时间变化，从左至右依次展开。

- 以最能实现目的的某种序列来组织条形图。您可以选择从高到低、从低到高、按字母顺序或按重要性进行排列。

- 确保所呈现的数值清晰。这可能意味着将数字放在条形图或柱状图一边。在其他情况下，数字放在条形图中更为合适。在少数情况下，横竖轴上标有刻度会让条形上的数值显得多余。

象形图　象形图（pictogram）是反映条形图、柱状图或饼状图的艺术性视觉呈现。如图 10-5 所示，象形图要比普通条形图更加生动有趣。因此，在针对诸如一般的外行听众时，这种方法尤为有用。象形图通常在数据上并不精确，因此它们不太适用于需要精准数据的报告。

书店管理费用
19%

作者版税
12.2%

税
8%

出版商利润
6.6%

书店利润
1%

出版费用
53.2%

图 10-5　你的课本的价格构成

曲线图　曲线图（graph）主要用于展示两大数量之间的相关性。它们非常适合于展示趋势，例如随着时间的推移销售上升或下降的变化。它们也可以显示大量的数据，以避免杂乱。曲线图既可以描述某种单一趋势，也可以展示两种或以上趋势之间的关系，如图 10-6 所示。请注意观察图 10-7 如何通过调整横轴和纵轴来显示同一数据。

工作趋势 2009—2012

图 10-6　多线图

出席人数 2009—2012

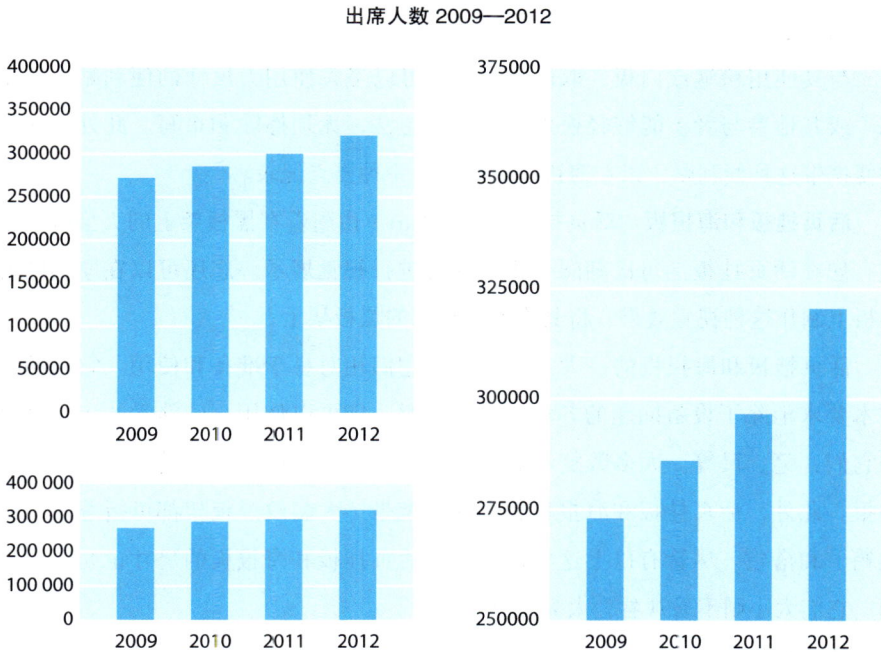

图 10-7　通过调整横、纵轴的数值大小，相同数据可以被扭曲

这些图表通过使用 PowerPoint 软件制作生成。

视频　有时候视频支持能成为加分项。如果您需要阐述动作，例如运动队的场上表现或演讲者的姿势，此时视频效果要优于其他所有方法。

尽管视频的种种好处，但包括您从 YouTube 网站上剪辑的视频或自己制作的录像都存在风险。这类非专业工作的问题包括各部分持续时间过长、缺乏连续性和利用非专业灯光来投射演讲内容。

视觉教具媒介

选择呈现视觉教具的最佳方式与选择正确类型的视觉教具同样重要。如果展示方式不当，哪怕最棒的图片、表格或图表都无法奏效。

粉笔和黑板　当演讲室里配备这些写字板时，它们可以用于记录现场出现的信息，例如头脑风暴的想法或观众对您提问的一系列回应。尽管如此，当您在呈现事先已准备好的视觉教具时，通常最好还是使用一种不需要您再转身背对观众徒手写或画的媒介。

与其使用粉笔或白板，取而代之，您可以考虑使用大尺寸的便利贴。这使您（或其他参与者）能够轻松地重新分类想法，无须擦除和重写。此外，您也方便携带这种便利贴，以在演讲结束时作为一种要点记录。

活页挂板和海报板　活页挂板（flip chart）由附着在黑板架上的大型板纸组成。您在活页挂板上每次翻阅一张纸即可进行视觉展示。您还可以在厚实的海报板上制作这种视觉效果，将其附着在相同的黑板架上。

活页挂板和海报板的一大主要优点是它们相对易于准备和使用。它们的低技术要求消除了设备问题的各种风险。同时，您可以使用自己熟悉的工具来创制它们：笔、尺等。大多数复印店也可以将计算机生成的文件转换成高质量的海报。此外，活页挂板和海报板相对便于携带（大多数黑板架都可折叠放入手提箱）和搭建。尽管有以上这些优点，但活页挂板和海报板的尺寸也是一个问题：它们太小则不易观看，太大又不易运输。

电脑显示屏　通过电脑和数据投影仪，您可以呈现各种丰富素材：文字照片、图表、表格和视频。只要设置正确，您甚至可以在演讲过程中利用电脑创建某种视觉效果，例如通过某个网站展示一份头脑风暴清单。很方便即可将您想投影的数据传输到闪存驱动器或其他便携式存储设备上。

在所有电脑支持的演讲形式中，请牢记墨菲定律（Murphy's Law）：系统只要可能会出现的差错，都将会出现。不要指望始终拥有一份快速稳定的网络连接。请注意系统的兼容性问题。就如您打算使用的那样，综合测试系统的各部分，最理想的场所就是您即将演讲之处。当您站在充满期待的听众面前，如果一份精心设计的演示文稿无法成功放映，那所有付出都功亏一篑。

宣传手册/讲义　宣传手册/讲义（handout）能够作为想法的一份永久记录。针对某种产品的复杂功能、名字和电话号码或"该做和不该做的注意事项"，听众如能拥有一份纸质版本则更易回想其中的内容。宣传手册还可以告诉听众那些您在演讲中没有涉及的其他细节。例如，您可以在销售过程中仅强调重点或简要概述某款新产品的技术特征，然后推荐听众从宣传手册中获取更多信息。

您可以使用宣传手册减少或避免听众记笔记的需要。如果您将关键点和数据呈现在手册上，听众即可全神贯注地倾听您的演讲而非笔记本，同时您也能确保他们的笔记是准确的。某些演讲者会使用"电子板"，一种可以生成任何您所写内容、宣传手册大小的塑料白擦板。注重环保的演讲者会在演讲结束后，通过给听众发电子邮件或上传到网上的方式，节约纸张并提高便携性。

宣传手册最大的问题是它们会分散注意力。场下传递材料的过程会打断您的演讲思路。一旦开始分发材料，您就需要与其竞争吸引听众注意力。基于此，演讲结束后再分发材料效果会更佳。如果在演讲过程中打印素材必须被介绍下，您可以引导听众何时开始、何时结束："让我们一起看下文件夹中粉红表格中的预算……现在我们已经检查了预算，让我们将注意力回到这张图表上来。"

演示软件

演示软件（presentation software），诸如微软 PowerPoint、苹果 Keynote 和 Prezi 类的软件，允许任何配备电脑之人创建与演示具有文字和视觉效果的专业演讲文稿。

演示软件的优点　演示软件可以通过诸多方式帮助演讲者，使他们能够根据特定需要生成定制化材料。下面罗列了一套好软件程序能为您提供的若干服务：

- 呈现具备特殊效果的屏幕演示，例如不同页面、动画间的平稳过渡。

- 为自己组织一套演讲笔记。

- 根据您的演讲提示或显示内容，为观众准备内容丰富的讲义。

- 创建演示内容的"运行时"（run-time）版本，以便您可以将演讲副本发送给那些没有观看演讲之人。

- 创建图表、曲线图和表格。

虽然计算机辅助设计可以非常有效，但其并非万无一失。即使是基本的演示软件程序，如文字处理和电子制表程序，也需要花费时间学习。如果您是第一次使用类似程序，请准备投入一至两小时的学习和练习时间，然后才能制作成品。如能获得精通设计程序的朋友或同事帮助，则情况更佳。这类帮助能够为您节省大量时间并避免少走弯路，否则您只能不断试错或翻阅查找说明书。

一旦您已掌握这一程序，抵制过度使用的诱惑同样重要。在大多数演讲中，简洁明了是一种美德。仅因为它可能会形成一种详细精美的视觉效果，并不意味着这类展示能够有效传达您的信息。例如，图10-8中的三维图可能已达到视觉展示复杂性的要求，至少在言语演讲中如此。如果它更复杂，那么这些数字在有限时间内很难理解。详细的视觉呈现可能适用于书面报告，但在演讲中简洁明了通常才是最佳之策。

演示软件的不足　每位优秀的演讲者都应在情形需要时能运用演示软件。但是，就像任何技术形式，演示软件在解决老问题的同时也会引发新问题。您应当避免计算机设计程序的如下若干陷阱：

信息难以令人信服　演示软件使得创建图表和曲线图、导入图像、整合动画及利用某种很酷的设计整体包装相对容易；但是，如果您的演示文稿结构不清晰，听众就会无法理解您的信息或相信您所说的内容。因此，您必须首先清晰地组织要点并论证主张，然后将内容传递到软件中。在您还没有遵循第九章组织计划之一形成自己的框架结构前，请抵制诱惑不要将想法格式化于演示软件中；与此同时，请确保您的观点具有本章前述支持素材的支撑论证。

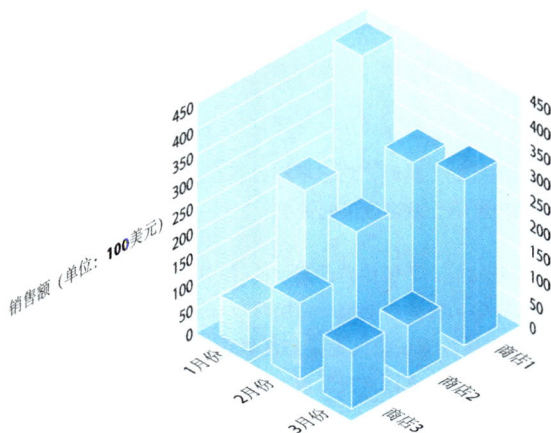

图 10-8 显示数据

大多数演示软件程序可以显示各种格式的数据。最佳的呈现是清晰阐述观点且不过于复杂。

形式重于内容 一种常见错误就是在演示文稿的形式设计而非内容上花费更多时间。无论幻灯片如何精美，都无法掩盖内容的缺陷。设计专家爱德华·塔夫特（Edward Tufte）这样说道：

> 如果你的数字很无聊，那就是你获得的数字有误。如果你的文字或图片不切合要点，无论它们多么炫目多彩，还是与主题无关。听众感到无聊通常是因为内容不对，而非修饰有误。

倾向于修饰字体、背景和过渡段落，还有一种原因是其更轻松简单。但在真正明白这点之前，您往往会耗时过多但收效甚微。正如某位专家所说：

> 我们雇用高薪员工丛在那里美化幻灯片——花费数小时来格式化幻灯片——因为这要比专心听您讲话更有趣……全世界数百万的高管坐在那里专注于"Arial 字体？ Times New Roman 字体？ 24 磅行距？ 18 磅行距？"

再次，避免这种形式重于内容倾向的最佳方法是在开始使用演示软件之前，您至少先创建一份关于演讲内容的大致纲要。

技术小贴士

演讲中避免电脑灾难

当使用计算机作为演讲的辅助工具时，您迟早都会遇上设备故障。以下提示有助于最大限度地减少硬件或软件故障影响您演讲效果的情况发生。

- 提前设置。在演讲开始前，请留给自己充足的时间用于设置和测试设备。您最不想让观众看到的应该是疯狂重启电脑、更换网线与尝试检测软件故障。
- 任何东西永远都带两份。假设您的设备忽然失灵，因为它一定会在某个时刻发生。对于笔记本电脑、显示面板或投影仪、调制解调器及其他所有您计划使用的硬件设备，请提前做好备份。
- 备份程序。将工作内容保存至 CD、闪存驱动器或其他存储介质能够避免灾难。您可能也想将文件副本电子邮件给自己一份以作备份。
- 能够获取备份技术支持。请罗列一份专家名单，以备出现问题时可以电话求助。
- 小心网络。互联网的实时使用特性很易引发灾难。网速可能很慢、网页可能忽然就无法打开。只要有可能，您最好将网站页面存储在硬盘驱动器或备份介质上：CD、DVD 或闪存驱动器。
- 准备好应急方案。准备好设备失灵的这种可能性。对于重要展示内容可以同时准备讲义副本。虽然它们可能不如高科技呈现那样时尚炫目，但总是聊胜于无。

内容过于复杂　您不能仅因为会使用演示软件进行精美设计就总是乐此不疲使用。数字化的呈现有时会让观众眼花缭乱，但是这种表象通常会让听众的注意力无法集中到您和您所说的内容上来。如果听众仅记住了您精心制作的图表和动画，但对您所说的要点一无所知，这种演讲很难说得上成功。

设计过于精良的演示文稿还有另一种危险，即它们可能会比简单呈现材料的方式更令人感到混乱。这在美国军队中已成为一种问题，即过度热情的演讲者也被称为"幻灯片游骑兵"（PowerPoint Rangers）。陆军部长路易斯·卡尔德拉（Louis Caldera）承认，有些军官通过过于精细的演讲以疏远立法者。"人们并没有在听我们说话，因为他们为了理解这些非常复杂的幻灯片已经耗费了太多时间。"他说道。

使用视觉教具指南

无论您是否使用宣传手册、海报板、活页挂图、幻灯片、黑板或电脑显示屏，请务必遵守本部分将讨论的基本准则。

谨慎选择　与您演讲的任何部分一样，选择视觉展示必须仔细谨慎。只有当您依靠某一视觉展示阐述观点的效果优于自我独自解释时，您才可以运用它。

确保您有理由使用视觉教具　如果配上图片与单独文字相比并不能更好地阐述观点，那就请不要使用。某位专业人士描述了使用过多视觉效果的常见错误：

> 人们所犯的最大错误是期待视觉展示成为演讲中心，但事实上您才是演讲的中心。如果听众过于关注屏幕就无法看您，您的演讲也无法产生原本的效果。所有视觉呈现的效果都应该是增强演讲者的演说效果，而非分散注意力。

为了使用而使用视觉展示将会使得听众无法集中注意力听取您想阐述的观点。亚利桑那大学管理信息系统教授道格拉斯·沃格尔（Douglas Vogel）引用了盲目使用动画弄巧成拙的案例："如果动画不恰当地强调重点或过于生动，人们可能只记得'跳舞的牛'，而不是'牛奶对你的益处'。"

确保幻灯片展示简洁明了　请牢记"少即是多"原则。听众回想起您观点的机会与您呈现幻灯片的数量成反比。

确保视觉效果复杂性匹配观众接受度　对于高管人员、老板和关键客户等重要听众的演讲通常要求非常优质的图表。虽然如此，但也有例外。例如，金融和科学专业人士通常更倾同于精简的做法。宝丽来（Polaroid）数码录像机产品经理艾米·奥夫斯桑（Amy Ofsthun）解释说："如果他们看到色彩和令人兴奋的视觉效果，人们就会认为数据可能以某种方法被处理过。因此，他们就不会相信结果。"

对于例行会谈，您自己可以制作非常充分的视觉展示。受益于电脑绘图的技术进步，您甚至可以免除从头开始创建数据的麻烦。在任何情况下，您都不应该将正式图像与非正式图像混在一起，这就好像您穿着网球鞋来配西装。

合理设计　混乱或粗糙的视觉呈现反而适得其反。以下简单的指导准则将有助于您制作清晰整洁的图像。

　　确保视觉呈现足够大　在您桌前看起来很清晰的视觉呈现可能对听众而言特别微小。避免使用那些过小的物品、图纸或照片，您必须额外解释或者递给听众才行。请记住，令人分心或不清楚的视觉呈现效果要比没有来得更糟糕。

　　确保视觉设计简单　每次展示仅呈现一种观点；避免不必要的细节，使用简单的字体。

　　仅使用少数文字　大部分展示都是视觉图像，因此您应当避免过多的文字。插图说明也应该只包含关键词或短语而不是句子。省去副标题。遵循"七原则"

自我测评

您的支持素材是否达标

　　使用以下标准回答每项问题。然后，将您的努力集中于如何在您认为所需的工作领域完善支持素材的运用。

	优秀	良好	及格
所有观点（主张）包含至少一种言语或视觉支持			
每种支持素材使得我的主张更加：			
清晰；			
有趣；			
有说服力			
我使用各种言语支持方式（定义、案例、故事、数据和对比），以增强演讲效果			
我的视觉呈现（图表、曲线图、照片、视频等）使得我的观点更清晰、有趣和有说服力			
我以某种能够提高演讲效果的方式进行视觉呈现：			
演讲时我看着观众、而非这些视觉展示；			
我只有在讨论这些视觉展示时才放映；			
我事先演习所有技术（例如电脑、投影仪），以确保在演讲场所一切能顺利运作			
我真诚地呈现信息并准确地支持自己的主张			
我引用材料的复杂性与观众、主题相贴合			
如有需要，我会标明支持素材的来源（您并非总需要标明来源：例如假设性案例、某些定义和您自己撰写的故事等）			

（Rule of Seven）：每张幻灯片不应超过七行，每行不超过七个字。如果展示需要进一步解释，请进行口头言语阐述。请记住，您是在做口头演讲，而非书面报告。

仅使用水平打印　避免使用垂直或斜体文字。如有必要，将插图说明放在页边，这样您就可以使用水平格式。

标记所有事项以清晰识别　确保每份展示都有一个描述性的标题。标记每份图的所有轴线、每份表的所有部分等。

只在讨论时才进行视觉展示　在讨论之前就进行视觉展示或演讲结束后再进行，都会让人感到困惑和分心。例如，在 PowerPoint 中，您可以通过按"B"或点号键（.）来清空屏幕，通过再次按键以显示屏幕内容。

确保视觉呈现在会议室里正常运作　仔细检查您所需黑板架、屏幕和其他设备的可用性。如有需要，请确保电源插座位置正确且延长线可用。检查所有听众座位的视线。确保您可以根据需要轻松地控制照明度。

练习使用视觉展示　事先练习如何顺畅快速地设置和退出视觉展示。仔细检查您将会做的每条评论。确保视觉展示按照正确的顺序恰当排列，这样您就可以避免出现图表混乱或幻灯片倒挂的尴尬情形。

掌握本章概要

要点回顾

- 支持素材在任何演示文稿中都至关重要并具有三大目的：澄清想法、增强素材趣味性、提供证明。
- 定义、案例、故事（虚构型、假设型和事实型）、数据、对比（比喻型和字面型）和引语都用作言语支持。
- 演讲者通过了解何时及如何引用来源，以创建合乎道德且可靠的演示文稿。
- 在商务演讲中，精心设计的视觉教具比单纯文字更快、更清晰地阐明某一观点，并且增加多样性和趣味性，提升演讲者的专业形象。
- 视觉教具具有多种功能：它们能够突出显示重要信息、显示事物外观、工作原理以及它们之间如何相互关联。

- 演讲者可以使用多种视觉教具类型：实物、模型、图片、图表、列表和表格、饼状图、条状图和柱状图、象形图、曲线图和视频。

- 视觉教具可以通过以下媒介进行呈现：粉笔和黑板、活页挂板和海报板、电脑显示屏、宣传手册／讲义。

- 演示软件有助于演讲者提升视觉展示的专业化形象。注意不要过多使用那些导致杂乱、过于刺激且不清晰的视觉展示。

- 成功的演讲者精心策划演讲内容、对于实质内容的强调超过形式设计、力求简单明了。

- 无论何种媒介，所有视觉展示都应遵循相同的基本惯例：易于理解、目的明确、适合阐述观点且能听众接受、在演讲环境中切实可行。

- 演讲者需要熟悉自己的视觉展示，以避免在演讲过程中出现尴尬意外。

职业拓展

1. 有用的洞察

请阅读纸质版演讲资料。您可以从大学图书馆或在线网站上找到这类演讲案例，例如《联邦观察员》（*Federal Observer*）: http://www. federalobserver.com 或者 Newsmax: http://archive. newsmax.com/hottopics/Great_Speeches.shtml。

请找出至少三类的支持素材案例。对于每一项，请界定支持素材的具体类型。它们又是如何遵循本文所说的指导原则的（例如，如果它是援引，是否遵循四步骤原则）？然后分析支持素材能否有助增强主题的清晰度、趣味性或证明力。在您的分析中，请考虑目标听众的兴趣和知识水平。

2. 能力建构

您将使用本章介绍的哪些支持类型（定义、数据等）以增强下列观点的趣味性、清晰度和证明力？请提供具体案例。

（1）高昂的学费让优秀学生对上大学望而止步。

（2）教科书定价有（没有）过高。

（3）定时支付账单符合客户最佳利益。

（4）公司通过赞助和补贴员工工作时间的活动方案以帮助员工和自己。

（5）文科教育在许多方面要比技术培训更有利于个人的事业发展。

3. 能力建构

通过从百科全书或在线资源（例如 http://dictionary.law.com 或 http://www.financial-dictionary.com）中选取若干详细定义，练习将定义改写成自己的话。首先，向全班同学逐字阅读该定义；然后，用您自己的话重述该定义。咨询一下您的同学哪个版本的定义更易理解。

4. 能力建构

精心挑选和生动讲述的故事可以帮助您以一种有趣和引人注意的方式阐述观点。在一分钟以内的简短介绍中，使用某个故事来阐述专业沟通的重要课程。您所说的故事可能基于个人经历、个人观察或所见所闻。

在以下两种方式中选择其一组织您的演讲：（1）首先陈述主题，然后阐述故事如何支持主题；（2）首先阐述故事，然后论证故事如何回应主题。无论何种方式，最后通过向观众展示您所描述的主题和故事如何与他们的职业生活息息相关来进行总结陈词。

5. 能力建构

练习将所引用的文献大声读出来。在各种类型来源中（报纸、可信赖杂志、书籍、网址、与专业人士的访谈）寻找有趣的事实。在课堂上，通过使用本书所述关于引用来源的"四步骤法"，将您引用的事实和来源大声读出来。

6. 能力建构

根据本章所述的支持素材之一制定一份简短演讲。在您的迷你演讲中包含说明此种支持类型的简短妙语、定义和视觉教具，解释此种支持类型的潜在用途和滥用情况，通过使用第九章所讨论的最后陈述类型以高效地结束您的演讲。

7. 能力建构

通过实施以下活动之一，练习您完善视觉教具的技能：

（1）制定一份图表或曲线图，展示过去十年中您所属的学生团体在人口特征上（年龄、性别等）的总体变化。

（2）地方商会聘请您编辑平面设计展览，其被用于演讲中以鼓励人们去您所在区域参观和定居。

设计素材反映以下信息：

① 典型工作岗位的平均工资；

② 能参与的娱乐活动类型；

③ 每月天晴的平均天数。

如果您认为这些数据对于听众而言过于复杂，请选择数据再绘制一份引人注意的区域图。

（3）设计三种视觉教具，可用于向新员工介绍贵公司的福利政策。

8. 能力建构

选择您可以借助视觉教具进行阐述的某项事实或数据。设计两种不同版本的视觉教具，它们分别有效地适用两类不同的观众或场合（例如一组实习生、某次科学会议研讨会、一场正式的公司晚宴、一周的员工例会）。

9. 能力建构

请收集本章阐述的每种言语和视觉支持类型案例，分析每项案例是如何有效地遵循上文所说的指导准则的，并阐述应当如何调整各项案例以适应口头演讲。

10. 有用的洞察

通过体验一次社区演讲，您可以更好地了解视觉教具如何被正确使用、忽略、过度使用或误用。请界定演讲者所使用的视觉支持教具并评估其对目标听众和场合的有效性。如果您已被聘请为顾问，针对演讲者视觉展示的有效性问题，您会提出何种建议？

第十一章

汇报演讲

本章目标

阅读完本章后您应该能够：

1. 评估各种演讲汇报类型，针对特定演讲选择与使用最适合的汇报类型。

2. 创建并高效地汇报：临场式与即兴式演讲。

3. 根据推荐的指导准则有效地主持问答环节。

4. 运用沟通焦虑的相关信息，以高效地与他人交流。

无论一份演讲文稿设计得有多棒，其必须能很好地传达给听众，才能获得成功。如昊您看上去很草率，演讲方式让人难以理解，或者似乎缺乏激情，听众可能会怀疑甚至拒绝您的想法。正如沟通顾问罗杰·埃尔斯（Roger Ailes）所说："你就是消息。听众无法在说话内容和说话主体之间进行区分。"

本章旨在提供一些建议，以帮助您以一种加强信息清晰度、趣味性和说服力的方式表达言论。本章内容包括：阐述各种汇报类型，针对如何提高视觉和声音表现提供建议，解释如何处理听众所提问题，并就如何处理重要演讲场合通常会出现的紧张感提供若干建议。

◎ 汇报类型

"演讲"一词会使人联想起一位演讲者站在讲台后面向被动的听众传达信息的场景。虽然某些商务和专业演讲遵循此种模式，但其中很多更具有互动性。

演讲类型包含三大类：独白（monologues）是一种单向演讲，汇报过程中不间断。这些在大型场合和正式场合最为合适。在较小的群体中，它们会让人感觉不太真诚，且给听众留下一种演讲者不关心听众的印象。引导性讨论（guided discussions）更具互动性。演讲者汇报信息并就所涵盖内容拥有预先设想，听众被鼓励提出问题和意见。管理一场引导性讨论更具挑战性，但是如果有更多听众接受这样的付出也算值得。正如其名，互动性演讲（interactive presentation）旨在吸引更多的听众加入。虽然演讲者仍然控制着整个过程，但互动性演讲更像一场对话而非演讲。互动性演讲在销售场景中很是常见，这其中主要由客户的兴趣向前推进沟通。

演讲者在汇报演讲时拥有四种选择。虽然如此，其中两类——临场式和即兴式——在大多数情况下效果最佳。

手稿式演讲

在手稿式演讲（manuscript presentation）中，演讲者按照事先准备的素材逐字逐句朗读其内容。手稿式演讲在公司年度会议、大会和新闻发布会上很常见。然而，普通手稿式演讲与经验不足一样无聊。

演讲新手在面对大量听众时，通常通过直接朗读手稿以试图掩盖其紧张感，他们因此也变成了没有生命的复读机。因为大多数演讲者都没有训练过大声朗读，所以他们的汇报时有停顿且不顺畅。更糟糕的是，演讲者因为紧张而过于依赖手稿，可能会在不自知的情况下造成严重错误。管理顾问马里琳·兰迪斯（Marilyn Landis）描述了这样一种灾难：

> 我记得某家大公司总裁，按照惯例要求公关经理为他写一份演讲稿。由于校对错误，该文稿包含两份同样的第五页。你猜到了，总裁最后在不自知的情况下重复读了两次第五页。

在法律或立法证据、外交演讲或其他场合中，哪怕轻微的错误表述都会造成十分严重的后果，此时手稿式演讲也许才是汇报的最佳方式。虽然如此，大多数演讲都不属于此类。因此，大多数情况下，一项简单却重要的原则就是：不要照稿念您的演讲。

记忆式演讲

如果照稿念不好的话，尝试记住整个手稿内容更加糟糕。您可能已遭遇过电话销售员或上门销售人员的记忆式推销说辞。如果是这样，您就明白记忆式演讲（memorized presentation）中最大的问题——一字一句地复述内容——这听上去就像背诵提前已记好的课文。

记忆式演讲似乎能够帮助您缓解紧张感，但是提前记住几乎已经证明怯场将会是一个严重问题。演讲者花费大量时间仅简单记住演讲的内容会引起麻烦。在演讲过程中，他们必须专注于记住下一步而不是真正参与演讲与讨论。

有时我们必须记住演讲的部分内容，因为在关键时刻看笔记会降低您的专业形象。销售人员通常被认为对于产品的主要功能了如指掌：功率大小、耗材多少和每分钟生成的复印件数量。人力资源管理人员可能会在没有参考手册的情况下就知道员工人身保险额度（如果所有员工的额度相同）及员工支付的保费数额。某位同事如果在退休晚宴上这样说就会显得很愚蠢："所有人都知道查理的贡献……"然后不得不停下查看笔记。对于这种情况，您可以提前记住演讲的关键部分。

临场式演讲

临场式演讲（extemporaneous presentation）虽然有提前规划和彩排，但是演讲者不用逐字背诵演讲内容。当进行临场演讲时，您已经对关键要点熟记于心，且很熟悉即将用到的支持素材。换句话说，您对演讲仅进行宏观把控，对于具体内容在演讲时自然发挥。如果您仔细准备，且和朋友、家人甚至一群同事、下属等已提前练习过若干次，那您可以尝试进行一场脱口而出的临场式演讲，也许您毫不费力即可轻松完成。几乎您所规划的所有演讲——销售演讲、在地方高中的演讲、向管理层评审委员会进行进度汇报、培训讲座、向员工或董事会作年度报告，都应该进行临场式演讲汇报。

一场成功的临场式演讲应该事先仔细彩排，但因为您是在和听众交谈，而非向听众做报告，因此真实演讲和彩排绝不会一模一样。某位演讲教练这样解释过：

> 我告诉演讲者在独白环境中努力谋求一种对话行为。对话行为就是两个人围在厨房桌旁进行交谈，它是舒适自然的，不需要太多思考。独白行为则是演讲者按照幻灯片的内容僵硬地陈述。

临场型演讲者使用笔记提醒想法的顺序和内容。对于这些笔记并无单一的最佳形式。某些演讲者更喜欢缩写大纲，其他演讲者则认为包含关键字或短语的索引卡片效果最佳。如果您使用索引卡片，有如下提示：将这些卡片打孔并用夹子夹住会是一个好主意，这样就无须担心掉落散开。如果不想把它们夹起来，也可以在每张卡片背面进行编号，这样您就能快速地将其有序排列。

无论您使用哪种形式，您的演讲笔记应当具有如下特征：

1. 笔记应当简洁　过分详细的笔记会让演讲者忍不住照读。例如，那些经验不足只能照着手册念的销售人员，通常在与潜在客户对话时会紧张。更有经验的销售人员能够使用手册的粗体标题作为指导。如果您在使用演示软件，幻灯片上的要点可能就是您所需的指导内容。

2. 笔记应当易辨认　当您需要笔记内容时，它们就不应成为没有意义的乱

职场小贴士

站着还是坐着

在演讲中到底是站着还是坐着取决于您的演讲目标。当然，在一个没有扩音效果的大房间里，您需要站着以便被看到和听到。但是，当与某人在喝咖啡的过程中交谈，站着就会显得别扭与不必要。虽然如此，还有些时候，无论站着还是坐着都可以。

当您想要达到如下效果请考虑站着：

- 被认为具有负责掌管权；
- 能够更好地呼吸与表达；
- 想看到听众且能被其看到，并保持眼神交流；
- 想从其他坐着的演讲者中脱颖而出。

当您想要达到如下效果请考虑坐着：

- 被视为想要与团体建立亲密关系；
- 被认为是团队的一部分；
- 避免被贴上"傲慢"的标签。

写涂鸦。笔记上的内容应当整齐且足够大，以便一目了然。如能更好，可以易于阅读的字体和大小将其打印出来。字体应当足够大，以便您能够快速阅读。

3. **笔记应当不易被察觉**　只要您照着笔记说没有分心，大多数听众都不会感觉被冒犯。在观众拍打纸或在讲台上整理若干文件都会成为一种嘈杂干扰。有些演讲者通过向听众提供纸质版宣传手册以避免类似问题，同时他们也利用宣传手册做笔记。只要这份宣传手册内容足够简短，不会让观众分心只阅读不倾听，这都会是个好主意。

即兴式演讲

迟早您都会被要求进行一次即兴式演讲（impromptu presentation），即一场意料之外、即席的演讲。客户可能会停在您办公室，要求您描述下明年春季推出的新模型。在庆祝晚宴上，您可能会被要求"说几句话"。经理可能会要求您"给我们介绍下这个问题的背景"或者"向我们介绍下你的工作进度"。您可能会忽然发现，在每周例会上您的下属对他们本应知道的进度一无所知，而这正是您即将向上司解释的项目。

进行一场即兴式演讲并不像其看上去那样恐怖。大多数时候，您会被要求在您的专业领域就某一主题展开演讲，例如当前正在进行的项目、您已解决的某一问题或您培训的技术领域，这些意味着您在此之前已经考虑过。另一个令人放心的事实是，大多数听众对于演讲者灵感乍现的演讲并不苛求完美。

如果能够遵循以下指导准则，您的即兴式演讲将最富成效。

预估下您可能被要求演讲的时机　大多数即兴演讲的情况都不会完全出乎意料。您可能是某一讨论主题的"专家"，或者至少是参与其中最多的一位。或者根据对负责人的了解，您知道大家期待您进行一场即兴式演讲。为了防止被忽然要求发言，您最好提前准备，这样您的演讲能得到更好地组织和传达。

聚焦于您的听众与具体情形　请认真考虑您的听众和演讲背景。您的听众在想什么？他们的态度是什么？您将要演讲的环境与氛围如何？您的演讲如能更多基于这些内容，演讲效果也会越佳。

接受有把握的要求　努力看上去充满自信，即使您不太喜欢演讲。如果您结巴、有停顿或看上去不开心，听众在您说话之前就开始会质疑您的言论价值。一旦被问到，无论自己是否想要，您都要开始演讲。您也可以很好地处理这一情形。

组织您的想法　为了避免没有目的的漫谈，请您在发言之前花上几分钟勾勒一份大纲，如果可能最好记下来。它可以遵循第九章所述的"引言—正文—结论"的架构。当您面对听众开始演讲时，首先请亮明自己的主题："我认为这一想法有若干问题"或者"以我在数码科技（Digitech）项目中的经验来看，我认为我们的成本预算太低"。如果您不确认自己的意见是什么，那么请如下阐述主题："我不知道我们应该采取哪种方式。我想我们需要在决策前再仔细看看。"

在您的正文叙述中明确自己的主要观点："我的第一个观点是……"然后通过重申主题以进行总结。

陈述原因、逻辑或事实以支持您的观点　在所有演讲中都是如此：当使用支持素材（数据、案例、对比等）时，您的观点也愈加清晰且有说服力。当然，这些信息不会像预先准备的那样详细，但是请提供若干证据或解释来支撑自己的论点："我记得，数码科技的工作在原材料和劳动力成本上分别比预算高出10% 和 15%。"

不要道歉 没有人会苛求即兴式演讲必须百分百完美呈现，因此突出您的知识、准备不足不是明智之举。类似"这是我的疏忽大意"或者"我不确定这是否正确"等言论没有必要。如果您真的没有其他可说，那就直说。

不要泛泛而谈 很多演讲新人在传达信息时都会犯错，然后他们还会继续说："这是我的观点：我认为潜在的收益值得冒险。当然，虽然是在冒险，但是我们一定会赢。这是为何我认为这不仅是个机会问题，也是一个预期风险问题，而且这很有意义。除非尝试下，否则我们永远也不会知道……"演讲者只需一句话进行总结："我认为值得冒险。"

◎ 汇报指导准则

选择汇报的最佳方式虽然有助于高效演讲，但是它也并不能保证演讲的整体高效。如果您也能考虑到汇报过程中的视觉和声音因素，那么演讲效果会更好。它们包括您的形象、措辞和声音。

视觉要素

演讲高效汇报中很重要的一部分就是演讲者的外在形象。您可以通过以下若干指导准则来提升自己的视觉效果。

着装得体 在任何场合外形都非常重要。当您开始演讲时，您的着装甚至更重要。您可能会在桌子后面将皱巴巴的西装藏起来，或者在某天需要置换办公室家具，您可以穿着比办公室着装规则更为休闲的衣服也无须受责备。但是，当您准备要在年度会议上提交财务报告或向上级管理层阐述最新提案时，上述情况不再适用。通常说来，您应当遵循组织的专业着装规范和第四章关于外在形象的提示建议。

但是高效着装并不总是需要盛装出席。如果场合要求休闲着装，过分正式可能与过分随意同样有害。汽车顾问巴里·伊森伯格发现休闲着装帮助其成功地成为一名领导型演讲专家。在长达一天、需要与数百名汽车车险申报者对话

职场文化

面向国际化听众演讲

满足所有听众而设计一场演讲需要仔细规划。当听众与您的背景不同时，还需要多加思考。以下提示有助于提高您赢得不同观众接受的可能性。

- 如有疑问，请比平常更正式地向听众演讲。通常，在美国和加拿大的商务演讲要比世界上其他地区更加非正式。在北美大部分地区看上去很友好的举止，可能在其他地方被认为不够尊重他人。
- 确保演讲内容高度结构化。请务必按照本章关于组织演讲的指导准则展开。首先，有一个清晰的引言，以界定演讲主题并预览全文要点；其次，在演讲的正文阶段突出主要论点，使用明确的组织框架；最后，通过概括主要论点以得出结论。
- 使用标准英语。大部分母语非英语的演讲者只在上学时学过英语，所以请避免使用大家不熟悉的习语和行话。只要有可能，请使用简单的单词和句子。此外，尽可能使用名词而非代词以尽量避免观众混淆。
- 比平常演讲略微更慢一些。但是，请不要提高音量：大喊大叫并不会让您的话更易理解。
- 使用宣传手册/讲义。大多数非本土听众对英语的阅读能力要好于听力，所以纸质版支持素材有助于他们理解和记住您的要点。请在演讲之前就向听众提供纸质版材料，这样他们更容易跟上和理解您的言论。
- 咨询当地有经验的导师。在演讲前，请向了解听众的某位导师展示您的演讲内容，以确保您的想法清晰且不存在会损害您信誉的错误。

的研讨会上，伊森伯格看上去就像一位职业律师，穿着无可挑剔的三件套西装，针对汽车保险为听众做了一场结构严谨的演讲。虽然主题很重要，但听众显然感到无聊至极。这时，伊森伯格迅速上楼回到酒店房间，脱掉了商务西装并换上了和听众一样的服装——休闲裤和露领衬衫。当他再次上台演讲时，伊森伯格从讲台后面走了出来，并采用了一种与其服饰相搭配的休闲演讲风格。事后，一些听众告诉伊森伯格，他是第一位看上去真正理解他们诉求的演讲者。

自信专业地走向演讲台　员工经常会惊讶地发现，当他们强势有魅力的上司必须在一群人面前演讲时，上司就完全失去了影响力，有些上司甚至在演讲之前已泄气。那些在等待演讲时手足无措或焦躁地摆弄衣服的演讲者，走向讲台就如同奔赴刑场；然后他们四处乱翻笔记本，与此同时麦克风也传递着某种非言语信号："我对自己或所说的内容没有信心。"如果开场时这种非言语信号很强烈，那么即使最棒的演讲内容都会让观众大打折扣。

演讲开始于您能够真正进入听众视角的那一刻。因此，请表现得让听众感觉这一言论值得聆听。

演讲前完成预备工作 如果需要黑板架或投影屏，在您演讲开始前请将其移动到位。如果讲台需要重新摆放，请在演讲前就完成。在很多演讲中同样重要的其他细节也是如此：调整麦克风、关上门、重置空调、重新安排座位。

同样重要的是，一定要在开始之前将自己的身体姿态调整正确。有些演讲者通常因为紧张，在演讲姿势调整好之前就脱口而出开场白。一个更好的方法是站立或移步到您开始演讲的位置，调整好自己，在您和听众建立连接的过程中等上几秒（即"暂停电源"），再开始演讲。

开场时不要翻阅笔记 在您开始演讲时，请与听众建立联系。因此，如果您眼睛看着笔记就无法建立这份联系。您可以记住开场白的确切措辞，但并不是真的有必要。无论您是说，"我有一种新方法，能够让大家以更低的成本获得更可靠的结果"或者"我的新方法将更可靠且成本更低"，这些并不重要：重要的是，在直面听众演讲时阐述您的这一观点。

建立和保持眼神交流 直面听众交谈的演讲者被认为更具参与感和真诚度。无论您是要提出新款创新型产品线，还是向员工保证近期预算削减效果，抑或试图说服当地民众贵公司在竭力遏制污染，您给听众留下的印象最终将决定演讲成败。

这种直接性很大程度上来源于演讲者和听众之间的眼神交流程度。演讲前，请用上片刻与观众建立联系。环顾下房间四周。认识到您是在与真实的人类进行沟通这一事实：与您共事的人，存在现实难题和担忧，但您能提供帮助的潜在客户等。通过眼神对视让他们知道您对其感兴趣。确保您的眼神几乎涵盖到屋里的每个人。随机一瞥：机械性地从右到左扫视场下听众会让您看上去像个机器人。很多演讲顾问会建议在您演讲时，请确保与整个会场的听众进行了眼神交流。如果听众数量对您而言太大，您无法与所有人取得眼神交流，请选择场内不同区域的若干人，与其中每位保持若干秒的眼神接触。

有效地站立和移动 表 11-1 描述了一些演讲时有效和无效的站立、移动方式。汇报演讲的最佳姿态是一种放松但坚定的状态。演讲者双脚牢牢地站在地面上且与肩同宽，身体面对听众，抬头挺胸，自然地看着听众。

保持好姿势并不意味着双脚只能牢牢扎根在地上，恰当的移动能够增加演讲的活力并帮助释放紧张情绪。您可以移动并利用视觉教具，离开再返回到原来的位置并走近听众。虽然如此，您的移动应该具有目的性。紧张的踱步也许会让演讲者感觉好些，但却会让听众分心。

表 11-1　演讲者肢体语言的常见解释

被视为独裁专横或傲慢
双臂交叉、环抱胸前
紧握双拳、重敲物体
双手放在臀部
用食指指向他人
双手放在背后
双手放在"顶尖"位置
双手翻弄衣领或下摆夹克
骄傲自满的手势
被视为不安全或紧张
紧握讲台
咀嚼物体，咬指甲、嘴唇
一直在清嗓
摆弄头发、胡须、首饰
来回摇摆
摩擦或摆弄衣服或身体
紧握双拳
口袋或手中的硬币、钥匙发出叮当响声
反复戴上、摘下眼镜
无精打采、懒散
过于笔直地站立
被视为开朗自信

（续表）

打开双手

健谈的手势

从讲台后面走出来

面向并走近听众

活泼愉快的脸部表情

引人注目的停顿

充满自信和一贯的眼神接触

如果您是向某个小团体进行演讲，例如四五名员工或潜在客户，您可能更适合坐着演讲。一般情况下，这类情形适用相同规则。您应当笔直地坐着且身体向前倾，懒洋洋地躺在椅子上或将脚放在桌上则暗示着某种冷漠甚至蔑视。自然地端坐，如果正在与这些人交谈，您的行为应当直接且活力十足，因为这在某种程度上也体现了您的为人。

不要草草收尾　在演讲结束之前就开始整理笔记或离开座位，这种非言语信息透露着您急于完成演讲。即使事实如此，大肆宣告这一事实只会让听众降低对您演讲的重视。请将您的注意力集中在主题和听众上，一直到演讲真正完成。

案例研究

拉拉队美女销售代表

任何在医生候诊室待过的人都可能注意到医药销售代表一直在寻求医生的关注。观察似乎表明，那些销售代表中的很多（如果不是大多数）都年轻俊美。一位医生指出："有一种说法，你永远都不会遇到其貌不扬的药物销售代表。"

《纽约时报》的一则故事揭示了很多这些俊美的销售代表以前都是校拉拉队员。田纳西州孟菲斯市一家名叫"无敌销售领导者"（Spirited Sales Leaders, SSL）的就业机构专门为公司组织推荐校拉拉队员。

然而，招聘人员和行业主管却坚持认为，外表并非选择貌美销售代表的主要标准。"其实是个性。"销售"百时美施贵宝"（Bristol-Myers Squibb）的全球制药公司总裁兰贝托·安德烈奥蒂（Lamberto Andreotti）说道。

停顿一下，然后自信地走下台　请确保在总结时逐渐降低音调，以便您清楚地表明演讲结束。上升音调听上去仍有疑问且不确定，这会让听众心存疑惑，不知演讲是否结束。当您结束言论时（或结束问答并总结主题时），请稍做停顿，然后自信地走下讲台。即使您对自己不满意，也请不要沮丧地急于摆脱或愤怒地跺脚走开。大多数演讲者都是自己最好的评论家，其实听众给予他们的评价很有可能要好于他们自己的评价。不过，如果您已表达出了自己的失望，那么最好能够说服听众您这次真的失败了。

言语要素

您选择的词语是汇报过程中的重要组成部分。当您在练习演讲时，请牢记以下若干要点：

使用口语演讲风格　口头想法与书面文字在结构和内容上都大不相同。这种区别恰好解释了为何照着手稿念的演讲者听起来如此古板乏味和不真实。您的演讲如果能够遵循以下这些简单的指导准则，它们听上去会很自然且令人愉快：

- 大多数语句言简意赅。复杂的长难句可能适用于书面文件，因为读者可以反复阅读直到明白其中含义。但是在口头演讲中，如果您的想法阐述简洁明了，那么它们最容易被理解。复杂的句子会让听众感到困惑："那些大部分时间彼此分开且独立工作的外勤人员，当他们无论是在工地还是在家办公，都需要更好的技术以保持相互联系。"这些想法如果用更加简短的句子进行表述，将会清晰很多："外勤人员大部分时间都独自工作。这让他们与其他外勤人员和在家办公人员难以保持联系。因此，他们需要更好的技术手段保持联系。"
- 自如地使用人称代词。演讲使用第一人称和第二人称代词听上去会更加个性化与直接。不要说"人们经常会问"，而换成"你可能会问"。同样地，不要说"销售人员发现"，而换成"我们的销售人员发现"。
- 使用主动语态。主动语态比动词被动式听上去更富个性化且更有趣。"我们决定"要比"这项决议被做出"听上去更有效，"10人出席了此次会议"要比"此次会议有 10 人参加"更好。

- 使用缩写形式。除非您需要强调完整的词语，缩写形式听上去会更加自然。例如，不要说"我们不会（we do not）期待很多改变"，而换成"我们不（we con't）期待很多改变"；不要说"我不（I do not）知道，但是我会（I will find）尽快给你们找到答复"，而换成"我不（I don't）知道，但是我会（I'll）尽快给你们找到答复"。

- 称呼听众姓名。使用直接称呼的形式可以让听众清楚地明白，您是真的在针对他们演讲，而非机械性念稿。针对个人的陈述有助于建立亲密关系并聚焦听众注意力："弗兰克，你和你同事在工资上可能都想知道这些变化是如何影响到你们的。""迪亚兹女士，今天上午我们很荣幸有机会向您介绍我们的想法。"

不要强调错误 即使是最好的演讲者也会偶尔忘词或犯错误。专业演讲者和业余演讲者之间的区别就是他们处理错误的方式。专业人士会爽快地继续，调整自己的言论以使得错误较不易被察觉。

通常，听众甚至都不会意识到错误。如果听众没有您的演讲大纲复印件，他们不会知道缺失的部分。即使他们察觉到您跳过了手册中原先准备演讲的某一章节，或者他们通过演讲结束后拿到供参考的大纲意识到您省略了其中的某一部分，他们也会认为您是有意为之，也许就是为了节省时间。如果您忽然在笔记本上找不到提示，短暂的停顿几乎无人能够察觉——只要您不要火急火燎地乱翻笔记本以突显这一事实。

但如果是明显的错误，比如引用错误数据、念错名字或者尝试使用设备但没反应，此时又该怎么办？这里最好的回答依然是尽量不引人注意。"让我纠正一下。该数据是针对当年的第一季度，而不仅是 3 月。"您可以这样说，然后继续演讲。当技术失灵时，调整并继续进程："带有数据的图表似乎找不到了。那么让我总结一下吧。"

最后，不要强调您没有的（"我没有时间创建一张我想要的图表"），相反，强调您已做的（"过去五年我针对销售数据开展了研究"）。

使用恰当词汇、吐字发音清晰 董事会会议或正式新闻发布会的语言与销

技术小贴士

利用智能手机分析演讲汇报

从听众视角来观察自己是进行自我分析和改进演讲汇报的有效路径。您所需要的就是一部能够录制视频的智能手机（或数码照相机）。

录制完演讲视频后，请仔细查看并全程做笔记。您可以标示"喜欢"和"不喜欢"两栏。然后反复观看视频四遍，速记下自己的优势和不足之处：

保持现状：按照原始格式重播视频，就像观众将会看到的那样。

静音：现在听不到声音，仅能看到自己。注意您的身体表达：姿势、手势、脸部表情等。

仅有音频：不看视频，仅听声音。您的演讲通俗易懂吗？流畅吗？饱含激情吗？您的发音是否正确、吐字是否清晰？

快进：最后加快视频播放速度，查看所有的重要表情、言谈举止或其他动作是否明显。

这种简单练习能够让您同时清楚自己的演讲优势及一系列需要完善之处。

售代表在度假村召开某次非正式会议截然不同。每种情形都要求各不相同的语言正式度（在致辞称呼、行话、俚语等方面）。选择适合于特定场合的语言至关重要。

发音正确也很重要。微不足道的错误都会很快地毁掉您的声誉或激怒听众，就像误读了某一重要术语或名字：该词是 scenario（剧本情节），而不是 screenario，同时本书的作者叫阿德勒（Adler），而不是阿尔德（Alder）。吐字发音清晰准确也很重要。"我们想出了一种新的数据处理系统（We are comin' out with a new data processin' system）"，这让听众认为演讲者傲慢自大，即使这些想法很好。

声音要素

您的声音与您所说的内容及外在同样重要。演讲者声音在表达他们对自我、话题和听众的态度上尤为有效：热情还是冷漠、自信还是紧张、友善还是敌意、尊重还是鄙视。以下指导准则是高效沟通的重要内容：

演讲富有激情与真诚　如果您并没有强烈感觉到探讨主题的重要性，那么听众几乎不可能感觉到。然而，当专业人士提出曾致力深入探讨的想法时，他们往往表现得无关紧要。

激发激情的最佳方式就是将您的演讲看作某些您真正相信的想法，按照自己的风格，如同信仰般地与他人分享。顾问罗杰·埃尔斯（Roger Ailes）这样强调这一点：

> 事实是：没有人能为其他人树立形象。如果您想以某种方式提升或改善自己，顾问能够帮助到您的只有建议和指导。我们可以针对您的风格指出优势与不足，然后提供替换和改善建议以帮助您。您首先必须自己想要提升和实行。最重要的是，无论您做何改变，必须符合真实的自己——尽您所能。如果提升无法与您的内在本质自然地符合，所有的培养建议、演讲指导及关于舞台灯光、登台表演和多媒体培训——这些虽然普遍与"形象塑造"相关——且都不会起作用。

在演讲压力下，您可能会忘记自己的言论有多重要。为了防止这种情况，请在演讲之前的片刻自我提醒这次演讲的目的。仔细想想哪些演讲内容有助于实现这次演讲目标。

演讲声音洪亮 至少，细小的声音会使听众听不到重要信息。此外，听众通常将过分柔和的声音理解为一种胆怯或缺乏信念的表现（"他就是听上去不太自信"）。大喊大叫过于冒犯（"她认为自己可以强迫我们购买她的产品吗"），但是演讲者应当声音足够洪亮以被清晰听见，且听上去自信满满。

避免不流利 不流利（disfluencies）是所有经历过说话结巴口吃（"呃""嗯"等）的表现 也包括其他"填充词"："你知道""像是""所以""好的"等。演讲中少量的不流利几乎不易被察觉，事实上，如果没有它们，整个谈话可能显得事先过度彩排和不自然。然而，过多的混乱、结巴和填充词会让演讲者听上去毫无组织、紧张且不确定。在不流利非常严重的情况中，听众可能会停止聆听您的演讲内容，相反却开始计算您使用"像是"或"你知道"的次数。

变化您的演讲音调 正如您在最佳状态的日常交际用语中那样，演讲中的语速、音调和音量也应该有所变化。通过对演讲主题和内容的真正激情呈现以带动您的演讲风格，如同在您的日常对话交流中。虽然如此，当您开始阐述主题和主要论点时，请务必放慢语速且适当地提升音量。您的听众明白这些提示意味着，"这很重要"。

有效使用停顿　不要害怕安静，它可以用于强调，以便让听众有时间来思考您的演讲内容和构思如何回答您的提问，或者它也可以用于暗示您所演讲内容的重要性。恰当的停顿意味着您对于演讲者这一角色非常满意，并不是任何时刻都需要用言语来填满。

◎ 问答环节

有机会现场回答问题是口头演讲的最大优点之一。书面报告可能会让读者感到困惑或者没有深刻印象，但是现场回答提问和关切有助于赢得听众的认可。

听众提问是几乎所有商务和职业演讲（从销售展示、培训课程到会议室开会）中的一部分。有时候，问答环节与演讲环节相互分离。其他时候，它们则与整个演讲结合在一起。无论如何，明白如何娴熟地回答提问至关重要。

何时回答问题

首要考虑的问题是您是否应该接受提问。当然，有时您别无选择。如果有人打断您的谈话并询问某些事实或数据，您似乎不可能对问题避而不答。但是，有时候出于时间或偏离主题风险的考虑，比如您可以说："根据议程我只有 10 分钟的时间，所以我没有时间用于回答问题。如果大家有任何问题，欢迎演讲结束后或休息、午餐时间进一步沟通。"如果您的演讲确实希望观众提问，您也可以决定提问时间。

演讲过程中　演讲者经常会鼓励听众在谈话过程中提问。这种方法可以让您立即回应听众的关切点。如果人们感到困惑，您可以通过详述某一点以向他们解释；如果他们有异议，您可以进行现场回应。

在演讲中处理听众提问确实有其缺点。有些提问过早，讨论点实际是您稍后演讲中的内容。还有些提问与主题无关、非常浪费您和其他听众的时间。如果您决定在谈话中处理提问，请遵循以下准则：

允许额外时间　有时候回答问题会占用您预先用来演讲的时间。一场 15 分

自我测评

评估您的演讲汇报

使用智能手机或摄像头记录您事先的演讲排练。如有可能，演讲时面对至少一位至两位听众，由其代表真实的观众。

演讲结束后，请查看录像，并在以下各方面标注出您的演讲效率。

视觉要素

我着装得体

我自信专业地走向演讲台

我在演讲前完成预备工作

我在开场时没有翻阅笔记

我在整个演讲过程中建立和保持眼神交流

我有效地站立和移动

结尾时我会稍作停顿，然后自信地走下台

言语要素

我使用了口语演讲风格

我没有强调错误

我使用了恰当词汇且吐字发音清晰

声音要素

我演讲富有激情与真诚

我演讲时声音洪亮

我避免了不流利

我调整了演讲中的语速、音调和音量

我能高效地使用停顿

观察首次彩排后，您可能会对自己的演讲做些调整。在注意到需要改进之处后，您可以再次记录并回顾演讲。重复此过程，直到您对结果满意为止。

钟的报告加上提问可能会长达 30 分钟或更长。如果时间有限，请尽量保持您的言论简洁，以便留有时间供听众回应。

承诺稍后回答过早提出的问题　不要感到自己有义务对所有提问都需详细回答。如果打算稍后再讨论某位听众的提问，您可以说："这是个很好的问题，我在稍后的演讲中会涉及这一点。"

演讲结束后　推迟提问，直到您准备的言论能够让您有效控制信息的呈现

职场小贴士

最大限度地减少听众打断

少数几次打断甚至会让经验丰富的演讲者手忙脚乱。以下提示可以帮助您最大限度地摆脱有意或无意打断的可能性：

- 在室外张贴演讲进行中的告示，并在开始演讲前关上房门；
- 将室内电话铃响设置到其他房间，或激活语音邮件以防止它们在演讲过程中发出响声；
- 在演讲期间，要求听众关闭手机和笔记本电脑；
- 告知听众演讲结束时再提出问题和意见（如果您不习惯演讲过程中回应提问和评论）；
- 让观众知道演讲茶歇时间；
- 与客服人员确认或者在房间外张贴告示，确保茶点不会在演讲中途被送进来；
- 确保在您演讲结束前，同一室内不会开始准备其他活动。（如果您是整个议程中的最后一位发言人，这点尤为重要）。

方式。不必担心有人通过提出无关紧要的评论或反对意见来让您分心。您还可以更好地控制演讲时长，并减少您在演讲还没结束之前就已耗尽时间的风险。

另外，当您拒绝听众的提问机会时，他们可能会过度沉迷在这些问题或关注点上，以至于错过很多您所说的内容。例如，您可能花费一半的演讲时间用于谈论产品优点，但是听众仍在怀疑自己是否负担得起。此外，由于人们能够记住的大部分信息来自演讲开场阶段和结尾阶段，您拒绝听众提问，等于是冒险让听众记住问答环节您提过的高价格或者您无法回答的黏性问题，而非让其记住演讲过程中您已论证过的高品质。

如何管理问题

无论您在演讲过程中或结束后处理这些问题，听众提问都是一项挑战。其中有些令人困惑，还有些直接露骨地抨击您的观点："你们这些来自纽约的家伙到底在中西部待过多久？"还有其他问题与您正在讨论的话题毫无关联："你所谈的电影放映机非常有趣。我想知道，你是否教授过电影制作的课程？"您可

伪装您的感受

　　每位演讲者都想要表现出自信与热情。但是，有时在演讲过程中，您可能会在自己对演讲主题不自信或缺乏热情时不得不面对听众。此时，您会如何协调"保持诚实的道德要求"与"商务沟通者有时不得不表达某些他们个人不赞同的观点"这一事实？

　　例如，假设您被要求将某位您不喜欢且认为其工作能力不合格的同事，介绍给一群新员工或客户。您会如何处理这一挑战？或者假如主管提出一项关于您部门与其他部门共享某一设备的建议。您不赞同这一提议，因为您预料到两部门会在准时完成工作上发生冲突。由于您为人热情且深受各部门喜爱，您的主管要求您"以一贯的热情与说服力"向其他部门提出这一建议。此时，您又会如何做？

　　您可以选择使用本书第六章所述的面谈技巧来询问有经验的沟通者如何应对这些挑战。根据他们的回答和自己的思考，制定出一项关于您的公众行为应当如何准确地反映个人疑虑的方案。

以按照以下建议最高效地回应这些问题。

　　主动行动　有时候听众可能不愿意问第一个问题，您可以在问答环节这样引出提问："你们可能心存这样的疑惑……"或者"几天前有人问是否……"您也可以通过身体向前倾这样的非言语动作鼓励听众提问，正如您邀请他们踊跃发言一样。当您在鼓励提问时甚至可以举起自己的手。

　　预测可能的问题　把自己放置在听众的立场。他们可能会问何种问题？他们是否有可能发现您的部分演讲主题难以理解？是否有些观点会引起他们的反对？正如为准备一场重要考试提前预测可能被考查的问题那样，您也应当针对可能会遇到的询问提前准备如何应答。

　　澄清复杂或混乱的问题　您可以按照自己的理解复述提问以确保正确理解问题："如果我理解正确，汤姆，你是在问为什么我们现有人手无法处理这一问题，对吗？"除了帮助您理解提问者的需求，澄清还能给您留有一些宝贵时间以构思答案。最后，它还能帮助其他听众了解这一问题。如果听众数量庞大，复述提问有助于确保每位听众都能听到："这位先生问我们是否有关于该设备的融资条款。"

尊重提问者　对抗或羞辱哪怕是最敌对的提问者都无法让您从中获益。通过认真对待每一个问题甚至称赞提问者，您可以保持尊严并获得其他听众的支持："诺拉，你认为这项计划很牵强，我并不会责备你。开始时我们也认为它很奇怪，随着我们不断的检查修改，这项计划看起来也越加完善。"

即使您明知自己正确，也不能和听众争论以获胜。一个"是的—但是"回复（"是的，我们确实超出了预算，但是这不是我们的过错……"）可能会让您听上去在辩解或防御，并且是在与提问者对抗。相反，您可以使用"是的—而且"回复："是的，我们确实超出了预算，而且这同样困扰着我们。这就是我们在报告中对此问题进行解释的原因。"

保证回答聚焦于演讲目标　不要让提问将您脱离主题轨道。尝试以有助于实现目标的方式来构思回答："这当然不同于我们过去刚开始时的处事方式，斯蒂夫。例如，我们现在拥有的计算机系统有助于降低成本与错误。让我再次检查下这些数据。"

您可以通过承诺演讲结束后和提问者详细讨论或向他们发送更多信息，以此避免冒犯提问者："我很乐意向你展示电气计划，佩吉。让我们今天下午碰头详细看一下。"

必要时争取时间　有时针对某一出其不意的提问，演讲者需要一些时间来规划答案。您可以通过以下几种方式争取时间。第一，等候提问者完成发言。除了礼貌，这也让您有时间内心构思答案。第二，您可以将提问者的问题反问回去："您将如何处理此种情况并能继续执行该项目，玛丽？"您也可以将这一问题转拋给另一位观众："克里斯，你是我们所拥有的最佳技术人才。请问节约能源成本的最佳方式是什么？"

面对整体听众进行回复　当提问者正在提问时，请注视着他；但是当您正在回答问题时，请面对所有听众。这种方式高效实用，有两大原因：第一，它让所有听众都能参与其中，而非让他们感觉自己仅是旁观者；第二，它可以帮助您避免陷入与致意提问者的辩论周旋。如果您对所有听众进行回应，大部分评论者可能会保持沉默。您可能无法说服那位发表批评意见的听众，但是您可以通过回答来获得其他听众的信任。

回答最后一个提问后顺带总结　听众尤其可能对他们听到的结语记忆深刻，

因此请在问答环节再次简要重述主题或者呼吁听众采取实际行动以达到此次演讲目的。典型的类似总结如下：

> 我很荣幸有机会回答您的提问。现在我们已经介绍完了整个成本预测，我想大家能够明白，为何我们相信这项提议有助于提高生产率且一夜间削减将近 10% 的开销。我们准备立刻进行上述调整。因此，如能越早听到各位的意见，我们也能越早开始。

◎ 自信演讲

如果进行演讲这一想法会让您感到焦虑，那么您的状态很对。根据欧文·华莱士（Irving Wallace）和大卫·瓦伦欣斯基（David Wallechinsky）的系列书籍《书单》（*Book of Lists*）中针对某一样本开展的调研，3000 名美国人将"在某一群体前演讲"认定为最恐怖的事情，恐怖程度甚至超过死亡。这虽然并不意味着大多数人宁愿死也不愿演讲，但是它确实强调了这样一个事实：公众演讲会让人心惊胆战。

怯场或者是沟通专家所称的"沟通恐惧"（communication apprehension），正如普通人那样，商人同样面临该问题。纽约知言沟通咨询公司通过对 500 名高管调查发现，将近 80% 的高管将"怯场"列为公众演讲中所面临的最大问题，这一问题甚至排在"处理敌意质问者"之前。另一项调查发现，某城市大约 1/3 的人对于面对公众演讲有着某种不正常的焦虑。

当一份工作的要求包含演讲汇报，演讲焦虑甚至可能会毁掉职业前途。您一想到演讲就会像肚子里有蝴蝶振翅，或者手心出汗、口干舌燥，再或者感到晕厥、恶心或头脑一片空白，也许您要放宽心，并明白大多数人，包括著名演员、政治家和那些经常出没在公众面前的企业高管，都会经历一定程度的紧张演讲。尽管这一现象很普遍，沟通恐惧却并非会成为一项严重的问题。

令人放心的是，无论您感到如何焦虑，您的外在忧虑不会像内心恐惧那样明显。在一些研究中，沟通者被要求自我评价其焦虑程度。与此同时，其他人对演讲者的焦虑程度进行印象打分。在所有情况中，演讲者都认为自己要比观察者所认为的更加紧张。即使焦虑显而易见时，它也不会显著地降低对演讲者演讲效果的评估。

这些研究结果对易于焦虑的演讲者来说是个利好消息。令人安心的是，即使您害怕，听众也不可能意识到这一事实或认为它分散了自己的注意力。同时，知道听众并没有受到焦虑干扰，实际上减少了一个主要的焦虑源，而这能够让您感到更加自信。

接受适度紧张情绪

适当程度的紧张不仅正常，甚至是可取的。某位顾问说："如果我有办法消除所有的演讲恐惧，我不会这样做。马马虎虎应付演讲之时也是您摔个嘴啃地的时候。"随着您站起来肾上腺素会极速上升——您身体对威胁情形的反应——可以让您比轻松休闲时看上去更富活力、激情和有力量。

那么，正确的目标就不是消除而是控制紧张。正如某位经验丰富的演讲者所说："蝴蝶永远都不会消失，它们只是一会儿之后开始列队飞行。"

大多数演讲者最为紧张的时刻是在演讲开始之前，此时他们老是在想有场演讲即将到来。一旦正式开始演讲，他们的焦虑感就会随之降低。牢记这一事实——"一旦我开始说话，演讲只会越来越好"——甚至可以帮助您减少演讲前的焦虑。

多多训练

像许多不熟悉的活动，例如滑冰、学习开车和面试求职等，首次尝试公众演讲也会令人感到紧张。焦虑的原因之一是缺乏技能和经验。此外，这一崭新的活动令人感到害怕。

由于新鲜事物会引起焦虑，因此成为一名更加自信演讲者的方法之一就是多说。与其他技能一样，您的首次尝试应当包含一个风险相对较低的适度挑战。在大学、公司和一些社区组织中讲授的演讲课程与讲习班能为一群演讲新手提供机会，让他们在彼此和辅助教练面前锻炼。一旦完成此项任务后，能够针对小规模且熟悉的听众就一些非紧急事件开展数次演讲会是个很好的选择。

事前彩排

很多演讲时发生的灾难都来自事先彩排不足。如果您能够提前练习，遗失的便条卡片、演讲过长、笨拙的措辞及混乱的材料都可以得到补救。当您在演讲中添加越来越多的技术性辅助时，全面细致事先彩排的需求将会大幅上升。投影仪灯泡可能会烧坏、插线板可能太短、网络连接和演示文稿可能崩溃，以及麦克风可能失灵。最好能在面对真正听众之前就发现这些事实。

计算机辅助演讲会制造终极演讲噩梦，正如以下两大案例所示：

> 多媒体制作人大卫·曼达拉（Dave Mandala）计划在匈牙利举办一场复杂的演讲。为了安全起见，他自己运送了 12 台显示器而非实际需要的 8 台。他惊恐地打开金属架构加衬垫的包装箱，发现每一台都已浸满水。

> 远程办公顾问克雷格·奥康纳（Craig O'Connor）使用自己的设备发表重要讲话。演讲进行到一半，奥康纳的个人日历程序忽然在他正在使用的两大投影屏幕上闪烁出一条信息，提醒他妻子要求其在回家的路上跑步。

彩排可以最大化减少上述灾难。当您面对听众时，它们还能确保您对材料已了然于胸。在练习演讲时，请遵循以下指导准则：

特别注意您的引言和结论 听众对于一场演讲的引言和结论记忆最为深刻清晰。演讲的首尾时刻特别重要，因此请明确您的演讲汇报方式高效、字字珠玑。

站在某位听众面前彩排 内心彩排虽然重要，但是您无法知道自己的想法是否听起来真好，或者只有当您将想法说出来时才知道它们是否符合恰当时机。因此应在现场听众面前排练多次。事实上，彩排听众规模越接近真实演讲中的听众数量时，您将会越加自信。戴尔·卡耐基公司课程总监大卫·格林（David Green）解释道："这就是彩排的目的——为了让你的注意力脱离内容并与听众连接。"

在真实场景中彩排 如有可能，请在您真正演讲的地方进行彩排。确保您拥有一切所需且可正常运作的设备。

自信树立策略

即使是最自信的演讲者，也迟早会遭遇到引起焦虑的情形。当您发生这种情况时，以下提示有助于您合理控制自己的紧张情绪。

- 在朋友或同事面前排练演讲。确保您的测试听众会诚实地告诉您演讲的优点与不足。当您尚有足够时间调整方式时，最好能够知晓这些利弊之处。
- 着装职业化。穿上一件新西装外套甚至一件新熨好的衬衫和休闲裤，可以快速提升自信心。
- 演讲之前，避免饮用酒精、咖啡和碳酸饮料。
- 演讲之前，适当走动或伸展以舒缓压力并释放过多的紧张情绪。
- 演讲之前，在屋内适当走动并与听众交谈。这有助于建立演讲者与听众之间的连接，并帮助您将观众视为真实人物。
- 请记住：您正在分享自己所了解的信息，恰好也是他人想知道的内容。正确地看待演讲，您会做得更好。
- 演讲过程中，寻找友善的面孔并建立、保持眼神交流。一旦您看到有人站在自己这一边，那么您的自信心也会不断增长。
- 不要试图模仿别人。观察您崇拜的演讲者对于指导自己固然有好处，但是请塑造自我风格。回想一下您演讲最佳状态时效率有多高，然后据此作为塑造自我演讲风格的基础。

聚焦议题与听众

想想您的感受——尤其是像焦虑这样的艰难情感，是可以理解的。但是过分关注焦虑只会让您更紧张。相反，将精力集中在演讲内容和听众上更富成效。如果您相信自己的演讲观点，并且您渴望听众能够理解并接受您的信息，那么您的自然热情将会取代焦虑，同时紧张感会被缩小至可控范围之内。

理性思考演讲

对于有些演讲者而言，其脑中设想的演讲而非演讲本身令他们感到更加焦虑。研究者已经界定出了若干不合理但强有力，且能够导致不必要焦虑的想法。在这些错误的观念中，有以下三种谬论。

谬论一：演讲必须十全十美 无论您是针对价值数百万美元的潜在公司客户还是一小群实习生进行演讲，演讲都必须组织清晰、准备完整且汇报高效。但是，期待它十全一美无疑会是焦虑之源。辛辛那提一家职业发展和培训公司的创始人奥蒂斯·小威廉姆斯（Otis Williams Jr.）说道："训练只能让您不断变好，但是十全十美却不存在。演讲的目标是非常舒服自然地开展演讲，以最轻松的方式滔滔不绝。"演讲可以高效但却不会完美无缺。同样的原则适用于演讲错误的其他类型。如果您省略某一点或重新构思一两个想法，大多数听众都不会注意到。

谬论二：有可能说服所有听众 即使最好的产品也无法销售给所有人。同样，即使是最有天赋的人也无法赢得所有听众的支持。期待某场演讲能够实现所有目标是不切实际的。如果您将自己的言论视为实现长期目标中的一步，那么您的压力就会减少些。第十二章提出了更多关于如何逐渐促进观众实现自己最终目标的提示与建议。

谬论三：有可能发生最糟糕的情况 某些悲观演讲者因为老想着可能有的最糟糕结果而感到不必要的紧张。他们设想自己走上讲台时，头脑会一片空白或观点都混淆起来。他们假想听众会提无法回答的问题，并报之以敌意甚至嘲笑的回应。即使这种灾难不可能发生，这些幻想呈现了他们自己的一种生活态度，因此有可能会让预言成真：恐惧的想法本身会让演讲者搞砸演讲。

以更加理性的态度取代这种自我毁灭式的思维，有助于您在面对听众时大幅增加自信。克服对失败不合理恐惧的一种方法是满足自己的灾难式幻想。设想一副自己因为恐惧而昏倒、所有人都睡着了或者老板现场解雇了您的场景，然后思考一下这些最坏情况发生的细微可能性。接下来，思考一下您遇到较小问题的可能性，例如被打断或遭遇技术故障。考虑如何应对这些挑战及它们影响成功演讲的细微可能性。现在请想象最好的结果，例如接受听众起立的热烈鼓掌或者立即被擢升为副总裁。同时，请考虑更多可能的积极结果，如吸引听众注意力并达成目标。请意识到：巨大灾难不太可能发生，而且在很大程度上，您有权决定自己演讲的最终结果。

掌握本章概要

要点回顾

- 临场式演讲类型通常是四种类型（手稿式、记忆式、临场式、即兴式）中最有效的方式，因为它将自然而生的热情与事先彩排的准确性完美结合。虽然如此，手稿式演讲汇报对于法律或外交事由可能更为必要。

- 演讲者的笔记应当简洁、清晰和不易被察觉。

- 当即兴式演讲有必要时，演讲者最好能够做到：提出明确主题，利用原因、逻辑或事实加以支撑论证主题，演讲中不要道歉，要避免泛泛而谈。

- 成功的演讲汇报包括视觉、言语和声音要素。在视觉上，演讲者需要看上去富有激情且自信。因此，需要穿着职业得体并在开场前进行眼神交流，保持眼神交流和自然走动，以及沉着稳定（不匆忙）地结束演讲。

- 在言语上，演讲者应当使用口语风格，避免听众聚焦错误，以及用词恰当、吐字清晰。

- 在声音上，如果演讲者能够保持声音洪亮、变化多样、有恰当停顿且没有不流畅之处，这样的声音听上去会让听众认为，演讲者对于演讲主题和听众都认真对待。

- 问答环节几乎是所有演讲的组成部分，其允许演讲者快速回应观众。演讲者应当决定在演讲过程中或结束后是否邀请提问。演讲过程中当问题出现时，及时处理可以让演讲者澄清观点，尽管其有偏离主题的风险。演讲之后回应问题有助于演讲者合理控制演讲时间。

- 如果没有听众提问，演讲者可以通过主动提问从而引出提问环节。在提问环节，演讲者可以预测潜在问题、澄清复杂问题、带有侧重并怀抱敬重之心对待听众、进行总结。

- 沟通恐惧是常见之事，可控范围内的焦虑有助于精力充沛地进行演讲。通过以平常心接受它、多多练习、事先彩排、以听众为中心（不是自我为中心）及理性思考，将焦虑保持在可容忍范围之内。

- 理性思考有助于消除这些谬论：演讲必须十全十美才能有效、演讲中的所有人都可以被说服，以及灾难确定会发生。

职业拓展

1. 有用的洞察

与两位或更多同学，一起尝试各种不同类型的演讲方式。按照以下步骤：

首先，基于合适的商务或专业主题选择某一文章段落。您可以自己撰写，也可以从报纸、期刊或一些其他出版物中选择一篇文章。

面向听众逐字逐句阅读该文章。当您在发表评论时，请注意自己的内心感受。您感到舒适和富有热情吗？您的听众又是如何描述您的演讲汇报？

尝试记住并脱稿演讲部分内容。回忆其中内容难易程度如何？您的汇报效率如何？如果您忽然卡住且忘记了剩余段落内容，您又该怎么办？

现在临场再演讲汇报一遍，用自己的话改述文章内容。建立一份简短的演讲笔记，写出关键词而非完整长句。按照引言（吸引注意力、主题和预览）、正文（根据主要论点和支持观点合理组织）和结论的大纲格式组织您的笔记。查看这种方式是否让您感觉到更舒适，能否给听众留下更好的印象。

2. 能力建构

根据导师现场提供或您随机抽取的主题，向小组成员作大约 1 分钟的简短报告，以此锻炼您的即兴演讲能力。

当您在规划和发表言论时，请务必遵守本章所述有关即兴演讲的指导准则。您可以花几分钟将自己的想法组织成一份清晰明了的计划：按照专题、时间顺序、问题解决等方式。迈上讲台时自信、稍作停顿，然后面向班级同学开始自己的演讲。确保您的引言和结论包含针对主题的清晰陈述。

3. 能力建构

请在一张纸上写下某个短语，它代表了您想和班级同学分享的关于自己的一则趣闻。全班同学轮流进行，这样每个人都有机会走上讲台，手中拿着便条纸，与班级分享这条信息。请注意遵守演讲汇报中关于视觉要素的指导准则。在演讲之前组织您的笔记，演讲正式开始前请与听众保持眼神交流并维持一种自信姿势。演讲结束后，当听众鼓掌时请仍然保持眼神交流。请在听众全部停止鼓掌后再整理笔记并走下讲台。

4. 有用的洞察

浏览当前的电视指南并选出一档演讲者正在进行口头演讲的节目。其讨论的主题并不重要：节目可以和教育、宗教、政治或者新闻相关。

调低音量并观察演讲者的视觉传达，注意观察着装、站姿、手势、面部表情和眼神交流的效果。

这些视觉传达方面是如何暗示着演讲者的身份、热情、真诚和能力的？

5. 有用的洞察

请找出关于某一主题口头演讲的一档电视节目或互联网视频，内容并不重要。访谈类节目很好，但是不要选择那些扮演特定角色而非真实展现自我的节目。使用本书的自我测评标准，以评估演讲汇报的质量。根据对这位演讲者的分析，您可以从其发言中学习哪些经验以运用到自己的演讲中？

6. 能力建构

使用口语演讲风格进行自我练习。将高效的口语示例填写到下列空白框内。若干示例已为您填写好。

建议	糟糕示例	改善示例
保持语句言简意赅	"那些大部分时间彼此分开且独立工作的外勤人员，当他们无论是在工地还是在家办公时，都需要更好的技术以保持相互联系。"	"外勤人员大部分时间都独自工作。这让他们与其他外勤人员和在家办公人员难以保持联系。因此，他们需要更好的技术手段保持联系。"
	"我想和你解释的想法是，虽然回避和适应看起来好像是很有礼貌的沟通方式，但有时采用一种自信语言风格更加可取。"	
	"大量研究表明，清晰地组织言论有助于您的信息更易理解、让听众感到快乐并提升您作为演讲者的专业形象。"	

（续表）

建议	糟糕示例	改善示例
使用人称代词	"人们通常会问……"	"您可能会问……"
	"那些尝试使用此种策略的人起初并不总是成功。"	
	"学生会被强烈建议学习有效沟通的策略。"	
	"现场听众可能想要尝试下此想法。"	
使用主动语态	"这项决议被做出……"	"我们决定那样。"
	"以下这点被指出……"	
	"记忆式演讲被班级中某些最怯场的学生发言者使用。"	
使用缩写形式	"我们不（do not）希望很多改变。"	"我们不（don't）希望很多改变。"
	"我将会详细介绍我所认为在面试中最为有效的策略。"	
	"认真思考您身处此种情形的频率很重要。"	
称呼听众姓名	"我们很荣幸今天上午能够呈现我们的观点。"	"迪亚兹女士，今天上午我们很荣幸有机会向您介绍我们的想法。"
	"上周有人就系座位安全带发表了演讲。今晚我的演讲将以该主题为基础。"	

7. 有用的洞察

通过采访若干位经常发表演讲的专业人士，以获得关于管理沟通焦虑的重要见解。询问他们在公众面前演讲时是否曾经感到紧张过。如果有，他们又是如何管理自己的怯场行为的？

第十二章

商务演讲类型

本章目标

阅读完本章后您应该能够：

1. 准备和发表下列信息型演讲类型：通报会、可行性报告、进度报告、总结报告和培训课程。

2. 针对您的演讲主题、听众和演讲形势选择最具说服力的组织性计划。

3. 了解动机演讲、亲善演讲、提议和销售讲演的组成要素并能够开展这些演讲。

4. 制定一项合乎道德且高效的劝说型呼吁请求。

5. 区分劝说型策略（问题解决方案、比较优势、标准满意度和动机排序），并在合适的演讲中使用每种类型。

6. 与他人合作计划并开展一次小组演讲。

7. 为这些特殊场合准备并发表言论：致欢迎辞、介绍另一位演讲者、表彰个人或机构、致祝酒辞，以及颁发和接受奖项。

阅读至此，您已经知道如何发表一场高效演讲，并可以参考第九章至第十一章的内容。但是具体情况需要具体方法。本章将针对各种类型演讲汇报提供指导指南：信息型演讲（通报会、报告、培训）、各种形式的劝说型演讲、小组演讲及特殊场合演讲（致欢迎辞、介绍、表彰个人或机构、致祝酒辞及颁发和接受奖项）。

本章基于您已学到的技能，帮助您再次提高演讲效果，使得您的演讲更为有趣和高效——甚至不同凡响。

◎ 信息型演讲

信息型演讲是职场中的一种共同特性。您可能被要求向老板更新汇报自己的项目进程，将自己从客户调查中掌握的信息转述给团队同事，或者教授同事如何使用某款新软件系统。在这些情景中——无论其是正式还是非正式的——信息型演讲的基本原则将帮助您组织言论。这些原则也是劝说型演讲的基础。

通报会

通报会（briefing）是一种简短性谈话，为已经感兴趣和有所了解的听众提供他们完成各自工作所需的具体信息。有些通报会旨在向听众更新汇报过去已发生的情况。例如，护士和警务人员在每次换班之前都会参加通报会，以了解自上次值班以来所发生的情况。其他通报会侧重于未来发生的情况。餐厅行政主厨可能会向服务员简述当天的特色菜，处理广告账户的代表可能会在重要会议之前向代理机构小组介绍客户的兴趣和特别要求。尽管通报会有许多不同用途，但基本具备以下特征：

- 长度。顾名思义，大多数通报会都很简要——通常就特定主题阐述不会超过 2~3 分钟。
- 组织。由于简洁，通报会通常不要求第九章所述吸引注意力的引言或结论。它们的组织架构简单，通常按照主题或时间顺序展开。
- 内容。通报会可能会总结某一观点（"正如你们所了解的，我们承诺在

1 分钟以内回复所有电话"），但是他们通常不会提出对其有利的复杂论点。大多数通报会参加者已经知道他们参加的原因，同时主要关注点在于让他们充分准备好着手工作。

- 演示教具。有些通报会可能包括简单的视觉辅助教具（"我们新员工的身份牌看起来就像这样"），但是它们几乎没有更长、更复杂演示文稿中所包含的那种细节。
- 语言和表达。由于它们的非正式特质，通报会通常是一种对话模式。表述方式多是一种务实的事务交待，而非慷慨激昂的演讲。

以下是针对一群展销代表的通报会案例，他们是贸易会展上创业公司展示区的工作人员。请注意下述言论简明扼要。它们概要地陈述主题（"我们如何准备将会产生巨大不同"），然后为销售团队制定了清晰明确的指导准则。

这是我们首次向公众自我展示的机会。未来三天内大家的充分准备将对我们的创业开局产生巨大影响。我知道你们能够胜任这份工作。在我们正式开始之前，这里有若干最后注意事项向大家说明一下。

首先，关于手册：它们本应该通过隔夜快递今天就到达，但是现在它们还没到。凯西将继续查看邮件收发室，如果 9 点之前它们还没有到达，他就会前往街对面复印店打印 500 份情况说明书以备明天应急之用。这样当手册到达后，我们再继续使用。如果它们无法到达，我们就直接分发情况说明书。

这段时间会很忙碌，尤其在中午 10 点左右至下午 3 点左右。大家可能没有预想的那么多时间和访客进行聊天。但是至少请确保完成三件事。

第一，为所有人注册参加我们加勒比海度假的幸运抽奖。人们在登记表上填写的信息将帮助我们记录跟踪访客信息。

第二，邀请所有人参加我们明晚举办的招待会。给他们一份纸质邀请函，这样他们就能知悉确切时间与地点。

第三，也是最重要的一点，询问他们正在使用的产品及其满意度。如果他们对现有产品感到满意，就找出具体满意点，与此同时向其展示我们

技术报告

技术报告分为两种类型：针对技术型听众（在您公司或在技术会议上的同事）的报告和针对非技术型听众（专业水平参差不齐的客户、不像您精通专业技术但却掌管财务或具有决策权的官员）的报告。上述两种类型都需遵循以下指导准则：

- 使用适合听众的语言。对于非技术型听众，请使用简单易懂的语言并解释对于理解演讲至关重要的技术性术语。而对于能够理解的技术型听众，就可以直接使用完全精确的行话。
- 使用类比为非技术型听众澄清概念，请务必指明类比的局限性。
- 调整视觉辅助教具以适应听众。非技术型听众需要视觉教具，这对非专家很有意义；如果听众似乎仍不明白，可以使用其他形式更为简单的视觉教具。懂行的听众会很欣赏您在表格里呈现精确数据，如果听众要求，可以准备好其他包含更多技术数据的视觉教具。
- 仔细观察您的听众。如果他们看起来很困惑，尝试放慢速度、重申关键点、列举更多案例，或者在小范围的互动小组中，停下来询问大家的困惑之处。如果他们看起来很无聊或失去兴趣，尝试通过使用更多的声音变化和身体动作来增加沟通趣味。

产品更为便捷之处。如果他们不喜欢正在使用的产品，就直接向其展示我们的产品功能。

请记住：保持乐观向上，不要批评我们的竞争对手。认真倾听客户并向其展示我们产品如何能够满足他们的需求。大家还有什么问题吗？

报告

在报告（report）中，您主要是向听众介绍自己或者团队已经掌握或完成的内容。报告的类型不计其数。表12-1罗列了一些常见类型。其中有些是内部性的，主要针对您组织以内的听众。其他则是外部性的，主要面向客户、代理商或公众等外部人士。有些报告篇幅长且详细，但有些却很简短。有些报告是正式的，还有些则是非正式的。虽然报告口头或者书面提交都可以，但我们将侧重介绍口头组织汇报的若干策略。

组织文化决定了您的报告呈现方式：简要或详细、是否配有视觉辅助教具和问答环节等。通过观察掌握技巧的同事并询问有经验（和成功的）员工，以了解听众的习惯。

表 12-1　常见报告类型

进程 / 状态
承包商或建筑师面向客户的报告
面向董事会的季度财务报告
面向市场经理的月度市场报告
面向公众的年度报告
研究
客户投诉是否合理
为什么去年我们的开销增加了 15%
在我们的招聘和晋升机制中存在性别偏见吗
可行性
全天 24 小时营业是否经济合算
我们能否承担为兼职人员提供健康保险

进度报告　信息型演讲的最常见类型是进度报告（status report），有时也被称为"进展报告"（progress report）。在很多会议中，您可以合理预期到有人总会询问："项目进展如何？"

提出此问题的人通常不希望听到您就上次汇报以来所有发生的事情进行冗长、极为详尽、巨细靡遗的陈述。如果您能简明扼要地总结下整体情形，听众将不胜感激且会对您刮目相看。您在大多数情况下都能使用以下形式。简短地涵括所有要点，并期望听众如想知道更多内容能够主动提问。

- 回顾项目的目的。
- 陈述项目现状。如有关联，涵括相关人员（肯定他们的贡献）和你们已经采取的行动。
- 界定你们遭遇到的所有困难及为克服困难所做的尝试努力。如果恰当，请寻求帮助。

- 阐述你们下一个里程碑。解释你将会采取的步骤和目标完成时间。

- 预测项目的未来。侧重强调具备按照计划截止日期准时完成任务的能力。

一份简短的进度报告听起来会像这样：

2月3日，我们被告知负责为公司改进网站。（回顾项目的目的）保罗和我一直在研究其他公司该领域的网站内容，并且罗列了一份我们网站必须具备的功能列表。我们很荣幸与所有感兴趣的人一起分享。（陈述项目现状。在时间更长的进度报告中，演讲者可能要界定这些功能，甚至给出对应示例。）

我们知道我们很快将需要一位网站设计师，但是我们还没找到能够胜任这一工作的人。（界定议题和问题。在时间更长的进度报告中，演讲者可能还需要列出缺点和不足。）我们欢迎大家提出任何建议。如果您有联系人的姓名和联系方式，请发邮件告知我们。

我们计划挑选一位设计师并在下月底完成草图制作。（阐述下一个时间节点。）如果可以做到这一点，那么我们应该能够恰好按照进程表在3月底之前完成网站更新。（预测项目的未来）

总结报告　总结报告（final report）是完成某项任务后所提交的报告。总结报告的长度和形式取决于该项任务的范围。如果您是向同事描述某项周末会议，那么它很可能简短且非正式。相反，如果您必须向高层管理人员汇报某项任务或向一般公众汇报年度项目，那么它更有可能详细且正式。您可以调整以下指导原则以适应自身情形：

- 介绍报告。汇报您的姓名和角色，除非在场所有听众已经认识您。简要地概述您将要汇报的工作。

- 提供必要的背景介绍。告诉听众他们需要知道的内容，以便其更好了解项目的进行情况、为何您与其他人会参与其中，以及影响工作路径的所有其他因素。

- 描述已经发生的事项。阐述项目进程中所发生的事项，以激发听众的兴趣为目标开展讨论。例如，如果其他人能够跟上演讲步伐，您可以再描述下困难挑战的细节及处理应对方式。如果其他人也参与其中，您还可以提及他们并表示感谢。

- 描述结果。汇报项目的进展结果，包含对成功和失败的讨论分析，并阐述与主题相关的未来事件。

- 告知听众如何获取更多信息。

一份简洁版的总结报告可能如下所示：

嗨，大家好！我叫贝齐·拉内，我是我们县"联合之路"活动的主席。（自我介绍）

正如大家所知，联合之路致力于帮助我们社区的居民获得更健康和有意义的生活。我们支持 50 多家机构提供多元服务：提升所有年龄段人群的健康和能力、确保所有孩童入校学习、帮助人们实现终身独立、维护社区安全并教育年轻人成为肩负责任感的成年人。因为存在巨大的需求与机遇，今年我们把善款筹集额提高到 300 万美元。（提供必要的背景介绍）

对于本地非营利组织来说，这是极具挑战性的一年：经济一直处于疲软态势，越来越多的慈善事业和人群前所未有地需要支持。但是这一情形并没有阻止我们，相反，它激励着我们联合之路团队。今年有来自 400 多家大小不一的组织、将近 2500 名志愿者为我们做出贡献。他们所有人都慷慨地付出了宝贵的时间与精力。（描述已经发生的事项）

我很荣幸地告诉大家，截至上周五，我们已经实现了目标。该活动已经为未来一年筹集到了 300 多万美元的捐赠和认捐。这意味着我们不必拒绝任何一家组织。（描述结果）

在这场活动和工作中，有太多了不起的人需要和大家分享。因此，我们真诚地希望大家能够了解更多为了今年成功大家所付出的努力。报告三周以内即可提供给大家，与此同时您也可以登录联合之路官网阅读一些花

絮集锦。(告知听众如何获取更多信息)

现在，让我们一起来庆祝！

可行性报告　可行性报告（feasibility report）立足于评估一项或多项潜在行动步骤，并建议组织如何开展实施。奖金制度是否会提高盈利能力并留住员工？工作共享是个好主意吗？对员工公共交通实施补贴能否解决停车问题？可行性研究有助于回答这些问题。

大多数可行性报告应当包含以下要素：

引言　简要地界定问题并解释其后果。简单地向听众阐明您已有条不紊地着手该问题。如果听众没有强烈反对，请考虑解释您的结论。如果听众反对您的建议，请考虑将结论陈述推迟到演讲后期。

标准　介绍您用来评估替代行动方案的标准。例如：这项行动方案是否真的能够实现预期目标？我们可以落地执行吗？执行是否符合时间限制？我们能否承担得起？

如果建议看上去仍有争议，请解释您的标准尤为重要的原因。任何人都很难针对上述标准争辩，因此让听众在听到您建议之前就接受这些标准是一种成功推销结论的有效方式。（详见第九章中"标准满意度"组织性策略的相关内容。）

方法论　描述您识别和评估正在考虑中计划的一般流程。您提供的详细程度将取决于听众和具体情形。对于某个相对较小的项目来说，您的解释可能很简短。但对于某个重大的可行性研究——尤其当其存在争议或当您的可信度受到质疑时——您可能需要详细地阐述自己的思路方法。

可能的解决方案　提供您所考虑的每种解决方案的详细说明。

评估解决方案　根据您之前罗列的标准评价每项解决方案的适宜性。提供所有需要的支持素材，以论证您是如何得出结论的。

建议　描述最适合前述标准的解决方案。如果您已经充分地通过使用前述标准评估解决方案，建议部分应当相对简单直接。

结论　简要地概述您的发现并论证它们会如何帮助解决手头问题。

培训

培训（training）旨在教授如何做事：操作设备或使用软件、高效地与公众联系、避免或处理性骚扰，培训课程的主题范围几乎没有限制。培训既可以是非正式的，例如老员工简单地教授新员工如何转接电话；也可以内容广泛且富有高度组织性，包括迪士尼（Disney）、安海斯布希（Anheuser–Busch）、戴尔电脑（Dell Computer）、哈雷戴维森（Harley–Davidson）和通用电气在内的公司都有致力于培训员工的专门机构。成功的企业意识到了培训的价值。其重要性的一项衡量标准就是公司为培训员工所投入的时间与金钱数量。美国普通员工每年平均花费 32 小时参加正式培训课程，美国公司每年花费大约 1710 亿美元用于培训事项。工作的技术要求越高，培训花费的时间也越多。例如，生物科技公司 CaridianBCT 员工每年平均花费 69 个小时用于培训，品牌新任销售代表会花费一年以上时间进行实践培训，然后才被允许销售高科技产品并展示步骤。

有些培训是由专家进行教授。大型组织有专门设计和提供教学计划的职员。还有些制定和提供培训的企业及自由职业者基于服务费标准收费。尽管存在特定的培训行业，但是美国劳工统计局表示，将近 75% 的工作培训都是在工作过

职场小贴士

成人学习类型

成年人在工作场所的学习方式不同于他们在教育机构中（从小学到大学）的学习方式。

成年人在以下情形中学习效率最高：

- 材料很明确地与个人生活息息相关。告诉他们这项培训课程为其提供哪些个人价值。鼓励学习者去自我探索并向他们解释如何使用您提供的材料。
- 他们能够参与到培训课程中。不要只是单一授课，让他们有机会体验您所介绍的原则。
- 培训适合他们的经验水平。如果超出他们的水平能力，您就会失去他们；如果话题过于简单，您就会激怒他们且让其感到无聊。
- 培训师对学习速度有一定控制权。准备好加快或减慢您的演讲速度，以便回应听众反馈。

程中非正式地完成的。这一事实表明，无论您的工作是什么，迟早您都将负责设计和开展培训。因此，以下信息有助于您很好地完成工作。

规划培训计划　一项成功的培训演讲早在您面对听众之前就已开始，您可以按照第九章的指导准则分析听众、场合、您的个人目标及对于相关主题知识的了解程度。大多数培训专家同意以下每项步骤的重要性。

界定培训目标　培训总是旨在改变听众的行为方式，所以首先要明确您的听众对象和预期目标。您界定的目标听众和预期结果越具体，您的培训也将越成功。您可以在中看到模糊目标和具体目标间的区别。

模糊	培训员工更高效地处理客户投诉。
具体	销售和客户服务部门的所有人，都将知道如何使用倾听和提问策略，以及掌握如何更高效地处理客户投诉。
模糊	培训员工使用我们新的在线采购系统。
具体	被授权购买新设备和更换设备的员工，将知道如何使用新的在线采购系统以查找供应商、下单、跟踪出货，以及查看其部门的采购预算。

关于定义目标更多的指导准则，请参阅第九章中"设定目标和完善主题"部分。

制定日程表和资源清单　一旦确定了目标与听众对象，您就可以开始设计培训方案。该步骤包括：

- 确定您需要多少时间用于规划和宣传培训，您现在至正式开始培训之前所需采取步骤。
- 确定您需要的人力资源和实体资源，并确保它们可以使用。装配设备并确保家具和布局与您的设计相符合。明确参与者所需的材料（圆珠笔、铅笔、文件夹、胸牌或名牌、茶点等）和您将要使用的设备（计算机、投影系统、讲台、图表等）。
- 制作或购买必要的培训材料。

让听众参与进来　针对被动的听众进行演讲虽然尤其必要，但其并非培训听众的唯一路径。图 12-1 罗列了若干种能够呈现新信息的方法。它表明，积极参与演讲的听众要比被动型观众更好地理解并记住材料内容。人们在学习如何操作特定机器、填写特定表格或执行某一具体程序时，其实践经验效果要远远好于仅是被动地告知。例如，利弗公司（Lever Corporation）通过教授销售代表自我操作设备以培训其售卖公司的工业清洁设备。

其他各种各样的工具以增强听众理解和兴趣的方式让其融入进来：测验、比赛和让学员互相教导。例如，如果您打算给听众展现一组统计数据，比如美国的种族构成，您可以首先仅呈现罗列了主要族群的空白图表，然后让听众尝试填写正确的百分比。这样，当您呈现信息时，听众就会更渴望听到数据信息并且查看他们估值正确与否。花几分钟的时间让听众填写空白表格能够显著地提高其对数字的关注度。同样，您也可以创建能够反映您即将要呈现信息的工作表和调查问卷。您也可以通过让听众练习您教授的技能、让志愿者展示技能或者暂停下来让听众默读某一段落的方式，让听众参与其中。您可以让全体听众分小组开展头脑风暴，然后让每一组上台汇报。

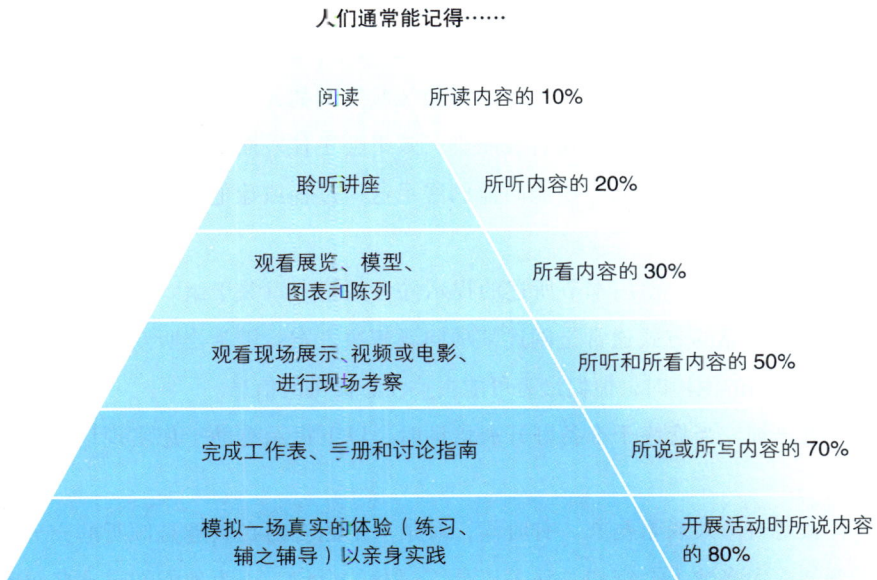

人们通常能记得……

阅读	所读内容的 10%
聆听讲座	所听内容的 20%
观看展览、模型、图表和陈列	所看内容的 30%
观看现场展示、视频或电影、进行现场考察	所听和所看内容的 50%
完成工作表、手册和讨论指南	所说或所写内容的 70%
模拟一场真实的体验（练习、辅之辅导）以亲身实践	开展活动时所说内容的 80%

图 12-1　各种培训方式的平均保留率

根据大量的研究支持表明，一项重要的学习原则是：当人们能够积极地参与学习过程时，其学习效率最高。越往"锥体下端走"，您的学习和保留内容越多。

案例研究

芝士蛋糕工厂的在线培训

您将如何为跨地域的工作人员提供实惠又高效的培训活动？位于加利福尼亚州的餐厅连锁店"芝士蛋糕工厂"发现这一答案在于社交媒体。该公司创建了一家作为互动式门户网站的视频咖啡厅，可以让公司遍布全国的 150 家餐厅员工制作、浏览和分享各种主题的剪辑视频，包括客户服务和食品准备。

在线媒体有诸多优点。第一，节省时间，视频剪辑很短——通常只有 2～3 分钟——无论何时，只要员工或经理认为合适，职员都可以浏览它们。第二，成本低廉。员工自己制作视频，从而省去了几千美元的咨询和制作费。因为剪辑由"芝士蛋糕工厂"的员工制作，因此内容也符合公司规定和程序。第三，社交媒体门户网站适合大多数"千禧一代"员工的媒体消费习惯。

公司仍然依靠如印刷材料和面对面对话等传统工具来教授员工。但是，增加社交媒体也在证明其是高效培训的明智之选。

当您使用多种方法时，听众可能会更易理解并记住这一信息。例如，您可以在阐述某条信息时配之以图表。如果您正在讨论某个物品时，您可能会在幻灯片上展示其照片甚至亲自向听众展示物品本身。如果您正在阐述某一过程，您可能会决定播放关于该过程的一个简短视频。例如，谈到某款新服装系列或新食品时，如能直接给听众观看或品尝，效果会更佳。同样，在培训课程中告诉听众如何处理客户不满，如能向他们展示这一过程或让他们亲自处理这一情况，效果会更好。

组织您的演讲　使用本节所述的提示并参阅第九章关于组织整体演讲的若干方法。最可靠的方式通常是阐述某项问题解决方案，因为当听众认为这能解决他们所面临的困境时，他们最有可能去关注您提供的信息。

开展培训　当您终于准备好开展培训时，以下提示有助于您实现培训效率最高。

将主题和听众联系起来　有时候，对某一主题有内在兴趣是倾听的充分理由。例如，大多数人会密切关注关于员工福利的会议，因为他们知道这些福利与个人息息相关。

您对于内在缺乏兴趣的主题会如何回应？提高兴趣的一种方法是证明倾听

会帮助观众避免走弯路。（"不要试图向公司索要任何你无权获得的东西。如果有这样做，你可能会因此而失去工作。"）一种更为愉悦和高效的替代方式是论证倾听能帮助获得收益。例如，财务人员在解释新的费用账户流程时可能开始会说："我们希望确保公司能够补偿大家应该获得的所有费用。我也不想让大家先自己垫钱，以为公司会偿还给你，最后却发现并非如此。"对很多人来说费用报销可能是一个单调乏味的主题，但是有可能省钱（或者避免损失金钱）将能吸引大多数听众的兴趣。

从整体概况开始　所有演讲都需要引言。但是，当演讲目标是通知听众时，清晰的预览尤为重要。缺乏整体性概述，听众会被您的信息"树"困扰，以至于无法看到概念"森林"。通过足够详细地概述您的信息要点来引导听众，帮助其了解即将知晓的内容及您将如何向他们解释：

> 今天早上，我们将要学习新的电子报销系统。我将首先花点时间来解释下系统的工作原理，然后我会谈论下大家在操作这一系统时需要做的三件事情。首先，我会给大家展示当在处理不同客户任务时，如何追踪时间及进行更改。其次，我会给大家介绍一下当接到新项目时，如何将新客户添加到系统中。最后，我会给大家介绍一下如何编辑、批准和提交每周报告给会计部门以进行客户结算。
>
> 我将花大约10分针详细阐述这些步骤，同时在每次描述后，大家有机会自己尝试操作该系统。当然，我们还有些问答时间。我希望：当会议结束进行午餐时，大家应该能像个老手一样去操作系统，并且可以和那一堆报账文件说再见！

强调素材的组织架构　您可以使用很多策略帮助听众了解您的素材组织架构：

- 编号项目："新计划的第一项优势是……"或"该计划将为我们带来的第二个好处是……"
- 使用路标词汇："我们已经谈到了新医疗保健计划的益处。现在我们再来谈谈谁会提供。""另一项需要考虑的重要成本是我们的开销。""接下来，让我们看看生产数据。""最后，我们需要考虑客户需求的变化。"

- 使用插入语："所以我们学到的——而且非常重要的——就是控制私自使用办公室电话是不可能的。"

- 使用重复和冗余："在旧系统下，需要花三个星期（即 15 个工作日）才能获得月度销售数据。现在，我们可以在短短两天内就得到数据。是的没错，就两天！"

- 增加内部总结和预览："您可以看到我们在切换到新库存系统方面取得

职场小贴士

海报演讲

大多数演讲都有清晰界定的引言与结尾，用于传达给一群固定听众。海报演讲却不相同：他们向在会展区域四处走动的会议参加者进行介绍，与会者自主选择其感兴趣的主题。主持人通常站在海报旁边，与听众进行一对一讨论。

与大多数依靠视觉教具辅助文字的演讲形式不同，海报演讲是少数文字辅助视觉效果。最好的海报是想法观点的视觉呈现，而不仅仅是白板上的纸张或幻灯片。清晰的标题可以让听众迅速找到感兴趣的部分：目标、方法、结论。

通过根据您熟悉的某主题准备一份简洁版海报演讲，通过这种独特的沟通形式以锻炼您的技能。例如，此种典型演讲可能包括"如何选择互联网服务提供商""餐厅菜单如何操纵客户"或"如何选择一份实习"。

以下指南将有助于您开展高效的海报会议：

- 设计您的展览呈现，以在一臂之遥吸引他人关注。使用大号字体突出要点，而非尝试面面俱到、篇幅过长。使用呈现要素（项目符号、枚举、表格、剪贴画、图形、数据、照片）而非大幅段落去清晰简洁地传达观点。
- 准备一份简短针对主题的说明（少于 1 分钟），以拓展海报所描述的信息。您可以向询问类似常见问题的听众进行解释："告诉我更多你所介绍的内容。"
- 准备好说话声音比平常面对小范围观众更响亮。海报通常在一种嘈杂拥挤、没有音响设备的环境中呈现。
- 保持热情与积极性，请记住每位新人都是第一次聆听您的解释。
- 准备好给予感兴趣的听众更多信息。一份包含更多细节的资料或网站、电子邮件地址可以让他们及时跟进。

了很大进展。正如我所说，成本比我们所预期的要高出约 10%，但我们认为这是一次性费用。我希望我可以对议程的下一事项——我们已经存在的客户服务问题——同样持积极态度。投诉已在增加。我们确实相信自己最终已经明确了这一问题，所以让我先解释下它，然后向大家展示我们的解决方案。"

仅覆盖必要的信息　您通常要比听众更了解演讲主题。这种知识面既是一种馈赠，也是一种潜在诅咒。一方面，您对主题的掌握度意味着您可以详细彻底地解释它；另一方面，您可能会试图向听众提供超出他们需要的冗余信息。

如果太过详细地涵盖演讲主题，您可能会让听众感到无聊甚至反感。某位人事顾问在向一群工作人员简述如何向健康保险承保人提起索赔时就犯过类似错误。他并没有简要解释当听众需要医疗保险时应该采取哪些步骤，相反，他花了 20 分钟用于解释为何公司选择现在的承保人、公司如何处理其家庭办公的索赔，以及四部分索赔表格的所有副本在提交之后的去向。当其谈话进展到对于听众真正重要的内容——如何报销垫付费用——听众已经深感无聊且坐立难安。请在您的演讲中不要犯类似错误。当您正在计划演讲内容时，请自问听众需要知道的内容，然后就告诉他们那么多。如果想要知道更多，他们可能会主动要求。

避免行话　有时候您会向培训生介绍专业术语和用语。这可能就像和新员工介绍公司的部门行话（"如果你需要电脑方面的帮助，可以拨打 IRD"）或地点行话（"这就是我们所称的配楼"）一样简单。有些行话有必要，但不要使用过度。如果您让听众淹没在过多的专业术语中，您可能会让他们感到无聊，同时让他们过于困惑会导致他们放弃尝试理解您所说的内容。不要成为一位技术的过分讲究者：以听众能够理解的语言告诉他们需要知道的内容。

将新旧知识串联起来　研究表明，当新知识与人们已经掌握的信息存在某种联系时，新内容被理解的可能性最高。没有一个熟悉的参考点，听众可能甚至对于一个清晰定义都难以理解。以下两则案例说明，通过对比和比较已掌握的信息，如何能够有助于新想法更易被理解：

困惑	货币市场基金是一种用于购买企业和政府短期投资的互惠基金。（为了了解这一定义，听众需要熟悉货币市场基金和企业、政府短期投资的内容。）
更为熟悉	货币市场基金就像由一位中间商持有的借据集合。基金从投资者那里获得现金，然后将其借给公司和政府，通常时长 30 ~ 90 天。这些借款人支付贷款的基金利息，然后该利息再返回给投资者。（如果听众知道借据和利息，他们就可以理解该定义。）

◎ 劝说型演讲

所有人迟早都需要影响他人的思维或行动。当某个问题尤为重要时，劝说在演讲中经常出现。即使当您以书面形式表达意见时，一场好演讲往往必不可少。商业顾问詹姆斯·卢卡谢夫斯基（James Lukaszewski）解释说：

我们生活在一个"告诉我"的世界里。最后一次您为了完成某事向老板提交计划——您知道的——那份厚达 2 英寸、长达 150 页、包含 31 页标签和 5000 个仔细斟酌词语的标签式笔记本，真的被看过吗？或者老板仅将手放在笔记本上，然后看着你说："告诉我这里面都说了些什么，以及它们如何能够帮助我们实现目标。"

以下讨论将会向您展示如何制作能够改变他人观点并实现自我预期结果的演讲。

表 12-2　选择劝说型组织类型的考量因素

组织性策略	考量因素
问题解决方案	最基本的劝说类型；当听众需要被说服存在问题时，帮助效果最佳
比较优势	当听众在考虑您提的替代方案时使用；展示您的方案如何优于他人；如果听众在听到推理之前会反对您的观点，请推迟主题阐述

（续表）

标准满意度	当听众不太可能考虑替代方案时使用；选择听众重视的标准，并展示您的方案如何满足这些标准；如果听众可能对您的方案怀有敌意，请在讨论计划之前先引入标准
动机性序列	当问题和解决方案易于可视化时使用，寻求听众及时回应时效率很高。

组织劝说型信息

可信度可能很重要，但您组织信息的方式在决定您成功说服听众方面也发挥着关键作用。第九章讨论了组织演讲正文部分的若干类型。现在，我们概要回顾一下当问题解决方案、比较优势、标准满意度和动机性序列模式适用于劝说情形时，我们应该如何使用。如表 12-1 所示，没有放之四海而皆准的单一方案。您的选择将取决于演讲主题及听众对此的态度。

问题解决方案 顾名思义，一项问题解决方案首先需要说服听众让其明白现状存在的问题，然后再提出补救措施。当听众并无强烈需求改变现状时，此种方案效果尤佳。因为听众必须先认识到存在问题，然后才会对解决方案感兴趣，所以在您呈现自己观点之前，首先告诉他们现状存在问题至关重要。例如：

问题	解决方案
很多员工因为越发严重的交通拥挤而迟到。	提供灵活的工作时间。
差旅费用正在飙涨。	提升视频开会的能力。

问题解决方案类型或许还能用于论证，例如：更新计算机系统如何有助于解决库存监控问题，为何潜在客户需要个人财务顾问，或者为何部门需要额外员工。

如果听众已经认识到存在问题，您可能无须花费过多时间去论证显而易见的事实。在这类情况下，您可能在开场阶段简述下问题，然后在演讲正文部分系统讨论解决方案。然而，如果您和其他观点存在竞争，比较优势计划可能是一种更佳的组织策略。

比较优势　比较优势方式同时提供若干选择方案，继而阐述为何您的方法最佳。当听众正在考虑的观点与您所提倡的观点相互竞争时，这种策略尤为有效。

在这种情况下，忽视替代方案并非明智之选。通过正面比较支持自己观点才是上乘方案。健身俱乐部经理通过使用比较优势方法来鼓励新成员：

引言：当决定加入健身俱乐部时，您在本地可以有多种选择。您可能会被位于市内商业区的其他俱乐部提供的优惠年费所吸引，但是经过逐项功能比较，您会发现千禧年俱乐部才是最佳选择。

正文：

我们俱乐部的营业时间长于市内其他所有俱乐部。

我们俱乐部的健身器材多于市内其他所有俱乐部。

俱乐部的项目内容比市内其他所有俱乐部更为丰富：健美操课、游泳、桑拿、按摩、壁球和小吃酒吧。

我们俱乐部的所有工作人员都是执业健身顾问，市内其他俱乐部无一能够作此声明。

结论：如果您想物有所值，千禧年健身俱乐部才是您的最佳选择。

在前述案例中，经理在其开场时就明确阐述了自己的论点。当您选择推迟亮明论点时，比较优势方法同样奏效。在这种情况下，您可以设计一个案例，首先展示您的提案要优于其他替代方案，然后再以阐述自己的论点作为结论。保险代理人就使用过此种策略以说服听众购买保险：

引言：您应当如何使用可自由支配的收入？

正文：您有若干可选方案。

将其全部用于娱乐消遣，但当您一旦遭遇不测时，它不会为您的家庭带来任何经济保障。

为了规划未来开展投资，但是总存在失去这笔钱的风险。

购买更为昂贵的房产，但这给您带来了甚至更多的负债风险。

如果您遭遇死亡或残疾，保障家人能有一份收入。

结论：您可支配收入中至少有一部分应当用于购置保险。（延迟亮明论点）

在这种情况下，延迟亮明论点是明智之举。如果演讲者在开场就大赞购买保险的益处，大多数听众都将离开。因为很少有人喜欢将其可自由支配的收入用于购买无法带来明确收益的保险，所以他们可能会拒绝这一想法。让听众看到通过比较推导出的结论才是最佳选择。

标准满意度　标准满意度策略首先为听众将采用的方案设定标准，然后论证您的想法或产品如何满足这些标准。

当您在寻找一款手机运营商时，您希望它信号强、费率低且流量套餐好。

在设定标准后，论证您将呈现的产品、服务或观点如何符合标准。

让我给大家展示下，我们公司是如何实现在全国范围内提供最强的信号覆盖范围，内含夜间和周末免费通话、价格实惠的语音套餐及一系列流量包套餐的。

邀请听众提供标准效果会更好。如果已经研究过您的听众，那么您应该提前就知道他们的需求，这样您的请求也会更富成效。

我想让您告诉我，当您在选择一款手机运营商时会看重哪些方面。

一旦您的听众明确满意标准，您就可以展示自己的产品或服务如何能够满足他们的需求。按照对于客户（而非您）的重要性程度来组织排列标准。

与比较优势方法不同，标准满意度计划不考虑替代方案。因此，当听众不太可能想到其他替代方案时，这是一项很好的选择。

动机性序列　正如您在第九章所阅读到的，动机性序列组织计划具备以下五大步骤：

- 注意力；
- 需求；
- 满意度；
- 可视化；
- 行动。

"需求"和"满意度"步骤与问题解决方式中的步骤很相似，"可视化"和"行动"步骤则增添了一项新元素。"可视化"步骤能够让听众切身体验到您的解决方案如何为其服务。负责组织婚礼或商务会议的活动策划者，可能会向客户展示其早先筹备过的类似活动照片，或者绘声绘色地详细描述他将会为客户设计一场难忘的盛会。"行动"步骤要求听众不仅同意演讲者，而是更进一步采纳他的计划。销售人员有时候将此步骤称为"闭幕"，因为其真正能够贯彻实施。

劝说型演讲类型

与单纯的、无须支持某项主张的信息型演讲不同，劝说型演讲旨在改变观众的思考、感知或行动方式。最常见的劝说型演讲类型是动机演讲、亲善演讲、提议和销售讲演。

阅读以下案例并思考职场工作中的常见劝说类型：

- 两位合作伙伴相信他们有一项经营新餐厅的完美想法。他们会见当地一家银行的商业贷款职员，以为他们的项目寻求融资。
- 面对一连串工伤事件，建筑团队工头说服其成员，他们需要更加仔细地查看安全措施。
- 作为社区关系项目的一部分，电力公司已经成立了一家社区演讲者办公室。该办公室负责人正在向一批职员开展演讲，以招聘他们成为服务志愿者。

- 一群员工对于老板的假期安排政策越加不满。他们已经选择由三人组成的代表团去反映他们的不满。

动机演讲　动机演讲（motivational speech）旨在激发听众对于演讲主题的热情。如果演讲高效且时机恰当，这类演讲能够拥有非常棒的结果。例如，筹款活动组织者能够激发热情去招募和活跃志愿者，团队领导者可以激发本持有怀疑态度的员工去更加努力工作以削减成本，经理可以鼓励消极懈怠的职员调整工作表现从而成为公司的高效生产者。

亲善演讲　亲善演讲（goodwill speech）旨在在听众心目中创造一种有利于演讲者事业的良好形象。组织代表经常会向听众讲话以加强其对组织的兴趣或支持。企业招聘人员面对毕业生宣讲及银行经济学家解释对未来的经济预测都属于亲善演讲。

这些亲善演讲可能看起来属于信息型演讲，但它们也试图改变听众的态度或行为。比如企业招聘人员在尝试鼓励某些学生来其公司应聘工作，经济学家在努力树立其机构是一家领先的商业银行的良好形象。

提议　在提议（proposal）中您会倡导听众采取具体行动。有些提议旨在针对外部听众，有些则关注内部听众。例如，您可能试图说服管理层支持共享驾乘方案或者补贴员工教育经费，或者您可能试图说服老板给予更多人员支持或者加薪。（请参阅下文"职场小贴士"中关于如何请求加薪的内容。）

无论何种演讲主题和听众，最直接的提议是第九章所述的问题解决方案。虽然具体细节会有区别，但是这两部分方法的各部分都涵括了如下信息：

① 介绍问题。

　　a.用听众能够理解的方式阐述问题的本质。

　　b.论证问题导致的不良后果。

　　c.如果现状有违道德，强调此种情形的道德伦理维度。

　　d.提供此种情形的因果分析。（这一问题是如何产生的？）

② 提供解决方案（附带证据）。

　　a.阐述采纳您的提议的积极结果。

　　b.论述您的提议将如何能够避免消极后果。

c. 强调您方法的道德原因，说明为何这是正确做法。

d. 阐述您提议的可行性；从成本、时间、动机等方面进行论证可实操；涵括一份运营时间表以加强提议。

职场小贴士

如何请求加薪

请求加薪是一种提议类型，即使您通常会非正式地向老板提出自己的观点。这里的若干技巧有助于增加您的成功率：

请求加薪的最佳时机

- 当您或所在部门被认可出色完成工作时；
- 在您自愿承担额外责任后（并已成功完成）；
- 如果组织无法轻易替换掉您或者没有您工作无法进行时；
- 在您为公司盈利和成功直接做出贡献后（您可以证明此种联系）；
- 当组织的财务状况良好时；
- 当您和老板关系很好时。

请求的内容

- 研究所在行业类似工作的薪酬范围。您可以咨询所在领域的专业协会或者登陆 http://www.jobstar.org 等查看网上薪酬调查。通过提供可比性数据以证明您的要求合乎情理。
- 考虑请求非现金福利。对于很多人而言，薪资并非补偿的唯一形式。例如，您也可以要求更多休假时间、更为灵活的日程安排、公司产品折扣或者使用公司车辆。

注意事项

- 不要情绪化。发脾气不太可能具有说服力，而且它可能会损害您和老板的长远关系。
- 不要将努力与贡献混为一谈。努力工作值得表扬，但单靠努力可能还不足以为您赢得加薪。向您的老板证明您的成果值得更好的薪酬。
- 不要倚仗工龄（"我已经在这里工作 8 年了"）或者个人需求（"我的房租刚刚上涨了 20%"），最好能够证明您值得加薪。

在此，我们简要地阐述一下：问题解决方案方式是如何在一份提议员工健康方案的正文演讲中有所体现的。

① 与健康相关的问题正在侵蚀着我们公司。（问题）

　　a. 医疗健康费用正在上涨：

　　　保险费用正在上涨；

　　　员工的自付费用正在上升。

　　b. 由于员工的健康问题，生产力正在下降：

　　　旷工缺勤率正在上升；

　　　在职员工的生产效率较低；

　　　某些员工因为健康问题正在离开公司。

② 健康方案可以减少这些问题的消极影响。（解决方案）

　　a. 方案的构成要素

　　　营养教育；

　　　锻炼教育；

　　　滥用药物咨询。

　　b. 益处

　　　更健康的员工；

　　　更高生产率的员工；

　　　较低的医疗成本（保险和自付费用）。

如果情况允许，您可以考虑使用其他有说服力的策略之一来组织提议，例如标准满意度、比较优势或动机性序列。

销售讲演　在销售讲演（sales presentation）中，一方演讲的主要目标是说服另一方购买产品或服务。与零售情景中的沟通不同，销售讲演已提前做好规划。销售讲演的范围很广，从面对大型听众的论坛式演讲到与一小群决策者的非正式聊天。

无论其规模如何，销售讲演将遵循以下指导准则：

在演讲开始之前建立客户关系　只要有可能，在您开始演讲之前请与客户建立联系。在了解您想说服对象的过程中，您会获得关于他们需求的宝贵信息，并由此知道如何满足他们的需求。同样重要的是，事先建立良好联系能让客户在交谈时感到更加舒适自在。

在开始演讲之前，请尝试与客户开展些非正式的谈话。这种沟通方式有助于建立亲密关系，并让您知晓应该如何调整自我言论以切中客户所关注的要害。

将客户需求放在首位 客户对您和您提供的产品并无兴趣，他们真正想听的是如何能够解决他们的问题。请不要侧重谈论您的产品、公司、服务和需求，而是更多关注客户存在的问题和关注点。现在客户对哪些方面不满意？他想要的效果是什么？一旦知道缺失不足之处，您就可以找出您的产品或服务如何能够满足这一需求。正如商务专家和教育家罗伯特·清崎（Robert Kiyosaki）所言："真正的销售意味着你不仅要对公司产品、服务充满热情，还要对人类的愿望、梦想和需求满怀慈悲之心。"他还补充道，"操纵、欺骗、压迫、缺乏诚意和虚情假意不是销售。销售其实就是沟通。真正的销售是关切、倾听、解决问题及服务您的同胞。"

认真倾听客户 与大多数其他演讲不同，以销售为导向的谈话需要客户更多的参与。针对销售人员的某项研究发现，顶级销售者和普通销售者的区别在于倾听的意愿。顶级销售者的潜在客户 30% 至 70% 的时间都在说。不要将客户的提问和评论视为打断，邀请其参与是您了解客户需求的重要时机。一旦您听到了客户的真实想法，您就有机会切中要害。如果您被打断，请解决其关切问题。然后，在继续之前审查您的最后论点。培训师凯文·霍根（Kevin Hogan）掌握了其中要点："伟大的销售人员善于提问并具备非常棒的倾听技巧。低级的销售人员画地为牢、固步自封。他们仅仅专注于自己必须出售的产品，而非有需求的客户。"

关注功效而非功能 功能（features）是产品或服务所具备的令人满意的，且使其从竞争中脱颖而出的质量。销售人员滔滔不绝地阐述产品特点可以理解，而且他们经常试图将其推销给潜在客户。但是，真正给客户留下印象的不是产品功能，而是这些功能将带来的功效。所以，您必须"销售功效、而非功能"。

下列是一则针对基于网络客户服务产品的若干功能和功效两者区别的案例。阐述这些功能固然重要，但功效才是收获客户芳心的真正原因。

功能	功效
100% 网页式	您不必将产品托管在服务器上或进行维护。
"知识库"为客户提供常见问题解答（FAQ）	您的电话支持费用将大幅降低。
完全可定制	您的支持人员可以免除反复回答同一问题的苦恼。
	您的员工只需单击一下鼠标即可添加新解决方案。
	您能够亲自创建内容，观看并摸索正好适合您的业务。

使用高效的收尾策略 在收尾阶段，演讲者必须保持兴致高昂且乐观积极。一开始就清晰现实的目标有助于您决定如何最好地收尾。一份高效的收尾总结了（产品）的主要益处及实现或超出客户需求的方式。然后，它通过呼吁采取行动以推进销售：一次测试或试运行协议、下一次会议约定、参加展示协议或将您的讲演推荐给更高层决策者。请做好长期规划。正如顾问汉斯·斯滕内克（Hans Stennek）所说："我从来都不相信关于演讲收尾之类的说法，因为我的目的不是要结束交易，而是建立关系。"

道德说服策略

说服（persuasion）是指通过沟通激励听众自愿改变某种信念、态度或行为。当您向面试官证明自己才是某岗位的正确人选时、当您向潜在客户宣传推介某一新商业项目时，以及当您想影响团队采纳自己的好想法时、您都在进行说服。在这些情况下，您很可能正在追求一种目标：将自己和他人的最佳利益牢记心中。但是，正如您所想，并非所有说服努力都合乎道德。回想一下那些故意误导您购买劣质产品、缺乏道德的销售人员。在本节中，我们会将合乎道德的说服行为与其他尝试影响听众的不道德行为进行区分。

为了理解说服的伦理维度，我们可以设想一下，市议会已经宣布打算将当地的一个运动场变成停车场，该地区居民感到惴惴不安，因此想要影响市议会改变这一主意。居民可以通过以下若干方式处理此种情形。

首先，他们可以使用强制（coercion）手段——使用武力或处罚威胁——以迫使议会违背其意愿最终推翻原决定。居民代表可以试图通过强制进入并打断某次市议会会议以迫使其改变，同时要求议会成员承诺维持原状或者面对更多的示威。另一种强制手段是威胁举行一次针对那些支持停车场议案成员的罢免运动。虽然强制手段可以影响行为，但其通常不是明智之选。被威胁者也会反击，从而导致双方敌意升级。受到威胁者通常会寸步不让并拒绝改变以维护脸面或进行原则性回应："如果仅仅因为你的威胁我就要改变，那我一定会遭到咒骂。"强制也会让煽动策划者形象受损。

其次，居民可以通过操纵（manipulation）——使用欺骗招数让对方按照所希望的方式思考或行动——以让市议会改变立场。针对"公园 vs. 停车场"问题的欺骗性做法可以是：向市议会提交一份反对建造停车场的请愿书，其中包括伪造的签名、夸大的人数规模，或通过夸大该项目对某些团体（例如：孩童、老人和小企业主）的负面影响以获得公众同情。操纵也不是一种好的说服方法。如果欺骗之时被拆穿，受影响方会感到被背叛，从而导致一种"反向效应"（boomerang effect），即民众对于凡是演讲者所倡导之事都持反对意见。同时，操纵的某些形式也完全违法。例如，某位财务顾问不能因为某只股票或互惠基金近些年表现良好，就因此承诺未来会有同样出色的表现。

最后，居民可以使用道德说服策略——通过真诚沟通说服对方按照所希望的方式自愿行事。衡量一种说服型信息是否真正符合道德标准有两大标准：①接

道德挑战

原则性说服

对于以下所有情形，将其可采取的强制、操纵替代方法与道德说服方法进行对比：

- 老板试图让志愿者在周末上班；
- 工会代表鼓励新员工入会；
- 保险代理试图说服一对没有孩子的年轻职业夫妻购买保障健康和收入的保险；
- 废物处理公司代表试图说服某小镇居民，在其附近设立一家对社区有益的本地回收中心；
- 销售代表需要再做成一笔销售以满足月度配额，同时他知道某家竞争对手产品能够更好地满足客户需求。

受者是否拥有真正的自由进行自我决策；和②发起人如果作为信息接收者（而非信息发送者）是否感到舒适自然。在停车场争议案例中，居民组织可以进行申诉，以表明本社区认为保留公园比增加停车场数量更重要。它可以阐述保留公园的种种益处，引入当地居民以论证其对社区的重要性。通过诚实（避免操纵）并依靠合乎逻辑的论据而非威胁（避免强制），道德沟通者对于自我及他们的说服型呼吁会感到无愧于心。同时，除了上述益处，他们还将在工作场所和更大范围的社区建立良好的声誉。

在本部分，您将学到如何做出最佳且最符合道德的决策以捍卫自我立场，并让他人自愿选择接受。

最大限度提高您的可信度 温斯顿·丘吉尔（Winston Churchill）曾经说过："当涉及公众演讲时，最重要的是你是谁，然后是你如何表述想说的内容，最后才是你所说的内容。"即使不从字面上理解这一断言，可信度作为说服演讲中强有力的因素也是不争事实。可信度（credibility）是源自听众对演讲者信任和尊重继而形成的说服力。当听众没有多少时间或意愿去仔细检查您的论据和推理时，他们几乎完全依靠您的可信度来决定是否接受您的要求。研究表明，您可以通过各种不同方式提高可信度。

证明您的能力 当听众信任演讲者对于演讲某一主题胜任称职时，其所受影响最深。您更可能去相信一位白手起家的百万富翁所给的职业建议，而非过去三年已经被炒了四次鱿鱼的隔壁邻居。同样，部门工作人员更可能去接受一位对部门具体工作知识渊博的新任经理的领导。如果产品经理能够对市场了如指掌，那么管理层更有可能在新制造材料上勇于冒险。这些都是信任个人能力的案例。

有三种方法能够证明您的能力。第一种方法是通过展示您对某一主题的知识面（knowledge of the subject）。例如，产品经理可能会引用统计数据以帮助建立可信度（"我们的市场调研显示85%的潜在市场更加关心维护成本，而非产品初始成本"），他还记得一些事实（"多沃德公司进行过类似尝试，尽管只在政府市场层面，但却相当成功"），以及近期的一些恰当案例（"上周查看记录时，我注意到我们可以承担每五年更换机器的成本，因为如果我们使用塑料而非金属，将有助于缩减维护成本"）。

　　证明自我能力的第二种方法是展示您的证书资质（credentials）。这些证书可能是学位、奖章和荣誉，或者成功的经验（"几年前我帮助欣克利建立了营利性系统，我认为现在如果采取同样方式，也能帮助到我们"）。为了避免形成自负形象，最好能让他人谈及您的证书资质（"克拉拉有会计学位，所以她的想法在这里有特殊价值"）。

　　证明自我能力的第三种方法是展示您的能力。这当然意味着在您的演讲中高效发言。但是，对于已经了解您的听众，伴随着时间的推移，您所获得的可信度将会更具说服力。如果您在聪明勤奋上获得良好声誉，听众就会接受您所说的内容。如果他们认为您能力不足，您将很难说服他们接受您所陈述的想法。

　　赢得听众信任　可信赖最重要的组成部分就是诚实（honesty）。如果听众怀疑您没有说实话，那么即使是最令人印象深刻的证书资质或者熟练掌握该问题依然收效甚微。例如，如果工会成员认为工会领导和公司管理层达成了私下协议，那么工会领导几乎得不到成员的支持。如果您的动机被怀疑，在别人提出质疑之前就先主动承认它们（"我知道这项提议中的补偿方案会让我受益，但我希望大家能够看到它有助于提高生产率和降低离职率的一面"）。当然，您永远都不应该说任何被认为是不诚实的话。

　　公正（impartiality）是可信赖的第二大要素。我们更可能会接受公正演讲者的意见，而非那些试图说服我们的既得利益者。如果您对所提的观点拥有既得利益（例如要求加薪或某份期待已久的任务），您可以通过援引支持您观点的公正第三方以提高可信度。例如，要求加薪时，您可能会引用薪酬调查，以证明您要求的薪酬符合行业标准。如果您要求一份美差事，可以让即将一起共事的同事来拥护认可您的这一请求。

　　强调您与观众的相似性　观众最愿意接受某位言行与他们相似的演讲者的观点。这种说服力即使在相似性与讨论主题没有直接联系的情况下仍然适用。因此，当下属和上司都爱好打高尔夫球、有同龄孩子、来自同一地区或着装品位类似时，下属的建议更易被上司倾听。农机客户服务代表通常会身穿休闲装和开领衬衫，以适应他们要拜访的人。很多销售代表开始与潜在客户对话时，都会提到某个共同兴趣——园艺、棒球或最近发生影响客户业务的事件。

　　在演讲主题领域内具有相似性则更具说服力。这一事实引导演讲者在演讲

职场小贴士

平衡逻辑与情感

　　有些演讲是基于由大量事实性辅助素材所支持的高度理性论据；还有些则更侧重于听众情感。它们提供的支持可能要比逻辑理性更具娱乐价值。动听的玩笑或感人的故事虽然可以吸引某些听众的注意力，但却可能经不起仔细推敲。

　　逻辑和情感，到底哪种支持形式更好？根据说服力的"详尽可能性模型"（Elaboration Likelihood Model, ELM），答案取决于您的听众。高度熟悉并深入关注主题的听众，最有可能希望获得由大量辅助素材支撑的有力论据。相比之下，那些不太了解主题的听众则更容易被一些简易故事和案例所说服。他们也更多依赖于演讲者的可信度和喜爱度，而非他或她的论点内容。

　　庆幸的是，逻辑和情感并非只能二选一：大部分演讲都包含两种方式中的具体要素。

初期就需建立与听众之间的共同点。演讲者如能展示自己和听众拥有相似的观点，有助于形成一种善意，使得听众愿意稍后再考虑更有争议的想法。例如，请注意下文案例中，企业主如何根据其向本地建筑评审委员会的呼吁来寻求分区差异：

　　　　和大家一样，我也是保持我们城镇特色的坚定拥护者。作为一名商人和长久居民，我认识到美丽和交通便捷是我们最宝贵的资产。没有它们，我们家园不过是另一个发展过快的购物中心和公寓的集合。

　　　　而且，和大家一样，我也相信改变并非总是坏事。首先感谢你们为之付出的心血努力，市中心和前几年相比变得更加有趣和风景宜人。我认为我们应该分享这样的理念，那就是我们应该竭尽全力地保存值得继承保留的事物以不断改善我们的城市。我很荣幸有机会向大家展示，这一项目将如何实现我们所追求的那种积极改变。

这位演讲者对委员会倡导的原则明确表示支持，这增加了其提案被接受的机会。当然，委员会必须认为演讲者是真诚的。如果委员会成员怀疑他只是在投其所好，那么他的可信度就会降低而非增长。

使用符合逻辑的论据 一场组织清晰的演讲不一定合乎逻辑。许多一开始听上去合乎逻辑的论据实际上都存在推理错误或谬误（fallacy）。谬误性推理并不都是有意的：提出这一论点的人可能并没有意识到他的想法存在缺陷。无论它们是否是刻意为之，谬误都可能通过怀疑您的论据从而降低您的可信度。以下部分阐述了最为常见的谬误类型（包括其英文和拉丁文），这样您就能更好地规避它们。

诉诸人身（personal attack, "ad hominem"） 诉诸人身谬误是指攻击个人特质以驳斥他的论据。有些人身攻击论点很容易被发现：称呼他人为"白痴"不会很有说服力。不过，其他的人身攻击论点并不那么明显。

归谬法（reduction to the absurd, "reductio ad absurdum"） 归谬法通过将某一论点延伸到看上去极为荒谬的极端面以进行攻击。"如果我们允许开发商在该地区的一块地方建造房屋，那么很快我们就没有剩余的空地。"或者，"如果我们有离岸公司处理业余时间的客户服务，我们很快就没有任何国内的员工。"类似这样牵强附会的推测需要仔细研究：开发某一地区并不一定意味着其他地区必须也被开发；同时，从海外雇用一些员工也不一定导致国内大范围的裁员。这两大政策可能都有不足之处，但是这种荒谬的推理却不能证明这一点。

非此即彼（either-or） 无论是非此即彼还是谬误，都是设置错误选项，暗示着如果劣势一方必须被否定，那么另一方则必须被接受。"如果你认为这个社区的艺术很重要，那么你就会为我们的募捐活动做出贡献。"这种论调忽略了一大事实，即除了对某一特定事业进行捐款之外，还存在其他方式支持艺术。

后此谬误（false cause, "post hoc ergo propter hoc"） 后此谬误错误地认为某一事件是另一事件发生的原因，仅因为其发生的顺序在先。如果没有仔细的研究，后此谬误并不总是很容易被发现。例如，一位评论家可能会将生产率下降的原因归责于允许员工在家办公的政策，并指出远程办公被引入不久后产量就开始下降。这种情况下的因果关系可能确实存在，但是也可能有其他原因造成这种下降，例如工作性质的改变。

诉诸群众（bandwagon appeal, "argumentum ad populum"） 诉诸群众谬误基于这样一种通常令人感到可疑的概念，即只是因为很多人赞同某一想法，您

也必须同样附和。当然，有时候某一观点拥有广泛群众基础意味着其确有可取之处。如果行业领先的公司已经采纳了某款产品，那么很可能它同样适合你们。但是，在有些情况下，对某一观点一边倒的赞同并不能因此保证其有效性。贵公司的大多数员工可能会将其大部分退休计划资金用于投资购置公司股票，但是几乎所有的财务顾问都会告诉您这是一个危险的想法。这一道理虽易理解但却往往难以遵循：不要仅仅跟随大流，请仔细斟酌思考事实再做出自己的决策。

利用心理诉求　当您试图说服他人时，合乎逻辑的论证及您自身的可信度都是强大的优势（资产）。尽管如此，还有一些陈述观点的策略能够增加您实现目标的概率。

　　关注您的听众需求　高效销售的关键也许是确定潜在客户需求并向其展示产品如何能够满足他们。《财富》杂志这样描述某家企业的成功在于贯彻了以下原则：

> （在雷立公司）销售人员不仅仅是销售硬件设备，当他走进一间办公室后，首先会要求看下办公室的日常文书工作，确保自己尽快熟悉相关业务，然后通过使用特定的雷立机器以制定一款能够提高生产率的方案。最后，当进行示范操作时，他通过操作机器大量生成预期的实际文书工作。

即使听众对某一想法不感兴趣或者很冷漠，通常也存在某种方法可以将提议与听众需求或价值联系起来。一家石油公司代表在向沿海城镇居民演讲，以探讨海底钻探提议具有正当性时，论证了其如何能使当地受益经济及如何有助于增加海洋生物丰富性，从而反哺渔业。

只要有可能，根据多种需求开展宣传呼吁。那些无法被这一呼吁说服的听众仍有可能被另一项说服。如果您试图说服您的同事使用公共交通工具而非自驾车去工作，那么您可以界定以下若干需求，并论证您的提议如何能够逐一满足这些需求：

需求	满足需求
省钱	即使每周只有几天不开车，那也意味着您在加油、停车和汽车维护方面的费用会减少。
更多时间	不用自己驾车时，您在公交车或火车上可以阅读或工作。
更少压力	您不必面对日益加剧的交通阻塞和恼人的司机。

让您的目标切合实际　演讲和生活中的大多数方面一样：您通常无法得到想要的一切。即使最好的演讲也无法实现这一奇迹。要求听众接受他们坚决反对的观点只会适得其反。说服专家已经将这一常识性原理提炼成"社会判断理论"（social judgment theory）。

该理论旨在通过界定听众对于演讲者论点可能所持的观点范畴，以帮助演讲者更好地构思论点（见图 12-2）。听众针对所提议题的预设立场被称为"锚定"（anchor）。演讲者可能会用到的所有论点，将会改变围绕在锚定点三大区域内的听众的心智群集。第一大领域是听众的接受范围（latitude of acceptance）。顾名思义，该区域主要包含了人们基本无须说服即可接受的论点范围。相反，拒绝范围（latitude of rejection）包含了听众反对的论点。在这些区域之间则是中立/不表态范围（latitude of noncommitment），主要包含听众既不赞同也不反对的论点。

| 接受范围 | 中立/不表态范围 | 拒绝范围 |

图 12-2　针对劝说式演讲论点的回应范围

社会判断理论非常务实地教导我们：从听众那里要求获得多少赞同是恰当的。在听众不表态范围内的论点可能无法给他们留下深刻印象，同时那些在拒绝范围内的论点只会强化他们的反对立场。因此，当您的请求处于听众接受范围的外缘时，就是成功的最佳时机。沟通学者埃姆·格里芬（Em Griffin）针对该原则提供了一项完美示例：

社会判断理论在实践中的一则显著故事是我所认识的某位大学发展主管，

他向一位非常富有的校友打电话。他预想这位潜在捐赠者将会捐赠 1 万美元。他说明了来意并询问这位富有的商人将做什么。这位校友抱怨说，今年收益不太好而且那段时间很艰苦，所以他可能最多捐款不超过 2 万美元。

筹款人意识到自己严重低估了捐赠者的"接受范围"，而且 2 万美元处于该范围的底端。他毫不犹豫问道："特雷弗，您真的觉得够吗？"最后，该校友写了一张 2.5 万美元的支票。

社会判断理论告诉我们，说服并非一次性事件。在很多情况下，您的说服型活动将包含很多随着时间推移所传递的信息，每一项信息都旨在扩大您听众的接受范围。希望新建房屋的投资者在第一次听证会时，也许不应直接要求本地分区委员会的支持。相反，这可能会触发委员会去调查该公司在其他社区类似项目上的信用记录。假设调查证明公司能够按照承诺进行交付，在以后会议中获得有利裁决的机会将大大增加。同样，试图向新办公大楼出售办公家具的销售代表，也不应该期望在首次电话销售中就能卖出 200 万美元，他可能仅需尝试获得一次预约向计划委员会呈现自己的建议方案。

一家中型规模企业的人力资源助理通过利用社会判断理论的经验，在其竞选活动中选择了一项很现实的目标，以说服公司为员工的学龄前儿童设立日托中心。他并没有要求上司授权为该中心拨款资助——他深知这一目标不切实际——相反，他请求批准开展一项可行性研究，以弄清其他类似公司为员工孩童照顾所提供的方式。如果上司看到研究结果后对该中心给予了积极回应，那么他此时就可以提出一项全面成熟的建议。如果上司仍有疑问，他的补充提议——建议公司补贴员工在附近托儿中心交付的学费——该方案会更接近上司的"锚定"中心。

呼吁聚焦于关键性观众群体　有时候，一位至两位听众有权批准或者拒绝您的提议。在这种情况下，重要的是界定清晰关键决策者的利益、需求、态度和偏见，并据此提出您的提议。例如，如果办公室家具销售代表发现，计划委员会大多数成员都支持公司董事长，那么他在向委员会陈述时，就会集中关注董事长的明显需求和兴趣。如果他在计划委员会里没有遇到董事长，他可能会尝试和董事长预约一次面谈。

面对敌对观众时，推迟亮明主题　通常情况下，您会在演讲开场白阶段陈述主题，但是该规则可能对持怀疑或敌对态度的听众并无效果。如果某位寻求大家接受人事调整的经理，认为听众会对其论点做出积极回应（"伴随公司业务的增长，我们需要开设新的岗位，因此希望大家踊跃报名申请"），那么他将会在演讲开场时就亮明想法。如果他认为某一主题不会得到热烈的接受回应（"员工交付医疗保险的费用将不得不增加"），或者如果他认为听众过早听到消息可能会过度焦虑以至难以接受——甚至无法集中精力去听——这一决定背后的理由，那么他就可以在演讲后期再阐明主题。

推迟亮明主题的演讲仍然需要开场白以吸引听众的注意力，论证所探讨话题的重要性并引导听众倾听。在推迟亮明主题的讨论中，包含论点预览的开场白虽然确立了主题，但却无法直接陈述，这为开场白部分造成了额外负担：

> 众所周知，在整个行业经济低迷之际，提高医疗保险费用将会给公司带来负担。今天我想要告诉大家，管理层是如何竭尽全力应对这些问题，以尽可能保护我们的工作的。

在论点预览之后，演讲正文部分将逐步地引导听众去尝试理解和接受演讲者的主题：

> 鉴于我们当前面临的困境，管理层能做出的选择要不就是裁员、削减工资，或者要求我们大家自己承担医疗保险费用。希望大家能够衷心理解，我们要求大家自付医疗费用的决定是当下现状的最佳选择，同时大家也会发现，公司仍然认为大家是我们团队中珍贵的成员。

提供充足论据以支持主张　第十章概述了各种能够帮助您证明自己主张观点的支持类型：案例、故事、统计、对比和引用。当您的目标是说服听众时，使用丰富充足的支持素材尤为重要。

研究表明，当听众听到颇有说服力的证据在支持某一说服型主张时，演讲结束后该信息影响力仍会长期持续的可能性将会增加。此外，在您演讲结束后听众可能会听到与您主张相对立的观点，此时支持论据有助于降低听众接受相左观点的意愿。

最好的证据来自可靠的来源。如果您在某一主题中的可信度不高，请确保引用权威人士的论点，听众对其专业性与公正性满怀尊敬。例如，潜在客户预期销售代表会赞美他或她正在销售的产品。但是，如果销售人员能够引用其他知道该产品且无销售意图之人的观点，该信息（"这款产品真的很好"）将会更具说服力。在这种情况下，其他客户或者类似"消费者联盟"这种第三方独立检测服务者的言辞就是最佳证据。

考虑引用相左意见　研究表明，提及并驳斥与您意见相左的观点要比直接忽略它们高明得多。下列三种情形尤须向听众提前告诫相反意见。

① 当听众不同意您的观点之时。面对带有敌意的听众，将其观点与自己的观点进行对比才是明智之举，以此论证您论点的可取之处。例如，如果管理层之前已经反对过的产品类似于您即将提出的产品，此时您需要首先提及经理们的反对意见（"这太冒险，资本支出太大，而且销售人员无法销售出去"），进而展示您的提议将如何能让他们放心（"我们可以通过限制首次生产规模，从而最小化风险和初始成本；如果我们能够更多重视广告宣传，并向销售人员展示其他公司在过去几年如何能够成功地销售类似产品，这样他们就会更有热情与效率"）。同样，如果您正在试图向某家公司销售一处偏远的工厂选址，而该公司却打算在更加中心的位置建造新工厂，此时您就可以论证您推荐的位置与市中心位置在交通上同样实惠便捷，或者在房产税和劳动力方面的较低成本将有助于公司支付更高的交通成本。如果您不提及听众心中已有的对立观点，那么他们就会认为您并不了解实情。

② 当听众知晓议题的正反观点之时。见多识广的听众，即使是他们对于某论点还未做出决定，也会发现演讲中如果只陈述某种片面观点要比同时考虑反对观点欠缺说服力。讨论这些观点表明了您并没有试图去回避它们。即使您驳斥了对立观点，对其认真思考也要比只关注自己的方案而绝不考虑替代方案更加公正。

一家提供全方位服务的股票经纪公司客户经理在某次投资研讨会上，为了显示对听众知识和判断的尊重，在其讨论使用本公司服务时也探讨了其他替代方案：

我知道对金融市场很熟悉的在场大多数人都会不断自问，"为什么我不考虑节省钱并使用一位折扣经纪人呢"，这是一个很公正的问题。毕竟，折扣公司向您收取的每笔交易佣金比像我们这样提供全方位服务公司少得多。我想建议的是，对于使用哪种经纪公司类型这种问题，答案在于"一分钱一分货"这句老话。如果您使用了一家折扣公司，那么您得到的服务也是受限的。眼前来看，可能这就是您全部的所想所需。但是，如果您在寻找某种财务支持和关注来源，那么您只有在全方位服务经纪公司才能获得。下面，让我为大家具体解释一下。

③ 当观众很快会听到您的观点被批评或其他观点被推崇之时。通过提出并反驳对方论点，而不是让对方攻击您的观点并建立其自己的论点，由此，您能够更好地化解对方论点的危险。例如，工会组织者在与一群工厂工人交谈时，可能会以这种方式预测管理层的某种论点：

> 公司代表会告诉大家，在我们组建了俄勒冈工厂之后，工人就失业了，并在来年进行了长达四个月的罢工。确实如此！但是公司可能不会告诉大家的是，工人从工会获得了罢工报酬。同时，公司也不会告诉大家，在这之前那里的工人每年都在亏钱，因为他们的工资跟不上通货膨胀，而罢工给予了他们有保障的生活费增长、生命、健康和残疾福利及改善的安全施工条件。

适应观众的文化背景　听众的文化背景可能会影响他们对不同说服型诉求类型的回应方式。情绪诉求的强度就是个很好的示例。传统的欧美典范是沟通时避免过度兴奋。相比之下，拉丁美洲和中东文化一般更具表现力，其成员对于情感表现的回应也更加积极。对于西雅图和多伦多听众看起来合乎逻辑且冷静的做法，可能对于墨西哥城或伊斯坦布尔的团体而言似乎就是冷酷无情的。相反，墨西哥或土耳其演讲者对于美国或加拿大的听众而言就似乎过于兴奋。

被认为最具说服力的支持素材类型也因文化而异。欧美文化高度重视可用于观察与计算的数据，统计数据和证人证言被认为是非常有力的证据。而来自

自我测评

说服型策略

在下列事项中，根据各项实现程度的比例值，自我评估您的演讲。

3= 出色完成；2= 合格完成；1= 仍需改进

通过以下方式，我最大限度地提高可信度：			
通过展示对主题的渊博知识面以及资质证书，以证明我的能力；	1	2	3
通过诚实和公正表现赢得观众对我的信任	1	2	3
通过以下方式，我合乎逻辑地组织论点：			
为了听众和实现目标，使用最高效的组织计划（问题解决方案、标准满意度、比较优势和动机性序列）；	1	2	3
避免使用逻辑性谬误（诉诸人身、后此谬误等）	1	2	3
我使用以下恰当的心理策略：			
关注我的听众需求；	1	2	3
制定一个切合实际的目标；	1	2	3
我的呼吁聚焦于关键性观众群体；	1	2	3
面对敌对听众时，推迟亮明我的主题；	1	2	3
提供充足论据以支持我的主张；	1	2	3
恰当时，引用相左意见；	1	2	3
适应听众的文化类型	1	2	3

其他背景的沟通者却对这些证据类型较不信服。阿拉伯的演讲者通常基于宗教和国家认同，他们更可能会使用铺陈细致的语言，这被其他文化标准视为华丽花哨。例如，在非洲的某些地方，证人证言会受到质疑，因为文化成员认为，就某一主题发表意见之人心中必有具体计划。

正如第九章所建议，组织信息的可接受方式也各有不同。美国的演讲者习惯直截了当地在演讲开场部分介绍主题、在正文部分进一步完善并在结尾部分总结陈词。而日本演讲者较少依靠某种强大和直接的关系。相反，他们强调与观众的和谐关系，并依靠这种和谐气氛来促使听众接受某一想法。

类似这样的差异使得了解观众的文化偏好至关重要。仅仅因为听众来自某一特定国家或者属于某一特定民族群体，并不意味着他们就可以被定型，尤其在一个日益缩小的世界，互动交流和便捷交通在不断模糊国家的边界和概念。

尽管如此，敏锐地察觉听众态度仍可以帮助您避免向其发送一种敌对型而非说服型信息。

◎ 小组演讲

小组演讲在职场中很常见。有时候，小组成员会被要求（或被告知）汇总呈现他们的信息。其他时候，小组成员选择集体发言，因为他们意识到若干演讲者要比单个演讲者更富成效。

小组演讲卓有成效的原因众多。倾听若干演讲者陈述能为观众提供多样性选择，避免单一枯燥。此外，若干演讲者的技能和视角要比一位演讲者能够传达更为全面的信息。例如，市场营销、客户支持和产品设计不同领域专家的贡献会增强对潜在客户成功推销的可能性。最后，小组演讲通过平衡性别、种族、年龄和其他因素，有助于提高观众的接受度。

组织小组演讲的方式

有两种方法可以决定小组演讲中的角色分工：按主题和按任务。您采取的方式取决于具体情形分析。

按主题组织　在某些情况下，将演讲分为若干部分合乎情理，每位演讲者负责其中一块或若干块主题。当材料的不同部分需要特定专业知识时，按主题组织就是一种合理方式。例如，现部门负责人在某次新闻发布会上宣布削减成本的新方法，几乎要求每个人分别提供信息。同样，销售讲演中如有来自客户支持、工程和生产等部门代表针对各自主题进行介绍，销售效果将会大幅提高。

按任务组织　有时候，演讲无法整齐划一地被分解成单独主题。在这种情况下，在主题讨论范畴下，为演讲者分配不同的角色更合乎情理。某位角色可能是"发言人"，其职责是介绍主要论点。其他成员可能承担"案例讲解者"的角色，即为支持发言人的主张提供具体细节。例如，某社区协会敦促市议会在某繁忙十字路口安装一款新交通信号灯可能会使用问题解决方案计划。其中一人的工作是阐述整个问题及团队的解决方案。在介绍完这些主要论点之后，那位演讲者将会邀请其他成员通过运用各种翔实的支持细节来支撑论点。此种计划能够清晰组织材料，同时提供了一组令人印象深刻的演讲者，他们要比单独演讲者更可能说服市议会。这种方法的大致轮廓如下所示：

> 发言人阐述问题："缺乏交通信号灯会鼓励加速驾驶行为，并导致多起交通事故和险情。这种情况危及生命且会让市政府面临责任诉讼。"
>
> 其他演讲者提供支持：邻居 1 引用警方报告中描述的在过去一年里因超速而开出的罚款单数量；邻居 2 描述因在十字路口发生事故导致伤害的医院报告；邻居 3 描述近期发生的险情；邻居 4（律师）解释了市政府面临诉讼的法律风险。
>
> 发言人提供解决方案："安装新交通信号灯将以一种经济有效的方式减少或消除上述问题。"
>
> 其他演讲者提供支持：成员 1 将安装新交通信号灯的成本与因十字路口未来发生交通事故而遭遇法律诉讼的成本进行对比；成员 2 论证从"城市街道改善基金"中进行资金拨款的恰当性；成员 3 展示对十字路口进行交通管控的邻居请愿书，以表明选民支持该项信号灯方案。

规划小组演讲的引言、结论和过渡

除了整场演讲需要引言和结论以外，每位演讲者也应该在各自部分提供迷你型引言与总结。这些有助于听众遵循总体计划，并防止若干演讲者同时在台上时可能造成的混乱。

建筑公司成员在为企业设计工作制定一份候选人名单时，此种迷你型引言是小组演讲的一部分：

> 大家早上好！正如大卫所介绍，我是黛安娜·萨拉萨尔。我想大家会同意我的同事向你们展示了一组精彩设计。但是，仅有美是不够的，您需要的是一座符合预算且能准时完工的建筑。这就是为什么我想在接下来花几分钟向大家展示我们如何能够实现这一点。

如同引言，过渡是帮助听众遵循团队演讲结构的一种尤为重要的方式。清晰的过渡能够帮助听众进行平稳调整，当其需要将注意力从一位演讲者转移到另一位演讲者身上时。以下两种方式能实现平稳过渡：由一位单独的节目主持人（也许是介绍引言的发言人）进行介绍，或者每位演讲者在总结完各自部分后顺便介绍下一位演讲者。无论您选择哪种方法，请确保前后部分之间的关系清晰。

最后的演讲者可以给出结论。如果您选择成为最后一位演讲者，请确保提炼重申团队的总体主题和要点，而非仅仅回顾最近言论。

汇报小组演讲

在小组演讲中，混淆和错误的发生可能性尤其大。最大程度减少问题的关键在于广泛的事先彩排。为了避免在紧要关头结结巴巴，请提前思考像组织设置和演讲者位置等问题。成员是围坐圆桌进行发言吗？他们是坐成一排、轮流上台吗？或者他们是从听众席中走出来？请选择能够帮助您获得最佳印象并避免延误的方式。等待演讲者从席位走上讲台会大大增加时间延误，而且房间越大，距离越远。围坐在一张桌边能够形成一种更好、更具凝聚力的形象，并最大程度减少延误。如果团队无法围桌而坐，请尝试调整角度，以确保团队成员能够舒适地看到其他演讲者发言。无论您打算如何设置演讲，在确保演讲者能够站坐自如的情况下，避免其与设备、桌子及彼此间碰撞、敲打和发出叮当响。

当考虑团队成员不演讲应将其安排在何处时，仔细想想他们将会给听众留下的印象。请记住：即使他们不是主要的关注焦点，他们也在为听众留下印象。当轮到您演讲时，一定要面向听众演讲而非团队成员。当您不演讲时，请看着演讲者并全神贯注地倾听。即使您因为在彩排阶段已听过很多遍而感到无聊，或者您对即将到来的上场感到紧张，也请表现得这些想法新鲜有趣。不要低头回顾笔记或让您的眼睛离开演讲者，否则您会鼓励听众也这样做。

◎ 特殊场合演讲

在商务环境中，有许多特殊的演讲场合和事件，其中有些您很有可能会被要求参与或被给予机会自愿参加。您可能会被要求给参观工厂的来访嘉宾致欢

道德挑战

表彰一位不值得尊敬的人

设想一下，您的工作就是简要地对某位您认为不值得尊重的人致欢迎辞、介绍、敬酒或颁奖。例如，您所介绍之人可能盛气凌人、带有种族偏见或者很懒惰。（可以自由地想象一位符合此种描述的特定人物，并设想您可能被要求公开表彰他的情形。）

请描述您在这些情况下将如何进行，在商务和职场环境下如有此类工作责任，您又如何实现忠于自己的内心。

迎辞、在员工会议或年度晚宴上介绍演讲者、向某位员工颁奖或接受您荣获的某一奖项。也许您会向所属的某一民间组织成员表示敬意，或者向某位因晋升而离开您部门的主管告别。请记住每种环境都具独特性，您将需要适应每种场合的物理、社会、年代和文化背景。以下指导准则有助于您在发表特殊场合演讲时充满自信并实现目标。

欢迎嘉宾或团体

当您在欢迎某人时，您的言论通常为整个活动定下了基调。言行举止中满怀热情和真诚非常重要。无论您是为一场长达两小时的晚宴欢迎某位特别嘉宾或一批正式新员工，请努力遵循以下指导准则：

- 介绍您是谁（如果听众不知道）或者您代表谁发言；
- 明确您所欢迎的个人或群体（除非您在欢迎全部听众）：
- 感谢嘉宾或团体的到来（如果有机会）：
- 阐述为何这一场合尤为重要或有意义。

当您在发言时，请确保面向您欢迎的个人或团队。如果合适，请转向听众并邀请听众一起参与到欢迎活动，清晰地向听众说明或展示您希望他们如何表现。下面案例阐述了该技巧在与指导原则共同使用时如何形成高效的欢迎辞：

美国 Sizetec 公司所有员工热烈欢迎我们日本工厂团队成员莅临新工厂

的剪彩仪式。我们万分荣幸与感激各位拨出宝贵时间,不远万里参与今天的活动。我们有很多互相学习的机会,同时各位的到访将帮助我们 Sizetec 成为行业领导者。对于我们而言,这是激动人心的一天,同时我们对各位的来访表示热烈欢迎。(转向观众)请大家和我一起鼓掌欢迎我们远道而来的日本客人。

介绍另一位演讲者

如果处理得当,您的介绍演讲(speech of introduction),即针对另一位演讲者的介绍,将有助于他的演讲取得成功。以下若干指导准则可以帮助您进行高效介绍。您可以选择切换这些信息顺序,但是除非听众已经知道,否则在某种程度上您几乎总要涵盖全部内容。

- 简要地概括此人即将演讲的主题。如果听众对演讲主题非常熟悉,那您可能仅需简单提及即可。如果听众对主题还不甚了解,您可能需要涵括更多关于主题的背景介绍并解释其中的重要意义。
- 给予听众理由去倾听您所介绍之人。分享演讲者背景中有趣和相关联的部分。只要有可能,努力展示他的言论如何对听众有价值。
- 提高您所介绍之人的可信度。分享那些能够证明他资质能力的信息。为听众选择最为有趣的个人信息以描述您所介绍之人。最好是分享些一般性信息和具体细节而非快速陈述冗长的清单:"已经为包括美国空军、IBM 和百特医疗在内的很多组织开展过培训。"不要含糊其词("约翰已为很多大型团体开展过大量的培训"),也不要给听众介绍过于浪费时间的具体细节("约翰已开展过培训的机构包括……"随后是一份 20 家公司的清单)。

一份优秀的介绍需要您提前了解即将介绍之人。如果可以的话,可以私下见面或者通过电话采访下演讲者。如有可能,请提前获得一份书面形式的简历或履历资料。您了解得越多,介绍演讲就可以做得越好。

确保您介绍中的所有信息都准确无误。检查并练习您不确定的姓名、城市和公司发音。询问当事人本人希望如何被介绍（头衔和姓氏、姓和名或者仅是名字）。

当您在规划介绍时，请尤其注意文化和性别差异。例如，很多文化成员更喜欢他人介绍自己时使用正式头衔（例如"总监"），而这在美国或加拿大却不太常用。同样，美国人所推崇喜爱的幽默方式，如果面对的听众来自带有更为正式沟通风格的文化时，他们很容易就得罪听众或被介绍之人。如果您要介绍多位演讲者，请努力保持一致性。一种常见的失礼行为是指称男士为"先生"或者"博士"，但称呼女士时却直呼其名。

请注意观察下列要点是如何被纳入此类信息性介绍中的：

在过去的9个月中，您已经听到很多关于如何将业务拓展到墨西哥的消息。这对我们而言是一个很大的进步，而且我相信所有人都有很多问题，也许还存在一些担忧。

今天，我很荣幸向大家介绍将负责接管我们墨西哥业务的但丁·古提雷兹（Dante Gutierrez）先生。古提雷兹先生在美墨两国都有着丰富的经验。在墨西哥北部创立并经营一家最重要的进出口公司后，古提雷兹先生成为加利福尼亚州一家领先商业集团 Asociación de la Industria 的执行董事。他曾在墨西哥和美国生活和工作过。他在制造业和跨境贸易方面的经验，对我们扩大在墨西哥和中美洲的业务将是一个巨大帮助。

除了他的专业资质，大家还会发现古提雷兹先生是一个非常好的男人。他友善、富有热心肠且平易近人。随着我们了解更多的新市场和客户，我相信大家会发现古提雷兹先生实在是太宝贵的资源！

请和我一起以热烈的掌声欢迎古提雷兹先生！

以下提示将有助于您进行成功介绍：

- 提前仔细规划您的介绍言论。不要采用即兴演讲的做法。
- 您的介绍应该显得自然，即使它事先已计划好。提前练习如何表达，这样就不必依靠笔记。

- 在介绍时，请面向观众而非被介绍之人。

- 保持介绍简短。您不是主要的关注点。因此，在大多数情况下，一两分钟的介绍足矣。如果听众已经知道您要介绍的对象，时间还可以更短。

表彰个人或机构

当您被要求发表致敬（tribute）感言时，按时间顺序或者按主题都是有效的。您可以按照时间顺序来回顾当事人的生活或事业，然后对其一路走来的成就和性格特质表示敬意；您也可以从其人生中选择某些主题或特质，然后围绕这些主题展开。如果您选择按照主题线来致敬（例如勇敢和承诺），那么逸事和案例可以用来阐述您的观点。

很多致敬指导准则与引言部分很像：对姓名和细节的准确性把握及高度关注文化、性别和个人意愿。如果有可能或更切合实际，请与致敬对象核实相关信息；如果无法实现，也请通过高度权威来源进行核实。下面介绍针对一位即将离开公司的会计师的致敬案例。当然，如果演讲者拥有更多的时间，选择的每条特质都可以用更多观众熟悉的逸事来说明。

今天是值得庆祝的一天，让我们向约瑟夫·别加（Joseph Begay）致敬。能够在对比账户（Contrast Accounts）代表管理团队发言并向约瑟夫表示致敬是我的巨大荣幸。

在思考约瑟夫在这里的成就时，我脑中浮现了两个词：承诺和社区。约瑟夫致力于出色做好本职工作。我们所有部门的同事都对他表现出了极大的尊重与钦佩。从贝蒂·墨菲（Betty Murphy）的"成本分析"到麦克·巴勒斯（Mike Burroughs）的"媒体关系"，我们由衷地赞美约瑟夫对客户承诺的高质量工作。还有谁能说服我们在不到两个月的时间里去重做整个辛普森账户？还有谁能通过比萨诱使我们留下加班完成工作？约瑟夫全身心地致力于我们的客户和同事。他的工作重点是帮助我们所有人更好地理解公司各部门成员的需求。约瑟夫帮助我们聚到一起，去寻找可以满足不同部门需求的具体方式。同时他为我们提供了机会去表达围绕着为客户提供优质产品而具有的共同挫折和关切点。

致祝酒辞

您迟早都可能被要求发表某种特殊类型的致敬感言——祝酒辞（toast）。除了向对方表达敬意，精心设计的祝酒辞还能提升您在任何组织中的知名度和关注度。请记住，祝酒辞通常包含表达赞美、认可成就，以及表达对未来的祝福和愿望。以下若干提示可以帮助您选择正确恰当的词语：

- 明智地选择时机。如果由您来选择时间，请确保所有人都在场。若在晚宴上，选择所有成员刚刚坐下的那一刻或者等到甜点上来之前。若在一场休闲的鸡尾酒舞会或户外烧烤中，请等到大多数人都有饮品。

- 提前做好准备。提前思考下场合、参与者和祝酒辞的单个对象或某一群体。即兴地发表祝酒辞带有太高风险。使用一些内部信息或者鲜为人知的事实来赞美对方。

- 看上去自然。即使您已经提前准备好言论，也请尽量避免阅读笔记或听起来像在背诵。

- 保持简短。时长 30～60 秒的祝酒辞属于正常，长达 2 分钟就是极限。如果存有疑问，请尽量少说而非多说。最后请举杯，绅士地与身边之人轻碰酒杯并说，"干杯"或者其他类似表达。

- 可见可闻。请务必站立。如果是一场无组织、成员较为闲散的活动，那就寻找一块高地：可以站立的小山坡或楼梯（不是椅子）、台阶或后廊。确保您在演讲之前已获得所有人的注意力，然后开始演讲时请保持声音洪亮以便所有人能听到。

- 眼神交流涵括所有人。在听众和您所致意的个人或团体中交替目光凝视。

- 保持清醒。请在此之前小心喝酒。您可能会为自己含糊不清或不合时宜的祝酒辞而懊恼很长一段时间。饮料需要不含酒精，苏打水和饮用水也可以用于敬酒。

- 保持得当。如果您也不确定某一言论或故事是带有幽默性还是冒犯性，那么请不要使用。如果您不确定自己认为有趣的事情对于被致意者或客人来说是否属于幽默，那么最好不说。

登录"高等公共演讲研究院"网站：http://www.public-speaking.org，点击"幽默技巧"，您可以获取关于祝酒辞的更多建议。

颁发奖项

有时候人们可能知道他们是获奖者，而在其他时候，这一宣布可能就是意料之喜。基于此种情形，您会选择是在演讲开场阶段就让听众（和获奖者）知道获奖者还是将这一宣布留到最后。要想主持一场有效的颁奖演讲（award presentation），请遵循以下提示：

- 如果所有人都知道获奖者，您可以在演讲早期就提及此人名字。如果听众并不知晓获奖者，您可以通过将其名字留至最后以设置悬念。
- 陈述奖项的名称和性质。
- 陈述选择标准。
- 使用具体案例，叙述获奖者满足标准的具体方式（或多种方式）。
- 进行演讲陈述。
- 确保获奖者（而非主持人您）是关注点和注意力的中心。

正如以下案例所示，此种方法能为制作有趣且富激情的演讲提供一种框架：

"衡量成功的标准并不是你最后所站的位置，而是从开始之时到现在为止，你的进步有多大。"这些话体现了"最佳进步球员"（Most Improved Player Award）这一奖项的内在精神。每年，球员都有权责去给他们所认为的最佳进步球员投票。该奖项的获得者必须证明他的团队精神和承诺，并且必须在技能上有所进步和提高。这不是件容易的事。即使当我们与"牛头犬队"（Bulldogs）的比分以 7：14 落后，他也一直在鼓励其他队友前进且从不放弃，今年的获奖者从开始无法阻截一球到在我们最后一场冠军争夺战中成功阻截六球。所以，玛丽·李（Mary Lee），我很荣幸与高兴宣布，通过你的队友投票，将"最佳进步球员"奖项颁发给你。

接受奖项

当您在接受奖项时，通常只需要简短的几句话即可。回顾下一年一度的奥斯卡颁奖典礼上长篇大论的演讲，将有助于您真正领略玛琳·黛德丽（Marlene Dietrich）给米凯亚·巴瑞辛尼科夫（Mikhail Baryshnikov）建议背后的感悟。当时她指派他去接受"时装设计师协会"（Council of Fashion Designers）颁奖时这样说道："拿着东西，看一下它，然后感谢下他们就走。"这种方式可能太过极端，但简洁一定是大多数领奖场合的重要因素，所以它也是一种感谢。以下计划有助于您以一种高效方式组织自己真诚的感谢：

- 表达您诚挚的感谢（如果恰当，也可以表达您的惊讶之情）；
- 向颁布者答谢并表示感激；
- 描述该奖项对您的重要意义；
- 再次表示感谢。

志愿者委员会负责人在已筹划到一场高额募捐后，发表的下列感谢言论完美阐释了简单方法如何能够做到真诚、简易与高效：

今天你们真的让我很意外。当我说我会帮忙筹划拍卖时，我想到的最后一件事才是奖项。筹集奖学金是我们的目标，而打破去年筹款纪录是我希望获得的唯一奖励。获得这一特殊感谢奖项远远超出我的预料与期望，在此我深感荣幸。

以这种方式被选出也让我感到有些惭愧。没有大家集体不辞辛苦地工作付出，我们也不可能打破这一纪录。克里斯和她的委员会收集陈列了一大堆拍卖物品。本和他的伙伴提供的美食和娱乐让我们好几年都难以忘记。达内尔的宣传团队为我们带来了捐助者。利奥作为拍卖师的天赋让所有拍卖物品物有所值。拥有这些优秀伙伴们的鼎力帮助，我们怎么会不成功？

我要把这个奖牌放在办公室的桌上。每当我感到疲倦或对人性感到沮丧时，它就会提醒我对于一项真正的事业，人们会有多么慷慨和勤奋；它也会提醒我，我是多么幸运能够认识大家并曾经一起共事。

最后，再次感谢这一宝贵的殊荣。你们真的是一群很棒的人，我迫不及待地想在来年和大家一起再共事！

掌握本章概要

要点回顾

- 信息型演讲包括通报会、报告（进度、可行性和总结）和培训课程。

- 与报告不同，通报会简短且提供最为精简的必要信息。进度报告旨在审查项目目的，阐述现状、障碍及需要付出的努力，下阶段里程碑和项目的未来。总结报告要求引言、背景信息、事件描述、结果及获取更多信息的途径方向。可行性报告包括引言、标准、研究方法、潜在解决方案、评估解决方案、建议和结论。

- 培训课程需要通过界定预期效果、安排所需时间和资源、选择最佳培训方法和组织所有培训要素进行认真规划。高效的培训者会将主题和听众联系起来，形成整体性框架，强调他们的组织计划，仅涵盖必要信息，避免行话，以及将熟悉与陌生信息联系起来。

- 很多商务场合要求劝说型演讲，例如动机演讲、亲善演讲、提议和销售讲演。

- 道德说服不同于操纵和强制。它鼓励听众在听到合理的推理分析和准确信息后做出自由选择。

- 劝说型演讲可以遵循以下若干组织计划：问题解决方案、比较优势、标准满意度或动机性序列。听众、主题和目标将决定其中哪项计划最为有效。

- 提议主张采取具体行动，其由两大部分组成：问题和解决方案。从长远来看，销售讲演因为遵循建立客户关系、考虑客户需求、倾听并欢迎客户参与、关注效益而非功能、使用高效的收尾策略等原则，因而最富成效。

- 演讲者通过展示竞争力、可信度和与听众的相似性来建立信誉。演讲者通过诚实和公正赢得听众的信任。成功的演讲者避免推理谬误或推理错误，例如诉诸人身、归谬法、非此即彼、后此谬误、诉诸群众。

- 小组演讲需要特殊计划，其可以按主题或按任务进行组织。仔细分析特定的话题和情形通常能揭示出最佳的方法。小组演讲需要有效的引言和结论，尤其是精心设计的过渡，用以连接各主要论点并避免多位演讲者相互混淆。注重非言语沟通有助于演讲者提高演讲流畅度、营造凝聚力。

- 商务背景通常需要特殊场合的演讲，例如致欢迎辞和介绍、致祝酒辞、表彰个人或机构，以及颁奖和获奖。高效的商务沟通者应了解这些特殊演讲的基础知识。

职业拓展

1. 能力建构

设想某种方法，能让听众积极参与下列的每项培训，并在课堂上展示您的技巧。

（1）如何友善地处理客户电话投诉？

（2）如何插入网上招聘以更新您的网站？

（3）如何主持一场关于防震抗灾准备的研讨会？

2. 能力建构

界定某项具体的培训目标和方法，将培训内容与听众联系起来，以开展以下培训课程。

（1）学生服务员工的倾听技巧。

（2）为特定行业或雇主（销售、市场、法律）提供"成功着装"研讨会。

（3）培训志愿者学生带领高中生参观校园。

（4）指导大一新生使用 APA 格式 ① 在撰写论文时规范引用来源。

（5）使用特定校园系统（注册、学生工作安置）或填写被广泛使用的表格（金融、毕业或实习申请）。

3. 有用的洞察

通过开展以下练习之一，增进您对成人学习风格的理解。

（1）采访一位在工作场所开展培训的专业人员。请求您的受访者描述对于动机、直接参与和保留的成功策略。

（2）参加某次工作培训或说明会。分析演讲者所使用的目标、动机、学习者的直接参与以及提高保留率的技巧。

4. 有用的洞察

参加专业的劝说型演讲。尝试确定演讲者目标和组织模式。根据本文针对各种劝说型演讲类型的描述，您认为它们成功吗？您认为哪些演讲策略很有效，哪些策略又是无效的？演讲是否体现了道德说服？演讲者是如何建立可信度的？解释您的原因并举例论证。

5. 能力建构

选择一款您所熟悉的产品或服务，或从以下选择一项：计算机文件离线归档、手机定价计划、员工熟食送货服务，以及健身俱乐部中公司赞助的会员资格。

（1）确定可以销售该产品的听众群体。

（2）创建一张包含两列（功能和功效）的图表，罗列并区分产品的功能和功效。

6. 有用的洞察

公益广告（Public Service Announcements, PSAs）旨在通过简短篇章说服读者支持非营利组织、议题或事业。您可以登录以下网址查看公益广告：

---

① 指美国心理学会 (American Psychological Association) 出版的"美国心理协会刊物准则"。——译者注

http:// saloproductions.com/public-service-announcements/psa-samples.php。

其使用何种策略来激励听众？这些策略是否合乎道德？解释您的答案。为什么这些策略是成功的？

7. 能力建构

在以下各种情况中，哪种组织性计划最为适合？

（1）向客户论证为何租车与买车相比，前者是更好的选择？

（2）说服慈善基金会为您的贫困青少年就业培训计划提供资金资助。

（3）演示某一昂贵计算机系统的功能。

（4）说服本地银行的贷款职员为您所提议的商业创业提供融资。

（5）鼓励本地商人加入您所属的服务俱乐部。

8. 有用的洞察

在杂志或报纸上选择一篇劝说型文章进行阅读。尝试确定该文章所遵循的组织性模式。您认为作者为何选择此种模式？这对目标听众而言是否有效？

9. 能力建构

与您同学组成小组，规划一场信息性小组演讲，其中大家的任务包括：（1）回顾在本书中所学到的某一沟通概念的定义；（2）举例说明这一概念；并（3）解释其他学生如何能将这一概念运用到他们的实际生活中。

在组织大家的演讲时，请决定是按主题还是按任务。分配演讲角色并规划引言、过渡和结论。共同确定大家可以用来规范团队成员演讲的一系列非干扰性信号。当大家准备完毕后，可以开展并录制演讲过程。

观看大家的视频，运用本书第九章至第十二章中的指导原则评估你们的团体组织、内容和演讲表达，并与团队成员讨论彼此的意见与评价。

10. 能力建构

准备以下特殊场合的演讲：

（1）致欢迎辞。某位来自社区的访客想要拜访您所在班级，以便更好了解您学校的环境，请为其到访准备一段欢迎辞。

（2）介绍。某位来自著名社区企业的访客被邀请到您所在班级开展求职面试策略演讲，请为其到访设计一段介绍。

（3）表彰致意。制定并发表一场演讲，以表彰您的某位同学或者您所在社区中一位您认为值得肯定的个人或机构。

（4）颁奖。向同学颁发奖项（最佳团队成员、最佳倾听者、最佳演讲者、最佳进步演讲者），以表彰其本学期的特定表现或活动。

（5）庆祝晚宴。您的工作团队刚刚交付一项至关重要的项目，同时您的工作得到了主管的肯定和好评。

附录 I 面试素材

◎ 信息型面试样本范例

以下样本范例展示了面试官和面试者坐下来之前甚至在安排面试之前就应该进行的工作。每一场重要的面试都需要有如下所述的计划才能实现其目标。当您在阅读以下内容时，请注意观察它是如何遵循了第六章所概述的建议。

分析和研究　　我知道，如果仅仅依靠现有的工资收入，我永远都不能建立起我所追求的经济保障。我也知道，我在投资理财方面并不精通，所以我想要找一位财务顾问，他可以教我有关财务方面的知识并帮助我制定和实施推进方案。

选择财务顾问就如同选择医生。技能很重要，但是它并非唯一的重要元素。我需要找一位个人风格我很喜欢且价值理念与我匹配的人，我也需要找一位耐心且愿意为我花时间的人，即使我现在还没有很多钱用于投资！

我已经编辑了一份顾问清单，上面涵括了所有通过朋友、报纸文章和电话簿列表推荐的可能人选。我会打电话给列表中的一些人以预约面谈事宜。

目标　　为了确定一位在此领域精通专业的财务顾问，其投资理念和我相符，同时其个人风格我也很喜欢。

面试策略　　我将在每位财务规划师的办公室进行面试。通过观察他们的办公地点和处理业务方式，在开始提出任何问题之前，我就能充分地感受到自己的舒适度。例如，如果办公室破旧或者杂乱无章，就会让我开始怀疑顾问的专业能力。相反，一间过于豪华的办公室可能也会让我心生怀疑，自己是否会被过高收费以支撑他们这种奢侈的生活方式。

我也很想观察下每个人愿意给我的面试时间。如果此人为了试图招揽新客户操之过急，这可能意味着一旦我的钱交到对方手中，我将不会得到自己所需的时间或注意力。

我想要观察下每个人愿意让我陈述自己担忧的意愿及他们想要控制对话的程度。我虽然不是财务专家，但是我不喜欢这样的态度："我才是专家，所以不要浪费时间问太多问题。"因为我希望找到一位愿意以一种我能理解的方式向我解释何为投资的人，因此我是在寻找一位好老师。

主题和提问　　以下列表呈现了我打算在每项主题领域里所要提的问题及我能预见的后续问题。我相信还需要准备其他的次要提问，但是我无法预测出全部。因此，我必须现场思考它们。

主题1：投资和财务规划方面的专业知识

1. 您有哪些资质证书能够证明您是财务规划师？这些证书的含金量有多高？如果它们不重要，那么衡量一位财务规划师资格的最佳标准又是什么？

　　【这一系列开放性提问有助于了解受访者的专业资质，并为他提供一次自我介绍的机会。】

2. 您有哪些专业领域？您是如何实现在此领域的专业与精通？为什么？

　　【这些提问从狭义过渡到一个更为宽泛的关注点上。】

3. 在过去五年里您服务过多少客户？您与客户关系的持续性一般多长？其中有多少人仍然保持关系，又有多少人已经离开？

　　【这些间接提问是一种发现顾问服务是否令人满意的方法。】

4. 您为客户管理的平均资产金额是多少？

　　【平均投资组合规模是测量顾问专业度的指标之一。】

5. 我可以看下您过去和现在的客户清单，并与其中一些客户打电话交流一下吗？

　　【封闭式提问旨在给予面试官一些参考。】

6. 从投资建议来看，您会如何描述自己过去的业绩？具体而言，成功与失败建议的比例各是多少？

【第一个提问具有开放性，第二个封闭式提问将会形成一个可以与其他潜在顾问回答进行对比的具体答案。】

主题 2：投资哲学

1. 您会如何描述自己的投资理念？

【这一开放式提问使顾问有机会描述他的方法。】

2. 如果我是您的客户，您会推荐哪些步骤开始与维护这一财务计划？

【假设性提问将会提供针对客户——顾问关系如何运转的具体信息。】

3. 您喜欢买卖交易哪些产品？哪些具体项目是您愿意推荐给我的？为什么？

【这一系列问题按照逻辑顺序从具体到宽泛的话题逐渐展开。】

4. 我了解到，一些财务顾问根据客户每次买卖投资从中赚取佣金收费，其他一些顾问则根据时间收费。您会采取哪种方式？您能解释下这种方式如何能同时满足我们的共同利益？

【这两个提问的顺序是从狭窄逐渐转移到更为广泛的话题。第二个问题包含了客户最为重要的信息。】

5. 我应该为您的建议支付多少报酬才算合适？

【虽然这听上去像是一个封闭式提问，但其很可能会生成一个很长的答案。】

主题 3：个人风格

1. 您和哪种类型的客户合作？您不喜欢哪些类型的客户？

【这一间接提问其实是在问："我们在一起能和平共事吗？"】

2. 您看过邮寄给您关于我个人财务状况的文件吗？您觉得它们怎么样？

【这里的第一个提问实际上通过一种间接方式，以发现顾问对潜在客户给予的关注程度。】

3. 如果我随机给您的一位客户打电话，您觉得关于服务类型和我所能期待获得的沟通频率，他会告诉我些什么？

【这一明智的假设性提问比更直接的"针对我所期待的服务类型您能告诉哪些内容"，更有可能获得一个有用的答案。】

4. 如果我们即将建立关系，您会对我　　　【这是一个直截了当的开放性提问。】
有什么期望？

5. 假设我不同意您的建议。您会怎么　　　【这一假设性提问预料到了一项重要
说和做？　　　　　　　　　　　　　　问题。】

◎ 求职面试样本范例

　　以下记录样本是基于一场真实的面试。当您在阅读时，请注意面试官的提问和求职者的回答。在这两种情况下，观察长处和仍需改进之处。您希望将该面试的哪些部分融入自己的风格之中？其中哪些部分您的处理方式会所有不同？

面试官： 莫妮卡·汉森（Monica Hansen）？我叫克里斯·范·戴克（Chris Van Dyke），欢迎！　　　　　　　　　【面试开始时先互相寒暄一番。】

求职者： 很荣幸见到您！
面试官：找到这里遇到什么困难没有？　　　　　　　　　【……和闲聊。】

求职者： 方向准确无误，同时非常感谢您的停车证。

面试官： 哦，是的。这是必须的。如果你没有的话，停车位一天将花费 12 美元。　　　　　　　　　【面试官简要地介绍面试的方法和预计时间。】
今天早上我们将花大约半小时的时间来谈论下你所申请的人事管理员职位。我想要更多了解你。当然，如果你对我们公司有任何问题，我都乐意回答。

求职者： 非常感谢，这正是我所期待的！

面试官： 很好。首先让我们谈谈你最近的一份工作。简历上说你曾在斯普林菲尔德（Springfield）的信息通信技术（ITC）部门工作过，是这样吗？　　　　　　　　　【面试正文以一个关于个人职业经历的开放性提问开始。】

求职者：	是这样。我的正式职位是人事助理，但是它并不能很好地描述我所从事的工作。我主要负责招募非免税员工、处理工资单、培训新员工及维护文件。	【求职者使用该回答旨在论证，通过过去工作中已掌握的技能能够胜任现在这份工作。】
面试官：	你是否参与处理保险事宜？	【跟进提问旨在探讨新工作的兴趣领域。】
求职者：	是的。我也负责处理工人的赔偿请求并维护医疗保健计划的保险报告。我在如何处理应对政府法规方面学到了很多东西。	【求职者使用该回答以指出她能够为这项工作带来另一项技能。】
面试官：	你说你还参与了招聘环节？	
求职者：	是的。我负责招聘和面试所有文职和行政辅助人员。	
面试官：	你感觉上一份工作怎么样？	【另一个开放性提问，旨在探索求职者自我分析工作表现的能力。】
求职者：	在斯普林菲尔德公司其实比较困难。那里实际上缺乏人才支持。因为那是一个生活成本很高的城镇，仅仅依靠行政助理的工资，没有太多能够负担得起的人。那里不像亚特兰大，有足够多的好助理可选。	【求职者未能通过使用该回答展示其能力……】
面试官：	从你在信息通信技术部门的招聘经验中，你学到了什么？	【所以面试官又跟进了另一个提问。】
求职者：	我学会了招聘时不能仅限于简历。有些人的简历看似不错，但当你招聘他们后会发现有些能力有很大欠缺。还有些人在简历上可能没有太多经验，但他们拥有很大的潜力。	【这一回答更好，因为它描述了求职者为该项工作带来的深刻见解和技能。】
面试官：	你是如何做到超越纸质审查的？	
求职者：	如果某人看上去很有希望，我就会打电话给其前雇主，并与求职者实际服务的当事人交谈。当然，很多前雇主可能不会明确表态，但是他们通常会提供关于他们对我所调查之人真实想法的线索，比如给予某种间接意见而非直言不讳。	

面试官：　如果这是求职者的第一份工作，你又会怎么做？

求职者：　我发现几乎所有人都或多或少做过某种兼职或志愿者的工作。所以，我可以据此开展考察。如果此人刚刚毕业，我甚至会要些老师的名字，然后给他们打电话。从中我学习到，如果善于思考发现，几乎总有办法去获得你想寻找的东西。

【求职者在这里的表现很智慧，在其回答的最后一句话中阐述了她的技能。】

面试官：　这会花费很长时间吧？

求职者：　是的，它确实！但从长远来看这是值得的，因为我们这样可以获得更好的员工。我们几乎从来不需要解雇一位通过电话查证核实过的员工。

【这是一种很微妙的表述方式，"我拥有很好的判断力"。】

面试官：　你在一年后就获得了升职，这是为什么？

求职者：　我很幸运能在合适的工作岗位上。公司正在成长，我们也非常忙碌。我尝试通过承担更多工作及上夜校的方式来充分利用这种情形。

【同样，求职者的回答也展现了一项对新工作有价值的特质：自我提升的愿望。】

面试官：　你上了哪些课程？

求职者：　去年春天我参加了一项应用型人际关系课程。在这之前，还有些计算机课程：数据库管理和数字排版。我们部门当时正在考虑启用员工通讯，我想看看我们是否可以进行内部制作。

【如果求职者被录用，想必过去经历中所获得的这些技能都是有用的。无论如何，她表现出了想要学习对商务实践有用技能的愿望。】

面试官：　听起来你在信息通信技术部门干得很好。那你为什么想要离开？

求职者：　在某些方面，我不想离开。大部分员工都很友善，而且我也很喜欢这份工作。但是，我想要寻找更多挑战，而我在那里并没有机会承担更多责任。

【回答开始陈述时带有挑衅性，但随后即为寻找新工作提供了坚实的理由。】

面试官：　为什么没有？

求职者：　因为我的老板就是人事主管，她很满意自己的工作，也没有计划离开。她很年轻，因此对我而言，在那里提升的空间就很少。

面试官：　我明白了，确实这是个问题。那么你希望能够承担什么样的责任？

求职者：　我认为最大的一点就是有机会参与制定政策。在我过去的工作中，我一直在执行其他人——管理者——制定的政策。这虽然好，但我很想能够自己参与制定一些政策。

【……以及求职者提供回答。】

面试官：　你是指什么样的政策？

【面试官再次通过寻找更多具体细节的方式跟进了解。】

求职者：　哦，包括这些：设计福利套餐，提出一套员工会认真对待的绩效考核制度，教导我们的主管如何更加系统性地开展面试和招聘。

【……求职者准备好了详细的答复。】

面试官：　我明白了。那么你申请的职位肯定涵括这样的职责。让我再问你一个问题，人事工作中你最喜欢什么？

【面试官顺利过渡到了下一个话题。】

求职者：　我真的很享受有机会能和他人一起工作。当然，也包括很多文书工作，但我特别喜欢有机会和他人共事。

【"我喜欢和他人共事"这种普通回答因过于宽泛而无太多意义。】

面试官：　当你在说到"人"时，你是在想何种类型的工作？

【……所以面试官要求澄清。】

求职者：　我想它们的共同特征是让人开心。很多员工一旦被聘用后，就会与人事部门产生关联，这是因为他们有问题，或许是一项保险索赔，或许是绩效考核的问题。看到他们满意地离开，或者至少在他们非常焦虑地进来以后感觉好些，都让我感到特别欣慰。

面试官：　你总是能够帮助到他们吗？

求职者：　不，当然不是的。有时候有些人会提出不可能实现的要求，而有时候有些问题根本就没有任何有帮助的答案。

面试官：　你能针对这些情形举些例子吗？

【面试官会再次使用情境方法来寻找具体细节。】

求职者：　好的，关于不可能实现请求的例子就是医疗保险。在信息通讯技术部门，我们可以从两种方案中自主选择。其中一种方案是你可以选择任何你想要的医生，但是你必须承担共同付款责任。另一种方案是，你必须从我们推荐医生名单中进行选择，但无须承担共同付款责任。如果员工选择了推荐医生名单方案，但事后自己决定选择不在推荐名单上的医生，我们就无能为力了。

【求职者很好地描述了某种情境，以详细阐述其前述回答。】

面试官：　我们这里也面临同样问题。那你又是怎么处理的呢？

求职者：　我出于同情心会帮一点儿。即使我不能给他们想要的东西，至少通过表达我的歉意让他们感觉这不是一种完全拒绝。我也会指出，他们可以在每年开放登记的阶段更换方案。我还会向老板建议，我们在员工签署之前通知员工有关推荐医生名单计划的限制，甚至让员工签署一份声明表明他们已了解这些方案。我想这会减少后期出现的意外。

| 面试官： | 这是个好主意！莫妮卡，你认为作为一名人事主任具备哪些素质很重要？ | 【面对这一新话题，面试官从事实提问转向观点提问。】 |

面试官： 这是个好主意！莫妮卡，你认为作为一名人事主任具备哪些素质很重要？

　　　　　　　　　　　　　　　　　　　　【面对这一新话题，面试官从事实提问转向观点提问。】

求职者： 了解这份工作绝对至关重要，但我认为与人相处更为重要。

面试官： 那你会如何描述自己的与人相处能力呢？

求职者： 有时候，我认为自己应该拿一个奥斯卡奖，因为我的行动和感受可以完全相反。

面试官： 真的吗？告诉我具体怎么回事。

求职者： 人们常常在进来时都很气愤，而我会努力表现得比我真实感受更为积极愉悦，以让他们冷静下来。例如，我们遇到过一些员工，坚定认为他们有权请假六个月并获得工伤赔偿，即使医生已说过他们几周后就可以回来工作。他们进到办公室就对我们大吼大叫，有时候面对这种情形真的让人难以愉悦。但是，我认为没有必要表现得直截了当或粗鲁，因为这只会让他们更生气。

　　　　　　　　　　　　　　　　　　　　【求职者提供了一项具体案例以说明她关于行动与感受完全相反的大胆陈述。】

面试官： 我明白你的意思。莫妮卡，让我们转换下场景。如果你要挑选一位上司，他应该具备哪些重要特质？

　　　　　　　　　　　　　　　　　　　　【这一间接提问其实在问："您可能是什么样的经理呢？"】

求职者： 让我想想……当然有很多的跟进工作——比如让员工知道他们处于何种境况，针对员工工作不足之处能够建设性地批评同时针对优秀成果也给予真心赞美，分配给员工任务之后能够给其充分自主决定权而不加干涉。

面试官： 但是员工如有需要，上司还是会给予帮助，对吗？

求职者： 当然。但是还是希望能够给我足够空间完成工作，而不是距离过近。

面试官： 还有别的吗？

求职者： 正如您所言，随时愿意伸出援助之手；保持一致性；愿意培训新岗位上的员工，并给予他们成长机会；考虑员工的个人目标。

面试官： 对于人事工作，需要考虑到保密性。这对你来说意味着什么？ 【面试官转向一个新的话题领域。】

求职者： 这是非常重要的方面。因为在你看到很多个人信息之后，很容易做出轻率唐突的评论，这可能会招致他人不满。

面试官： 你对什么样的事情会尤其注意？

求职者： 哦，甚至可以像某人的出生日期那么简单。大多数人都不会在意，但是有些人如果出生日期被泄露出去，他们可能会感到被冒犯。从中我学会了时刻保持警惕并谨言慎行。不管如何，我是一个注意保密的人，所以这点很有帮助。

面试官： 莫妮卡，我一直都在问你很多问题，那我最后还有一个问题，然后你就可以开始问我。激励你不断前进的原因是什么？ 【这一问题旨在探讨求职者的个人态度。】

求职者： 是这样，我很喜欢忙碌的感觉。就算事情不忙，我也会努力工作，因为我很享受那种被激发的兴奋感。当事情迫在眉睫时，似乎要比时间充沛时能够完成更多的工作。这听上去有些疯狂，但它是事实。我也希望自己有机会能够成长并承担尽可能多的责任。

面试官： 莫妮卡，你有什么问题想问我的吗？你对这份工作和公司有什么想要了解的？ 【几乎在所有的求职面试中，求职者都有机会提问。】

求职者： 您如何看待贵公司的未来发展？ 【求职者可以明智地从公司开始问起，不要仅关注在例如薪酬等个人问题上。】

面试官：　那么，我们现在总共有 155 名员工。我想你也知道，我们公司已经成立 5 年了，刚开始我们只有 5 名员工。去年我们的销售额增长了 14%，而这看起来还将进一步增长。

求职者：　您认为贵公司还要增加多少员工？

面试官：　我们去年已经招募了 20 名新员工，今年我们预计会再招聘相同的人数。

求职者：　贵公司的营业额增长如何？

面试官：　人事人员提这个问题非常好！我们一直在不断壮大，员工也能够承担起更多的责任，所以他们对公司的大部分都很满意。我们的员工流动率一直很低——大概每年 15% 的样子。

求职者：　您聘用的员工有机会参与公司政策制定吗？

【这一问题侧重于工作需要承担的责任。】

面试官：　当然有！在发展如此快后，我们仍旧一直努力赶超自己。今年的一个大项目就是制定员工手册。现在我们有太多政策还停留在口头上，这并不好。制定这份员工手册意味着直接与公司董事长合作，而这必然会涉及制定政策。

求职者：　当然，我也很想了解一下贵公司的福利和薪酬制度。

【最后，求职者可以询问薪酬和福利等问题。】

面试官：　当然。这是关于我们公司福利制度的摘要副本，供你进一步了解。稍后我们可以详谈一下薪酬问题。现在我想请你见见我们几位经理。在你和他们聊完以后，我们回头再一起讨论薪酬和其他事宜。

【面试官会适当地推迟揭晓面试结果，直到公司对求职者各项指标有更为清晰的了解。】

面试官：　我们一定会在未来 10 天内做出决定，所以我可以向你保证，在下个月的第一天之前你会得到答案。莫妮卡，今天和你的会谈很愉快。你清晰准确地表达了自己，我会很快再和你联系。谢谢！

【面试官通过阐述何时做出招聘决定以总结此次面谈。】

求职者：　谢谢！我也很享受今天的会谈！我很期待
　　　　　　听到您的回复。

◎ 绩效评估面试策略

绩效评估面试是上下级定期（通常每年一次）开会讨论下属绩效质量的一种特殊面谈。这些面试具有以下若干功能：

- 让员工明晰自己的现状处境。这种反馈包括表扬优秀的工作，沟通需要改进之处，并告知员工其职业晋升的前景。

- 培养员工技能。绩效审查能够成为员工学习新技能的一次机会。在他们的其他角色中，经理和主管应该就是老师。绩效评估面试也是向员工展示如何能够做得更好的一个机会。

- 改善雇用关系。绩效评估应该改善上下级关系并让员工有参与融入感。最为理想的情况是，员工在面试结束后对自己和组织都有更好地了解。

- 帮助管理层了解员工的观点。绩效评估应该包括向上沟通和向下沟通。它为下属提供了向管理层阐述自己观点的机会。

- 为员工提供咨询帮助。评估面试为管理者提供了一次机会，让他们了解可能会影响员工绩效的个人问题，并针对此提供建议和支持。

- 设定未来目标。每一次绩效评估面试的结果都应该是为上下级在未来更好地表现提供某种清晰思路。

尽管绩效评估面试具有很多宝贵的功能，但对于员工或管理者来说，这并不总是一种积极的经验，尤其当存在问题需要解决之时。正如您在第五章中所学到的，接受批评也是一种挑战。本节所概述的面试策略可以帮助确保绩效评估满足管理层和员工的双重需求。虽然遵循这些指导准则并不能保证绩效审查必然成功，但是它可以提升面谈的真正实效，符合上下级的切实利益需求。

评估过程中的步骤

在经过一番相互寒暄（通常是简短的）之后，经理应该介绍下面试的基本流程、所涵盖的内容框架和使用方式，以及面试可能时长的预估。在初步评估后，评估面试的主体部分应当包括以下三大方面：回顾以往会议制定的标准、讨论员工的绩效表现，以及设定针对未来的目标。

回顾进度 任何评估面试主体环节中的第一步都是界定评估员工的标准。理想情况下，经理和员工对于这些标准都清晰明了，但是重申这些标准也是明智之举。经理可能会这样说：

> 比尔，我知道你还记得，在上次会议上我们决定将重点放在若干目标中。我们也一致同意，如果你能达成这些目标，那么就说明你能够胜任现在的这份工作，你也因此能够晋升到销售经理助理一职。这是我们上次制定的目标清单（向员工呈现这份清单）。所以，我们今天主要就考察这些方面。

讨论成绩、问题和需求 在确定评估标准之后，讨论的重点可以放在员工对其满意度上。当目标可衡量时，讨论也最为轻松便捷：销售额是否提升了15%？工作是否按时完成？如果员工对于未能达成目标拥有自己的一番解释，经理需要自己考量界定这些解释是否公正合理。有些目标带有主观性，所以评价他们的绩效表现也是一个主观判断的问题。即使像"对客户更有耐心"这样看起来较为模糊的目标，至少也可以通过将其转化为简单的行为描述，例如"客户说话时不要打断他们"，以更为清晰具体。

在评估以往绩效时，平衡兼顾各要点至关重要。没有意义的是，经理和员工可能会在一个相对不重要的问题上讨论（或争辩）耗时过长，导致无法从整体视角上看待员工表现。经验丰富的面试官将只关注最为重要的标准，通常处理与工作相关的部分不超过三项。即使是最为挑剔的管理者，也要自我反思认识到，改变旧习惯是困难的，希望（员工）短期内在过多领域取得实质性提升是不切实际的想法。

哪怕开展评估的本意是最好的，其评估性也会提高（员工）防御性回应的可能性。因此，如果反馈能够满足以下若干标准，员工的接受度也最高。遵守这些指导准则有助于增强面试整体的建设性基调：

- 反馈应当准确。也许评估者可能会犯的最糟糕的错误就是弄错事实。在您评判一位员工之前，请确保您对他的整体表现及所有影响因素都有准确理解。陈述一倾听方法有助于经理更全面地理解员工的绩效表现。
- 反馈应当与工作相关。例如，对涉及公关工作的员工，评论其外在形象是可以理解的，但在工作时间以外对他处理私人事务的方式进行批评就不合理。
- 反馈应当兼顾平衡赞美和建设性批评。日常经验和研究都已证明积极鼓励的力量。但是只提及积极方面就意味着放弃界定仍需进步和改进领域的可能性。
- 反馈应当以保护个人尊严的方式表达。即使是最优秀的员工，迟早也需要听到些关于他工作的批评意见。传递负面信息是经理或主管可能会面临到的最大挑战之一。第五章介绍了关于如何带有支持性地表达负面反馈的若干技巧。理智处理紧急情况不仅仅是老板的责任，下属同样需要负责任地表现。当轮到您接受批评性信息时，如何非对抗性地应对批评意见，相信本书中的指导准则会对您有所帮助。

表 AI-1   绩效评估面试清单

A．面试包含的关键领域： 　1. 引导员工； 　2. 建立积极性氛围； 　3. 回顾过往的成就目标； 　4. 界定员工责任范围内的成绩、问题和需求； 　5. 与员工建立新目标
B．反馈意见应当具有建设性： 　1. 信息应当准确； 　2. 反馈意见适合批评者的角色； 　3. 兼顾平衡赞美和建设性批评

（续表）

C．赞美表达应当高效：
　　1. 赞美要真诚；
　　2. 可界定的具体行为；
　　3. 强调进步而非完美；
　　4. 调动言行表达赞美

D．批评表达应当具有建设性
　　1. 批评限于关键领域
　　2. 批评顾及他人颜面自尊
　　3. 批评中包含提供帮助
　　4. 强调合作的益处

E．面试实现所有必要功能
　　1. 让员工明晰他的现状处境
　　2. 提升员工技能
　　3. 改善沟通氛围、鼓舞员工士气
　　4. 帮助管理层了解员工的想法
　　5. 适当地为员工提供咨询帮助
　　6. 设定未来的目标

设定目标　一旦员工和经理已经讨论好过去的成绩、问题和需求后，接下来的任务就是为未来设定目标。这一目标应当符合以下若干标准：

他们应当把重点放在工作中最重要的方面。经过验证可靠的"80/20 原则"同样适用于此：改变员工 20% 的行为通常可以解决 80% 的问题。

应当尽可能地具体描述，以便经理和员工都了解构成目标的具体行为。

每项目标都应当设定时间段。人们在面临最后期限时通常工作效率最佳，而设定具体日期也可以让双方都明白工作成果的交付时间。

目标应当是向员工提出一些挑战，需要他们付出努力才能实现。一项便于管理的挑战有利于实现最大程度的进步，让员工和管理者都对发生的变化感到满意。

审查和回复书面记录　除了面试本身之外，评估过程通常还有书面维度。在会谈之前，经理通常会填写评估表，列出对于工作至关重要的特质或行为。理想情况下，这张表格上的信息是从上述面试中设定的目标中总结而出的。在某些组织中，下属也要完成涵盖类似方面的自我评估表。在大多数公司中，会通过书面评估的方式来总结和编制（员工的）绩效评估。在大多数情况下，经理会完成一份包含会议结果总结的最终报告。员工通常可以选择将他自己的回顾添加到经理报告中。之后，这份文档会成为员工记录的一部分，并作为未来评估的基础和升职决策的参考来源之一。

附录Ⅱ　演讲样本

◎ 信息型演讲样本

　　以下演讲是日常商务工作中信息型谈话的典型案例。一家中型规模公司的人事顾问通过召集一批员工，以介绍一套阐述员工福利的减税计划特征。请注意观察演讲者是如何使用第九章至十二章中所涵盖的大部分策略，以使自己的想法更为清晰并吸引听众的注意力的。

　　此处演讲者的目标旨在帮助听众决定他们是否对福利计划感兴趣。她明智地选择了这种方法，以避免在有些人可能还不感兴趣之时就过早详细介绍这一计划。通过对该计划如何运作进行简短的描述，她能够言简意赅地完成开场白部分介绍。

我知道大家都很忙，但是我想今天早上你们都不会介意从工作中抽出几分钟的时间。正如大家所见，我今天在这里主要是向大家介绍一种方法，能够帮助增加每个月的实收工资。

【承诺能够增加实收工资是获得听众注意力的一项保障。】

不，我不是在宣布要实行全面加薪。但是，增加您的工资并非提高收入的唯一路径，另一种同样有效的方法就是减少税收。毕竟，少交的每分税都会变成您口袋里多出的那分钱。

【这一开场白实现了很多信息型演讲中所要求的说服力。】

在接下来的几分钟内，我会解释下公司的"灵活福利计划"（Flexible Benefits Plan）。这是一种完全合法的方式，让您通过减少所交税款来增加实际收入，这样即便工资没有上涨，您的收入仍在增加。我知道这听上去好像难以置信，但它千真万确！我已经报名参加并发现它为我一年将近省了2000美元。所以，它也可能为大家节省很多。

【这里介绍这一计划的总体概况。】

在能够真正明白"灵活福利计划"的工作原理之前，大家必须先了解税前收入和税后收入之间的差异。（这里演讲者可以呈现展示图 1）税前收入是我们薪资单上"总收入"（gross amount）一栏每个月所显示的金额。但是，我们并没有获得全部的工资。其中有如下若干扣除项：联邦所得税扣缴、社会保障（"F.I.C.A"一栏中的金额）、州所得税扣缴和残疾保险费（"S.D.I."一栏中的金额）。"净收入"（net amount）一栏中剩余的金额就是我们的税后收入。

【通过一段简短过渡提醒听众关于演讲正文的第一个要点：税前和税后收入之间的差异。】

【通过放大观察一张我们熟悉的支票存根，能够清晰呈现税前和税后收入变化中那些仍旧陌生的概念。】

90-2176
1222
7209

支付_____ One thousand four hundred twenty nine and 60/100 _____ DOLLARS

周	DATE	收款人：	总收入		联邦预扣税	社会保障	州预扣税	州所得税扣缴和残疾保险费		信用合作社	净收入
	7/31/13	C. Doe	1958.33		293.74	78.33	68.54	88.12			1429.60
				描述							

G.U. Horton

展示图 1　支票存根

一旦所有这些扣除项从我们的工资中抵扣后，税前 1 美元的价值将会下降至约 73 美分。（演讲者在此处呈现展示图 2）这还是低税率的情形，如果您的收入更高，那么税前和税后收入之间的差额就会更大。这意味着税后至少需要花费 136.33 美元才能购买税前价值 100 美元的物品。

【演讲者明智地避免了不同税种中税前收入和税后收入的复杂讨论。】

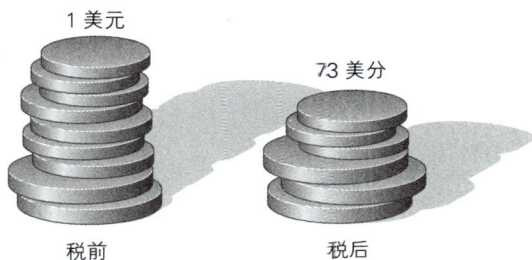

展示图 2　税前和税后的收入价值

【视觉演示提高了税前和税后收入差异的清晰度和影响。】

现在您可能已经发现：任何时候只要有可能，使用税前收入购置物品更加经济划算。而"灵活福利计划"恰好能帮助您达成这一目标。下面，让我为大家解释下其中的运作原理。

【此处的过渡有利于清晰顺利地衔接到正文第二部分。】

"灵活福利计划"之所以非常棒，在于它允许您使用税前收入来支付某些重要款项。该计划将您的付款分为两大类：医疗费用和亲属护理。下面，我们将详细地介绍每种类型，以便您了解所涵盖的费用范围。

【内部预览有助于听众聚焦于以下两点。】

请大家看下这张题为"可扣税医疗支出"的图表，其中显示了"灵活福利计划"范畴内您可使用的项目条款（当演讲者在介绍时可以指明展示图 3 中的每个项目）。当我在指明这些费用范畴时，想想看您在每个领域要花费多少钱。

【演讲者通过邀请听众在以下领域考虑自己的费用鼓励听众参与。】

- 健康保险免赔额
- 健康保险共同支付
- 药物和处方
- 视力保健和设备
- 心理学家和精神病学家
- 牙齿保健和畸齿矫正

展示图 3　可扣税医疗支出

【该图有助于听众了解所涵盖的费用范围。】

首先，我们将讨论一下健康保险免赔额和健康保险共同支付。根据我们公司的政策，您要为自己和每位受抚养人支付首笔 300 美元的费用，每次去看医生您还需共同支付 10 美元的费用。让我们假设您和一位受抚养人每年需要支付 300 美元的免赔额，并且您会去看 5 次医生。这样，您每年总计 650 美元的费用可以由计划涵盖。

【该假设性案例有助于说明计划如何在真实世界中起作用。】

药物和处方包含了您购买的每种药物，即使您在没有处方的情况下在柜台购买。而且，不要忘记，该计划会涵盖您所申报的每一位受抚养人的费用支出：您的孩子，也许是您的配偶，甚至可能是您正在照顾的年长父母。

【援引有助于证明药物成本是相当可观的。】

《变革的时代》（*Changing Times*）杂志中一篇文章称，一个三口之家每年平均要花费 240 美元用于购置药物。也许您花得更多。您在药物上花费的所有开支都可纳入计划范畴，这就意味着相比于使用税后收入，您将支付更少的费用。

视力保健和设备包括眼镜和隐形眼镜，以及您或受抚养人向验光师或眼科医生支付的所有费用。一副至少花费 45 美元的近视眼镜和一套价值超过 80 美元的新型隐形眼镜，真的会增加您的开支成本。

【典型的视力保健费用案例阐述了在此方面的潜在成本。】

心理学家和精神病学家也涵括在内，这意味着您所接受的任何咨询费用成本都会大大降低。

牙齿保健和畸齿矫正也涵括在内。如果您或受抚养人需要大量涉及牙齿的服务，那么这对您来说意义重大。如果您正在支付孩子的牙齿矫正器费用，那么您真的可以节省不少钱。我们做过一些调查，如今畸齿矫正治疗的平均费用3年内约为3500美元，或者每年超过1000美元。

没有人喜欢在类似这样的医疗费用上花钱，但在"灵活福利计划"下，使用税前收入支付这些费用就像获得了20%或更多的折扣一样——这是一项显而易见的大实惠！

但是医疗费用并非您可以涵括在"灵活福利计划"中的唯一费用。还有第二种方法可以提高您的实际工资：通过将亲属护理纳入计划范围内。

对大多数人来说，受抚养人是孩子。任何照顾孩子的费用都可以用税前收入进行支付，这也意味着您的开支将会少很多。您可以将日托服务、学龄前费用，甚至您在家照看孩子的费用都纳入进来。我们做过一些调查，发现从早上8点30分至下午5点将孩子托管在该地区的学前班或日托所，每年平均将花费约5000美元。将这一数额纳入"灵活福利计划"后，实际节省成本超过1000美元。所以，填写些表格并不会让您吃亏！

【通过比较相对陌生的"收益计划"和人们所熟知的"折扣"概念，有助于明确优势。】

【此处的过渡通过使用"路标指导"实现话题转移到该计划所涵盖的第二类费用上。】

【计划下的潜在成本节约案例是获得工薪阶层父母注意力的保证。】

当您将医疗保健和受抚养人能够节省的钱结合起来时，加入"灵活福利计划"的潜在成本节约数额相当客观。让我们来看以下一则有关"灵活福利计划"如何省钱的典型案例。大家的具体情况可能各有不同，但您仍然可以感受下这项计划究竟有多实惠。（演讲者放出展示图4）

【论点重述与引入案例相结合以支持其主张。】

【该图表为案例提供了一种清晰的视觉呈现。没有这一呈现，美元收入的数额会令人过于困惑不解。】

	计划之外	计划之内
薪资总额（美元）	23500	23500
薪资扣减（美元）		
医疗保健	0	650
处方和药物	0	240
视力保健	0	60
牙齿保健	0	180
亲属护理	0	1800
	23500	20570
税收（美元）		
联邦所得税 @ 15%	3525	3085
州所得税 @ 3.5%	764	720
社会保障、州所得税扣缴和残疾保险费 @ 8.15%	1915	1676
	6204	5481
税后费用（美元）		
医疗保健	650	0
处方和药物	240	0
视力保健	60	0
牙齿保健	180	0
亲属护理	1800	0
净工资	14366	15089
每年节省 723美元		

展示图4 "灵活福利计划"下的成本节约

让我们假设您的薪资总额是 23500 美元，同时您有配偶和一个孩子。假设您的医疗保健和亲属护理费用与我们今天在此讨论的内容几乎相同。（演讲者指向展示图 4 中"薪资扣减"部分）您的健康保险免赔额和共同支付费用总计 650 美元，同时您每年在处方和药物上花费 240 美元。假设您的家庭成员中有一位需要一副眼镜。你们都经过牙齿检查且您甚至没有蛀牙！您在儿童护理方面会花费 1800 美元——这在现在看来并不糟糕。

如果我们仅看图表的前 1/3，好像按照计划反而会让您花费更多。毕竟，如果没有这项计划，您的工资将是 23500 美元，但从计划中扣除费用以后您只剩下 20570 美元。

但是，我们来看下开始计算税收后的变化。（演讲者指向展示图 4 的"税收"部分）由于您的计划支付额较少，因此您的纳税额也较低。有一点减法表明，计划之外您需支付的 6204 美元和计划之内支付的 5481 美元，两者之间的差额相当于节省了 723 美元。

这仅仅是您可以节省数额的一则小案例。如果您的开支更高——比如说您有更多的医疗费用——那么这一优势将更加突显。随着您薪水的提升，您的税率也在上升，当然，这些优势也会增加。同时，不要忘记我们在这里所谈的积蓄节省只是 1 年。随着时间的推移，您的收入能力也将进一步增长。

【当演讲者指向展示图 4 中"每年节省"一栏时，听众能切实感受到该项计划的潜在优势。】

现在您可以了解为什么我们很乐意向大家推广"灵活福利计划"。甚至在您加薪之前，它也可以提升您的实收工资，而且它不需要任何成本。

如果您有兴趣了解更多信息，我们鼓励您阅读我稍后将发布的小册子。它里面有张工作表，可以帮助您预估下计划之内的节省数额。如果您仍然对这个计划想要有进一步的了解，请参加我们于下周五午餐时间在三楼会议室举行的研讨会活动。届时，我们可以回答您的提问，可以为每一位预约到人事办公室报名的时间。同时，我很乐意现场回答大家的任何问题。

【在重申论点的过程中，演讲者回到了该计划的主要优势。】

【如果听众对该计划感兴趣，就会被告知下一步该做什么。】

◎ 销售演讲样本

下文的介绍（图 AII−1 所概述）论证了第十二章中介绍的大多数说服性原则，以及第九章至第十一章介绍的针对听众演讲的基本准则。目的和方法都是基于一位普通（sound）观众的分析。正如您将看到的那样，该演讲有一个明确的论点和清晰、合乎逻辑的组织结构。各种言语和视觉支持有助于增加趣味性、清晰度和证明力。

演讲者的公司 Ablex 科技（Ablex Technologies）负责制造各种复杂的电子元件。其最佳客户之一就是生物医学仪器公司（BioMedical Instruments, BMI），该公司生产各种复杂的医疗诊断仪器。Ablex 科技与 BMI 签订的最大合同是生产肾透析和血液分析仪部件，该项目每年总额近 100 万美元。

在另一份规模要小很多的旧合同中，Ablex 还为 BMI 提供 X 射线设备的零部件。BMI 虽不再制造该设备，但其承诺为现有用户负责更换零部件，直至机器停止使用，并且 Ablex 负有义务在此期间继续供应零部件。生产这些 X 射线零部件通常存在一个问题：订单规模很小且零星分散，这让所有参与人员不得不有所延误且犯难。演讲者现在提出这样一项计划，其有助于提供一种更好的方式以解决 X 射线零部件的补货难题。

现场观众包括 BMI 买家玛丽·安·赫希（Mary Ann Hirsch）和两位制造工程师。虽然采购总监和总项目工程师不在现场，但他们会听取下属收集的信息，并最终决定批准或否决这一想法——所以某种程度上，他们也是听众的一部分。

论点： 拟议的预测和采购协议将使 BMI 和 Ablex 能够以及时、实惠和无故障的方式更好地提供 X 射线零部件。

引言：

　　I. 我们与 BMI 整体上说关系相处融洽，只有一个问题：X 射线零部件。
　　II. 虽然问题确实存在，但存在解决方案：
　　　　A. 该问题涉及针对 X 射线零部件的不稳定订单；
　　　　B. 我们的解决方案拥有若干优点。

正文：

　　I. 供应 X 射线零部件一直以来都是令人头疼的问题。
　　　　A. X 射线零部件的订单需求不规律且不可预测；（线形图）
　　　　B. 这些不规律的订购使得准时向 BMI 运送订单变得困难。（案例）
　　II. 幸运的是，针对 X 射线问题存在解决方案。
　　　　A. 这是我们的计划概要。
　　　　B. 该计划有以下若干优点：
　　　　　　1. 订单交付速度更快；（对比图）
　　　　　　2. 订单更为灵活；（案例）
　　　　　　3. 在订购和后续跟进方面节省了时间；（案例）
　　　　　　4. 单位成本低于现行方案；（柱状图、对比图）

结论： 直到现在为止，您可以看到存在针对 X 射线问题的解决方案。
　　I. 该计划能让所有参与者受益；
　　II. 我们期待尽快将其付诸实施。

图 AII-1　演讲样本大纲

我们和 BMI 一直保持着长期积极的合作伙伴关系。我们遇到的唯一麻烦来自于 X 射线零部件。尽管它们只是我们业务中很小的一部分，但是它们似乎成为双方最为苦恼的问题。对于你们而言，这些订单的时间无法预测，而这也使得我们很难从供应商处获得零部件，以及快速地将产品交付给你们。各种各样的问题由此产生：客户因为不得不等待预订设备而不甚满意，我们两家公司工作人员在此过程中费时费力。

我们认为存在更好的方法来解决 X 射线零部件问题。它会减少沮丧失望、削减成本开支并让我们双方将宝贵时间花在工作更加高效的部分上。但是，在我们讨论这一新计划之前，让我首先给大家回顾下，为何当前处理 X 射线零部件的订单安排非常棘手。

我们面临的主要问题是不规律的订购问题。查看去年的订单历史记录显示：根本没有模式和方法去预测客户何时会预订 X 射线单元的替换零部件。（演讲者此时放出展示图 5）

【引言部分强调了与客户关系的积极方面。简要概述存在的问题，建立了一种共同基调——"我们同在一条船上，一荣俱荣、一损俱损。"】

【预览部分罗列了将要提出计划的主要优点。】

【过渡部分转化到演讲的"问题"部分。】

【展示图 5 视觉呈现部分清晰地论证了客户订单的不可预测性。】

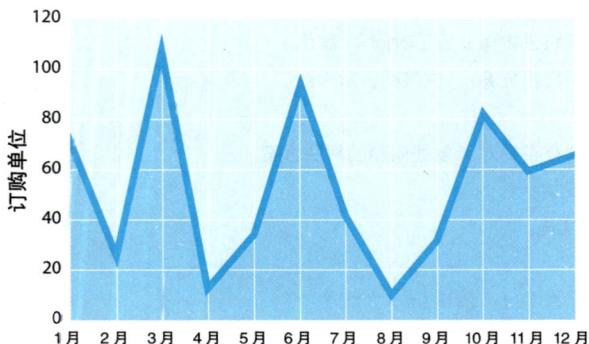

展示图 5 X 射线订购模式

这种不可预测的模式使得我们很难为您提供快速服务。我们必须从我们的供应商那里订购零部件，而这往往需要很长时间。例如，在 2 月 17 日的订单中，我们的供应商花费了 6 周的时间才为我们提供了零部件，而我们也只有据此才能为你们开始生产 X 射线组件。一旦我们有了这些零部件，我们通常需要 4 周的时间来组装它们。正如您当时所说的那样，这种延迟使得您的客户将近要等 3 个月的时间，才能获得他们所需的组件以维持其设备的正常运行，而这对客户关系而言就是一剂毒药。

【案例展示了不规律订购导致的问题。】

类似这样的延迟不仅会损害您与客户的关系，还很浪费时间——你们的和我们的！玛丽·安，为了跟进那个 2 月的订单，你还记得来往了多少电话和信件吗？事实上，每年我们在这些价值数千美元的 X 射线订单上所花费的时间，比那些价值约百万美元的透析和血液分析仪部件还要多。这真的不是在合理有效地利用时间。

【案例强调了被浪费的时间量。】

所以，我们明显处在一种对双方都不利的境况中。幸运的是，我们相信存在更好的方式——一种对你们、我们和你们的客户都更有利的方式。该计划涉及您向我们提供一份关于 X 射线零部件的年度采购预测。与其被动等待您的客户下单，不如预估下一年内可能会发生的总销售额。然后，我们会从供应商那里获取足够的零件进行组装，这样我们就能在您的客户下单时快速地准备好它们。这一简单的计划拥有以下若干优点。我在这张图中进行了总结，下面我想再稍微详细地解释下

【过渡引出了不规律订购的第二大后果：浪费时间。随后，介绍演讲的"解决方案"部分。】

【解决方案的优点在展示图 6 中可以预览。】

它们。（演讲者此时放出展示图 6）

- 快速交货
- 灵活订购
- 更少问题
- 更低成本

展示图 6　年度预测 X 射线零部件的优点

第一大优点就是提前订购有助于加快您的订单交付。与其等待我们供应商运送零部件，我们可以在您发送订单后立即开始组装。您可以通过查看该计划在早先 2 月订单中节省的时间量，从而更好地了解其节省时间的意义。（演讲者放出展示图 7）

【首先向听众介绍最大的优点，以尽早获得积极印象。】

【条形图以图形方式论证被节省的时间。】

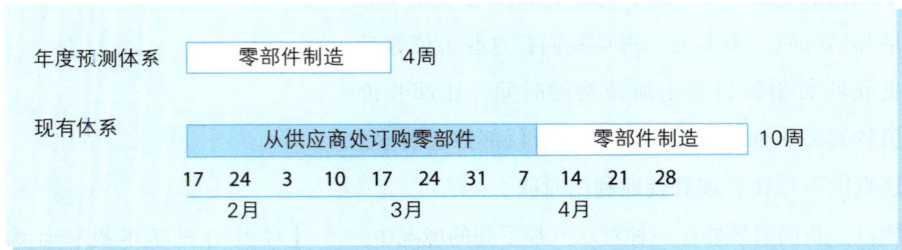

| 年度预测体系 | 零部件制造 | 4周 |
| 现有体系 | 从供应商处订购零部件　零部件制造 | 10周 |

17　24　3　10　17　24　31　7　14　21　28
2月　　　　　　3月　　　　　4月

展示图 7　年度预测有助加速交付时间

除了快速，该计划也很灵活。当进行初始预测时，如果发现最终接收到的订单要多于预期数，那么您也可以每 6 个月更新一次该计划。这意味着我们永远不会耗尽 X 射线单元零部件。假设在初始预测中预估有 1400 套设备，如果您 6 个月后已经订购了 1000 套，那么您可以更新预测至 2000 套设备，并且当您需要时，我们可以随时提供这些零部件。

【过渡引出该计划的第二大优点：灵活性。假设性案例帮助听众看清此种优势。】

这种针对预测的每半年修订主要关注于订单增加，但您可能会想到相反的情形，即如果订单少于预期，那将会发生什么情况。该计划同样预见到了此种可能性。我们愿意将您义务使用零部件年度预测的时间延长至 18 个月。换句话说，通过该计划，您将有 18 个月来使用原本预计在 12 个月内必须使用的零部件。这非常安全，因为特德·福里斯特（Ted Forester，BMI 销售和市场部副总裁）预测，现有的 X 射线机器在被新型号取代之前，至少还可以使用六七年。

灵活性和快速是两大优点，但该计划还有其他优势。它可以为我们双方节省时间。您知道每次面对意外的 X 射线订单时，我们将在通话中耗费多少时间，而且我想您还需要与缺乏耐心的客户打交道。讨论延误肯定不是件好事，所以有了这项年度采购计划，上述烦恼就一扫而空，因为我们能够保证在接收到您订单后的 3 周内交货。仔细想想这些可以避免的恶化情形！

到现在为止，您可以看到为何对该计划感到兴奋。但是，它还有最后一项优势：该计划将为您节省资金。当我们订购更大数量的零部件时，其单位价格要低于较小规模订单的单位价格。我们同样愿意让您享受这一实惠，所以您在该计划下也会比现在支付得更少。请注意观察，订购一年的零部件供应量将如何有助于显著地降低单位价格。（演讲者放出展示图 8）

【过渡引出预期可能会有的听众反对意见：如果订单减少怎么办？引用可靠的权威评论来支持这一点。】

【回顾提醒听众先前介绍过的优点，并引出第三大优点：更少的时间浪费。】

【最重要的优点最后再引出，可以让听众牢牢记住。】

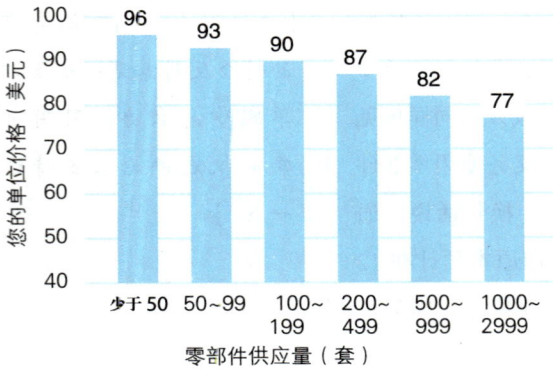

展示图 8　年度预测有助降低单位价格

您可以看出这项计划真的能够省钱。如果该计划已生效，您可以比较一下去年的 597 套订单原本可以节省多少钱。（演讲者放出展示图 9）

较高单位价格下 597 套总金额……55506 美元
批量单位价格下 597 套总金额……45969 美元
第一年节省数额 ………………………9537 美元

展示图 9　实施年度预测计划的一年节省金额

所以，这就是计划的全部内容。它简单、无风险、便捷且灵活。除了这些所有优点，它还有助于降低您的成本。我们准备好立即与您开展合作，以将此计划付诸行动。如果很快就能开始，那我们再也不必应对 X 射线这一令人头疼的难题。然后，我们可以将精力投入到更大、更令人满意的项目中，这些项目对我们双方都更有价值。

【结论回顾了该计划的优点并呼吁听众采用该计划。】

附录 Ⅲ　商务写作

整本书和学术课程都致力于研习商务写作。本节附录并不能替代对该重要主题的深入研究。但是，它确实提供了关于创建最常见类型书面商务写作的若干指导准则。很多组织都有自己的风格，这些风格可能会与上述基本原则存在一处或若干处的不同。当您代表某家组织进行写作时，你会想要学习并遵守它的惯例。

◎ 良好的写作能力

正如与他人亲自见面时，您的着装和个人打理风格会给他人留下第一印象，您写作信息的"外在形象"也会给读者留下强有力的印象，他们可能会据此来推测您的其他品质特征。除了力您自己营造一种良好印象之外，设计良好与执行出色的商务写作还有助于您的信息更易理解。同样，漏洞百出的电子邮件、报告、信件或备忘录与脏衣服、口臭、含糊其词或杂乱无章地闲扯效果一样。

适应您的读者

设身处地为阅读您信息的个人或群体着想，以一种能为他们排忧解难、涉及他们知识面和兴趣点的方式进行写作。问问自己：他们想要或需要知道什么？需要多少细节？他们为什么会关心我的话题？什么能够激励他们按照我呼吁的方式实行？

一旦确定了读者的关注点，您就可以以一种表达您关注的方式进行写作。将对方的需求设定为开头首句话的主题。不要写"我们收到了您的退款申请并将开始处理这一事宜"，而是写"您将会在 4 个工作日内收到退款。"在回复投诉时，请不要写"您经历这次漫长的等待时间是因为我们临时员工短缺"（读者不太可能关心您的员工问题），相反，而是写"您完全正确：客户不应该去等待服务"。

建立友善关系

建立友善关系的最佳方式就是证明您将读者的最佳利益时刻铭记在心。

- 强调积极概念而非消极概念。陈述可以做什么，而非不能做什么或还没有做什么。例如，在提议会议时间时，不要说您下周二很忙。相反，您可以说，"我在下周一、周三、周四和周五的任何时间都可出席"。

- 采用有帮助且表达尊敬的方式。指责他人并使用"你"的陈述往往会造成对方的防御心理。"在 6 月 1 日截止日期前，你没有提交你的考勤表"是一种带有责怪读者含义的指责"你"的声明。您可以通过尽可能清晰且不带侵略性的方式来减少读者的防御性反应可能："因为我们在 6 月 4 号收到了你的考勤表，所以你的支票将在那个星期提交给其他人处理，且将于 6 月 15 日处理完毕。"

仔细慎重组织

首先，商务写作必须经过缜密组织。首先，列出您需要涵盖的所有内容；其次，将它们按逻辑分类组织；最后，根据您的目的将这些分类安排到一个清晰的组织模式中。一种通用规则是按照重要度排序罗列所有事项。另一种方法是先考虑读者的需求点，进而明白接下来的步骤。第九章中的组织模式也可以适用于很多书面写作。

写作专家建议只要有可能首先发布好消息："您的订单将于今天发货。"如果您正在发布坏消息，请在开头时先表达同意、赞美或者加以解释："我对你们工作人员在近期工作上的表现非常满意。我唯一的问题就是将 250 美元列为'额外费用'。"

如果通过使用第九章中论证的并列结构和过渡来建立各段落的连贯性并进行整体设计，那么您的信息将会最为清晰。

确保准确、清晰和专业

只要有可能，请使用精确的术语、详细描述，量化事实而非仅给意见或评价。使用具体而非抽象的陈述，避免行话、俚语、陈词滥调和习语。

- 仔细校对。不要指望您的拼写检查工具，当您想表达"校长 / 资本"（principal）却拼写成"原理 / 原则"（principle），或者想表达"它的"

（its）却拼写成"它是"（it's）时，检查工具并不能帮您检查出这些拼写错误。拼写检查对大部分姓名都不起作用，因此您必须确保发给"麦克格雷戈女士"（Ms. MacGregor）的信件不会发送给"麦格雷戈女士"（Ms. McGregor）。

- 使用带有具体细节的准确措辞。"我们会尽快与您联系"会让读者不禁生疑——谁要联系我？如何联系？信件、电话还是见面？我何时会接到通知？下周还是下个月？相反，应当写明"我们的销售经理纳希·拉维将于 6 月 6 日之前致电您"。

- 使用更加生动和直接表述的主动语态。"备忘录由经理发送"是被动语态，"经理发送备忘录"则是主动语态。

- 始终使用姓名和称谓。如果您通过姓和名指称团体中的所有人，请勿仅在某位人的姓名前加称谓（"夫人"或"博士"）。如果您通过称谓和姓氏来指称所有人，请勿以名字指称级别较低、女性或少数族裔参与者。务必保持公平和一致。使用"女士"来指称所有女性，除非您很确定某人对"夫人"或"小姐"带有个人偏好。

- 只有在必要时才提及个人的年龄、种族或不同的能力。如果您需要提及民族或种族，请使用该团体或个人喜欢的术语（请参阅第二章有关种族和残疾的讨论）。始终要在某一情形之前指称某人。例如，使用"这一人群患有艾滋病病毒感染"而非"艾滋病病毒感染者或受害者"；使用"这一人群使用轮椅"而非"残疾人"或者"被限制在轮椅上的人"。不要根据情形给某一群体贴标签（癫痫患者、截肢者）。为了避免写作偏见，您可以在 http://www.colby.edu/ psychology/APA/Bias.pdf 网页上找到其他的指导准则。

- 避免行话。在为外部读者撰写文章时，应当避免读者可能无法理解的行话和首字母缩写。

- 避免俚语和流行文化术语。使用俚语（"老兄""超酷"）纵然会让您看上去更加青春活力，但却有失于职业。对于这些非正式表述请在非商务信息中使用。

确保简洁

时间对于很多商务人士来说非常宝贵。以下若干方法能够强化您的写作，以便信息能够被快速阅读和理解：

- 省略不必要的单词和短语。如果能用一个词表达清晰，那就用它而删掉其他多余内容。某些短语对于商务写作而言过于累赘。例如，"在当前时间"（at the present time）可以用更为简洁的"目前"（now）来替代。其他常用短语也可以进行缩短：

冗长短语	简要版本
关于是否……的问题	是否
在 5 月的时候	在 5 月
我们现在已经收到	我们已收到
请不要犹豫、随时致电	请致电
请注意：我将于 8:00 抵达	我将于 8:00 抵达
3 英尺的距离	3 英尺

- 删除"他是"（who is）和"这是"（that are）。"让内特（Jeannette），他是律师助理，拒绝就此案发表评论"这句话可以更简单地表述成："律师助理让内特（Jeannette）拒绝就此案发表评论"。
- 不要过度使用语气增强词（"真的""非常""如此"）和最高级（"极好""最佳"），避免过度夸张和不必要的副词（"肯定地""绝对地"）。
- 避免显得"愚笨"。像"我的意思是"和"我想试图阐明的意思是"这类的短语暗示着"我认为我阐述得不够清晰"或者"我觉得仅根据我写的内容，你无法理解我的真实意思"。

注意"外观形象"

您信息的"外观形象"将决定它形成的反应与其内容一样多。某位顾问这样说道："在备忘录和报告中，语调和肢体语言不适合您。这就是格式化的目的——替代它们。"

格式化商务文档的首要考量因素是电脑键入还是亲笔手写。组织文化通常会提供线索，告知何时手写笔记可接受，因此要注意周围成功人士的交流方式。

有三种情形绝对适用手写笔记——甚至更可取——感谢信、私人祝贺词或吊唁词。另外，向同事或上司提供手写速记便条也较合适。虽然如此，在现实的其他任何情况下，电脑输入都更显专业。

文档应当在页面或屏幕上经过布局调适，以便于阅读和理解。使文档看上去专业化的一个诀窍是使用"空白空间"——一条针对页面或屏幕上空白区域的术语。例如，页边距应足够宽，以防止文档看上去拥挤狭窄——在印刷页面四周至少留有一英寸的空间。空白行应插入在单倍行距段落或章节之间。增加可读性的另一个诀窍是文档左对齐。参差不齐的右边要比经过调整右边距对齐的文档更易阅读。

对于大多数文档，请选择介于 10 磅至 12 磅之间的字体大小。您使用的字体也在传递信息。在商务文档中，避免阴影、手写体、提纲或根本不同的字体，因为它们可能难以阅读，并且将读者注意力更多吸引在媒介而非内容上。因此，保持字体的一致性以便阅读。

◎ 日常商务信息

除了一直讨论到现在的写作实践，商务写作的各种形式都需要特殊考虑。

电子邮件和备忘录

备忘录——电子邮件和各种印刷品——是最为常见的内部商务信函形式。它们从简短信息到长篇文档各不相同。无论它们的主题或长度如何，以下考虑因素都有助于塑造良好的通讯信息。

纸质还是电子格式 若干世纪以来，纸质一直都是备忘录的唯一媒介。如今，您可以选择以电子方式或实体拷贝或两者兼有的方式传递信息。在决定哪种形式最适合时，需要考虑以下因素。

以下情形选择电子邮件：

- 该信息是非正式的；
- 您希望立即发送信息；
- 存在多个收件人，尤其是当他们地理位置分散时；
- 您希望以电子形式存储备份并方便流通。

以下情形选择纸质：

- 您想给人留下正式的印象；
- 法律规定要求打印格式；
- 您希望自己的信息能在一大批电邮中脱颖而出；
- 收件人更喜欢实体拷贝。

打印备忘录的正确格式（如图 AⅢ–1 所示）与作为电子邮件发送的格式略有不同（参见图 6–2）。

备忘录提示

- 不要包含问候语（"亲爱的乔"）或结尾客套语（"您真诚的"）。
- 不要在备忘录底部签名。您可以在"来自（from）"一行您名字的旁边写下自己的姓名首字母缩写。
- 备忘录正文是单倍行距，空白行区分各段落。

备忘录和电子邮件的风格　正如图 AⅢ–1 所示，您表达信息的方式与信息背后的想法同样重要。当您在撰写自己的想法时，请牢记以下因素：

- 保持简短。制作有用电子邮件信息或备忘录时，格式上最重要的指导原则就是尽可能保持简洁。只要有可能，将满屏的文字控制在可以用两段或三段来表达的内容。
- 在开头段落清晰阐明您信息的本质。例如，"我们需要在下周内为新产品确定一项标识，"或者"我写信的目的在于了解下您是否有兴趣为社区推广委员会服务"。

- 使用格式化来清晰表达您的观点。行距为单倍行距、段落之间为双倍行距。使用项目符号和编号列表以使信息更易于阅读和理解。

- 谨慎使用工作以外的非正式风格。便捷表达方式如"想要"（wonna）和"有点儿"（sorta）、表情符号和聊天缩写如"LOL"（laughing out loud）就会产生问题，尤其对陌生人而言。不要全部使用大写字母，因为这会让人崩溃。当然，全部都是小写字母既不专业也不合适。大写、语法和拼写都很重要。脏话、不合时宜的评论和八卦都不属于公司电子邮件的内容。

备忘录

2013 年 7 月 17 日

收件人：人力资源总监哈利姆·伊比（Halim Eby）

发送人：丹尼尔·戈德斯坦（Dg）

回复：家庭事务病假（FMLA）的通知

　　根据我们本周早些时候的谈话，我现在为我即将收养的孩子事宜申请家庭事务病假（Family Medical Leave）。我请求我的假期从 8 月 1 日开始，到 10 月 24 日截止，整体时长 12 周。我计划在假期结束后全职返回米勒工业公司。我已将完整的请假表格附在备忘录上。如果您还需要我提供任何其他信息或文档以满足该请求标准，请随时通知我。

　　再次感谢您：在我欢迎家庭新成员时愿意与我一起工作！

图 AⅢ-1　备忘录格式

电子邮件和备忘录的要素　每封电子邮件和纸质备忘录应当包括日期、您的姓名、接受信息的其他人（通常标记为"CC"）及主题行。除了这些基础知识以外，请考虑以下若干点：

- 确保您的主题行简洁明了（例如，"星期五会议变更通知"），以帮助收件人识别您的主题。主题的信息模糊不清（例如，"更新"或"您好"）会面临被忽略、错误归档或删除的风险。

- 如果您需要回复若干主题，请分别回复每项主题。这有利于收件人更加轻松地跟踪和回应每项内容。

- 如果您不希望主收件人看到抄送人的信息，请考虑发送暗送（"BCC"即"密件抄送"）。这种方式存在合理之处。例如，您将发送给上司的邮件暗抄给某位愤怒的客户，并解释说："这就是我如何解决我们上周所讨论的问题的。"

电子邮件和备忘录的最佳范例　撰写和发送备忘录和电子邮件时，请遵循以下建议：

- 不要利用公司媒介处理私人业务。使用您自己的个人电子邮件账户进行私人通信、与朋友聊天及开展其他非商业沟通。某位专家建议将电子邮件视为"将我们所有想法暴露于网络世界的巨大移动广告牌"。您的个人电子邮件不太可能成为公司的最佳广告宣传工具。

- 不要强加于他人。大多数商务人士已经淹没在电子邮件和文书的浩瀚工作中，所以请只在"需要知道"的基础上给他人发送信息。避免将不必要的消息发送给他人，或者转发给没有必要的收件人。

- 对于某些微妙话题请谨慎撰写。如果能够通过电话或面对面亲自处理的话题，最好不要写邮件。书写渠道通常并非讨论某些像消极评价、解雇和辞职等艰难话题的最佳形式。电子邮件可能会被误解，所以如果接收人有可能误解，请避免匆忙地使用来表达讽刺或幽默。

- 在发送尚未确定的信息之前请仔细斟酌。如果您感到生气或沮丧，请停下来思考冷静片刻，然后再发送信息。愤怒状态下针对某人写的尖刻话语可能会被转发给许多同事。一旦信息发送出去就无法挽回，它对您的职业生涯可能产生灾难性的影响。永远不要发送您无法确认准确与否的信息（例如，会议的取消、截止日期的更改和预算数字）。

- 将每封邮件都视为公共的永久性文件。尽管您可能会心存幻想，但电子邮件并不具有隐私性：它有可能在未经您允许或并不知晓的情况下就被转发（有意或无意）。甚至即使您删除的信息，它仍然可以供雇主、其他企业和法院使用多年。事实上，电子邮件与印在公司信笺抬头的信件或备忘录具有同样的重要性。

- 反复检查您的收件人列表。一项错误发送的信息可能会导致尴尬和羞辱。

- 当他人需要和期待副本，且您也希望收件人知道您正在发送它们时，请使用"抄送"。在回复客户投诉时，您可能希望该客户看到您正在将涉及安全问题的这一回复发送给所有有关的技术人员。

- 当您转发先前信息或回复收件人时，请包含先前信息的相关副本。这有助于在单个文档中寻找到所有的相关信息。

- 请注意使用特殊格式。您使用的花式字体和图片在收件人的计算机显示屏或便携式设备上显示可能完全不同。

- 尊重公司的指挥系统。电子邮件可以成为扁平化层级、影响重要人物、加快项目速度和缩短会议时间的有效方式。但是，尽管存在这些优势，遵循日常的公司指挥系统往往很重要。请注意观察您组织的文化和您的沟通目标。直接向 CEO 发送电子邮件建议在您的部门开展某项新程序，而没有事先与您的直属主管确认，这可能会给您的职业生涯带来灾难。

- 考虑使用致敬用语。致敬用语如"尊敬的中山先生"（Dear Mr. Nakaya-ma）、"嗨，吉娜"（Hi Gina）是一种可以自主选择但却有用的电子邮件要素。正如某位专家指出的那样，"直截了当并非商务风格"（在打印备忘录中通常不会使用致敬用语）。大批量、群发抑或发送给群组的电子邮件可以这样使用致敬用语如"早上好"或"亲爱的计算机策略委员会成员"。

- 附加签字栏。您可以将电子邮件程序设置为在每封电邮末尾附加签字栏，其中列出了您的姓名、职位、组织、电话、传真、电子邮件、住址和网址连接。这些信息可以让其他人轻松联系到您，无论他们身在何处收到您的信息。签名中优美的经典语录和图片不适合商业用途，除非这是您的公司口号或标语或表明您所从事的工作。

信件

即使是在电子通讯时代，传统信件仍然有其市场。很多正式场合需要使用它们，例如当通讯可能会被展览时，当纸质签名是法律规定时，或者当收件人更喜欢纸质版本时。

商务信函最常见的布局可能就是齐头式。参见图 AⅢ-2。顾名思义，齐头式是指所有要素和段落都与左边距齐平。

信头	塔玛拉·J. 巴顿（TAMARA J. BUTTON） 1111 W. 斯坦顿大道 安多弗，堪萨斯州，67002 （241）264-1411　tjb@teacom.com
日期 不要缩写	2013 年 3 月 11 日
收件人 除非是写信给朋友，否则都要包含礼貌称谓（先生、女士、博二等）	雅各布·布鲁诺先生（Mr. Jacob Bruneau） 法美电器专家 300 W. Burton Street Wichita, KS 67202
致敬用语	尊敬的布鲁诺先生:
信件正文	
设置段落与左边距对齐	作为一名电机员，我在美国空军工作六年后，准备将我在军用领域的所学技能带入民用部门。我希望您会发现，我在部队中培养形成的各种能力和工作习惯，都将使得我成为法美公司网上当前公布的"区域经理"这一职位的强有力后备人选。
段落之间保持单倍垂直空间	正如附件简历所述，我能为"区域经理"一职提供广泛的工作技能。我曾参与过商业、工业和住宅项目。我从最基础的学徒开始学习贸易，一直到最后带领 40 名下属团队负责美国和海外涉及数百万美元的复杂项目。
	空军的经验也帮助我培养了在这一苛刻领域工作所需的个人技能。我曾与各种不同的"客户"成功合作过，他们包括军事指挥官和平民承包商。随着责任越来越大，我学会了如何管理下属以确保按时无误地完成工作。我很自豪地说，在空军最后一次任务执行中，我被评为"年度最佳雇佣军官"。
	我也能为法美公司带来强烈的职业道德。我在各种苛刻环境下处理工作，从冰冻的北极严寒到三位数（指华氏温度——编者注）的沙漠酷热。我负责的很多工作都需要 24 小时在线。
	我希望有机会能与您亲自见面，以共同探讨我作为"区域经理"如何能够帮助法美电器。提前感谢您的宝贵时间及对我的考虑。
问候性结语	此致，
签名	
附件行	附件: 简历

图 AⅢ-2　信件格式

除了图 AⅢ-2 中的要素以外，有些信件还需要包含其他信息。这可能会包括状态（例如紧急、保密）、注意事项、接受副本的接收人名单、附言和第二页标题。

◎ 求职写作

第六章介绍了求职的若干途径。在某些时候，大多数求职者会发送求职信和简历。简历至今仍然是求职过程中的主要支柱，现代互联网途径有助于加快简历筛选的进程和质量。

简历

简历作为一种营销文字——是一份您将自己推销给潜在雇主的广告。一份简历总结了您的背景和求职资质。简历可以作为筛选手段，帮助未来雇主决定哪些候选人的申请值得进一步考虑。

一份简历不会让您立刻被录用，但它却可以将您列入候选人的有限名单中，或者导致您在开始时就被淘汰。正如您在第六章所阅读的，在当今充满竞争的招聘市场，筛选候选人是排除和选择的双重过程。负责招聘人员手中的简历数量多于实际处理量，因此他们自然会想方设法将候选人数量缩减至一个可控范围。一份好简历可以让您在职业生涯中继续一往无前。简历对于向潜在雇主介绍自己也很有用，他们可能会聘用您从事尚未公布甚至尚未设定的工作。

除了罗列您的资质以外，简历还会提供关于您个人性格类型的有形线索。您是否有条理且考虑全面？您到底能多完美地展现自己的想法？您的工作是否准确？在您离开面试后，您的简历会被留下，以提醒您解决工作问题的方式和您可能成为的员工类型。

简历原则　无论何种工作或职业领域，所有优秀的简历都遵循着相同的基本原则。

按照特定工作职责的要求量身定制简历　当一位新联系人出乎意料地询问您的简历或将其用作模版以备特定空缺职位时，您也许手边有一份通用简历，但最有效的简历是根据具体职位和雇主的兴趣与需求进行量身定制。例如，医疗技术人员在申请实验室工作时应当强调其实验室技能；但是当一份空缺职位是在门诊时，这位技术人员应当强调自己与人工作沟通的经验。一份易于获得职位邀请的简历侧重于雇主需求及您如何能够帮助雇主。

确保您的简历看上去很专业　如同每份重要的商务文件，您的简历也应当无懈可击。其中任何的错误或马虎都会引起雇主对您的疑虑和斟酌，而这可能会让您丢掉工作机会。即使很小的错误也可以致命：根据人力资源管理协会的统计，当申请者简历中含有拼写错误或者是语法问题时，超过75%的雇主会拒绝申请者。

由于简历设计复杂且风险很高，很多候选人因此会聘请专业服务为其设计制作。无论您是自己制作简历还是依靠专业服务完成，最终产品都应该反映您希望树立的专业形象。

虽然您想让自己脱颖而出，但是在使用不同寻常的字体或纸张时请务必谨慎。一种新颖的方式可能博得未来老板的青睐，但也可能会让您吃闭门羹。您对该领域和组织本身了解越多，您的决策就越能达到最佳效果。

当公司和职位注重创意时，某些新颖想法可能会起作用。在出租汽车公司Rent-A-Car的某项创意简历大赛上，一位参与者向某家比萨公司提交了一份比萨盒简历并将她的照片粘贴在牛奶卡纸上（以提醒公司"缺失的"员工），最终获得了三等奖。互联网创业公司Intern Sushi已经完全放弃了纸质简历。相反，申请者使用电子相册的方式展示他们的创造力和资质。您可能会因为一份富有创造力、不同寻常的简历而被记住，但是这些噱头在大多数传统的求职环境中都不起作用。简历作为一份商业文件，需要看起来非常专业。

保持积极、动态和具体　图AⅢ-3和AⅢ-4阐述了优质简历的若干特征。谨慎使用"我"一词。"解雇"和"失业"等术语不应当在您的简历中出现。开头句使用积极动词（创造、发展、分析），如表AⅢ-1所示。当然，对于您所介绍的所有内容必须确保属实。

对于取得的成绩要阐述具体，尽可能使用数字论证。例如，当您可以说"为100多名员工设计培训"时，不要说"为大型团体设计培训"；与其说"帮助减成本"，不如说"在过去3年中帮助削减了21%的成本"更有效果。

您的简历通常不应当超过两页，一页更好。雇主往往对长篇简历无法留意，

安东尼·托利瓦尔（Anthony Tolivar）

邮箱：a.tolivar@connectnet.org　　　　联系方式：2237056596

家庭住址：1716 S. Hacienda Rd.　　　　学校地址：3211 Coit Rd.

La Habra, CA 90631　　　　　　　　　Dallas, TX 75254

资质总结

- 政治和经济维度下粮食政策的学术背景
- 国际粮食安全相关的商业和非营利组织中的工作经验
- 强烈的职业道德感和必要的独立工作能力

教育背景

现在：得克萨斯大学达拉斯分校

2014 年 5 月毕业（获得理学学士学位），主修国际关系、亚洲研究专业

2011 年秋季：上海外国语大学（扶轮国际大使奖学金）

中文普通话课程、当代中国文化的民族志研究

相关工作经历：

2012.08–2013.01：本科生研究员，得克萨斯大学达拉斯分校

在亚洲，分析扶轮国际项目在促进国际贸易方面的成效；采访来自菲律宾、日本和中国的市政府、企业和非营利部门的官员。

2012.09–2013.02：通讯记者，粮食政策博客（http://foodpolicy.org）

在倍受赞誉的网站上对东亚旅行中的见闻进行深入报道。

2010.09 至今：助理协调员，国际粮食安全条约，西南分部

协助配合媒体和筹款活动，以教育公众并招募志愿者参与此项活动，保证全球营养权。

2012.05–2012.08：国际贸易研究实习生，南加州世界贸易中心

为世贸中心的成员主持个性化、深入的销售和市场调查。

2011 年秋季：实习生，美国商会，上海

制作营销材料、出版物和拨款提案，以促进美国在中国的经济利益。

2010 夏季：实习生，粮食安全中心，旧金山，加州

开展研究以确定和修复粮食安全威胁；帮助主要捐助者制定筹资提案。

语言技能

西班牙语：流利

中文普通话：具备标准发音的能力

图 AⅢ–3　以教育背景和工作经验为特征的时间顺序型简历

因为它们难以阅读，而且会让人感觉有"注水"之嫌，尤其当求职者工作经验相对较少时。

简历要素 虽然简历的组织方式有多种，它们几乎都包含相同的基本信息。简历不是自传：其目的是获得面试机会，而非讲述自己的人生历史。个人信息像年龄、身高、体重、宗教、种族、婚姻状况和有无小孩不属于简历范畴。大多数（即使不是全部）简历都会包含以下要素：

姓名和联系信息 这通常包括您的姓名、地址、电话号码、电子邮箱地址和个人网址链接。请确保您提供的信息能够让感兴趣的雇主轻松联系到您。罗列个人的电子邮箱地址及家庭或手机号码要比罗列当前雇主的更为可取。一定要经常检查这些内容并快速回复。确保您的语音邮件和电子邮箱地址不会冒犯他人或者不会对您造成不好的印象。"魔鬼女孩"（Devilgirl）或"懒惰男孩"（Lazyboy）会传递一种求职者不严肃认真的形象。您可能会为求职而设置一个单独的电子邮箱账户。如果您不久即将离校或者离开现住址，请罗列一份固定家庭住址和学校住址，并指明该地址的有效时长（如"截至 5 月 31 日"）。

求职目标或任职资格概述 某些职业顾问会建议写一段职业目标陈述，这可以帮助确定您与工作之间的契合程度。一份有效的求职目标由两部分组成。第一部分应当阐述您的总体目标，并提及一些重要、能被证明的技能——这一才能将使得您能胜任该项工作。第二部分应该详细说明您想要从事工作的一个或若干个特定领域。例如：

> 具备良好的写作、研究和激励技能，想要寻求一份公共关系领域的职位，对于广播和电视节目尤其感兴趣。

一项更为有效的策略是在简历开头简要介绍您能为该工作带来的益处。例如：

- 具备做事积极主动的能力，能够与客户建立起稳固的关系；
- 在分部办公室能够独立工作，且始终达到销售目标；
- 在西部分公司所有销售代表中拥有最高的客户保有率；

- 全职工作的同时获得由 TCE 研究所颁发的"技能掌握证书"。

尽管如此，您也可能会在简历正文中阐述该信息，但是在目标陈述中引出您的优势有助于更好地强调它们，并激励未来的雇主更加仔细地查看您申请简历的剩余内容。

教育背景　雇主通常有兴趣了解您在高中后的教育和培训情况、所获学位、主修和辅修学习领域、入学或毕业时间。如果您有上大学，那就没必要罗列高中。从您最近的教育经历开始，以倒序的方式撰写。如果信息有用且空间允许，请列明您修过的著名课程。如果您的学分绩很好，也请列明。最后，注明您已获得的所有荣誉或奖励。如果其数量众多，请在"奖项和荣誉"部分单独列出。

工作经验　每位雇主都想知道您曾经从事了哪些工作。通过使用大标题"工作经验"而不是更有限的"工作历史"，您可以突出强调夏季实习，删除掉洗碗工的经历，将小型或类似的工作进行归类，并增添造就您市场销售技能的志愿者工作或俱乐部活动。

雇主对您的工作职责比工作职称更感兴趣。他们寻找两个问题的答案：您能做什么？作为员工您有什么特质？您可以通过将工作职称、雇主名字、城市及您履行责任的列表一并作为这些问题的答案提供。没有必要使用长篇完整的句子——词汇短语即可。确保使用非常具体的语言，包括技术术语，来描述您所从事的工作。根据对雇主的重要程度，将该部分放置在教育背景部分之前或者之后。以下广泛的术语列表，将有助于准确地描述您所拥有的可转移技能，请参阅：http://owl.english.purdue.edu/handouts/pwp_skillinv.html。

特殊兴趣爱好与资质　该部分主要展示您能给工作带来的所有独特技能或经历。本部分可能包含社区服务活动（举例说明您所担任的职责）、您所掌握的读写语言、您能操作的特殊设备、相关兴趣爱好等。此处的关键是只罗列雇主认为有用的信息并且其能够使您受益良多。

成员资格　只有当您隶属的组织与您正在寻找的职业领域或职位有关时，才需要列出本部分。罗列您在其中担任的公职或者重要的委员会任命。在服务组织和民间团体中的成员资格通常没有那么重要，所以只有当您担任重要公职时才将其罗列在内。

资质证书　如果您在任何职业领域内获得了资质认证或许可，或者创建单独部分证明该事实，也可以将其罗列在上述的"特殊兴趣爱好与资质"部分。例如，如果您是一名"微软认证系统工程师"（Microsoft Certified Systems Engineer, MCSE），请列出您的 MCSE 证书。如果您的公证或 CPR 证书可能对雇主有益，也请将其罗列。

推荐人名单　除非有特别要求，不要在简历中罗列一系列推荐人。相反，请独立制作一份简历以外的推荐人名单，并携带参加面试。该项名单可以包含三位至五位推荐人（而非家庭成员），他们了解您的工作能力和性格特征。确保您事先征询过每位潜在推荐人，获得其允许使用他的名字。

请给每位推荐人发送一份简历复印件，并告知他们您应聘的地点与职位。您可能需要提醒大学教授您曾经完成的学期项目，或者提醒前雇主您想要提及的工作成就。

简历类型　组织撰写一份简历有两种常用方法：按时间顺序和按功能。两者各有其优点，您的选择可能要取决于您正在申请的具体工作和您过去获得的成就。

时间顺序型简历（chronological résumés）强调您的教育背景和工作经验，并且当这些经验明显与您现在求职的工作相关联时，其效果最为有效。在"教育背景""工作经验"和"相关经验"（如果您有该部分）的类别中，请从最近的经验开始，按照倒序依次罗列。在每项职位中，描述您的责任与成就，并强调它们将如何有助于您正在申请的工作。如果刚刚毕业，您可能需要首先罗列您的教育背景（见图 AⅢ-3）。

功能型简历（functional reésumeés）强调您能为工作带来的技能（组织者、研究者、管理者等），正如图 AⅢ-4 所示，它们提供了展示这些能力最富证明力的案例。在下列情况中，该方法尤为适用：

- 当您第一次进入就业市场或在离职后重新进入就业市场；
- 当您拥有各种明显不相关的工作经历；
- 当您正在改变职业或专业时；
- 当您的工作历史有过中断后；

- 当您以前的职位无法清晰地论证您是否符合求职岗位资格时。

当您在撰写一份功能型简历时，请在按照时间顺序依次排列的"工作经历"中按照"技能"部分展开，而在简化的"教育背景"部分仅罗列院校、学位和日期。这两种类型何种首先出现，取决于您是在学校还是在工作中获得大部分的技能和经验。

无论您选择何种形式，专家认为一份优质的简历具备以下相同特质：

- 关注雇主需求。如果您明白雇主需要哪些品质（坚忍、创新、快速学习的能力）和技能（掌握软件、销售），您就可以集中简历以展示自己如何能够胜任这份工作。
- 简洁。当时间就是金钱、简洁就是关键时，一份冗长的简历反而会在商业环境中发送错误信息。使用简单概要的陈述自我介绍，避免冗长啰唆的语言。
- 诚实。毫无疑问，明目张胆的谎言是取消资格的显要理由。但是，如果被雇主发现您夸大了自己的资质，那么他也会对您在其他领域的诚实度感到怀疑。正如专家所言，"勇于进取、敢于冒险，但要诚实"。

电子简历　电子简历是日益广泛流行的纸墨笔砚传统方式替代品。由于很多雇主鼓励——有时候甚至要求——申请人以电子方式提交信息，因此了解招聘系统这一部分如何运作至关重要。

电子简历策略　简历制作和发送的方式正在发生改变，但是其中的基本原则不变：适应您的读者。针对具体公司、职位以及如有可能将会阅读之人，来个性化定制您简历的内容和发送方式。

与纸质简历相比，电子简历也有其优缺点。当您发送纸质简历时，收件人看到的刚好是您制作的内容，尽管接收和转发可能需要时间。使用电子简历时，会存在一个更大的风险，即您的读者可能因为技术问题无法查看文档，或者因为需要额外时间和潜在疾毒等问题而不愿意打开文件。此外，有些公司会自动删除带有附件、未经请求的电子邮件，因此请在添加附件之前务必确认。

艾米·马修斯（Amy Matthews）

Box C-23123

Cambridge, MA 02138

617-555-0392

amatthews@harvard.edu

求职目标	将我的教育和健康管理技能奉献于一家不断发展且充满活力的公司。
教育背景	理学学士 哈佛大学，马萨诸塞州剑桥，2011 年 5 月，主修：健康科学，辅修：管理
相关课程	人体解剖学与生理学 I 人体解剖学与生理学 II 健康政策 组织分析与健康保健 医疗保健管理 人力资源管理
健康管理技能	担任 Stacey G. Houndly 乳腺癌基金会主任助理； 担任剑桥地区公共卫生管理局的公共卫生代表； 协调者，哈佛大学公共健康意识周，2009 & 2010 年。
沟通技能	曾多次担任电话沟通者，向哈佛校友和家长为学校征求捐款； 自愿参加政治活动，挨家挨户分发宣传手册，回答问题并打电话给当地选民。
管理技能	负责所有后勤管理职责，包括员工关系和会计； 监督客户关系、订单处理和业务日常维护； 协调客户需求和团队人员之间的合作； 为我们的客户设计所有市场调查分析和项目； 向其他团队成员提建议并分派工作职责； 向客户提交市场调研结果并附带执行建议； 参加"波士顿青年领导力组织"，这是一个致力于通过多元化项目培养领导技能的团体。
领导力技能	担任"我的联谊会计划委员会"的正式/社交协调员； 当选"大希腊组织"副总裁，该团体负责监督和协调哈佛大学希腊体系的教育计划。
计算机能力	Windows 8、Macintosh OS 和 Linux 操作系统； Microsoft Office（所有应用程序和版本）； HTML / XML Web 发布：多媒体制作工具； Microsoft SQL、Oracle 和 FileMaker Pro 数据库管理系统。

图 AⅢ-4　侧重于展示技能的功能型简历

当您通过电子方式提交简历时，请遵循以下指导准则：

- 不要用简历炮轰那些并不存在或者您欠缺资格的职位的雇主。

- 添加一封求职信，以向雇主阐明您意向申请的职位。关于如何撰写求职信的更多详细信息，请参阅下一条。

- 包含关键术语。很多简历不再进行人工筛选。相反，计算机会扫描简历以查找与特定工作相关的关键词。例如技能关键词（按照工作类别）和个人特质关键字，请参阅 http://www. eresumes.com/eresumes.html。您可以使用职业展望手册（http:// www.bls.gov/oco）和其他求职资源在线获取关于职业领域特定关键词的清单。

- 请慎重考虑提交您简历的渠道。提交电子简历最常见的方式是通过电子邮件附件和基于网页的界面。

电子邮件附件　通过电子邮件提交简历涉及将简历的电子格式附加到电子邮件中，并将其发送给一个或多个未来雇主。您可能会以 Word 格式创建简历，但通常转换为 PDF 格式提交更为明智，因为这样它在所有计算机上都能以您希望的方式显示并无法修改。简历也可能是由网页（HTML）文件组成，或者在某些情况下甚至包括音频或视频格式。制作您计划以电子邮件附件形式提交的简历时，最重要的考量因素是确保收件人能够在下载后打开并阅读它。

基于网页的界面　基于网页的就业资料库是求职者向潜在雇主发布自己信息以便查阅的一项服务。发布在某些就业资料库上的简历便于所有人自由打开阅读，有些资料库则允许您储存简历并将其发送给意向雇主。有关就业资料库的更多信息，请参阅 http://jobstar.org/internet/res-main.htm。

基于网页的简历具有如下优点。从字面上看，全球数千名雇主可以在您发布材料时立即查看。您可以随时更新并更改您的简历。您可以添加具有可访问图像和声音的作品分享，以证明您的经验并充分展示您在互联网上呈现自己作品的专业技能。

尽管拥有这些优点，在线简历却存在一系列独特的缺点。一旦您的简历在网上发布，您可能无法控制阅读对象及被转发之处。目前很多在职的求职者一直懊恼让现任老板发现他们在就业资料库里发布的求职信息。在发布之前，请检查网站的隐私政策，但注意这些政策可能会有变化。总之，一旦发布简历，您的隐私就无法得到保证。请确保将您的简历注明日期，以防止它在网络空间中永久不可恢复。对于在线发布的简历，您可以通过仅列出联系人的电子邮箱地址以至少保护部分隐私。在向特定雇主发布简历前，请检查雇主是否存在及其合法性。您可能希望暂时不考虑雇主，而只列出职位类型或当前您就职的行业，这样无孔不入的猎头就无法通过您的现任工作与您取得联系。有关网络隐私和保密的更多信息，请参阅 http://featuredreports.monster.com/privacy/intro。

求职信件

信件让您有机会以一种良好的形象向潜在雇主展示自己。以下是关于最大化利用此种通信方式的优势的建议。

求职信　每当您将简历以打印版或电子版发送给未来雇主时，请附上一封求职信，它是针对您正在申请的特定职位和组织的个性化制作。正如某位专家所说，一封求职信是"集介绍、推销和进一步行动提议的综合体"。

求职信应当发送给特定之人。如果您并不知道合适人选，请致电公司并询问此人的姓名，并确保拼写和工作头衔正确无误。

如图 AⅢ-2 所示，求职信包含以下信息：

- 第一行应当让读者知晓您正在申请的职位，如何了解到该职位及与该公司的任何联系。如果您是回应招聘广告，请提及工作头衔、编号和发布来源。您也可以罗列相互认识之人的推荐或者基于自己的研究调研。

- 如果读者可能不知道（或没记住）您是谁，请介绍（或重新介绍）一下自己。

- 简要描述与当前工作相关的令人印象最深刻的工作成就。请记住：不要仅仅阐述您可以帮助到组织，提供一些证据论证自己的主张。通过个人经验或者积极的新闻文章以展示您对公司的了解。

- 陈述您希望采取的下一步行动——通常是请求参加面试。请详细说明有可能时您面试造成不便的所有信息，且将这些限制降低到最小限度。

- 最后，诚挚地感谢读者考虑您。

后续信 通过向面试官发送感谢信，以确保始终跟进面试。与其他通信形式一样，通过打印或电子邮件传送后续信取决于您发送对象的个人偏好。在任何情况下，请确保在您的面试后一天至两天内表达您的感谢。除了体现良好的礼貌之外，后续信也是提醒面试官您的独特性和能给公司带来优势的良好机会。

您的后续信应当向面试官争取当面感谢并了解更多相关职位和公司信息的机会。同时也感谢有机会拜见的其他人。通过这封信来论证为何您相信自己能够胜任此份工作，以及您将如何符合公司的需求。解决面试官可能遇到的所有问题，并添加您在面试期间尚无机会陈述自己的相关信息。确保信件以积极的方式结尾并表达诚意。绝对肯定您已正确拼写所有使用的名字，并且信中没有任何其他错误。错误可能会引起人们对您被聘用后工作质量的怀疑。

感谢信也适用于已经将您推荐给雇主的推荐人，或者为您做推荐（电话或书面），为您提供求职搜索信息的人员。

◎ 报告

即使得到了这份工作，您也可能会有很多写作任务。报告是商业生活的一部分。它们的大小和使用频率各不相同，从每周仅有半页纸的新员工数量报告，到对于新办公空间可行性附有各种图表、分析和建议的 20 页报告。读者的需求和企业文化将决定报告的大小、格式和使用频率。

报告类型

如同演讲文稿一样，报告也具有信息性或说服力。有些报告分享信息，有些报告可能提出问题解决方案，还有些报告则分析问题并提出行动方案。常见的报告包括旅行报告、进度报告、事件报告和可行性报告。

旅行报告 旅行报告通常用于向财务部门论证旅行过程中所花的经费。撰写旅行报告，您需要知晓报告撰写的原因和对象：它是为了向经理证明您所参加的研讨会类型还是为了经受会计审计？通常旅行报告会回答这些问题：您去了哪里？和谁？为什么？何时？您从中学到了什么？您遇见了谁？请列明会晤或会议的名称、城市和地点及参与目的。

在叙述的正文部分，请强调两项至三项关键点。如果您的工作是向所有员工汇报，那就选择员工需要且他们对安全、法律问题或者政策变更更为感兴趣的话题。如果会议涵盖替代旧产品的新产品或新价格，您可能需要详细说明这些情况。如果报告仅发送给主管，您可能会在报告中添加相关部分，以说明您在这次旅行中所做出的需求或想法调整。

进度报告　进度报告（也称为"定期运行报告"）以固定的时间间隔进行：每周销售报告、月度客户投诉、年度安全报告。这些报告可能在很大程度上属于统计信息，但大多数需要对常规事件和所有异常事件（特殊销售、紧急关闭、停电）进行一些描述。回答这一问题，即我们当前的状态是什么？如果合适，请指出您已克服或尚未克服的任何障碍，然后描述下一个目标。

事件报告　事件报告（也称为"情景报告"）主要报告非常规事件，例如事故或特殊事件。它们可能需要以备忘录的形式撰写。有些组织对这些报告有特殊形式要求，对法律或人力资源问题有非常明确的要求。在开始事件报告之前，请确保您知晓报告需求方及所需详细程度。在您不确定时一定要问。在描述事件时，请使用准确的事实，如数字、日期、时间和报价。不要写"一位员工跌倒在楼梯上"这样的报告，而是写"简·温斯罗普（Jane Winthrop），理赔部员工，报告她于 2013 年 6 月 26 日星期二下午 4:00 在大楼内的北部楼梯上跌倒"。

可行性报告　可行性报告解决项目是否可行、实用、有利、安全或可取的问题。它们使用数据来分析某个特定项目的优缺点，或者确定能否或是否应该做某事。

首先了解主要问题是什么：我们如何在不浪费日常用品的情况下提高员工对其的可获得性？我们如何及时改善针对新设备的培训，以最大限度地减少因不当使用新设备而造成的维修工作？然后描述问题或需求、比较解决方案的标准、可能的解决方案及每项解决方案如何满足标准。表格、图形和其他视觉效果是添加到此分析部分的有效方法。确保您明晰自己的任务是仅仅汇报信息还是得出结论并提出建议。如果后者是您任务的一部分，您将需要安排一章专门提建议。

报告原则

无论报告的内容和大小如何，以下指导准则将有助于您能如期制作最高质量的文档。

理解目的 从理解报告的目的开始。报告的具体目标陈述应遵循第九章中演讲的相同格式：

——在翻阅这篇报告后，运营经理将清楚地了解过去三年电力成本如何发生变化，以及未来两年内可能会如何变化。

——在阅读这篇报告后，我的老板会明白，给出差员工配备手提电脑有助于提高生产力，这足以支付设备的费用。

您可以通过自问者如它的用途、阅读对象及所需详细程度以明确报告的目的。费用报告例行的一页纸并不足以呈现您想要改革公司会计政策的想法。相比之下，如果您被要求分析员工高流失率这一问题，那仅有简单的数据呈现，而没有原因分析并提出解决方案就会使得报告不完整。如果您对报告的目的有任何疑问，请让要求这份报告的人予以解释。

为长篇报告创建时间表 一旦您了解了报告的目的，请罗列完成报告所需的所有任务并制定可行的时间表。分配研究时间（互联网、图书馆访问、学习、调查、访谈）概述、撰写草稿、获得所需的初步批准、制作图表及编辑和撰写最终版本。

组织模式易于理解 确定哪些组织模式可以帮助读者理解您的报告。第九章中所讨论的组织模式也可运用于书面报告。编年体模式通常适用于进度报告，专题模式适用于需要涵盖多个领域的报告。例如，关于新工厂可能位置的报告可以按照例如自然资源、运输、劳动力可用性和税基等专题模式进行组织。报告另一种常见的组织模式是根据重要级别。一份关于高质量人才日益流失的报告可能会首先关注最重要的特征，继而转向次重要的特征。制作一份工作大纲，它会帮助您厘清组织模式。

格式方便阅读 将您的报告划分成富有逻辑的若干部分，并用对应的格式予以表示：粗体、框、水平线、标题、项目符号、编号和空格。所有这些都可以帮助读者了解其中的异同和重要特征。如果您所在的组织允许，请使用与大多数文字处理程序兼容的报告模板。

仔细编制文档　文档编制的目的是让您的来源可靠诚信，并让读者在需要更多信息时能界定和寻找到出处。引用来源也可以避免抄袭。在向科学和学术机构提交更为长篇的报告时，请使用 MLA 或者 APA 格式。在商业中，请使用您组织或行业所接受的文档样式。

确定首选媒介　有些组织更倾向于以电子方式提交报告，有些组织则更希望以印刷文件的方式提交报告。遵循您即将提交报告的组织惯例或规定。

报告要素

并非每种报告类型都应包含以下所有内容。信息涵盖量、性质、组织惯例及读者需求等将帮助您决定以下哪些部分需要涵括在内。

封面　每份报告都需要一个描述性的标题。如果文件很长，第一页应当包含标题、带有作者姓名的"由……提交"或"由……编写"、带有目标读者或报告请求人姓名的"提交至……"或"为……准备"。页面上的最后一项注明提交日期。

提示信　如果报告是提交给公司内部人员的，请使用备忘录（而非信件）传送。信件或备忘录将包含一则关于该报告的简要背景介绍（分配或授权主题以及缘由），针对重要发现的简要总结、结论、表达感激之情及对获得他人帮助的致谢，以及关于读者如何回应的确切说明。回答问题并指明如何与您取得联系也很恰当。

目录　如果报告包含多个部分且篇幅较长，目录将帮助读者准确寻找定位材料。展示报告的主要部分和每部分的起始页码。

摘要或执行总结　本部分为读者提供关于报告关键部分的快速概览。在大多数情况下，摘要不应超过一页或整篇报告的 1/10 篇幅。

清单和附录　很多报告都包含表格、图表、图形和其他视觉效果，用以说明文档正文阐述的各要点。如果有若干个，可以罗列一份陈列清单和页码列表，以帮助读者快速定位。根据您所在领域的通用风格，这些项目可以在报告正文或者文档背面的附录中注明陈列清单。

　　参考书目或参考文献　根据所在行业的通行惯例和报告格式，您可能只包括自己援引的来源或您使用但未援引的其他来源。有些报告不仅包括那些援引和使用的来源，还包括其他信息来源。

术语表

注意：每个定义结尾括号中所列数字即为该术语首次被引用的所在章数。

A

行动导向性倾听方式（action-oriented listening style）：倾听者关注于理解和组织事实以完成某项任务或者工作的倾听方式。另请参见：**内容导向性倾听方式**（content-oriented listening style）、**人本导向性倾听方式**（people-oriented listening style）、**时间导向性倾听方式**（time-oriented listening style）。（3）

行动事项（action items）：一项会议过程中分配的特定任务。（8）

议程（agenda）：一项会议所涵盖的主题列表。议程通常也包括会议的时间、时长、地点及参与人员。完整的议程包含会议的背景信息和结果目标。（8）

分析性倾听（analytical listening）：关注于从各种视角详细审查信息的倾听方式。（3）

锚定（anchor）：听众针对所提议题的预设立场。（12）

非同步沟通（asynchronous communication）：在信息收发过程中出现的延迟沟通，例如手机短信或者电子邮件。（1）

试镜面试（audition interview）：潜在雇主要求应试者证明（而非描述）他具有完成工作相关任务能力的面试形式。（6）

权威型领导方式（authoritarian leadership style）：指定领导者运用合法、强制和奖赏性的权力去管理成员的一种领导风格。（7）

权威裁决（authority rule）：由指定领导者独自或者与集体成员协商后做出最终决定的集体决策方式。（8）

B

颁奖演讲（award presentation）：颁奖人描述奖项并解释获奖人获奖原因的演讲。（12）

婴儿潮一代（Baby Boomers）：指出生于1946年至1964年、促成20世纪60年代社会改革的一代人，他们重视成就、准确性和绩效价值。（2）

条形图（bar chart）：包含描述若干对比事项价值之横向与纵向条形的视觉呈现。（10）

行为面试（behavioral interview）：在求职面试中，应聘者被要求阐述过去发生的具体案例，以展示他在特定情形中的行为表现。（6）

功效（benefits）：被用于销售讲演中，一般是指目标客户将会从一项产品或者服务特性中所获得的利益。（12）

歧视性语言（biased language）：听上去似乎客观但事实上隐藏了说话者态度的陈述。（4）

善意的职业资格限制（Bona Fide Occupational Qualification, BFOQ）：对于完成特定工作被认为是合理必要的职业要求。在求职面试中，只有提出的问题涉及善意的职业资格限制才是合法的。（6）

头脑风暴（brainstorming）：一种通过鼓励自由思考、最大化整合不同观点①的创意形成路径。（8）

---

① 原文 minimize conformity，直译过来为"最小化一致性"，但因读上去较拗口，结合头脑风暴的维基百科中文解释，译者翻译成最大化整合不同观点。——译者注

通报会（briefing）：简洁告知听众一项即将到来的特定任务的信息陈述。(12)

霸凌（bullying）：见职场霸凌（Workplace bullying）。

C

职业研究面试（career research interview）：一场信息性面试，以帮助面试者确定和实现职业目标。(6)

因果关系模式（cause-effect pattern）：一场组织性安排，以论证已经发生或者即将发生的事件是特定环境的结果。(9)

渠道（channel）：用以传播信息的方法或媒介。例如面对面交流、博客、短信。(1)

编年体模式（chronological pattern）：通过发生时间的先后顺序来阐述观点的一种组织性安排。(9)

主张（claim）：宣称一种事实或信念的陈述。(9)

封闭式提问（closed question）：对被采访人回答有所限制的问题。通常受访者只能以是或否、一个数字、从预选项中选择一项，或者二选一进行答复。(6)

亚文化①（co-culture）：在包容性的文化中某一具有明显特性的群体。(2)

强制权（coercive power）：某人由于能够对他人实行惩罚或者施加令人不快的后果而具有影响他人的能力。(7)

凝聚力（cohesiveness）：群体成员对这一群体的认同和归属程度。(7)

集体主义文化（collectivist culture）：一种紧密的社会结构文化，这种文化的社会价值要求群体成员考虑他人利益和集体利益。(2)

柱状图（column chart）：该视觉呈现由若干垂直柱展现不同时间点一项或者多项条目数量组成。(10)

沟通恐惧（communication apprehension）：对沟通感到焦虑或者害怕。(11)

沟通气氛（communication climate）：一种用以描述组织中人际关系质量的比喻说法。(5)

沟通网络（communication networks）：组织中信息流通的正常模式或路径。另请参见：**正式沟通网络**（formal communication networks）和**非正式沟通网络**（informal communication networks）。(1)

比较优势模式（comparative advantages pattern）：通过集合若干方案并论证最优方案的一种组织性策略。(9)

对比（comparison）：陈述者以比喻或者照字面的方式，阐述不同观点之间相似性的一种支持方式。(10)

妥协（compromise）：谈判双方皆需至少放弃自我的部分追求从而促成谈判。(5)

证实性信息（confirming messages）：给予他人（肯定性）评价的信息。②(5)

冲突阶段（conflict phase）：四个问题解决阶段中的第二阶段，以成员通过采取强有力的立场引发团体内冲突为特点。另请参见：**磨合期或激荡期**（storming）。(8)

关联权/派系权（connection power）：某人通过组织内外关系和联系所形成的影响力。(7)

协商一致（consensus）：所有成员一致同意、由集体统一做出决议的一种决策形成方

---

① 亚文化即 co-culture or subculture，是指从母文化（主流文化）中衍生出来的新兴文化，一般借由团体认同或共享流传而出，也即小众文化，生活在社会当中的人们不仅受到主流文化的价值和规范影响，也从人们生活的团体中受到许多亚文化影响。——译者注

---

② Comfirming messages 与 disconfirming messages 相对应。并非直译，而根据词条含义进行间接翻译，利于读者明白具体含义。——译者注

式。（8）

内容性信息（content messages）：信息的维度关注于正在讨论的主题。另请参见：**关系性信息**（relational messages）。（1）

内容导向性倾听方式（content-oriented listening style）：在此种倾听方式中，倾听者关注于所听细节，并对所说内容进行分析和评价。另请参见：**行动导向性倾听方式**（action-oriented listening style）、**人本导向性倾听方式**（people-oriented listening style）、**时间导向性倾听方式**（time-oriented listening style）。（3）

语境（context）：围绕沟通整个进程的物理、社会、时空和文化变量环境。（1）

领导权变路径（contingency approaches to leadership）：领导力理论认为最有效的领导类型应是有弹性的，即根据组织所处环境和内部条件发展变化随机应变。（7）

伪造性提问（counterfeit question）：一种看似打听信息、实则给出建议或批评的陈述。（3）

可信度（credibility）：由于听众对演讲者的信任和尊重而产生的说服力。（12）

标准满意度模式（criteria satisfaction pattern）：通过设定听众得以接受之标准、论证演讲人的观点或者产品与之相匹配的一种组织性策略。（9）

危机事件提问（critical incident question）：询问应聘者针对某一具体情况而非假设性问题看法的面试提问。（6）

批判性倾听（critical listening）：注重评估信息准确性和一致性的一种倾听方式。（3）

文化（culture）：作为价值观、信念、规范、风俗、规则和守则的集合，引导人们自我定性为特殊群体，该群体具有共同的社群意识。（2）

D

解密/解码（decoding）：解释字词、标志或者行为之意义的过程。（1）

定义（definition）：帮助听众理解陌生或者专业化、特殊使用之术语含义的一种形式。（10）

民主型领导方式（democratic leadership style）：指定领导者鼓励成员共同参与决策的一种领导风格。（7）

叙述性陈述（descriptive statement）：此种陈述从演讲人自我视角展开阐述，而非评估（信息）发出人之行为或者动机。另请参见："**我**"**语言**（"I" language）、"**你**"**语言**（"you" language）。（5）

指定领导者（designated leader）：通过上级任命或者集体选举而出、头衔代表领导角色的领导者。（7）

诊断面谈（diagnostic interview）：专家（例如医生和律师）根据病人或者客户需求搜集信息进行面谈。（6）

小组直接提问（direct question in a group）：通过名字针对特定个人的提问。（8）

面试直接提问（direct question in an interview）：完全按照面试官所想了解之内容进行直截了当的提问。（6）

证伪性信息（disconfirming messages）：给予他人否定性评价的信息。（5）

不流利（disfluencies）：说话时因声音中断而分散和干扰听众理解，例如口吃、结巴（啊、嗯）或者填充词（你知道、像、好的）。（11）

下行沟通（downward communication）：沟通从上级流动到下级。（1）

E

苏醒阶段（emergence phase）：四个问题解决阶段中的第三阶段，以结束冲突和小

组内部出现和谐为特征。另请参见：**规范期**（norming）。（8）

涌现型领导者（emergent leader）：团队通过正式或非正式形式选举的领导人（与指定领导人相对应）。（7）

情感智力／情商（emotional Quotient, EQ）：与他人良好相处的能力和技巧，主要指人际交往能力而非认知或智力能力。（5）

求职面试（employment interview）：旨在判断应试者对某项工作的胜任力和匹配度的面试。（6）

编码（encoding）：创建信息的主观能动过程。（1）

模棱两可条款（equivocal terms）：通常具有多种释义的言辞。（4）

种族主义（ethnocentrism）：从自身（种族）文化视角看待生活，并认为自身（种族）文化优越于其他（种族）文化的一种本民族中心主义倾向。（2）

案例（example）：旨在支持或者解释声明的简要例证。（10）

离职面谈（exit interview）：旨在了解职员离职原因的一次会面。（6）

专家意见（expert opinion）：专家个人为团队做决定的一种决策方法。（8）

专家权（expert power）：专家个人为团队做决定的一种决策方法。因个人在特殊领域具备专业特长而产生的影响力。（7）

临场式演讲（extemporaneous presentation）：对（演讲主题）主要观点（心中）事先规划和预演，但演讲时脱离文稿、自发（陈述）的一种口语交际形式。（11）

F

事实提问（factual question）：要求获得可验证的客观事实信息而非主观意见的提问。（6）

谬误（fallacy）：论据逻辑中的错误。（12）

可行性报告（feasibility report）：评估潜在行动步骤、并建议组织如何开展实施的一种陈述方式。（12）

功能（features）：产品或服务所具备的令人满意的、且使其从竞争中脱颖而出的质量。（12）

反馈（feedback）：对信息的可识别性回应。（1）

女性／阴性文化（feminine culture）：性别角色没有高度差别，成员之间注重感觉、合作与和谐关系的一种文化。（2）

总结报告（final report）：完成某项任务后提交的报告。（12）

活页挂板（flip chart）：由附着在黑板架上的大型板纸组成，用于创建或展示良好的视觉效果。（10）

正式沟通网络（formal communication networks）：由管理层设计的官方指定沟通路径，指明谁应与谁进行沟通。（1）

成型期（forming）：问题解决流程中的第一阶段，以暂行声明（tentative statements）和熟悉的沟通类型为特征。另请参见：**定向阶段**（orientation phase）。（8）

功能性角色（functional roles）：团队如要有效完成工作所需具备的行为类型。另请参见：**关系性角色**（relational roles）、**任务性角色**（task roles）。（7）

G

守门人（gatekeeper）：负责受理接待访问他人的人，例如个人助理或前台。（6）

性别方言（genderlects）：男性和女性在演讲时明显不同的说话风格。（4）

总体目标（general goal）：针对演讲目的的宽泛说明或表示，一般用于告知、说服或

娱乐。（9）

X 世代（Generation X）：指出生于 1965 年至 1980 年，受益于科技并重视劳逸结合和创造力的一代人。（2）

Y 世代（Generation Y）：详见**千禧一代**（Millennials）。

亲善演讲（goodwill speech）：演讲主要目的是在观众心中创造一种有利于演讲者事业的良好形象。（12）

曲线图（graph）：展示两大数量间相关性的视觉呈现。（10）

集体思考 / 从众心理（groupthink）：团队成员为保持内部和谐而不愿批判性审查观点的一种情形。（7）

H

宣传手册 / 讲义（handout）：在汇报期间或之后分发的材料。（10）

隐藏动机（hidden agenda）：团队成员的个人目标不进行公开。（7）

高语境文化（high-context culture）：严重依赖社会物理环境与非言语线索来释义并维持社会和谐的一种文化。（2）

高级别抽象（high-level abstractions）：涵盖广泛可能对象或事件且没有太多细节的术语。（2）

高度结构化面试（highly structured interview）：指包含一个标准化问题列表的面试，有时需按照精确的顺序和（精准的）措辞（展开），例如在研究访谈中。（6）

横句沟通（horizontal/lateral communication）：信息在具有同等权力或责任的组织成员之间流动的一种沟通。（1）

敌对工作环境（hostile work environment）：通过言语和非言语行为、具有干扰他人正常工作或创造一种恐吓、冒犯或敌意环境的意图或效果的一类**性骚扰**（sexual harass-

ment）。（5）

假设性提问（hypothetical question）：询问受访者在特定情形下可能做出反应的问题。（6）

I

身份管理（identity management）：一种通过塑造优先形象与鲜明个性特质以展示自我的实践。（1）

"我"语言（"I" language）：沟通者描述自我感觉、需求和行为而非指责他人的语言。（5）

即时行为 / 接近度（immediacy）：表明亲密和喜好的言语与非言语行为。（4）

即兴式演讲（impromptu presentation）：演讲人在演讲前只有很少或没有时间准备的一种口语交际形式。（11）

失礼（incivility）：看似无关紧要、轻率的，实则违反工作场所行为传统标准的言行交流。（5）

间接提问（indirect question）：面试官通过非直接询问的提问方式获得想要了解的信息。（6）

个人主义文化（individualistic culture）：一种其成员倾向于将个人利益和选择前置于社会或群体利益考量的文化。（2）

非正式沟通网络（informal communication networks）：基于亲近、友谊和共同利益的互动模式。（1）

资讯权（information power）：某人因能够获得模糊性信息而形成的影响力。（7）

工具性沟通（instrumental communication）：旨在完成工作或任务的信息。（1）

面试（interview）：其中至少一方有特定严肃的目的，由此通常涉及提问和回答的一种双方互动模式。（6）

调查性采访（investigative interview）：旨

在探究某一事件或问题原因的面谈。（6）

J

行话 / 术语（jargon）：特定团体内部成员使用的专门术语。（4）

L

放任型领导方式（laissez-faire leadership style）：领导人放弃权力、将团队变成一个无领导者平等集合的一种领导风格。（7）

接受范围（latitude of acceptance）：人们基本无须说服即可接受的立场或论点的范围。（12）

中立 / 不表态范围（latitude of noncommit-ment）：人们既不接受也不拒绝的立场或论点的范围。（12）

拒绝范围（latitude of rejection）：人们反对的立场或论点的范围。（12）

领导—成员交换（Leader–Member Exchange，LMX）：一种将领导力看作与成员多重关系的集合的理论，其中领导与成员都具有独特性（each one unique）。（7）

诱导性提问（leading question）：引导受访者以某种方式回答、通常暗含着面试官想要听到的答案的问题。（6）

领导生命周期理论（life-cycle theory of leadership）：作为一种理解领导力的路径，其表明领导者对于工作任务和职场关系的关注应当根据下属的组织成熟度而调整。（7）

长期取向（long-term orientation）：一种强调长期目标而非短期满足的文化导向。另请详见：**短期取向**（short-term orientation）。（2）

双输路径（lose–lose approach）：谈判中一方认为自身遭受的损失将导致其他方也产生消极后果的一种谈判方法。（5）

低语境文化（low-context culture）：使用语言逻辑清晰地表达观点和方向、成员较少关注语意的语境线索（contextual clues for meaning）的一种文化。（2）

低级别抽象（low-level abstractions）：针对可观察的对象或事件的高度具体的语句。（4）

M

多数投票（majority vote）：通过采取投票机制、票数最高者胜出的一种决策方法。（8）

手稿式演讲（manuscript presentation）：演讲人照着已准备好的材料逐字朗读的一种口语交际形式。（11）

男性 / 阳性文化（masculine culture）：性别角色具有高度差别、内部成员重视绩效、个人成功和自我提升的一种文化。（2）

会议记录（meeting minutes）：对会议中形成的主要讨论议题、决策和行动项目的一种书面记录。（8）

记忆式演讲（memorized presentation）：对演讲内容熟记于心、在演讲中逐字复述回忆的一种口语交际形式。（11）

信息（message）：他人借其创造意义或触发回应的任何符号或行为。（1）

千禧一代（Millennials）：指出生于1980年至2000年的一代人，他们技术熟练、种族多样、雄心勃勃，具有聚焦全球化的世界观。（2）

用心倾听（mindful listening）：一种当事人完全沉浸其中、聚焦和专注的倾听方式。（3）

无心倾听（mindless listening）：一种惯常的、机械的、欠缺思考的倾听态度。（3）

少数决（minority decision）：一种少数成员为整个群体做出决定的决策方式。（8）

中等结构化面试（moderately structured

interview）：主要议题、访问顺序、提问及追问都事先准备好，但不需要严格遵守的一种灵活性面试。（6）

单一时间取向（monochronic time orientation）：重视时间、效率、及时性和人际关系时序的一种文化取向。另请参见：**多元时间取向**（polychronic time orientation）。（2、4）

议案（motion）：在按照议会程序召开的会议中，一项具体行动提议须通过附议实现小组讨论。（8）

动机性序列模式（motivated sequence pattern）：根据五组连续性概念（关注、需求、满足、可视化和行动）展现主题的一种组织性策略。（9）

动机演讲（motivational speech）：主要旨在激发（听众）对演讲主题激情的演讲。（12）

N

谈判（negotiation）：讨论具体建议旨在找到一种双方可接受的协议或和解之道。（5）

网络化（networking）：满足人际（需要）、维持（人际）联系以收发信息、建议和就业机会的过程。（1）

噪声（noise）：通过信息干扰的所有因素，亦称为"障碍"（barriers）或"干扰"（interference）。（1）

名义群体法/群体中庸法（Nominal Group Technique，NGT）：一种给予群体成员平等机会考虑其想法的五阶段法（five-phase method）。（8）

非结构化面试（nonstructured interview）：包含一项主题议程，但无事先计划的具体问题的访谈。（6）

非言语沟通（nonverbal communication）：通过非语言方式进行沟通，无论视觉地、身体地或口头地。（4）

规范期（norming）：问题解决流程中的第三阶段，以结束冲突和小组内部出现和谐为特征。另请参见：**苏醒阶段**（emergence phase）。（8）

规范（norms）：群组内对恰当行为的非正式规则。明示规范（explicit norms）通过谈论或罗列写出得以清晰；暗示规范（implicit norms）虽不公开讨论但已被群体成员知晓和理解。（7）

O

开放式提问（open question）：引发人们宽泛、详细回答的问题。（6）

观点提问（opinion question）：询问他人对一个主题的评论或意见。（6）

组织结构图（organizational chart）：反映组织内阶层式报告关系的图表。（1）

组织气氛/氛围（organizational climate）：组织成员对组织环境相对稳定的主观感受。（5）

组织文化（organizational culture）：一个组织内部相对固定与集合式的行为与价值体系。（2）

定向阶段（orientation phase）：四个问题解决阶段中的第一阶段，以暂行声明（tentative statements）和熟悉的沟通类型为特征。另请参见：**成型期**（forming）。（8）

查问式提问（overhead question）：一项针对群体内所有成员、任何成员均可回复的问题。（8）

P

小组面试（panel interview）：由组织内不同级别（的领导）组成面试官、对潜在共事的应聘者进行面试。（6）

副/辅助语言（paralanguage）：非言语性的语音质量（音质），例如语速、音调、音量

和停顿。（4）

复述（paraphrasing）：接收者用他自己的语言重述发送者内容的一种回应风格。（3）

议事程序/议会程序（parliamentary procedure）：管理会议召开进程的一套既定规则。编撰于《罗伯特议事法则》（Robert's Rules of Order）。（8）

人本导向性倾听方式（people-oriented listening style）：倾听者最关心的是创造和维持积极人际关系的一种倾听风格。另请参见：**行动导向性倾听方式**（action-oriented listening style）、**内容导向性倾听方式**（content-oriented listening style）、**时间导向性倾听方式**（time-oriented listening style）。（3）

绩效评估面试（performance appraisal interview）：通常由上级领导组织、讨论下属工作质量的一种面谈。（6）

执行期（performing）：问题解决流程中的第四阶段，以成员积极支持团队决策为特征。另请参见：**巩固阶段**（reinforcement phase）。（8）

说服（persuasion）：通过沟通激励听众自愿改变某种信念、想法或行为。（12）

象形图（pictogram）：反映条形图、柱状图或饼状图变化的艺术性视觉呈现。（10）

饼状图（pie chart）：一种通过分成若干部分来说明占整体百分比的圆形视觉呈现。（10）

多元时间取向（polychronic time orientation）：人与人际关系比预约与时间效率更加重要的一种文化取向。另请参见：**单一时间取向**（monochronic time orientation）。（2、4）

职位权（position power）：（一个人的）影响力来自其在（组织结构中）享有的职位或地位。（7）

权力距离/差距（power distance）：一种衡量（组织内）权力分配不均等下文化舒适

度的高或低的尺度。（2）

演示软件（presentation software）：用于演讲中创建展示的计算机软件程序（例如PowerPoint、Keynote）。这些程序通常包括制作特殊音频、视觉呈现、过渡效果、记笔记和讲义的功能。（10）

主要提问（primary question）：引出一个新话题或话题中新领域的面试提问。另请参见：**次要提问**（secondary question）。（6）

问题导向性信息（problem-oriented message）：旨在满足发送方与接收方需求的信息。（5）

问题解决模式（problem–solution pattern）：演讲人首先说服观众存在问题、继而提出解决方案的一种组织性安排。（9）

提议（proposal）：一种倡导某一特定立场或行动的演示类型。（12）

Q

交换型性骚扰（quid pro quo sexual harassment）：将工作福利或惩罚与员工服从令人讨厌的性暗示挂钩的一种性骚扰形式。（5）

引语（quotation）：通过引用他人权威或明确表述的话语，以达到比演讲人自我阐述更有效论证观点的一种支持形式。（10）

R

亲善式谈话（rapport talk）：旨在建立人际关系、营造善意氛围，以及形成社区联系的感情交流方式，更多由女性使用。（4）

接收者（receiver）：任何感知到信息并赋予其意义的人，无论这条信息是否为该人而设。（1）

参照权（referent power）：某人因受团队尊重或喜爱而由此获得的影响力。（7）

反省性思维序列（reflective-thinking sequence）：一种由约翰·杜威（John Dewey）发

明的七步式问题解决方法。（8）

巩固阶段（reinforcement phase）：四个问题解决阶段中的第四阶段，以成员积极支持团队决策为特征。另请参见：**执行期**（performing）。（8）

关系性沟通（relational communication）：旨在塑造和反映人们互相对待方式的信息。（1）

关系性倾听（relational listening）：一种主要关注于感情的用心倾听方式。（3）

关系性信息（relational messages）：侧重于沟通者如何相互感觉的一种信息维度。另请参见：**内容性信息**（content messages）。（1）

关系性角色（relational roles）：有助于促进成员间良性互动的功能性角色。（7）

关系词/关联词（relative words）：仅当与其他术语相关联时才有意义的术语。（4）

轮换式提问（relay question）：团队中的领导者将某一成员提出的问题转抛给整个团队。（8）

关联度盘问（relevancy challenge）：要求团队成员解释其看似偏离轨道的想法如何与团队任务相关联的一种请求。（8）

报告（report）：一种描述运营或运作状态的信息式呈现。（12）

报告式谈话（report talk）：旨在传达信息、事实、知识和竞争力的信息交流方式，更多由男性使用。（4）

研究性访谈（research interview）：旨在收集作为决策依据数据的访谈。（6）

反问式提问（reverse question）：团队中领导人将成员对其提问抛回去问对方的一种提问方式。（8）

奖赏权（reward power）：人们因有能力实现理想的效果或奖励而具有的影响力。（7）

反问句/修辞性提问（rhetorical question）：不需要明确回应、已有明显答案的提问方式。（9）

冒险转移（risky shift）：一种群体共同决策比个人独自决策更加偏激的（无论是支持保守或冒险）有害协同（现象）。（7）

S

销售讲演（sales presentation）：旨在说服他人购买产品或服务的演讲。（12）

电子简历/可扫描简历（scannable résumé）：以纯文本格式标记的简历，具有明确的关键词和短语便于软件读取与评估筛选潜在求职者。（6）

次要提问（secondary question）：面试讨论过程中（面试官）为获得相关主题的额外信息而提出的问题。（6）

自我管理型团队（self-directed work teams）：团队自我管理行为以完成工作任务。（7）

自我监管（self-monitoring）：个体密切关注自我行为，并运用这些观察塑造自我的行为方式。（4）

发送者（sender）：有意或无意传送信息的人。（1）

短期导向（short-term orientation）：相较于长期目标更重视短期回报的一种文化导向。（2）

真诚的提问（sincere question）：一种诚恳的信息请求，旨在帮助接收者理解发送者的信息。（3）

社交智力（social intelligence）：与他人良好互动的能力和技能。另请参见：**情感智力/情商**（emotional intelligence）。（5）

社会导向（social orientation）：相较于完成任务更重视人际关系的一种文化导向。另请参见：**任务导向**（task orientation）。（2）

空间模式（spatial pattern）：根据物理位置呈现事物的一种组织性安排。（9）

特定 / 具体目标（specific goal）：演讲者对其演讲期待达到效果的具体说明。（9）

介绍演讲（speech of introduction）：通过强调即将开讲的演讲者资质或主题重要性引导听众倾听下一场演讲的介绍方式。（12）

统计（statistics）：用于论证某一观点的一系列数字。（10）

进度报告（status report）：信息性演讲的最常见类型。有时也称为"进度报告"（progress report）。（12）

故事（stories）：用于阐述某一观点的事实性或假设性事件（incidents）的详细说明。（10）

磨合期 / 激荡期（storming）：问题解决流程中的第二阶段，以成员通过采取强有力立场引发团体内的冲突为特点。另请参见：**冲突阶段**（conflict phase）。（8）

压力面试（stress interview）：一种考察应聘者面对工作压力（应变能力）的求职面试。（6）

结构化面试（structured interview）：包含一个标准化问题列表的面试，其中只允许有限的回答没有跟进提问。（6）

领导风格路径（style approach to leadership）：基于指定领导者沟通风格会影响团队效率这一假设而开展领导力研究的一种路径。（7）

支持素材（supporting material）：强化论证演讲主张或观点的材料。（10）

调查访谈（survey interview）：一群人为论证、解释或未来采取行动搜集信息而组织的访谈。（6）

同步沟通（synchronous communication）：在信息收发过程中不存在时间滞差，例如面对面沟通。（1）

T

任务导向（task orientation）：相较于管理人际关系更重视完成任务的一种文化导向。另请参见：**社会导向**（social orientation）。（2）

任务导向性倾听（task-oriented listening）：（沟通过程中）着重理解有助于完成手头任务的信息的一种倾听风格。（3）

任务性角色（task roles）：完成团队任务所需的职能性角色。（7）

团队（team）：因为存在清晰鼓舞人心的目标、结果驱动型架构、能力卓越的成员、统一承诺、协作气氛、卓越标准、外部支持认可和原则性领导，得以形成非常有凝聚力和效率的群体。（7）

电话会议（teleconference）：通过电话使得异地参与者能够通话的一种会议或讨论会。（8）

X 理论（theory X）：假设职员天性中具有惰性、如有可能将避免工作的一种人性动机理论。另请参见：**Y 理论**（theory Y）。（2）

Y 理论（theory Y）：假设雇员在最佳状态下自我激励渴望承担更大的责任，且有能力进行自我控制和自我引导的一种人性动机理论，亦称为"人性本善理论"。另请参见：**X 理论**（theory X）。（2）

主题句（thesis statement）：总结演讲中心思想的一句话。（9）

时间导向性倾听方式（time-oriented listening style）：倾听者最关心效率、喜好快节奏的一种倾听风格，这类倾听者通常缺乏耐心。另请参见：**行动导向性倾听方式**（action-oriented listening style）、**内容导向性倾听方式**（content-oriented listening style）、**人本导向性倾听方式**（people-oriented listening style）。（3）

祝贺辞（toast）：对个体或团队成就表达赞赏或尊敬的一种致敬形式。（12）

专题模式（topical pattern）：观点围绕逻

辑主题或科目类别进行分组的一种组织性安排。（9）

培训（training）：一场旨在教授听众如何执行任务的信息性演讲。（12）

领导特质路径（trait approach to leadership）：基于"所有领导者具有共同特质以实现有效领导"这一信念所形成的一种已过时的领导理论。（7）

过渡（transition）：用于演讲中的各部分中，以帮助听众理解各模块之间及其与主题关系的一种陈述形式。（9）

致敬（tribute）：一种特殊场合表彰个人或团队的成就或特色的讲演。（12）

触发词（trigger words）：带有浓厚感情色彩、在特定听众中引发强烈情绪反应的术语。（4）

U

不确定性规避（uncertainty avoidance）：一种文化对于模糊性、缺乏架构和创新的容忍程度。（2）

非结构化面试（unstructured interview）：（采访人）心中有个（大概）目标或几个主题领域、但并无问题列表或跟进提问的一种灵活访谈类型。（6）

上行沟通（upward communication）：沟通从下级流动到上级。（1）

V

视频会议（video conference）：通过音频和视频传输、使得地理位置分散的个人实现彼此实时视听与交谈的一种会议或讨论会。（8）

虚拟团队（virtual team）：通过电子渠道开展大部分或全部工作的团队。（7）

W

欢迎辞（welcoming remarks）：为表示到访重要性和确定场合基调、主持人热烈欢迎个人或团体而在特殊场合发表的讲话。（12）

非输即赢路径（win-lose approach）：假设任何一方获得利益都只能以牺牲对方为代价而形成的一种谈判方法。（5）

双赢路径（win-win approach）：假设满足各方需求的解决方案能够达成所形成的一种协作共赢的谈判方法。（5）

工作群体（work group）：成员为达成某项工作目标，久而久之通常以面对面形式相互协作，彼此具有共同特质且相互依赖的小群体。（7）

职场暴力/霸凌（workplace bullying）：违反工作场所行为传统标准的强烈的、恶意的、持续性的、伤害性的言行。（5）

职场尊严（workplace dignity）：人们具有从工作中获得自尊自爱及被他人尊重对待的能力。（5）

Y

"你"语言（"you" language）：通常以"你"开头、指责或评价他人的语言。（5）

出版后记

继经典的《沟通的艺术》风行全球后，罗纳德·B.阿德勒及其团队又专门创作了《工作中的沟通艺术》。这是因为职场和商务活动中的沟通尤为重要，决定着商务合作和个人职场成长。如今，《工作中的沟通艺术》屡经修订和更新，这已经是第十一版了，进一步完善了战略方法、实践案例等内容，也增强了可读性。因为对职场上各种场景下的沟通细节均有切实的建议，正如作者所自信的那样，本书的每一页均可帮助读者获取提升职业成功可能性并增强组织高效运作的沟通技巧和方法。

本书是关于工作中沟通的专业书籍，作者深入浅出、全面而有不失细致地围绕工作中沟通的本质和沟通技巧进行了介绍，帮助读者理解工作中的沟通并应用沟通。全书分为"商务与沟通的基本原理""个人技能""团队工作""高效演讲"四个部分，分别从理论、技能、团队沟通和公共表达四个层面，讲述了工作中沟通的需要注意的问题。这是一本贴近现实的读物，尤其注意在多元化的社会中如何恰当地沟通，并对各种语言和非语言的沟通方式进行了细致的指导，具备很强的实用性。

虽然是专业的书籍，但是本书的语言却平易近人，各种沟通模型和种种概念都有专业和通俗的介绍；书中还列举了大量事例，帮助读者从真实的层面理解各个论点；更重要的是，本书提供了大量的实际操作方式和方法，提供了详尽的模板和操作步骤，并附有真实可信的范例描述。本书力图将读者在实际工作可能遇到的各种沟通问题，全部收录并提供细到毫末的解决方案，辅之以大量的贴士，帮助读者不断提升沟通水平。

综上所述，这本久经考验的专业著作，完全可以作为每一位职场人士案头必备的工具弓，无论遇到何种沟通问题，均可以随查随用。除了本书之外，同作者的《沟通的艺术》可作为日常沟通的必要补充，帮助读者更好地应对无不处在的沟通问题。

图书在版编目（CIP）数据

工作中的沟通艺术 / (美) 罗纳德·B.阿德勒, (美)
扬尼·马奎尔特·埃尔姆斯特. (美) 克里斯坦·卢卡斯
著 ; 蒋媛译. -- 北京　九州出版社, 2021.12（2022.10重印）
ISBN 978-7-5225-0505-3

Ⅰ. ①工… Ⅱ. ①罗… ②扬… ③克… ④蒋… Ⅲ.
①人际关系—口才学—通俗读物 Ⅳ. ①C912.13-49

中国版本图书馆CIP数据核字(2021)第192490号

Communicating at Work: Strategies for Success in Business and the Professions,11e
Ronald Adler, Jeanne Marquardt Elmhorst,Kristen Lucas
ISBN - 10: 0078036801
Copyright © 2012 by Ronald Adler, Jeanne Marquardt Elmhorst, Kristen Lucas. All Rights reserved. No part of this publication may be reproduced or transmitted in any form or by any means, electronic or mechanical, including without limitation photocopying,recording, taping, or any database, information or retrieval system, without the prior written permission of the publisher.

This authorized Chinese translation edition is published by Jiuzhou Press. In arrangement with McGraw-Hill Education. This edition is authorized for sale in the People's Republic of China only, excluding Hong Kong, Macao SAR and Taiwan.

Translation Copyright @ 2022 by McGraw-Hill Education and Jiuzhou Press.

版权所有。未经出版人事先书面许可，对本出版物的任何部分不得以任何方式或途径复制或传播，包括但不限于复印、录制、录音，或通过任何数据库、信息或可检索的系统。
本授权中文简体字翻译版由麦格劳-希尔（亚洲）教育出版公司和九州出版社合作出版。此版本经授权仅限在中华人民共和国境内（不包括香港特别行政区、澳门特别行政区和台湾）销售。
版权© 2022由麦格劳-希尔（亚洲）教育出版公司与九州出版社所有。
本书封面贴有McGraw-Hill Education公司防伪标签，无标签者不得销售。
著作权合同登记号　图字01-2020-6213

工作中的沟通艺术

作　　者	[美]罗纳德·B.阿德勒　　[美]扬尼·马奎尔特·埃尔姆斯特
	[美]克里斯坦·卢卡斯 著　蒋媛 译
责任编辑	李　品　周　春
出版发行	九州出版社
地　　址	北京市西城区阜外大街甲35号（100037）
发行电话	（010）68992190/3/5/6
网　　址	www.jiuzhoupress.com
印　　刷	天津雅图印刷有限公司
开　　本	690 毫米 × 960 毫米　16 开
印　　张	35.5
字　　数	310千字
版　　次	2022 年 3 月第 1 版
印　　次	2022 年 10 月第 3 次印刷
书　　号	ISBN 978-7-5225-0505-3
定　　价	102.00元

★ 版权所有　侵权必究 ★